本丛书由澳门基金会策划并资助出版

澳门研究丛书 MACAU STUDIES

澳门研究丛书 MACAU STUDIES

个人资料的法律保护
放眼中国内地、香港、澳门及台湾

Legal Protection of Personal Data:
Perspectives from Mainland China, Hong Kong,
Macau and Taiwan

陈海帆　赵国强/主编

社会科学文献出版社
SOCIAL SCIENCES ACADEMIC PRESS (CHINA)

澳門基金會
FUNDAÇÃO MACAU

目 录

论坛开幕致辞

致辞一 …………………………………………… 陈海帆 / 003
致辞二 …………………………………………… 赵国强 / 005

第一编 "两岸四地"个人资料保护制度之立法现状

澳门个人资料保护制度的现状与展望 ……………… 陈海帆 / 009
个人信息保护与中国立法的选择 …………………… 刘德良 / 022
个人资料保护法关于"个人资料"保护范围之检讨 ……… 范姜真嬿 / 050
The Growing Awareness of Privacy in Hong Kong ………… Kenny Wong / 072

第二编 个人资料的法律保护与相关权利保障

个人资料保护过程中的权利冲突问题研究 …………… 刘德学 / 113
公共管理事务中个人数据信息保护的法律问题研究 …… 蒋　坡 / 139
台湾医疗个资保护的探讨 …………………………… 陈月端 / 165
告知后同意在个人资料处理之适用 ………………… 翁清坤 / 199
社交网络对雇佣关系的私隐挑战 …………………… 张善喻 / 254

第三编　个人资料的刑法保护

论澳门地区对居民个人信息资料的刑法保护 …………………… 赵国强 / 269

中国内地对公民个人信息之刑法保护问题研究
　…………………………………………………………… 赵秉志　黄晓亮 / 305

第四编　附录

澳门特别行政区第 8/2005 号法律 ……………………………………… / 325
香港《个人资料（私隐）条例》 ………………………………………… / 346
台湾《法令》个资法及施行细则修正条文对照………………………… / 441

Contents

Forum Opening

    Remarks No. 1   *Chan Hoi Fan* / 003

    Remarks No. 2   *Zhao Guoqiang* / 005

Part I   Status Quo of the Legislation for the Personal Data Protection Regimes in the Cross Strait Four Regions

The Status Quo and Prospects of the Macau Personal Data

    Protection Regime   *Chan Hoi Fan* / 009

Protection of Personal Information and the Legislative

    Options in China   *Liu Deliang* / 022

Review of the Protective Scope of "Personal Data" in the

    Personal Data Protection Law   *Fan Chiang Chen-Mei* / 050

The Growing Awareness of Privacy in Hong Kong

                                                                   Kenny Wong / 072

Part II   Legal Protection of Personal Data and Safeguards for Related Rights

Studies on the Conflicts of Rights in the Process of Personal

    Data Protection   *Liu Dexue* / 113

Legal Issues Surrounding the Protection of Personal Data and

    Information in Public Affairs Management   *Jiang Po* / 139

An Investigation into the Personal Data Protection in Taiwan's
   Healthcare System　　　　　　　　　　　*Chen Yueh-Tuan* / 165
Application of Informed Consent in the Processing of Personal Data
　　　　　　　　　　　　　　　　　　　　Ueng Ching-Kuen / 199
Privacy Challenges from Social Networking Websites to Employment
   Relations　　　　　　　　　　　　　　*Cheung Shann Yue* / 254

Part Ⅲ　Protection of Personal Data under Criminal Laws

The Protection of Residents' Personal Information under the Macau
   Criminal Laws　　　　　　　　　　　　*Zhao Guoqiang* / 269
Studies of the Criminal Law Protection for Residents' Personal
   Information in the Mainland of China
　　　　　　　　　　　　　Zhao Bingzhi, Huang Xiaoliang / 305

Part Ⅳ　Appendix

Personal Data Protection Act, Law 8/2005, Macau SAR　　　/ 325
Personal Data (Privacy) Ordinance, Hong Kong SAR　　　　/ 346
Comparison of the Amendment of the Information Protection Law
   (Act) and Enforcement Rules, Taiwan　　　　　　　　/ 441

论坛开幕致辞

致辞一

陈海帆[*]

尊敬的行政长官阁下，
尊敬的各位远道而来的嘉宾，
女士们、先生们：

欢迎大家出席由个人资料保护办公室及澳门刑事法研究会主办的"两岸四地个人资料保护论坛"。今天的论坛将从不同的角度对"两岸四地"的个人资料保护制度进行深入的探讨，应邀担任主讲的嘉宾或者在学术上有很高的造诣，或者在法律的实施上有着十分丰富的经验，他们的精彩发言相信一定能拓宽我们的视野，加深我们对个人资料私隐权及其保护的认识，为今后完善法律制度、加大执法力度、更有效地在各范畴保护个人资料起到促进作用。

澳门的《个人资料保护法》实施只有七年时间，这七年是起步的七年，探索的七年。在这七年中，随着资讯科技的迅速发展，资料的处理越来越全球化，使我们这个面积不大、人口不多的澳门也面临着因为资料量大、资料传递的方式多、资料处理速度快而产生的多方面的问题，它为我们在个人资料保护工作上提出了不少新的课题、新的挑战。现在，澳门的个人资料保护工作虽然已经逐步走向正轨，但由于这项工作涉及的情况相当复杂，而与其紧密相连的外部因素亦千变万化，作为负责《个人资料保护法》监督落实的部门，我们在宣传推广、协助各行业制定相关的政策，以及对违法的机构或个人进行查处的过程中，需要经常对过往重新作出审视，找出不足予以修正完善，总结经验并将其理论升华，还要向社会各界，特别是法律学术界听

---

[*] 陈海帆，澳门特别行政区个人资料保护办公室主任。

取意见，吸收经验，博采众长，更要从监管的领域走出去，认识并参考其他地区的法律制度和执法经验，只有这样，我们才可以跟上社会发展的步伐，适应社会的需要，而且与国际接轨。多年的工作让我们深深体会到，其他国家和地区的宝贵经验对澳门相关法律系统的不断完善，对我们更加深入理解法律的精神，提升我们的实际工作能力，进一步完善个人资料保护工作，都具有莫大的裨益。

在座的有法律界人士，有政府多个部门的领导和主管，有各行业的管理人员，亦有不少新闻界的朋友，今日大家聚首一堂，我们希望能够集思广益，共同为澳门的个人资料保护工作贡献你们的智慧，对不同的领域如何订定相关的规范，构建完善的保护个人资料的法律制度系统，实现全方位保护个人资料的理想而做出最大的努力。

谢谢各位！

致辞二

赵国强[*]

尊敬的崔世安行政长官阁下，
尊敬的女士们、先生们：

大家早上好！

众所周知，今天的人类社会已经迈入了信息化的网络时代。在计算机与通信信息技术的推动下，个人信息资料的收集、运用及其储存，也已摆脱了纸质的陈旧束缚而走向崭新的数据库控制模式。个人信息资料的数字化就像一把双刃剑，它既为人们的日常生活创造了种种便利，带来了诸多实惠，但也为不法分子侵犯居民个人隐私打开了一扇方便之门，致使居民个人信息资料被不当收集、恶意使用、非法监控、肆意传播的现象层出不穷，日益严重。因此，面对个人信息资料数字化对居民隐私权的保护所带来的挑战，如何从法律的层面去有效地保护居民的个人信息资料，事关居民基本人权的保障，事关居民个人财产与个人人身的安全，这是一个无法回避的现实问题，必须认真研究。

应当看到，澳门特区政府长期以来对居民个人信息资料的保护给予了充分的重视，尤其是自 2005 年制定《个人资料保护法》及 2007 年成立"个人资料保护办公室"以来，澳门政府在个人资料保护的监察协调、制度订定、投诉处理、宣传教育及理论研究等各个方面都取得了有目共睹的进展，成绩斐然。但是，必须承认，在信息化时代，对个人信息资料提供法律保护毕竟具有相当的复杂性和模糊性，尤其是当国家利益、社会公共利益与个人隐私权产生冲突时，如何去寻求一个恰当的平衡点，更值得关注。除此之

---

[*] 赵国强，澳门大学法学院教授，澳门刑事法研究会会长。

外，在信息网络日趋成熟的今天，法律对个人信息资料的保护往往会超越国界，需要国家、地区之间的相互配合。正是基于这样一种考虑，澳门政府个人资料保护办公室与澳门刑事法研究会精诚合作，积极筹划，共同举办了本届"两岸四地个人资料保护论坛"。我们希望通过这样一个论坛，来了解和总结"两岸四地"在个人资料保护方面所取得的成绩与经验，也来共同探讨"两岸四地"在个人资料保护方面存在的各种问题。我们相信，这样的总结与探讨必定会为"两岸四地"的个人资料保护工作提供有益的参考，有助于提升政府对个人资料保护的执法水平，有助于加强居民对个人资料保护的社会意识，有助于进一步改进与完善个人资料保护的立法保障。

本届论坛在筹备过程中，自始至终得到了澳门特别行政区政府的大力支持。今天，不仅崔世安行政长官亲临出席本届论坛开幕式，而且政府各部门都积极派出代表出席本届论坛，为此，本人代表论坛主办方向崔世安行政长官及澳门特别行政区政府各部门表示衷心的敬意和感谢。为了加强"两岸四地"之间的交流，本届论坛还邀请了来自中国大陆、香港和澳门特区以及台湾地区的多位学者与实务界的专家作为本届论坛的主讲嘉宾，这些主讲嘉宾以其深厚的学术功底和丰富的实践经验，为本届论坛认真撰写论文并拨冗出席本届论坛，对此，本人也代表论坛主办方向他们表示诚挚的谢意，感谢你们的支持，我们期待着各位学者与专家的精彩演讲。无论举办何种论坛，都离不开社会各界的支持，在这里，我还要代表论坛主办方向来自澳门学术界、律师界及社会各界的朋友表达我们的敬意，感谢大家百忙之中出席本届论坛。最后，我们也要感谢为本届论坛的顺利举行而付出了大量心血的众多工作人员，包括来自澳门大学法学院和澳门科技大学法学院的硕士生和博士生，你们辛苦了。

祝各位身体健康！谢谢大家！

第一编
"两岸四地"个人资料保护制度之立法现状

澳门个人资料保护制度的现状与展望

陈海帆[*]

澳门的《个人资料保护法》颁布生效至今已七年多，监督该法律实施的个人资料保护办公室亦成立了六年多。在这六年多时间里，在上级的大力支持下，经过我们的不断努力，以及多个阶层、团体的通力配合，个人资料的保护制度从无到有，从鲜为人知到得到社会各阶层的普遍重视，作为监督《个人资料保护法》实施的机构，我们对已取得的成绩感到鼓舞，但对未来需要开展的工作仍深感责任重大。

澳门的《个人资料保护法》以欧盟的相关指令为蓝本，为澳门居民的个人资料私隐权提供了法律的保障，曾被澳洲的学者誉为亚太地区最严苛的个人资料保护法。

上述法律中订定了多项原则，包括：以透明的方式处理个人资料的原则，尊重私人生活的隐私和法律所保护的基本权利、自由和保障的原则，合法性原则，善意原则及适度原则；界定了公共当局的权限；对负责实体处理一般个人资料、敏感资料及怀疑从事不法活动、刑事违法行为或行政违法行为资料的正当性做出规范；对资料库互联及资料转移到澳门以外的地方进行监控；对资料当事人的资讯权、查询权、反对权、损害赔偿权等权利提供了保障；要求负责实体就个人资料处理履行通知及申报的义务；赋予公共当局事先监控的权力，包括就下列个人资料处理发出许可，即处理敏感资料、处理资料当事人信用和偿付能力资料、个人资料互联、在与收集目的不同的情况下使用个人资料；违反该法律应负的法律责任；等等。

---

[*] 陈海帆，澳门特别行政区个人资料保护办公室主任。

一　《个人资料保护法》所订定的原则

《个人资料保护法》主要订定了以下原则：①以透明的方式处理个人资料的原则；②尊重私人生活的隐私和法律所保护的基本权利、自由和保障的原则；③合法性原则；④善意原则；⑤适度原则。

（一）以透明的方式处理个人资料的原则

这一原则主要体现在以下两个方面。

（1）要求负责处理个人资料的实体将相关的处理向个人资料保护办公室做出通知，并依法做出登记及向公众公开部分登记的内容，包括：负责处理资料的实体的姓名和地址，以及其代表人的姓名和地址（如适用）；处理的目的；资料当事人类别及与其有关的个人资料或资料种类的描述；可被告知资料的接收者或接收者的类别，以及告知资料的条件；拟向第三国家或地区所做的资料转移。

（2）确保资料当事人的各种权利，包括：资讯权、查阅权、更正权、反对权、不受自动化约束权、损害赔偿权。根据法律对上述权利的保障，第一，除非法律有例外的规定，否则，负责实体在直接及间接收集资料时，就须向当事人提供如下资讯：①负责实体的身份，或其代表人的身份（如适用）；②处理目的；③资料接收者的类别；④当事人回复的强制性或任意性，以及因不回复可能产生的后果；⑤当事人享有查阅权、更正权和行使这些权利的条件。第二，除法律有特别规定外，当事人尚有权向负责实体了解其资料被处理的情况，包括了解资料处理的目的、被处理资料的类别、资料接收者或接收者的类别；被告知需要处理的资料及有关资料的来源；对资料进行自动化处理的原因；对不完整或不准确的资料进行更正、删除或封存，并通知曾接收相关资料的第三人进行更正、删除、销毁及封存。第三，资料当事人有反对权。对当事人有权在任何时候，以与其私人情况有关的正当和重大理由反对处理与其有关的个人资料。而对于以直接促销或其他方式的商业考察为目的而对其个人资料进行的处理，当事人有权在无须费用的情况下，提出反对。在第二种情况下，一经当事人提出反对，负责实体不得再以直接促销或其他方式的商业考察为目的而继续处理其资料。第四，不受自动化决定约束的权利。第五，损害赔偿权。该权利通过司法途径行使，只要其权利因资料的不法处理或其他违反个人资料保护范畴的法律、法规的行为而受损，当事人就有权向负责实体索偿。

（二）尊重私人生活的隐私和法律所保护的基本权利、自由和保障的原则

个人资料私隐权是受到《中华人民共和国澳门特别行政区基本法》《民法典》等法律保护的公民基本权利，在对个人资料进行处理时，必须确保这一项基本权利得到尊重。《个人资料保护法》所遵循的原则是资料当事人意思自治原则，资料的处理以当事人的意思表示为其中一个最重要的正当性。当事人的意思表示必须是在自由的、事先知悉的情况下针对特定的个人资料的处理所做出的。如资料当事人反对，在没有法律明文规定的情况下，负责实体不得对相关资料进行处理。

法律亦充分体现出对资料当事人隐私的保护，对敏感资料做出了明确的定义，包括：世界观或政治信仰、政治社团或工会关系、宗教信仰、私人生活、种族和民族本源以及与健康和性生活有关的个人资料，包括遗传资料，订定了原则上禁止处理敏感资料的规定。而且，如果对于敏感资料处理的正当性来自当事人同意的话，要求取得当事人的明示同意，不可以推定。

对于敏感资料处理的安全措施，法律做出了严格、具体的规定：控制进入设施、控制资料载体、控制输入、控制使用、控制查阅、控制传送、控制引入、控制运输。只有个人资料保护办公室在考虑各负责处理资料的实体的性质和进行处理的设施的种类，并在确保尊重资料当事人的权利、自由和保障的情况下才可免除某些安全措施的实行。

（三）合法性原则

这是负责实体对个人资料进行处理应遵循的最基本原则，违背这一法律原则，就失去了处理资料的根基，负责实体将面临被追究行政或刑事的法律责任。"合法"，不单是指要符合《个人资料保护法》，也要符合对相关机构适用的其他法律、法规。我们分析、界定是否符合《个人资料保护法》，其中一个重要的参考是在个案中适用的其他法律、法规。例如，对于涉及电信

范畴的个案，需参照相关主管部门的组织法、电信纲要法等；涉及金融领域的，需参照金融方面的法律制度等。因此，负责实体在进行个人资料处理前，首先要看相关处理是否符合对其适用的法律规定的要求，如果不能为之找到合法性依据，则不能进行相关的处理。许多时候，是否符合《个人资料保护法》取决于是否符合其他适用的法律。

举例来说，假设某一雇主被雇员投诉收取过多的资料，分析中需要先参照《劳动关系法》中的相关规定对正当性进行分析，如果其中有清晰的、具体的规定，则可以作为做出判断的依据；如果规定是原则性的，则需要再结合《个人资料保护法》的规定进行判断。

（四）善意原则

这一原则要求负责实体善意推定，善意解释法律，善意履行义务，善意行使权利。合理、客观、公正、禁止滥用权利、正当程序等，都在一定程度上体现着善意要求。

具体到《个人资料保护法》的执行，负责实体在制定处理政策时不应试图规避法律，负责实体除了从机构的利益出发来制定个人资料处理政策外，亦应同时顾及资料当事人的利益，与其建立互利、互信的关系，保障当事人的权利得以行使，确保当事人的意思自治得以实现。

举一个常见的例子，一些负责实体在为顾客提供优惠时，需要顾客通过填写表格提供个人资料。负责实体为了可以对收集到的资料作最大限度的利用，制定了一个"详尽"的、无所不包的政策，以极细小的字体将其印刷在表格中。我们不能认为这一行为符合善意的原则，政策的内容是否合法暂且不说，单从其向资料当事人展示的方式来说已经有违法律的精神。

（五）适度原则

这是一个"度"的问题，这一原则是在个人资料处理中涉及范围广，执行上较具争议的原则。

法律规定所有的个人资料处理必须是为了特定、明确、正当的目的，资料的收集及之后的处理不得超越之前订立的目的。否则，就存在"度"的问题。这里指出了资料处理的必需性，如果不是为实现目的而必需，则不应处理。我们也可以理解为最低介入的原则，也就是说，可收集可不收集的资料，不收；可做可不做的处理，不做。以对当事人造成最小的影响为标准去处理资料。离开了这个标准，就不符合适度原则。

"度"没有一个固定的量度标准，在实际操作中，负责实体往往会为了方便或者保险而选择多收集一些资料。这种做法实际上并不能为机构带来好处，相反，可能增加机构违反适度原则的风险。而且，负责实体亦可能因为处理一些处于边缘状态的资料，而引致投入更多的资源。以收取敏感资料为例，由于法律对敏感资料的处理有特别安全措施的要求，包括将其与一般的资料作逻辑分离。因此，即使得到当事人的同意，在资料处理系统的设置上，负责实体亦需要依法做出特别的安排。否则，可能构成行政违法。

因此，负责实体在订定资料处理政策时，应慎重考虑，尽量少收集及处理个人资料，以降低违法的风险。

二 公共当局的权限与职责

个人资料保护办公室是《个人资料保护法》所指的公共当局，根据行政长官批示成立，负责监察、协调对该法律的遵守和执行以及订定保密的相关制度、监察其执行。由于个人资料保护办公室以项目组的方式成立，未颁布组织法，现时，其根据《个人资料保护法》及第83/2007号行政长官批示执行上述的权限。

个人资料保护办公室的职责主要有以下几项。

(一) 向社会各界进行普法宣传

个人资料保护办公室成立后，秉承以宣传教育为主、处罚为辅的原则从零开始展开工作。为了使公营机构可以在执行《个人资料保护法》的过程中起到表率的作用，个人资料保护办公室在公营机构中全面展开上述法律的普及工作，除了一般的讲解会、培训课程外，还在公营机构全面展开个人资料处理的通知、申报工作。通过这个程序的完成，公营机构可以全面检视其内部的个人资料处理情况，按照法律的原则去分析相关的处理是否符合法律的要求，特别是是否符合适度原则、是否具有正当性、是否确保了资料当事人的权利等。在公营机构的大力配合下，经过一段时间的梳理，按照预定的计划完成了申报程序，为个人资料处理登记库的建立奠定了坚实的基础。2012年年底，上述资料库公开予公众查询，为确保个人资料处理的公开、透明迈出了可喜的一步。从成立到2013年5月31日，个人资料保护办公室已经向近一万五千人次进行了普法宣传。

对于私营机构，由于各行各业的资料处理有相当大的差别，个人资料保护办公室从行业的需求出发，分门别类进行宣传及指导。在这个过程中，我们在许多行业组织的大力协助下，得以直接与业界面对面地就《个人资料保护法》的执行进行讨论，为业界更好地遵守法律规定提供了指引。

另外，个人资料保护办公室通过印制宣传单、宣传品、年报，在各种场所放置宣传资料供市民索取等方式扩大宣传的范围，力求使社会的各个层面都了解保护个人资料私隐权的重要性。

（二）行政违法调查

个人资料保护办公室另一个主要的职责是对违反《个人资料保护法》的行为进行行政违法调查。根据上述法律的规定，构成行政违法的主要有：履行义务的不作为，或有瑕疵的履行（违反第21条第1款及第5款，违反第23条的规定）；不履行第5条、第10条、第11条、第12条、第13条、第16条、第17条及第25条第3款规定的义务；不履行第6~9条、第19及20条规定的义务。

单项行政违法的罚款金额为四千至二十万元澳门币。如果属行政违法竞合，则各项处罚一并科处。

由成立至2013年5月，个人资料保护办公室共立案400多宗，经调查构成行政违法并予以处罚的共12宗。

（三）发出指引

个人资料保护办公室成立以来，共发出了11份指引，其包括《关于工作场所个人资料保护原则——雇主对雇员活动监察的指引》《关于职业介绍所处理顾客个人资料的实务注意事项》《使用指纹/掌形考勤设备的问题》《有关采用指纹/掌形以外识别生物特征技术之考勤设备的问题》《关于应用面型特征资料考勤系统的查询》《关于涉及个人资料的公共档案的保存期的意见》《间接收集个人资料中的资讯权问题》《在互联网上发布个人资料的注意事项》《非高等教育机构处理个人资料的注意事项》《商户处理支付卡持卡人身份证明文件资料的指引》《为选举宣传目的处理个人资料的指引》。

个人资料保护办公室的指引是根据《个人资料保护法》的规定而制定的，虽然指引不具有强制性，但社会各界可据此了解到其行为的准则，了解如何处理个人资料才符合法律的要求。有时候，在执行《个人资料保护法》时，负责实体都存在一个误区，认为事无大小都要个人资料保护办公室发出指引，执行起来就一定不会有问题。其实，负责实体最应该做的是制定自己的个人资料处理政策，通过政策的制定，认真检视现时及将来对个人资料的处理是否符合法律的要求。例如，资料为什么目的而收集及处理，相关的处理是否符合法律的原则，是否具有正当性；收集资料及之后的处理是否为实现相关的目的所必需；当事人的权利能否得到保障；资料保护措施是否与资料的性质相配合；资料交给第三人或转移到澳门以外的地方是否符合法律的规定；等等。

个人资料保护办公室制定的指引，一般都是原则性的，负责实体需根据自己的实际情况将指引具体化，将指引的精神体现在处理政策中，方可确保在执行中不产生问题。

个人资料处理政策的制定，可以分三个层次：①最详尽的政策，供负责实体的管理层使用；②上述版本的简化版，让实体的雇员了解及执行；③最简单的版本，对外向资料当事人公布，以满足其资讯权。

在实际执行中，负责实体出现较多的问题是：没有制定政策，或政策没有得到执行，或实际执行的措施与政策相矛盾。在这些情况下，很容易因触犯法律而构成行政违法或犯罪。例如，部门虽有安全措施，但执行者并不了解，或没有进行培训，导致资料被不当查阅，构成行政违法。像这种情况，"政策"只是一纸空文，没有被执行，负责实体须承担相关的法律责任。

（四）发出意见书

一般情况下，发出意见书是指个人资料保护办公室应负责实体的要求，就具体的个人资料处理发出意见书。负责实体在提出要求时，须按《个人资料保护法》第 23 条的规定提供下列资料：负责实体的资料；处理目的；资料当事人的类别及与其有关的个人资料或资料种类的描述；可被告知资料的接收者或接收者的类别，以及告知资料的条件；当不是负责处理资料的实体本身处理时，承担处理资讯的实体；个人资料处理中或有的互联；个人资料的保存时间；资料当事人知悉或更正与其有关的个人资料的方式和条件；拟向第三国家或地区做出的资料转移；容许初步评估适用第 15 条及第 16 条确保资料处理的安全而采取的措施是否适合的一般描述。

随着保护个人资料意识的不断增强，向个人资料保护办公室寻求法律意见的机构越来越多，主要是就处理个人资料的正当性及适度性要求提供意见。

在要求发出意见书方面，也有不少机构存在误区，认为只有听取监管机构的意见才能确保万无一失。实际上，机构首先要做的还是制定自己的个人资料处理政策，对处理的目的、资料的种类、资料接收者等方面做出规范。除非属于履行法定义务，否则，机构可以在政策范围内做出决定，如果相关处理在政策之外，如要求提供资料的机构不属于相关政策中规定的资料接收者，则可以不提供资料。

（五）发出许可

根据《个人资料保护法》的规定，不少个人资料的处理属于预先监控的范围，需要事先得到个人资料保护办公室的许可的，包括：①基于重大的公共利益，且资料的处理是负责处理的实体行使职权及权限所必需时，处理敏感资料；②处理关于资料当事人信用和偿付能力的资料；③法律或具组织规章性质的法规没有规定的资料互联；④在与收集资料的目的不同的情况下使用个人资料；⑤个人资料转移到澳门以外的地方；⑥为历史、统计或科学的目的，许可将资料保存期延长。

目前，个人资料保护办公室发出较多的是第 3 点所指的互联许可，这是由于《个人资料保护法》颁布后，才有法律规定了资料转交方式的限制。在资讯高度发达的今天，许多公私营机构为了运作的快捷和节省资源，一般都采取专线或其他电子的方式传送资料。这种方式有上面所说的好处，但亦同时会产生资料安全及资料转交的适度性问题。世界各地都不断地发生因系统被黑客攻击或因机构的疏忽，使大量的资料被盗取的事件。因此，有必要对资料互联，特别是资料的种类、传输的安全进行规限。

对于把资料转移到澳门特区以外的地方，上述法律也做了严格的规范，只有在符合第 19 条及第 20 条规定的情况下方可将资料转移到澳门以外的地方。

第 19 条规定的是目前不少国家及地区所采取的方式，赋予监管机构确认其他国家或地区的法律系统对个人资料具有适当的保护程度的权利。这种确认是在互惠、互利的前提下做出的，一般只做出"有适当保护程度"（白名单）的确认，而不会做出"没有适当保护程度"（黑名单）的确认。由于各种条件的限制，澳门目前尚未确认任何一个国家或地区的法律体系具有适当的保护程度。

在这一情况下，机构需要将资料转移到澳门以外的主要途径是取得当事人的同意或个人资料保护办公室的许可。

另外，对于各个领域的日常运作必须处理的个人资料，基于简化行政程序、节省资源的目的，个人资料保护办公室可以发出许可，豁免或简化个人资料处理的通知手续，以下将会另作介绍。目前，简化通知手续只有为安保目的而设置摄录监察系统的相关资料处理。

（六）促进行业行为守则的制定

行为守则是为了更好地执行《个人资料保护法》，按照不同的界别制定的守则，目的在于在整体上更有效地自我规范，以实现和保护与私隐有关的基本权利。

行为守则是行业自律的有效方式，是业界自身为遵守法律规范而设定的底线。对于有行业公会的国家和地区来说，某些行业，特别是从事该行业的机构均被强制性要求加入行业公会，公会可以运用其权力对行业的一些规范做出决定，决定有强制性，公会的成员机构必须执行公会的决定。否则，成员机构不但有可能触犯《个人资料保护法》，而且，亦可能因违反公会所订定的守则而受到其处罚。在这种情况下，制定行业守则相对容易，而且守则可以覆盖所有的同类机构，真正起到统一行业行为准则的作用。现时，在欧盟的一些国家已有成功的经验，如荷兰已制定金融界的个人资料保护行业守则。

由于澳门的行业公会没有上述所说的权力，更多是行业之间联谊的组织，不能强制要求所有该行业的机构加入公会，对成员机构更没有处罚权，其制定的行业守则亦不具有强制力，加上并非所有该类机构均被强制要求加入行业公会，即使制定了守则，其覆盖面也有限。

在这种情况下，个人资料保护办公室推动行为守则的制定存在困难。虽然已与某些行业组织展开了商谈，但成果仍不明显。

（七）接收通知及其他申请

接收通知及其他申请主要包括个人资料处理的申报、通知等。根据《个人资料保护法》的规定，负责处理个人资料的实体在开始处理个人资料8日内，须向个人资料保护办公室做出通知，否则，有可能构成行政违法，甚至犯罪。2008~2010年，个人资料保护办公室首先在公营机构展开了个人资料处理的通知、申报工作，在机构的配合下，已经完成了相关的工作。在履行法定的义务的同时，可使公营机构对其现时进行的个人资料处理的状况进行分析、梳理，发现及纠正其中的问题。

由于私营机构的数目庞大，个人资料保护办公室将按照不同的领域、范畴分阶段展开相关的工作。前不久，个人资料保护办公室公布了许可，在符合条件的前提下，简化了以保安为目的通过录像监察系统处理个人资料的通知申报手续，以鼓励中小型的机构履行法定义务。这一简化措施，对通知、申报起到了很大的促进作用。

另外，在过去的几年，个人资料保护办公室亦相继公布了10个豁免个人资料处理通知的许可，其包括：招聘资料的处理，教育机构对招生资料的处理，顾客、供货商和服务提供商的联络资料及收支凭证的处理，教育机构对学生资料的处理，图书馆及档案室对用户资料的处理，对进出物业访客资料的登记及处理，工作人员的报酬、给付及福利资料的处理，工作人员及服务提供商的行政管理资料处理，非牟利法人会费的收取及会员或成员的联络资料的处理，为选举宣传目的进行个人资料处理。

上述资料的处理基本上为相关机构日常运作需处理的基本资料，对资料当事人的权利影响不大，豁免申报可以起到简化行政程序及节省行政成本的作用。

（八）建立及更新个人资料处理登记库

上述登记库的建立是建基于负责处理个人资料的实体对其资料处理的通知和申报，也包括个人资料保护办公室所发出的许可摘要。《个人资料保护法》第 21 条第 1 款规定：负责处理个人资料的实体或如有代表人时其代表人，应从处理开始起 8 日期限内以书面形式，将为了实现一个或多个相互关联的目的而进行的一个或一系列、全部或部分自动化处理，通知公共当局。

上述实体在向个人资料保护办公室进行通知时，须提交的资料包括：①负责处理资料的实体的姓名和地址，以及如有代表人时其代表人的姓名和地址；②处理的目的；③资料当事人类别及与其有关的个人资料或资料种类的描述；④可被告知资料的接收者或接收者的类别，以及告知资料的条件；⑤当不是负责处理资料的实体本身处理时，承担处理资讯的实体；⑥个人资料处理中或有的互联；⑦个人资料的保存时间；⑧资料当事人知悉或更正与其有关的个人资料的方式和条件；⑨拟向第三国家或地区所作的资料转移；⑩容许初步评估适用第 15 条和第 16 条确保资料处理的安全而采取的措施是否适合的一般描述。

而在个人资料保护办公室建立的个人资料处理登记库中，包括下列内容：①资料库负责人和如有代表人时其代表人；②所处理个人资料的种类；③处理资料的目的和接收资料实体的类别；④行使查阅权和更正权的方式；⑤个人资料处理中或有的互联；⑥拟向第三国家或地区所作的资料转移。

上述登记库中第 1~4 项和第 9 项所列的资料属于公开的资料，民众可以进行查阅。

至 2013 年 5 月 31 日，个人资料保护办公室已建立了上述公开资料库，共有 250 个实体就 1100 多项个人资料处理进行了登记。

三　个人资料法律体系的未来发展

个人资料的保护涉及社会生活的各个领域，单靠一个《个人资料保护法》难以全面覆盖。一个成熟的个人资料保护的法律体系应该由在不同的领域、不同的范畴规范个人资料保护的法律、法规组成。以葡萄牙为例，在通信、录像监察、健康资料等领域均制定了专门的法律。

目前，澳门特区的这个体系仍处于初级的阶段。在这个体系中，除了《个人资料保护法》之外，只有 2012 年颁布的第 2/2012 号法律——《公共地方录像监视法律制度》可以说得上是为规范相关领域的个人资料处理而制定的专门法律。在通信、医疗卫生、金融、教育、劳动等领域，法律、法规也有一些条文对机构保护个人资料的义务做出规定，但条文都相对简单，而且这些法律、法规的制定大多在《个人资料保护法》颁布之前，或者颁布的初期，未能够参照这个法律的精神去做出更详尽的规范。

而由于澳门特区的《个人资料保护法》源于葡萄牙，其规范十分严格，虽然构成行政违法的罚款金额不算太高，但大家可以看到，在这个法律短短的46条条文中，违反其中16条条文的规定都是构成行政违法的。例如，违反适度原则；不具有处理资料的正当性；违反关于资料当事人的资讯权、查阅权及反对权的规定；违反法律规定将个人资料转移到澳门以外；等等。此外，还有关于构成未履行资料保护的义务、不当查阅、个人资料的更改或毁坏、加重违令罪、违反保密义务这几种犯罪的规定。

另外，个人资料保护办公室是一个有存续期的机构，权限仅来源于《民法典》《个人资料保护法》及行政长官批示，需要由组织法做出详尽的规范。

基于此，本人认为，为了更全面、长期、有效地保护个人资料私隐权，澳门今后迫切需要检讨、修订现行的《个人资料保护法》，并在一些领域（如电讯）制定专门的法律保护个人资料。这些特定领域的法律，可以在《个人资料保护法》的基础上，根据相关领域的情况制定出适合其实情的个人资料保护制度，可以更具体、更切实地落实《个人资料保护法》的规定。

与此同时，澳门需要建立一个常设的个人资料保护机构，具体规范其职责及权限，加大执法的力度。执法机构的地位及权力是政府保护个人资料力度的体现。在世界上实行个人资料保护的国家和地区中，个人资料保护的监管机构一般以两种方式设置：一是设立专门的监管机构，如澳大利亚、新西兰、韩国、加拿大、马来西亚等；二是由各职能部门根据各自的权限进行监管，如中国台湾、日本等。前面一种设置权限集中于一个专责的部门，有利于权限的行使和达到执法标准、执法程序的统一。而且，国际趋势是将个人资料保护的监管机构与资讯公开的监管机构置于同一机构之下，以便统一执法的标准，避免出现部门之间的不协调现象。

澳门是一个日趋国际化的城市，在个人资料的处理日益国际化的今天，澳门个人资料保护机构的设置必须与国际模式接轨，才可以取得国际组织的认同。在资料保护工作中取得其他监管机构的协助，进而在适当的时机展开与其他国家及地区进行法律系统具有适当保护程度的互认，以提升澳门的国际地位及形象，促进澳门与其他国家和地区进行各方面的交流和合作，进而促进澳门经济的多元发展。

我们期待着澳门的个人资料保护体系，在社会各个阶层不断认识和了解个人资料保护的重要性、不断提升对个人资料保护的自觉性的情况下，相关的法规和监管体系都能逐步得到发展和完善，以便从各个领域更好地保护居民这一方面的基本权利。

个人信息保护与中国立法的选择

刘德良[*]

一 个人信息的界定与分类

(一) 个人信息的界定

何谓个人信息,其具体范围如何,目前在理论、立法和司法上存在歧见。在立法上,就存在个人信息(personal information)、个人数据(personal data)和隐私(privacy)之别。欧盟于 1995 年颁布的《个人数据保护指令》(以下简称《指令》)以个人数据作为其基本范畴,其所谓的个人数据,是指任何与一个明确自然人或可识别自然人(数据主体)身份有关的信息。其中,"可识别的人"是指可以直接或间接识别的人,尤其是借助身份证号码或其他一些有关身体、心理、精神、经济、文化或社会身份等特定因素可以直接或间接识别其身份的信息[①]。按照经济合作与发展组织(Organization for Economic Co-operation and Development, OECD)理事会 1980 年颁布的《关于规制个人隐私保护与跨境个人数据流通的建议》中的规定,所谓的个人数据,是指任何与可以或能够辨别出来某一个人有关的信息[②]。

加拿大 2000 年制定的《个人信息保护和电子文件法》规定,个人信息是指有关一个可识别的个人的信息,但不包括其名字、职位、公务地址或作为组织雇员的电话号码等。但从其对有关个人健康信息的界定来看,其有关

---

[*] 刘德良,亚太网络法律研究中心主任,北京师范大学法学院教授。
[①] 参见 95/46/EC Directive of Personal Data Protection, Art. 2 (a)。
[②] 参见 OECD – 1980 Recommendation of the Council Concerning Guidelines Governing the Protection of Privacy and Transborder Flows of Personal Data, part 1 (1) b。

个人信息，不仅包括活着的自然人的有关信息，也包括已经去世的自然人的有关信息[1]。日本 2003 年颁布的《个人信息保护法》将个人信息界定为"关于一个在世自然人的信息，据此，可以通过姓名、出生日期或其他包括有该类信息的描述等可以识别出该特定自然人身份"[2]。今天，电视、收音机、电影、杂志等媒体使得个人信息可以在世界范围内传输和扩展。现代通信技术和多媒体的发展使得以设计名人的形象、监督其收入、经营其知名度等为主要内容的"名人产业"得以产生[3]。

从美国立法和学者的关于隐私的有关论述来看，在美国，传统上是将个人信息作为隐私看待的[4]。在网络时代和信息时代，学者则大多将传统的隐私称为"信息隐私"[5]。

值得注意的是，在国外，理论上有不少学者在讨论个人信息的法律保护时并没有采用上述任何一种叫法，而是采用另外一类概念，如个人身份要素（identity 或 features of identity）、个人形象（image）、角色（persona、character、personality）等[6]。

---

[1] 参见 2000 Canada Personal Information Protection and Electronic Documents Act, Part. 1。

[2] 参见 Japan Act on the Protection of Personal Information [Law No. 57, 2003], Art. 2 (1)。

[3] 参见 Rein, Kotler & Stoller, *High Visibility*, (New York: Mc Graw – Hill professional, 1987), p. 33; Julius C. S. Pinckaers, *From Privacy toward a New Intellectual Property Right in Persona* (Amsterdam: Kluwer Law International, 1996), p. 3。

[4] 从其 1974 年的《隐私法》(the Privacy Act of 1974)、1986 年的 The Electronic Communications Privacy Act、1988 年的 The Video Privacy Protection Act、1998 年的 Children's Online Privacy Protection Act 等立法名称及规制内容来看，其所谓的个人隐私包括姓名、肖像、声音等个人信息。另外，根据 William Prosser 的见解，侵犯隐私权的情形主要包括打扰宁静（intrusion upon one's seclusion）、披露私人事情（the public disclosure of private facts）、虚假曝光（false light privacy）、基于商业目的滥用他人的名字、形象（the misappropriation of one's name and likeness for commercial purposes）等，参见 William Prosser, "Privacy," *California Law Review*. 48 (1960): 383, 389。

[5] Jessica Litman, "Information Privacy/Information Property," *Stanford Law Review* 52 (2000): 1283; Susan E. Gindin, "Lost and Found in Cyberspace: Information Privacy in the Age of the Internet," *San Diego Law Review* 34 (1997): 1153; Eugene Volokh, "Freedom of Speech and Information Privacy: The Troubling Implications of a Right to Stop People From Speaking About You," *Stanford Law Review* 52 (2000): 1049, 1122.

[6] Michael Henry, *International Privacy, Publicity and Personality Laws* (London: Butterworth, 2001). As Barbara Singer notes, the parameters of the concepts of "persona" and "identity" are difficult to define. For the purposes of this discussion, however, the terms "persona" and "identity" will be used interchangeably, and a broad definition of "persona" adopted—that is,（转下页注）

在我国，理论上，关于个人信息的称谓，有称个人资料①（personal data）的，也有称个人信息的②，还有称个人数据的③，也有私人信息和个人资料同时使用的④，更有称个人数据信息的⑤。关于个人信息的称谓问题，笔者以为，所谓的个人数据、个人资料，其区别仅在于对英文 data 的不同翻译而已，故而没有本质的不同。不过，如果从信息技术的历史发展和准确性方面讲，由于在法律上使用"个人数据"是与计算机技术密切相关的一个范畴，它只是个人信息的一种特定表现形式，具有载体上的特定性或技术特定化倾向。从立法对个人信息的保护而言，如果采取个人数据这个范畴的话，既很容易使其他类型的个人信息无法纳入其中，也容易使人产生误解。所谓的个人信息，实际上是对 personal information 的另外一种中文翻译而已。而美国的"隐私"或"信息隐私"虽然在内容上都与个人信息相近，但是，其叫法与大陆法系和我国对隐私的一般理解相冲突，既不科学也容易使人误

（接上页注⑥）"persona" will refer to "any unique aspect of the individual capable of appropriation by a third party". 参见 Barbara Singer, "The Right of Publicity: Star Vehicle or Shooting Star?" *Cardozo Arts and Entertainment Law Journal* 10 (1991): 1, 2 fn 8. Often the terms "persona" and "personality" are used interchangeably in the literature in this area. This article will adopt a broad definition of "personality" as referring to "the physical, mental and social characteristics that publicly identify an individual or character". 参见 Robert Howell, "The Common Law Appropriation of Personality Tort," *Intellectual Property Journal* 2 (1986): 149, 151 fn 4。

① 该观点认为，个人资料不同于个人信息，在立法上采取个人资料比个人信息更具有合理性。其理由在于：资料是代表人、事、时、地的一种符号序列（不以文字为限），信息（information）是指资料经过处理后可以提供为人所用的内容，个人信息是个人资料的内容，个人资料是个人信息的物化形式，个人信息的表现和存在方式多种多样，并不一定表现为个人资料，个人资料这一概念具有确定性，而个人信息往往因收集者的主观目的不同而有差别。齐爱民：《个人资料保护法原理及其跨国流通法律问题研究》，武汉大学出版社，2004，第3～4页。

② 这种叫法主要在我国的台湾地区比较流行，如汤德宗：《信息公开与信息隐私法》，http://www.jcei.gov.cn/Contents/Channel_1743/2007/1026/25107/content_25107.htm；徐振雄：《信息隐私与个人资料保护》，http://www.tpml.edu.tw/TaipeiPublicLibrary/download/eresource/tplpub_lifelong/0039/pdf/01.pdf。

③ 新张宝：《中国个人数据保护立法的现状与展望》，《中国法律》（香港中英文版）2007年第3期；梁志文：《论个人数据保护之法律原则》，《电子知识产权》2005年第3期；兰仁迅：《论个人数据及其法律保护》，《华侨大学学报》（哲学社会科学版）2004年第2期。

④ 有关隐私权的规定参见王利明主编《中国民法典草案建议稿》，中国法制出版社，2004，第52～54页。

⑤ 武春玲：《网络个人数据信息保护的法律探析》，《情报探索》2005年第6期；李莉：《数字图书馆建设中个人数据信息被侵犯的原因与保护原则》，《大学图书馆学报》2004年第4期。

解。而"个人信息"则是一个上位概念，它在技术和载体上具有中立性，包括但不限于以电子介质在内的各种媒介为载体和各种符号所表示的各种形式的个人信息；同时，个人信息也是中国人习惯使用的一个概念。因此，个人信息是一个科学的概念，就立法称谓而言，采取此概念最为合理、妥当。

鉴于个人信息是对个人身份的描述与反映，他人据此应该可以直接或间接识别出某一特定的自然人身份，考虑各国及有关立法对个人信息的界定，笔者认为，个人信息应该是指那些能够据此直接指明或间接推断出自然人身份而又与公共利益没有直接关系的私有信息。

个人信息中的"信息"既包括诸如以文字、图像或照片等为符号或载体所包含的视觉信息，也包括听觉信息——个人特有的声音，还包括各种嗅觉信息——个人所特有的气味。据此，个人信息不仅包括个人的名字、照片或各种形象、声音、特有的气味、DNA信息、指纹或声纹等直接个人信息，也包括其他一切可以间接识别出某一特定自然人身份的信息。

值得注意的是，在目前的认识上，由于对信息这一范畴的认识存在分歧，很多人把个人名字、声音、形象或肖像等排除在个人信息范围之外，而仅仅把文字或文本存在形式的个人信息作为研究的对象。笔者认为，这种观念不利于从立法上统一规范这些个人信息[1]，因此，本文所谓的个人信息包括但不限于以文本或数据形式存在的个人信息，还包括个人名字、声音、形象或肖像，乃至对个人行为的跟踪、记录。申言之，本文是在技术中立的情况下使用信息这一范畴的。

（二）个人信息的分类

信息是由符号表现出来的，符号是信息的具体表达形式。作为信息的一种形式，个人信息也是通过不同的符号表达出来的。按照表现个人信息的存在形式或表达符号不同，个人信息可以分为视觉个人信息、听觉个人信息、嗅觉个人信息、触觉个人信息等不同的形式。其中，我们一般所谓的个人信息大多是通过视觉和听觉形式表现出来的，由于这类个人信息是以纸张、胶片、磁盘等有形物质为载体的，故我们可以从视觉上感知这些信息的存在。

---

[1] 其实，美国将姓名、肖像等直接个人信息纳入其所谓的隐私（个人信息）的做法也与笔者的观点一致。

鉴于目前大多数的信息技术又多是与这些有形介质密切相关的，因此，这种（存在）形式的个人信息就是我们最常见和常用的个人信息；而嗅觉个人信息则由于其传播和固定技术难度上的原因而使用得相对较少。也正是由于这方面的原因，目前出现的各种关于个人信息的分类，基本上都是对视觉个人信息所作的分类。因此，本文关于个人信息的分类，也同样是建立在对视觉个人信息的分类基础之上的。

从既有的立法和理论上看，个人信息的分类方法很多，归结起来，主要有以下几种分类。

1. 按照个人信息的内容进行的分类

按照这种分类方法，个人信息主要包括个人在通信信息、财务信息、医疗健康等身体和生理方面的信息、教育信息、信仰信息、基因信息及特定社会关系等方面的信息。

一般来说，个人通信信息主要包括个人家庭住址、个人邮箱（包括电子邮箱）、个人电话（包括固定和移动电话）、诸如QQ等网络聊天、号码与账号等与个人通信有关的信息。财务信息一般是指个人的财务状况方面的信息，主要包括个人的银行储蓄、投资状况、资产负债等信息。个人教育方面的信息一般包括教育履历、学业成绩、毕业文凭等方面的信息。医疗健康等身体和生理方面的信息一般包括诸如身高、体重、三围等有关个人身体一般物理特征方面的信息、身体和生理健康与医疗方面的信息、基因信息等方面的内容。信仰与爱好信息则包括诸如政治信仰、宗教信仰、哲学信仰及个人爱好等各种与个人内心信仰、爱好有关的信息。特定社会关系信息，一般包括性生活信息、与特定组织或特定社会成员之间的关系方面的信息等。

这种分类虽然具有直观、具体的优点，但是这种分类方法过于复杂，导致其分类标准往往不够统一，进而导致各种不同的分类之间在界线上并不十分清晰，彼此之间可能存在重叠之处。同时，更为重要的是，由于这种分类撇开了个人信息的本质属性，因此，这种分类的法律意义不大。

2. 在线个人信息和脱机个人信息

区分个人在线身份与脱机身份是有意义的。其中，在线身份可以携带个人旨趣、对某种商品的评价、浏览网页的行为、购买历史等个人信息。在线身份就是我们经济学模型上所谓的消费者类型（type）。在电子交易中，在线身份常常与用以跟踪消费者行为的cookies或IP地址联系在一起。

而脱机身份则代表个人的实际身份，它往往与个人的信用卡和社会保障账户号码联系在一起。当在某个网站上注册了自己的电子邮箱地址时，所披露的是在线身份；如果在该网站上利用信用卡进行一种交易，所披露的则是脱机身份。

当然，这种区分也会有一些问题，即在现实生活中同一个人的在线身份和脱机身份往往是联系在一起的，通过对来自不同渠道的数据进行匹配可以确认出匿名身份者的实际身份。例如，某人在某网站上注册时使用了一个不可识别（身份）的电子邮箱地址，同时，当他使用他的信用卡在线支付时，他计算机上的 cookies 和电子邮箱地址也会与他的信用卡信息联系起来。可见，信息技术不仅可以被用来跟踪、分析和将大量数据联系起来，同时，也可以将许多（有联系的）数据分解成为散乱的信息，这样，脱机信息和在线信息就可以被有效地区分开来。在一个商业网站上的购买记录可以与某个在线支付账号联系起来，尽管这种支付是通过匿名支付系统完成的[1]。

3. 按照个人信息的敏感程度分类

将个人信息区分为敏感个人信息和琐碎个人信息并据此采取不同程度的保护措施是欧盟等许多国家和地区立法的做法。所谓的敏感个人信息，一般是指那些对个人有重要影响的个人信息。一般来说，敏感个人信息包括主体的种族起源、政治观点、宗教与道德信仰、工会组织、代理关系及与此有关的诉讼、性生活等方面的个人信息[2]。由此可见，它与个人隐私有很多的重合或重叠之处，但又与人们一般意义上的隐私范围有所不同。而所谓的琐碎个人信息，是指个人信息中除了敏感个人信息之外的其他信息。由于这些信息对个人的影响不如敏感个人信息那么大，因此，被称为琐碎个人信息。从有关立法的规定来看，之所以对个人信息作如此区分，乃是根据二者的敏感度不同而实行不同宽严程度的保护措施。一般来说，对于敏感个人信息而言，对其收集、加工和利用必须经过主体的明确同意，并需要采取严格和特殊的保护措施；对于琐碎个人信息，则往往不需要经过主体的明确许可，也

---

[1] Alessandro Acquisti, "Privacy and Security of Personal Information: Economic Incentives and Technological Solutions," http：//www.heinz.cmu.edu/~acquisti/papers/acquisti_eis_refs.pdf.

[2] 参见 95/46/EC Directive of Personal Data Protection, Art. 8。

不需要采取特殊、严格的保护措施。

4. 按照能否直接识别出主体身份分类

按照能否直接识别出特定自然人身份或者按照信息与主体之间的关联程度，个人信息可以分为直接个人信息和间接个人信息。前者是指那些据此可以直接识别自然人主体的个人信息，它一般包括姓名、肖像或形象、声音等；后者则是指那些必须借助其他方法方能识别特定自然人身份的信息，它一般包括身份证号码、（英国或美国等某些国家的）个人社会保障账户号码、基因信息等。另外，对于电子邮件信箱、电话号码等一般也可以作为间接个人信息标志。

显然，这种分类具有相对性，毕竟直接和间接总是与识别的主体及其范围联系在一起的。例如，对于某一范围的群体来讲，大家都知道某一自然人的电话号码，因此，该号码对于该特定群体的人来讲就可以作为该自然人的直接标志，而对于其他不熟悉该自然人与该电话号码之间的特定联系的人而言，其电话号码对于该特定自然人就只能是其间接个人信息标志，因为，他们可以据此通过电信服务机构的信息登记处查询而获悉该号码的用户就是该自然人；或者，虽然电信服务机构登记的电话使用人和实际的电话使用人不一致，但是，我们仍然可以从实际使用人那里获悉登记人的身份。由于直接个人信息和间接个人信息的分类具有相对性，而且没有从个人信息的功能、性质等基本属性方面出发，故该种分类在对不同类型的个人信息的确权和保护上不具有法律意义。

尽管这种区分具有相对性，但是，它仍然是对现有各国有关法律制度的一个真实写照。实际上，目前各国成熟的个人信息法律保护制度大多是针对直接个人信息的，如各国的姓名权、肖像权、声音权，乃至形象权或公开权等主要是以直接个人信息的使用为规制对象的。之所以如此，其根本原因在于受信息技术的限制，早期人们对间接个人信息的利用基本上很少，往往只能限于一些直接个人信息。随着网络时代和信息时代的到来，信息技术，尤其是信息收集和信息加工技术的发展使得间接个人信息的使用价值被发现且被大大提升，由此，对一些诸如消费者消费倾向、偏好等存在于网络环境上的间接个人信息的利用获得了前所未有的发展，相应地，对于这些间接个人信息的法律保护，尤其是财产权的保护问题则显得更为突出。也正是这个原因，人们目前所讨论的个人信息法律保护问题，主要是针对姓名、声音、肖像等直接个人信息之外的存在于网络环境的间接个人信息而言的。

5. 本文的观点——按照与人格利益、名誉是否有直接关系分类

本文认为，虽然像欧盟《指令》等立法采取"敏感个人信息"和"琐碎个人信息"的分类方法有利于根据不同的个人信息分别给予强弱不同的法律保护，但是，其缺点也是非常明显的。首先，由于"敏感"一词的主观性太强，对于同样类型的个人信息，其敏感度完全可能因不同的主体而完全不同，因此，与将个人信息分为直接个人信息和间接个人信息一样，该种分类也具有相对性和不确定性。其次，"敏感"既不是一个严格的法律范畴，也无法从法律上对其进行界定。它与我们所谓的隐私虽有重合之处，但与我们法学上和日常生活中理解的隐私存在着很多不同。同时，更为重要的是，敏感与否不是对个人信息从本质属性上的区分，因此，该种分类无法从法律上对不同类型的个人信息提供不同性质的权利保护。

笔者认为，鉴于目前存在的各种分类方法都存在一个共同的缺陷，即不是根据个人信息的不同价值或功能进行分类，无法为法律针对不同类型的个人信息分别提供不同性质的权利保护提供理论依据。因此，科学、合理的分类方法应该是根据信息与主体人格利益是否有直接关系，将个人信息分为与人格利益有直接关系的个人信息和与人格利益没有直接关系的一般个人信息。这种分类的法律意义在于，对于与人格利益有直接关系的个人信息，法律应该给予其人格权保护；对于与人格利益没有直接关系的一般个人信息，法律就不应该将其纳入人格权的保护之中。不过，在现行民法及其理论下，这类信息只给予了人格权保护而没有给予财产权保护。后者是指那些与人格利益没有直接关系的个人信息，如教育信息、财产信息、消费习惯等，对这类个人信息的公开或披露本身不会导致主体人格利益的损害（对其滥用可能会造成主体的其他权利受到侵害），只会导致主体的财产利益受到损失。但是，目前，这类信息在现行民法及其理论下要么得不到应有的财产权保护，要么是被视为与人格尊严有关的个人信息而被纳入人格权保护范围。

当然，在与人格利益有直接关系的个人信息中，还可以按照与名誉是否有直接关系进一步区分为与名誉有直接关系的"隐私"和与名誉无直接关系但与人格利益有直接关系的个人信息。其中，前者应该是我国法律上的阴私[1]，后者属于姓名权、肖像权、声音权等传统人格权保护的对象。还有一些与人格尊严有直接关系的个人信息，该类信息属于主体不愿意被知悉和披露的个人信息，即使不考虑后续的滥用行为本身，该类信息一经披露和被他人知悉，就会对主体的社会评价或名誉造成消极影响，该类信息就是我国传统法律上的"阴私"。阴私与姓名、肖像、声音等个人信息相比，其共同点如下：都与人格利益有直接关系，如果滥用，都会对主体的人格利益造成伤害，因此都应该给予人格权保护。但是，正常披露或公开主体的姓名、肖像、声音等个人信息本身并不会对主体的名誉或社会评价造成消极影响，只有滥用时才会对主体的人格利益造成损害；而对于诸如与性有关的个人信息、不为人知的重大疾病和生理缺陷、个人情感经历等阴私而言，它们攸关主体的尊严或名誉，滥用不仅会造成主体人格利益或名誉的损害，即使是公开、披露行为，也会对主体的名誉造成损害。

将个人信息作上述分类的法律意义在于可以根据不同性质的个人信息分别给予不同的保护方法。据此，对于与人格利益没有直接关系的个人信息而言，基于保护言论自由等公共利益的考虑，法律不应该禁止对这类信息的正常传播和利用，而是应该防止诸如利用个人信息发送垃圾信息、打骚扰电话、身份盗用或假冒等非法滥用行为；法律的任务是保护其商业价值，并将其商业价值视为属于个人的财产权益，对于那些非法买卖个人信息的行为视为侵犯财产利益的行为。对于那些与人格利益有直接关系的个人信息而言，

---

[1] 我国内地的法律传统上并没有"隐私"一词，却有"阴私"之说。"阴私"俗称见不得人的事情，对其公布会造成主体的名誉受到消极影响，一般来说，它与性有关。"阴私"作为一个法律概念首次被1956年的《人民法院组织法》明确之后在多部法律中出现和使用过。1986年的《民法通则》中并没有"隐私"的规定，而最高人民法院在之后的司法解释中规定"以书面、口头等形式宣扬他人的隐私……等方式损害他人名誉，造成一定影响的，应当认定为侵害公民名誉权的行为"。显然，这里的"隐私"实际上是我国传统上的"阴私"，而非西方法律中的"隐私"。《民法通则》的这种没有明确规定"隐私权"而在司法解释中把它置于名誉权的保护之下的做法被后来很多大陆主流学者批评为重大的立法缺陷。实际上，这恰恰反映出我国学者在法学研究中的妄自菲薄、缺乏自信的心态。这是因为隐私是一个与政治、经济、文化、习俗等有密切关系的概念，同时它在法学、心理学、社会学、政治学、经济学、日常生活等不同学科、不同语境下有不同的含义。因此，不考虑这些因素把本属于西方社会的隐私观照搬移植到中国社会的做法，不仅与中国的传统不符合，也会造成整个社会对隐私缺乏一个基本共识。这种状况是导致中国社会目前个人信息保护诸多困境的一个错误认识的根源所在。

由于其同时兼有商业价值，因此，除了应该给予其人格权的保护外，还应该给予其财产权的保护。不过，对于与人格利益有直接关系的这类个人信息又可以根据其与名誉的关系进一步区分为与名誉有直接关系的阴私和与名誉无直接关系的其他个人信息两类。对于阴私而言，法律保护的重点在于防止被非法知悉，以保护主体的人格尊严和名誉；对于如姓名、肖像、声音等与名誉没有直接关系的个人信息，虽然法律应该保护其中的人格利益，但保护的重点不是防止被知悉，而是防止被滥用，因为这种滥用本身会造成对主体人格利益的侵害，当然，也可能造成对其商业价值的侵害。

二　中国个人信息保护的有关立法及其理论基础

（一）既有的立法

目前，在中国内地，关于个人信息保护的法律规范主要散见于《民法通则》《居民身份证法》《刑法》《侵权责任法》《全国人民代表大会常务委员会关于加强网络信息保护的决定》等。其中，《民法通则》规定了公民享有姓名权[①]、肖像权[②]、名誉权[③]，并规定了侵权救济方式，受害人可以请求停止侵害、恢复名誉、消除影响、赔礼道歉并可以要求赔偿损失[④]。由于《民法通则》没有规定隐私权，而最高人民法院《关于贯彻执行〈中华人民共和国民法通则〉若干问题的意见（试行）》将隐私权纳入名誉权的保护之中，即以书面、口头等形式宣扬他人隐私造成一定影响，构成名誉侵权[⑤]。2009年通过的《侵权责任法》第2条除了明确姓名权、肖像权、名誉权外，虽然也明确确认了隐私权的独立存在，但究竟何谓隐私，在实际中仍然是一

[①] 《民法通则》第99条规定，公民享有姓名权，有权决定、使用和依照规定改变自己的姓名，禁止他人干涉、盗用、假冒。
[②] 《民法通则》第100条规定，未经本人同意，不得以营利为目的使用公民的肖像。
[③] 《民法通则》第101条规定，公民的人格尊严受法律保护，禁止用侮辱、诽谤等方式损害公民的名誉。
[④] 《民法通则》第120条规定，公民的姓名权、肖像权、名誉权、荣誉权受到侵害的，有权要求停止侵害，恢复名誉，消除影响，赔礼道歉，并可以要求赔偿损失。
[⑤] 《关于贯彻执行〈中华人民共和国民法通则〉若干问题的意见（试行）》第140条规定，以书面、口头等形式宣扬他人的隐私，或者捏造事实公然丑化他人人格，以及用侮辱、诽谤等方式损害他人名誉，造成一定影响的，应当认定为侵害公民名誉权的行为。

个仁者见仁智者见智的概念。

《居民身份证法》规定了居民身份证上记载的信息包括姓名、性别、民族、出生日期、常住户口所在地住址、公民身份证号码、本人相片、指纹信息、证件的有效期和签发机关等①。同时规定，公安机关及其人民警察对因制作、发放、查验、扣押居民身份证而知悉的公民的个人信息，应当予以保密②。国家机关或者金融、电信、交通、教育、医疗等单位的工作人员泄露在履行职责或者提供服务过程中获得的居民身份证记载的公民个人信息，构成犯罪的，依法追究刑事责任；尚不构成犯罪的，由公安机关处十日以上十五日以下拘留，并处五千元罚款，有违法所得的，没收违法所得。对他人造成损害的，依法承担民事责任③。人民警察泄露因制作、发放、查验、扣押居民身份证而知悉的公民个人信息，侵害公民合法权益的，根据情节轻重，依法给予行政处分；构成犯罪的，依法追究刑事责任④。

《刑法》规定，国家机关或者金融、电信、交通、教育、医疗等单位的工作人员，违反国家规定，将本单位在履行职责或者提供服务过程中获得的公民个人信息，出售或者非法提供给他人，情节严重的，处三年以下有期徒刑或者拘役，并处或者单处罚金。窃取或者以其他方法非法获取上述信息，情节严重的，依照前款的规定处罚。单位犯前两款罪的，对单位判处罚金，并对其直接负责的主管人员和其他直接责任人员，依照各该款的规定处罚⑤。

《全国人民代表大会常务委员会关于加强网络信息保护的决定》规定，国家保护能够识别公民个人身份和涉及公民个人隐私的电子信息。任何组织和个人不得窃取或者以其他非法方式获取公民个人电子信息，不得出售或者非法向他人提供公民个人电子信息⑥。网络服务提供商和其他企业事业单位在业务活动中收集、使用公民个人电子信息，应当遵循合法、正当、必要的原则，明示收集、使用信息的目的、方式和范围，并经被收集者同意，不得

---

① 参见《居民身份证法》第 3 条的规定。
② 参见《居民身份证法》第 6 条的规定。
③ 参见《居民身份证法》第 19 条的规定。
④ 参见《居民身份证法》第 20 条的规定。
⑤ 参见《刑法》第 253 条的规定。
⑥ 参见《全国人民代表大会常务委员会关于加强网络信息保护的决定》一。

违反法律、法规的规定和双方的约定收集、使用信息。网络服务提供商和其他企业事业单位收集、使用公民个人电子信息，应当公开其收集、使用规则[1]。网络服务提供商和其他企业事业单位及其工作人员对在业务活动中收集的公民个人电子信息必须严格保密，不得泄露、篡改、毁损，不得出售或者非法向他人提供[2]。网络服务提供商和其他企业事业单位应当采取技术措施和其他必要措施，确保信息安全，防止在业务活动中收集的公民个人电子信息泄露、毁损、丢失。在发生或者可能发生信息泄露、毁损、丢失的情况时，应当立即采取补救措施[3]。公民发现泄露个人身份、散布个人隐私等侵害其合法权益的网络信息，或者受到商业性电子信息侵扰的，有权要求网络服务提供商删除有关信息或者采取其他必要措施予以制止[4]。任何组织和个人对窃取或者以其他非法方式获取、出售或者非法向他人提供公民个人电子信息的违法犯罪行为以及其他网络信息违法犯罪行为，有权向有关主管部门举报、控告；接到举报、控告的部门应当依法及时处理。被侵权人可以依法提起诉讼[5]。有关主管部门应当在各自职权范围内依法履行职责，采取技术措施和其他必要措施，防范、制止和查处窃取或者以其他非法方式获取、出售或者非法向他人提供公民个人电子信息的违法犯罪行为以及其他网络信息违法犯罪行为。国家机关及其工作人员对在履行职责中知悉的公民个人电子信息应当予以保密，不得泄露、篡改、毁损，不得出售或者非法向他人提供[6]。

  由工业和信息化部（简称工信部）2011年发布、2012年3月开始实施的《规范互联网信息服务市场秩序若干规定》对个人信息的保护也有涉及。按照该规范，未经用户同意，互联网信息服务提供商不得收集与用户相关、能够单独或者与其他信息结合识别用户的个人信息，并规定了用户个人信息保护的四项原则：①同意原则，即收集或者提供给他人用户个人信息，必须经用户同意。②目的明确原则，即收集用户个人信息，必须告知用户收集和处理用户个人信息的方式、内容和用途，不得将用户个人信息用于用户已同

---

[1] 参见《全国人民代表大会常务委员会关于加强网络信息保护的决定》二。
[2] 参见《全国人民代表大会常务委员会关于加强网络信息保护的决定》三。
[3] 参见《全国人民代表大会常务委员会关于加强网络信息保护的决定》四。
[4] 参见《全国人民代表大会常务委员会关于加强网络信息保护的决定》八。
[5] 参见《全国人民代表大会常务委员会关于加强网络信息保护的决定》九。
[6] 参见《全国人民代表大会常务委员会关于加强网络信息保护的决定》十。

意的目的之外的目的。③必需原则，即收集的用户个人信息，必须是互联网信息服务提供商提供服务所必需。④安全原则，即互联网信息服务提供商必须妥善保管收集的用户个人信息，在保管的用户个人信息泄露或者可能泄露时，应当立即采取补救措施。

（二）理论基础

目前，在中国内地，关于个人信息保护的立法和理论研究，虽然也借鉴了美国立法和实践的做法①，但是，总体而言，基本采用了欧盟《指令》的做法及其背后的人格权理论基础。

众所周知，欧盟《指令》建立在将隐私与数据保护问题视为一项基本人权与自由问题的基础上②，其理论基础是强大而不可剥夺的个人权利③。在此模式下，基本人权对于经济发展和机会选择具有绝对优先地位，其基本出发点是主体拥有控制自己个人信息的自由④。在此立场下，主体对自己个人信息的控制权被认为是一种基本权利和自由。

从数据主体所享有的权利上看，欧盟《指令》规定了数据主体的基本权利，其包括：知情权（对数据加工者或接收者的身份，收集、加工使用特定环境与目的等方面的信息的知悉权）⑤；进入权（有权在合理的时间内、无须费用的情况下要求数据控制者提供诸如是否有关于自己的个人信息被加工、被加工的信息类型、信息加工的目的、信息将要披露的对象或对象的类型；有权要求以可读的形式获取正在加工的自己的个人信息；有权修改、删除、阻止任何不符合《指令》的数据加工；有权通知其个人信息所披露的第三方有关其个人信息的修正、删除等）⑥；反对权（在数据控制者或数据

---

① 由于美国法上的隐私实际上就是"个人信息"，虽然它与我国传统上的隐私观存在很大差别，但是，在我国，主流观念却将个人信息视为我国传统的隐私，即不希望别人知悉的个人信息。由此，在个人信息的保护上注重"保密""防泄露"而不是"防止滥用"。
② 参见 EC Directive, Art. 1。
③ Joel R. Reidenberg, "Resolving Conflicting. International Data Privacy Rules in Cyberspace," *Stanford Law Review* 52（2000）：1315，http：//reidenberg. home. sprynet. com/international_rules. pdf.
④ Martin E. Abrams：《新兴数字经济时代的隐私、安全与经济增长》，温珍奎译，转引自周汉华《个人信息保护前言问题研究》，法律出版社，2006，第14页。
⑤ 参见 EC Directive, Art. 10, 11。
⑥ 参见 EC Directive, Art. 12。

披露给的第三方基于履行维护公共利益或官方授权职责或为了追求合法目的而加工其个人数据时，有权以同样的理由反对对其个人信息的加工，除非法律有明确的规定；一旦反对的理由成立，不得继续对其个人信息进行加工；有权反对数据控制者或被披露给的第三方基于直接市场目的而加工其个人信息）①；不受约束权（有权拒绝接受仅仅根据自动加工诸如工作表现、信用记录可靠性等方面的个人信息所得出的对其具有法律后果或有实质影响的任何决定的约束）②。

从数据收集、处理的基本规则来看，按照欧盟《指令》，没有合法根据，不得处理个人数据。个人数据仅得用于数据主体同意的目的③，或者数据收集时数据主体应该合理知悉的目的④。处理敏感个人数据时必须得到数据主体的明确同意。个人数据必须准确，必要时应该更新⑤。数据处理与数据收集目的之间应该具有相关性、合适性⑥。数据主体应该被告知数据处理的目的等方面的信息⑦。数据处理机构应该采取适当的技术和组织安全措施，以防止处理过程中的风险⑧。数据主体有权知悉以下信息：信息处理者的身份；与其有关的数据是否正在被处理的确切消息，如果正在处理，有权知悉处理的目的、数据类型、数据接收者及其类型、数据自动处理的计算器逻辑等。校正、删除和分别处理与《指令》不符的数据，以及通知接收数据的第三人进行修正、删除和分别处理；在某些情况下，数据主体也可以反对对其数据的处理⑨。

从《指令》的上述规定来看，整个个人信息的收集、加工、传播、利用过程就是作为信息所有人的个人的自由意志的展开和实现的过程。因此，学者们也称该模式为所谓的"信息控制模式"。为了充分保护数据主体的权利和对数据收集、加工行为的监管，欧盟《指令》要求各国成立数据监管

---

① 参见 EC Directive, Art. 14。
② 参见 EC Directive, Art. 15。
③ 参见 EC Directive, Art. 7 (1)。
④ 参见 EC Directive, Art. 6 (1) (b)。
⑤ 参见 EC Directive, Art. 6 (1) (d)。
⑥ 参见 EC Directive, Art. 6 (1) (c)。
⑦ 参见 EC Directive, Art. 10, 11。
⑧ 参见 EC Directive, Art. 17。
⑨ 参见 EC Directive, Art. 14。

机构，强调公权力在个人信息保护中的地位和作用。

自2003年开始，中国内地开始关注个人信息立法。当时的国务院信息化办公室委托了中国社会科学院法学研究所（简称社科院法学所）的周汉华教授组织起草中国个人信息保护立法建议稿。几乎同时，重庆大学的齐爱民教授也在进行类似的专家建议稿的起草工作。从这两位学者的建议稿和在一些场所的有关言论来看，基本上采用了欧盟的做法[①]。

在中国民法典人格权编的起草中，以王立明教授为主的学者也基本上采取欧盟"控制权"说，将个人信息保护纳入人格权编中，将主体对其个人信息所享有的权利叫作个人信息权，它在性质上是一种信息自决权，是一种主体对自己个人信息的控制权[②]。

三 对既有立法和理论的评价分析

综观大陆地区的有关立法和理论，其中包括以下几个方面。

（一）关于隐私泛化和隐私权保护的问题

从20世纪90年代开始，由于一些学者开始介绍引进西方的隐私观，我国传统的阴私观开始备受冷落，《民法通则》将阴私（隐私）观置于名誉权保护下的做法开始受到主流学者的批评。随着西方隐私观的影响，我国传统的阴私观无论是在立法上，还是在法学教育上，抑或是日常生活中则基本上被忘记。由于在接受欧美隐私观的时候，国内学者中有的是借用美国隐私概念（酒瓶）来装欧洲隐私的内涵（酒），有的更是将两者统统拿来使用，其兼容并蓄的结果导致了国人对隐私的认识越来越模糊，分歧越来越大。因此，法律上的隐私便成为一个仁者见仁智者见智的概念。总体来说，在中国内地，隐私泛化的现象越来越严重，将个人信息视为隐私的观念越来越成为主流观

[①] 关于周汉华的观点，请参见周汉华主编《中华人民共和国个人信息保护法（专家建议稿）及立法研究报告》，法律出版社，2006；http://old.chinacourt.org/public/detail.php?id=147311。关于齐爱民教授的观点，请参见齐爱民《个人信息保护法示范法草案学者建议稿》，《河北法学》2005年第6期；http://www.law.ruc.edu.cn/Article/ShowArticle.asp?ArticleID=36485。

[②] 参见王利明《论个人信息权在人格权法中的地位》，《苏州大学学报》2012年第6期；王利明：《网络环境下人格权的保护》，《地质大学学报》2012年第4期。

念。基于这种认识，立法和理论基本上对所有个人信息都不加区分地采取隐私权或人格权的保护模式。这种模式在立法上具有三个方面的缺点。

首先，把所有个人信息都视为隐私给予人格权保护的观念看似尊重人，实际上不仅不利于受害人维权，而且在客观上有鼓励和纵容侵权行为的效果。这是因为在大陆法系，按照人格权和财产权区分的法理，人格权受到侵害后原则上是不能主张财产损害赔偿的，反之则相反。在人格权保护制度下，对于非法买卖个人信息的侵权行为，受害人是不能主张财产损害赔偿的[①]，因此，现有的诸如停止侵害、赔礼道歉、恢复名誉、消除影响等非财产责任救济方式对于受害人来说意义不大，导致其维权成本很高，即使赢了官司也会赔钱；而对于侵权人来说，意义重大，因为他无须为此承担财产责任，即其侵权行为的成本很低。由此，在单纯的人格权模式下，不仅不利于受害人维权和遏制侵权行为的发生，反而在客观上有鼓励侵权行为的发生和遏制受害人维权的效果。故此，不加区分地将所有个人信息都纳入人格权保护之中，单纯实行人格权保护的理论和立法模式在客观上将会与其立法宗旨背道而驰。

其次，不加区分地对所有个人信息都采取所谓的隐私权或人格权保护模式，不利于言论自由、知情权等公共利益的实现。毫无疑问，社会公众对于一些与社会和公共利益有关的人物和事件有知情权，有言论监督的权利。而要实现这些权利，离不开对个人信息的正常使用。因此，如果将所有个人信息都纳入隐私权或人格权的保护之中，势必会构成对社会公众言论自由、知情权的不当限制，不利于正常的社会交往活动。

最后，不加区分地将所有个人信息视为隐私或纳入人格权保护之中，不利于正常生活活动和社会交往。事实上，个人信息也是正常社会活动和社会交往的基础。像家庭住址、工作单位、教育背景、电话号码、电子邮箱地址等个人

[①] 《侵权责任法》第20条规定，"侵害他人人身权益造成财产损失的，按照被侵权人因此受到的损失赔偿；被侵权人的损失难以确定，侵权人因此获得利益的，按照其获得的利益赔偿；侵权人因此获得的利益难以确定，被侵权人和侵权人就赔偿数额协商不一致，向人民法院提起诉讼的，由人民法院根据实际情况确定赔偿数额"。尽管有学者认为，《侵权责任法》第20条的规定可以解决人格权遭受损害的赔偿问题，但是该条规定实际上违背了人格权与财产权区分理论，使得作为大陆法系民法学根基的人格权与财产权区分理论面临困境，同时，该条规定还会面临受害人死亡后其个人信息遭受侵权的救济难题，毕竟，人格权是与自然人同生共亡的，自然人一旦死亡，其人格权便不复存在了。在此情况下，对于买卖死者个人信息的行为，该条便无适用的余地。

信息正是基于社会交往而产生的，其正常的功能就在于正常的社会交往活动。如果将其纳入隐私权或人格权保护之中，认为未经许可向他人披露这些信息的行为是侵权行为，将不利于正常的交往活动①。当然，有些情况下确实会出现一些滥用现象，有时甚至会很严重。但理论和立法不能因噎废食，而应该通过立法来防止滥用，而不是防止所谓的"泄露"。因此，基于正常的社会交往活动而知悉或使用这些个人信息不仅符合这些个人信息的正常价值，也有利于整个社会。而如果将家庭住址、工作单位、电话号码等与人格利益没有直接关系的个人信息也纳入隐私权或人格权保护之中，必将不利于正常的社会交往活动。

（二）关于滥用问题在个人信息保护中的意义

目前，在中国内地，在讨论个人信息保护所面临的问题时，几乎都将矛头指向各种"披露"问题；在讨论如何解决这些"披露"问题时，学者几乎都认为应该通过包括法律在内的各种手段来保证个人信息的"安全"，防止非法"披露"问题。其逻辑依据是，手机号码、家庭住址、工作单位、电子邮箱地址等属于个人隐私，是不能被知悉的，正是非法"披露"才导致了非法滥用；没有非法"披露"，就不会有各种非法滥用行为。因此，防止非法"披露"可以防治对个人信息的滥用问题。这种观念一方面没有看到像家庭住址、工作单位、手机号码、电子邮箱地址等产生于社会交往过程中的个人信息具有不同于那些攸关名誉的个人信息的价值和功能，正常利用是这些个人信息赖以产生和存在的基础，法律不应该禁止对这些信息的知悉和正常利用，而应该禁止对这些信息的滥用。既然如此，立法规制的重点就不应该是所谓的"披露"行为，而应该是后续的滥用行为，这是因为正常利用需要以"披露"为前提。事实上，像家庭住址、工作单位、电话号码、电子邮箱地址等个人信息，我们从入学、求职、考核等各种场所都已经无数次向无数个主体提供过，我们根本不知道我们的这些个人信息事实上已经被多少人知道。这样，知道我们这些个人信息的主体是无数个，而我们又怎么能够证明

---

① 例如，当我们的一个很久不联系的好友、同学、亲戚等需要知道我们的电话、电子邮箱地址时，如果他们向知道我们信息的人提出告诉请求时，按照目前的主流观点，如果未经我们本人同意，这种情况下的擅自披露行为被视为一种隐私侵权行为。如此，要么知悉我们联系方式的人拒绝告诉，要么在经过联系获得同意后再告诉他人。对于前者，显然不符合我们的愿望；对于后者，徒增了别人的联系成本。

是由某一特定的主体的"披露"才导致了滥用我们这些个人信息问题的！显然，要想真正遏制对个人信息的滥用行为，必须把注意力放在滥用环节的预防和治理上，而不是本末倒置，把注意力放在禁止"披露"环节上。

目前，中国内地的个人信息的滥用问题主要体现为发送垃圾短信和垃圾邮件等垃圾信息、拨打骚扰或诈骗电话、身份冒用等方面。而对于滥用行为尤其是目前广泛存在的商业垃圾信息发送行为、骚扰或诈骗电话行为，其技术成本几乎为零，因此，对于这些滥用者来说，他事实上无须知道这些信息的主体是谁，只要按照一定的排列顺序随机发送或拨打即可。因此，即使没有所谓的"披露"行为，滥用者也完全可以通过低成本的发送方式将这些信息发送到接收者——受害人那里。因此，立法规制的重点应该是防止滥用行为而不是前面的"披露"行为，否则，不仅会对个人信息的正常利用构成不必要的妨碍，更不利于问题的解决。

（三）关于隐私侵权无助的问题

在大陆法系的现行立法和理论上，不承认个人信息的商业价值的独立法律地位，将其纳入人格权的保护之中并冠以"人格权的商业化利用"。且不说"人格权的商业化利用"与我们对人格权伦理价值的最初认识完全相悖，而且还会面临人格权与财产权的区分困境，最重要的是还会面临自然人死亡后其个人信息商业价值的利用与保护问题：因为人格权是与自然人同生共亡的，自然人死亡后，人格权自然就不存在了，如此，原来被视为人格权保护内容的商业价值也就失去了依托，无法被继承，进而也就无法得到保护了。基于这种立法和理论，目前各种基于商业目的的非法买卖行为也就被认为是一种侵犯隐私权或人格权的行为。同时，由于立法和理论不承认手机内存、电子邮箱空间等信息存储空间的独立法律地位，因此，对于垃圾信息发送行为来说，主流观念认为其是对隐私权的侵犯[1]。这样，受害人以侵犯隐私权为理由将非法买卖个人信息或垃圾信息发送者起诉到法院，即便获得胜诉，也只能主张停止侵害、赔礼道歉、消除影响、恢复名誉等非财产责任救济。而这些责任无论是对于受害人而言，抑或是对于垃圾信息的发送者来说，

---

[1] 事实上，对于垃圾信息的发送而言，从内地现行的法律规定和人们对隐私的认识来看，如果受害人诉诸法律，法院很可能不予受理。

基本上都没有什么实质意义。其结果是，受害人即使赢了官司，也赔了钱和不少的时间、精力。如此，其维权的积极性便受到了极大的遏制，这就是为何目前各种非法买卖个人信息和发送垃圾信息问题虽然很严重却鲜有受害人个人站起来维权的立法和认识根源。同时也从另一个方面说明了这种立法和观念在客观上具有鼓励和纵容非法买卖个人信息和发送垃圾信息行为的效果。这就是为何非法买卖个人信息和垃圾信息发送行为如此猖獗的立法根源和观念所在。

（四）关于信息保护与防治滥用问题

本来，个人信息上存在的人格利益和商业价值在本质上属于私人权益，在保护上应该像其他民事权益一样主要通过民法规制和个人维权来实现，公法和公权力的介入应该仅仅针对那些社会危害性比较大的侵权行为。但是，作为中国内地理论和立法比较看好的欧盟《指令》以及欧盟各国立法由于将个人信息保护视为基本人权，因此，其在个人信息保护问题上突出公法和公权力机构的作用，建立数据管理制度，对个人信息收集、加工、使用等行为予以监管。近年来，有关学者在草拟法律草案和公开言论中极力宣扬欧盟《指令》和欧盟成员国有关立法的这种做法，忽视私法保护和个人维权的地位和作用，久而久之，这种观点似乎逐渐变成了主流观点，以至于近年来的一些立法基本采纳了这种观点，比较典型的是2012年全国人民代表大会常务委员会的《关于加强网络信息保护的决定》、工信部开始实施的若干规定；另外，一些立法草案中也采纳了这种做法，如工信部2013年刚刚公布的《电信和互联网用户个人信息保护规定》（征求意见稿）、《山西省信息化条例（草案）》等。

且不论欧盟《指令》及欧盟成员国立法的实际效果如何，但就中国国情与欧盟成员国的国情差别而论，在中国采用其做法是欠缺科学性、合理性的。众所周知，在欧盟域内，大部分成员国国土面积小、人口少，实行民主政治体制，国民的法治观念和权利意识比较强，政府也具有较高的公信力。如果说在此基础上欧盟各国通过公法和公权力来保护个人信息尚具有一定合理性的话，那么，在我国，地域范围和人口数量远大于欧盟、国情比较复杂、国民的法治观念和权利素养较弱，指望公权力机构来监管商家的个人信息收集、加工、处理和买卖行为，保护我们的个人信息，其科学性、合理性便是值得怀疑的。更何况，在现代市民社会里，如果能够通过私法规制和私权保护就可以解决的问题，政府就不应该强行进入。因此，即便欧盟强化公权力在个人信息保护领域的做法在其境内确实有效，也未必在中国这样一个国情完全不同于欧盟成员国的国度生效。

基于上述考虑，我们应该根据自己的国情，根据个人信息的私权性质，走有中国特色的个人信息保护立法道路。有鉴于此，在中国个人信息保护理论和立法上，应该构建私法规制和私人维权为主、公法规制和公权力介入为辅的理论和制度。

（五）关于技术层面的可操作性问题

从技术上讲，欧盟《指令》中个人所享有的知情权、进入权、查询权、反对权、修改权、删除权等被德国学者称为"信息自决权"[1]，赖以实现的前提应该是他/她知道其个人信息何时、何地、被何人收集、存储于何地，否则，这（些）权利根本无法实现。

如果从立法演进的历史来看，欧盟《指令》源于20世纪70年代初美国的公平信息原则（Fair Information Principles，FIPs）[2]。在那个年代，它所面临的是只有少数政府机构或大型金融机构收集、加工处理和使用个人信息的社会背景，因此，一般情况下，个人能够知道自己的个人信息何时、何地、被何人收集、存储于何地，由此其权利实现所面临的困难不大。然而，在21世纪的今天，包括电信网、广电网、计算机网络在内的互联网几乎无处不在、无时不有，只要我们使用网络，收集、加工、处理和使用个人信息的现象也就随之存在。再加上一些在传统条件下生成的文本形式的个人信息也随着数字化而被置于网络之上。但从技术上讲，我们根本无法准确地知道

---

[1] 参见〔德〕卡尔·拉伦茨《德国民法通论》，王晓晔等译，法律出版社，2003，第165~170页。

[2] FIPs 是 1973 年由美国国家健康、教育和福利部咨询委员会的咨询报告提出的，内容主要包括五个公平信息原则，故而简称 FIPs，其主要内容包括个人信息登记系统对于数据主体应该是公开的，数据主体有权进入、检查、核对和修正其中有关自己的个人信息；必须能够确保个人能够阻止那些未经自己同意而擅自将基于特定目的而收集的自己的个人信息用于其他目的；信息系统的组织者和管理者应该确保信息系统的可靠性和安全性，并对系统所造成的损害负责；监管机构有权干预私人之间的信息关系。参见 Kenneth C. Laudon, "Market and Privacy," *Communications of the ACM* Vol. 39, No. 9 (1996)。

诸如我们的姓名、家庭住址、工作单位、教育背景、电话号码、电子邮箱地址等用于社会交往的个人信息被哪些单位和个人收集及存储在什么地方。尤其是在云计算和大数据时代，移动互联网的迅猛发展，无论在何时、何地、何处，手机等各种网络入口以及无处不在的传感器等都会对个人数据进行采集、存储、使用、分享，而这一切大部分是在用户无法有效控制和知晓的情况下发生的。在此情况下，以之为蓝本的《指令》中所规定的"信息自决权"也就由于我们很难知悉自己的个人信息何时、何地被何人收集、加工、处理、存储于何地而很难实现。调查表明，80%的欧洲网站不遵守《指令》要求网站给予消费者的事后拒绝权，即有权拒绝网站存储和再使用其个人信息；超过63%的欧洲网站收集用户的个人信息，但只有32%的网站在收集个人信息前向消费者展示其隐私政策①。可见，即使在欧盟境内，其《指令》所确认的权利也大多无法实现。

因此，可以预见，以《指令》为范式的理论和立法注定不能解决现在和未来中国个人信息保护中所面临的问题。

四 中国的未来之路

个人信息的收集、加工处理、传播、利用都与信息技术密切相关，因此，有关个人信息保护的法律制度构建必须反映和适应信息技术发展的时代需要。毫无疑问，我们已经进入了全新的互联网时代，而不再是单纯的计算机网络时代，更不是20世纪70年代只有少数大型计算器的时代。互联网技术，尤其是移动互联网和云计算的普及使得包括个人信息在内的信息收集、加工、处理、利用无时不在，无处不有。而以20世纪70年代少数大型计算器收集、加工、处理、存储、利用个人信息为背景的FIPs为基础构建起来的欧盟《指令》已经过时，因此，在中国未来的个人信息保护制度构建应该根据中国国情构建有中国特色、适应时代发展需要的个人信息保护制度。

---

① 调查表明，80%的欧洲网站不遵守欧盟指令要求网站给予消费者选择退出权，即有权拒绝网站存储和再使用其个人信息；超过63%的欧洲网站收集用户的个人信息，但只有32%的网站在收集个人信息前向消费者展示其隐私政策。参见 U.S.G.P.O., *Privacy in the Commercial World: Hearing Before the Subcommittee on Commerce, Trade, and Consumer Protection*, March 1, 2001, http://www.access.gpo.gov/congress/house。

（一）观念、指导思想与基本原则

1. 树立正确的隐私观

隐私作为一个西方概念，即使在西方，大家的认识也分歧很大。在中国内地，隐私是一个仁者见仁智者见智的概念，社会公众在认识上普遍存在着隐私泛化问题，即把隐私等同于个人信息，把所有个人信息都视为隐私。这种现象不仅不利于隐私的保护，也不利于个人信息保护制度的构建。实际上，隐私在法学、社会学、心理学、经济学、日常生活等不同学科、不同语境下有不同的含义，同时，它又有浓厚的地域特征，与特定地域的文化、习俗、传统等因素密切相关。

目前，在理论上，很少有人在不同学科、不同语境的背景下来研究隐私，人们往往把不同学科、不同语境、不同地域环境下的隐私概念不加区分，所以才导致了人们对隐私的认识分歧很大。理论上讲，法学上的隐私是通过隐私权予以保护的对象，而隐私权的存在意味着社会公众的行为自由必须受到应有的限制，因此，它应该是一个内涵确定、外延明确的概念。然而，按照目前主流的隐私观，法律上的隐私则是一个内涵不确定、外延不明晰、仁者见仁智者见智的概念。由此，社会公众的行为自由就会受到不当的限制，他人就会随时有被诉侵权的可能。

基于上述考虑，法律上的隐私应该是指与公共利益没有直接关系，同时又直接攸关人的尊严或社会评价的个人信息。据此，法律上的隐私跟我国传统的阴私有共同之处，即都与人的尊严或名誉有直接关系。但是，如果把传统的阴私局限于与性有关的个人信息，那么，法律上的隐私应该范围更广泛一些，它包括但不限于我国传统上的阴私，即除了阴私外，还包括不为人知的重大生理缺陷或疾病、恋爱等个人信息。这样，在我国，大家就会对法律上的隐私形成共识，便于从法律上更好地保护隐私。据此，凡是未经允许，擅自刺探、公布、传播、利用他人隐私的，就是一种侵权行为；如果进行商业利用，受害人除了要求侵权人承担人格侵权的法律责任外，还可以要求财产损害赔偿。

2. 坚持以私法规制和个人维权为主的指导思想

如前所述，由于个人信息及其利益保护主要关乎主体和主体之间的利益关系，考虑到应该尽量节约公权力资源，因此，有关个人信息保护的立法应该坚持以私法规制和私人维权为主，公法规制和公权力介入为辅的立法指导思想。

有关个人信息的分类、确权及权利范围、个人信息财产权益的实现、权利救济等应该由《民法总则》《合同法》《侵权责任法》等进行规范。当然，由于个人信息保护也关乎公众的言论自由、知情权以及产业发展，故单纯的私法规制难以胜任，需要公法适当介入。一般来说，公法规制只能针对那些比较严重的侵权行为，公权力介入的领域只能是市场准入、秩序监管以及针对严重的违法侵权问题等领域。基于这种指导思想，法律制度的构建应该从有助于私人维权的角度出发，尽量节约公权力资源。

3. 坚持保护与利用相结合的指导思想

所谓的保护与利用相结合，是指在构建个人信息保护制度过程中，应该兼顾个人利益、企业利益或产业发展利益和公共利益，不能顾此失彼，走向极端；既要注重对个人信息的权利保护，又要从产业利益和公共利益的角度出发，适当给予合理使用、合法利用的空间，主要是遏制滥用行为，而不是一味地、不加区分地对所有个人信息都给予超强、绝对的保护。据此，除了某法律上的隐私外，一般个人信息究其价值和功能来说，都会同时关乎个人利益、产业发展和公共利益，因此，在有关个人信息保护制度构建时不能仅仅强调其中一个方面的利益需求，而忽视其他利益。对于法律上的隐私而言，由于其一经公开或被人知悉，即使不考虑后续的滥用行为，也会对主体的尊严和社会评价造成消极影响，故对其保护原则是严格保密或禁止他人刺探、收集、公布、知悉、传播、加工、利用。对于其他性质的个人信息而言，考虑到经济发展和公共利益的需要，立法规制的重点应该是防止滥用行为，而不是正常的利用行为。实际上，一旦遏制了滥用问题，非法买卖个人信息的行为也就会因为失去市场而得到遏制。这样，既可以确保个人利益，又可以兼顾产业发展和公共利益的需要。换言之，未来的立法应该摒弃只强调保护、忽视利用的指导思想，应该以保护为主，同时兼顾合理利用，禁止滥用为指导思想。

4. 贯彻区分原则

所谓的区分原则，至少应该包含两层含义：一是立法应该区分两种不同性质的个人信息，并分别给予不同的法律保护；二是立法应该区分对个人信息的公开、买卖和对个人信息的商业性利用，尤其是商业性滥用。

社会生活的现实告诉我们,并非所有的个人信息都与人格利益有直接关系。因此,根据与人格利益是否有直接关系为标准,个人信息可以被区分为两类:一类是与人格利益有直接关系的个人信息;另一类是与人格利益没有直接关系的个人信息。前者包括隐私、姓名、肖像、声音等个人信息;后者主要是基于社会交往产生和存在的个人信息,其主要功能在于方便社会活动需要,包括但不限于家庭住址、工作单位、电话号码、电子邮箱地址等联系方式信息、履历信息、收入、财产状况等。做如此分类的法律意义在于,对于第一类个人信息,由于其与人格利益有直接关系,故法律应该给予其人格权保护。对于该类信息而言,按照其是否直接攸关个人名誉,又可以进一步区分为隐私和姓名、肖像、声音等个人信息。尽管该类个人信息都应该给予其人格权保护,但是,考虑到隐私的特殊性,其公开直接攸关主体的名誉或尊严,因此,一般人是不希望公开或被他人知悉的,因此,法律保护的宗旨是按照主体的意愿对其进行保密,防止非法刺探、收集、公开、传播、利用。而对于姓名、肖像、声音等个人信息而言,正常的公开和利用,都不会对主体的尊严或名誉造成损害,只有滥用才会造成其人格利益的损害,因此,法律不禁止对该类个人信息进行正常的公开、披露或利用,而只禁止对其进行滥用。

对于第二类个人信息,由于其本身与人格利益没有直接的关系,故法律不应该给予其人格权保护,更不应该把它当做隐私进行保护,否则,将不利于社会交往,妨害社会公众的言论自由、舆论监督权。该类个人信息赖以产生的主要功能就在于维护正常的社会交往活动,因此,我们可以知道并正常合理地使用它,但是不可以滥用它。相应地,立法规制的重点不是禁止所谓的"泄露"行为,而是防止后续的滥用行为①以及非法买卖行为。这是因为诸如电话号码、家庭住址、工作单位、身份证号码等个人信息本身就是基于社会交往活动的需要而产生的,在我们升学、升迁、购物、办理银行业务和保险业务、求职等无数场所已经无数次提供给了无数

---

① 很多人把滥用行为归结对个人信息的公开或披露。其实,这种观点是有问题的。因为,滥用行为是一种独立的侵权行为或违法行为,虽然在很多情况下滥用者需要知道受害人的有关个人信息才能实施滥用行为,但并非总是需要知道个人信息的特定主体是谁,如电话、短信、邮件推销行为者事实上无须知道其推销的对象究竟是谁。因此,滥用与披露、公开个人信息行为之间并不存在必然的因果关系。

个主体。因此，我们实际上根本不知道我们的这些个人信息已经被哪些主体所掌握、存储于哪些地方。考虑到办公的网络化和无纸化，我们的上述信息也大多随之被网络化和电子化后存储于网络上了。因此，企图通过立法禁止"披露"或"泄露"此类个人信息的做法是徒劳无益的，立法应该禁止的是非法买卖和滥用这些个人信息的行为。实际上，一旦有效地制止了滥用行为，非法买卖个人信息的行为就会因为失去动力或需求而减少或不存在。

在信息时代，一切个人信息都有潜在的商业价值，其商业价值都应该属于个人的财产权益，据此，未经允许，擅自进行买卖个人信息的，侵犯了个人信息财产权益，应该承担财产损害赔偿的法律责任。对于买卖个人隐私的，除了侵害主体的财产权益外，同时还可能构成隐私侵权，应该同时承担人格侵权责任和财产损害赔偿责任。

根据区分原则的第二层含义，立法应该区分对个人信息的公开、买卖和滥用，这种区分适用于除了隐私之外的其他所有个人信息。因为除了隐私之外的其他个人信息都与主体的名誉没有直接关系，公开、被人知悉本身不会对主体的名誉造成损害，而造成损害的是滥用行为。一般来说，这种滥用行为包括三种情形：一是对姓名、肖像、声音等与人格利益有直接关系的个人信息进行歪曲、丑化或贬损性利用，或利用于色情、淫秽等有损于主体尊严或名誉的场所。二是诸如利用电话号码发送垃圾短信、拨打骚扰电话，利用电子邮箱地址发送垃圾邮件等行为。这类滥用行为既侵害了主体的信息自由等人格权，又侵害了主体信息存储空间财产权益。三是针对身份信息，尤其是身份证信息的假冒行为。该类滥用行为既可能侵害他人名誉等人格权益，更多的是侵害主体的财产权益。值得注意的是，在大陆地区，往往把买卖个人信息的行为说成是"泄露"个人信息。这种说法其实是不准确的，因为买卖个人信息行为侵害的是主体对其个人信息商业价值的财产权益，侵权人应该承担财产侵权的法律责任。而"泄露"仅仅是指公开或披露个人信息的行为，它不一定具有商业目的。而真正具有商业目的的所谓"泄露"其实就是一种个人信息的买卖行为。立法之所以应该做这种区分，主要意义在于对非法买卖个人信息行为和不同滥用行为的法律性质进行准确界定，以便法律适用和对其进行有效的规范。

（二）制度构建

基于上述观点，要解决目前广泛存在的非法买卖个人信息和滥用个人信息问题，在观念上应该彻底摒弃隐私泛化和错误的隐私观，树立利益平衡的指导思想，遵循区分原则；坚持走适合中国国情的个人信息保护之路，重视私人维权而非公权力的作用，主要通过民事立法而非主要动用刑法、行政法等公法手段来解决，公法手段只适用于极少数特别严重的侵权或违法行为。具体说来，在立法上应该从以下几个方面着手。

1. 民事立法方面

首先，未来的民法典应该承认个人对其个人信息商业价值的财产权益的支配权，由此，在《侵权责任法》中将基于商业目的非法"买卖"个人信息的行为视为一种财产侵权行为，通过立法技术为受害人提供财产损害赔偿的法律责任方式，从而降低其维权的成本，提高其维权的积极性。从另一个方面来讲，也就是通过财产损害赔偿责任来加大侵权人的侵权成本，从而实现遏制其侵权行为的立法目的。至于损害赔偿的数额问题，可以采取法定赔偿与实际损害相结合的方式，即未来立法可以规定一次侵权的最低赔偿不低于一定数额，如人民币两千元（考虑到受害人的维权成本、遏制侵权人的侵权行为），如果受害人能够证明自己的实际损失，可以按照实际损失赔偿；如果不能证明，可以由法官酌定在法定数额范围内赔偿。

其次，未来修改《物权法》时应该承认手机内存、邮箱空间、服务器空间等信息存储空间与现实空间权具有相同的法律地位，即确立信息存储空间是一种独立的财产权益——物权。在此基础上，像发送垃圾短信和垃圾邮件乃至电话推销行为不仅可以被认为是侵犯人格权的行为，同时还应该被视为一种财产侵权行为。这样，受害人不仅可以要求加害人承担人格侵权的法律责任，还可以要求其承担排除妨害等财产侵权责任。至于排除妨害的成本——财产赔偿责任如何计算的问题，笔者认为这只是一个立法技术问题。未来立法在考虑这一问题时，主要从有助于受害人维权、有助于遏制侵权行为的角度出发规定，如可以规定每次（条）发送垃圾信息的排除妨害成本不低于一定数额的金钱责任。这样，一方面可以降低受害人维权成本，提高其维权的积极性；另一方面可以加大侵权人的侵权成本，以减少其侵权行为的发生。

最后，应该修改和完善《身份证法》的有关规定，注重对身份证使用环节的核查、比对过程，令银行、保险机构等主体在使用身份证过程中承担严格的核查、比对义务，如果未尽到核查、比对义务而导致盗用身份证，从而给身份证所有人造成损失或损害的，应该承担相应的赔偿责任。尽管《居民身份证法》刚刚修改实施，但遗憾的是，贯穿立法的认识基础仍然是将身份证信息视为个人隐私，有关主体对此应该保密；立法并没有正确认识身份证的主要功能恰恰在于维护公共安全和交易安全，没有对身份证的使用环节予以应有的重视。实际上，在各种使用身份证的情形下，由于立法没有严格要求像银行、保险公司等有关机构在使用身份证时必须通过严格比对持证人与其所持身份证上的信息是否是同一个人，故在实际中往往把这种比对环节略去，仅仅要求提供身份证的复印件。由此，身份证的比对功能也就丧失了，假冒身份或身份证的盗用行为便因此而产生。更为遗憾的是，在各种身份证盗用问题中，由于我们没有认识到盗用问题产生的根源，没有从盗用的根源入手来解决问题，而一味地将问题归结为披露个人身份证信息行为所致。在此认识下，立法关注的是要求有关机构对个人身份证信息进行保密，而不是要求其严格核查和比对持证人本人和身份证上的信息。因此，为了保障社会安全和交易安全，未来立法应该改变身份证信息属于隐私、应该保密的错误观念，注重对身份证使用过程中的核查、比对环节的制度构建，对银行、保险公司等主体科以严格的比对义务，禁止或严格限制仅仅凭借身份证复印件即可办理有关金融、保险等业务；凡是由于有关机构违反比对义务而导致身份证所有人遭受损失的，应该承担相应的法律责任，包括损害赔偿责任，除非能够证明其已经尽到了严格核查、比对的义务，这样才可以有效杜绝身份证盗用问题。

2. 公法规制方面

对于上述行为，除了私法规制完善外，还应该完善治安管理处罚法和刑法的有关规定。具体说来，首先，由于《刑法》第253条在性质上属于侵犯公民人身权利的犯罪，在适用主体上仅限于"国家机关或者金融、电信、交通、教育、医疗等单位的工作人员"，而不包括社会上存在的其他买卖个人信息的主体，即所谓的"二道贩子""三道贩子"等下游主体，也无法适用于那些从公开渠道收集、整理个人信息后再度出卖的主体。因此，未来立法应该将一切主体的严重非法买卖个人信息的行为都视为犯罪。考虑到个人信息商业价值属于个人的财产权益，因此，未来修改刑法时应该将其从《刑法》第四章的侵犯公民人身权利罪中转到第五章的侵害财产罪中予以规范，并加大刑法的力度，适用罚金等财产责任。由于《治安管理处罚法》缺乏对非法买卖个人信息行为的规定，故未来修改完善时也应该增加相应的条款。其次，在《居民身份证法》《治安管理处罚法》《刑法》等立法中增设有关身份证盗用或滥用罪犯，同时将有关机构违反身份证比对、审查义务，严重导致受害人损害的行为视为一种违法和犯罪，追究其法律责任。这样，就可以有效避免和减少身份信息的盗用或滥用问题。最后，《治安管理处罚法》《刑法》应该针对严重的垃圾信息发送行为和骚扰电话拨打行为增设新的条款，分别作为一种独立的违法和犯罪行为予以规制。

3. 立法模式

当然，在立法模式上，可以考虑单独立法和分散立法相结合的方式，即制定一部"个人信息保护与利用法"①，就个人信息与隐私的界定、个人信息分类、个人信息保护与利用的基本原则、个人信息的买卖行为规范、滥用行为规范、法律责任等做一般性规定。同时，民法（包括总则、人格权法、物权法、合同法、侵权责任法）等就个人信息的分类与确权规则、个人信息商业使用许可合同、信息存储空间的法律地位与保护、个人信息人格侵权与滥用行为责任承担等私法上的一般问题分别做出相应的规范。另外，身份证法、银行法、保险法、电信法等部门法可以就身份信息的使用做出规定，对电信、银行、保险等机构在办理服务过程中的身份核查、比对义务及其法律责任做出规范，以防止身份欺诈与滥用问题。最后，治安管理处罚法、刑法对上述严重违法和犯罪有关问题分别做出一般性规范。

---

① 根据前述"坚持保护与利用相结合的指导思想"，未来我国有关立法应该反映这一指导思想，可以考虑命名为"个人信息与利用法"。

个人资料保护法关于"个人资料"保护范围之检讨

范姜真媺[*]

引言

中国台湾地区于2010年4月27日由"立法院"修正通过"个人资料保护法"（简称"个资法"），并于同年5月26日公布生效[①]，其后则至"法务部"订出施行细则，由"行政院"于2012年10月1日公布后开始正式施行；且至今尚有第6条、第41条、第45条及第54条，因争议过大仍需修正，已将修正条文送交"立法院"待审议通过后再施行。"个资法"施行后至今，新闻媒体上常出现相关争议与批评[②]。最近有关民众对警察执行职务之反搜证录像，是否违反"个资法"或侵害警察之隐私权亦引起热烈讨论[③]。其主要原因即在社会大众对"个资法"所规定的"个人资料"（personal data）（简称个资）究竟为何，其保护范围又应如何界定，未有充分之理解。如对个资之概念及特性能正确掌握，并将"个资法"保护个资之范围清楚界定，自能减少争议，在落实保护个人人格权益前提下，建立合理利用个资秩序之立法目的。

本文依台湾地区"个资法"相关规定，并参酌国外之立法例、判决等，

---

[*] 范姜真媺，东海大学法律学院副教授。
[①] 华总一义字第09900125121号令公布。
[②] 例如判决书原、被告之名字，全以OOO替代，造成当事人关系混乱；或得奖学生名单之不公告，引起家长质疑；或公益团体为发放救济金，要求台中市府提供名册之争议；等等。参见《维护个资过头！判决书涂成天书》,《自由时报电子报》2013年3月18日，http://www.libertytimes.com.tw/2013/new/mar/18/today-so10.htm?Slots=BSo（最后访问日期：2013年3月22日）。
[③] 《对警察反搜证 立委要法务部10天内释疑》,《联合晚报》2013年1月23日，A12版。

解析个资之概念及要件，并检视"个资法"所保护个资之范围及探讨与此关联之人肉搜寻（anchoring）、Google 街景摄影（street view）所引发之问题。

一　个资之定义与要件

世界上保护个资最早、最重要之国际规范，为经济合作与发展组织（The Organization for Economic Co-operation and Development，OECD）[①] 于 1980 年决议通过之有关个资保护八大原则[②]，其第 1 条所揭示个资定义为：有关识别或得识别个人（资料主体）之任何资讯[③]。后欧盟 1995 年之《个人资料保护指令》（以下简称欧盟《指令》）[④] 第 2 条（a）定义个资为：识别或得识别有关自然人（资料主体）之任何资讯；所谓识别或得识别个人为特别是依身份证号码或证明该人物所固有的身体上、生理上、精神上、经济上、文化上或社会上存在之一个或复数要素，作对照组合后，能直接或间接识别出之个人[⑤]。台湾地区自 1995 年 8 月订立"电脑处理个人资料保护法"[⑥] 时，即使用个资一词，且新旧"个资法"均对个资作立法定义。台湾地区现行"个资法"第 2 条 1 款所定义之个资：指自然人之姓名、出生年月日、国民身份证统一编号、护照号码、特征、指纹、婚姻、家

[①] 关于 OECD 之介绍，请参见该机构网址 http：//www.oecd.org/about/（最后访问日期：2013 年 3 月 22 日）。

[②] 刘佐国、李世德：《个人资料保护法释义与实务》，棋峰资讯股份有限公司，2012，第 4 页。参见"个资法"第 2 条修正说明。OECD Guidelines on the Protection of Privacy and Transborder Flows of Personal Data, available at http：//www.oecd.org/sti/interneteconomy/oecdguidelinesontheprotectionofprivacyandtransborderflowsofpersonaldata.htm。

[③] 1. For the purposes of these Guidelines：b）"personal data" means any information relating to an identified or identifiable individual（data subject）.

[④] Directive 95/46/EC of 24 October 1995 on the protection of individuals with regard to the processing of personal data and on the free movement of such data, available at http：//eur-lex.europa.eu/LexUriServ/LexUriServ.do? uri = CELEX：31995L0046：EN：HTML.

[⑤] Article 2（Definitions）For the purposes of this Directive：（a）"personal data" shall mean any information relating to an identified or identifiable natural person（"data subject"）; an identifiable person is one who can be identified, directly or indirectly, in particular by reference to an identification number or to one or more factors specific to his physical, physiological, mental, economic, cultural or social identity.

[⑥] 1995 年 8 月 11 日（84）华总一义字第 5960 号令公布。

庭、教育、职业、病历、医疗、基因、性生活、健康检查、犯罪前科、联络方式、财务情况、社会活动及其他得以直接或间接方式识别该个人之资料。故台湾地区个资之概念及定义为沿用前述国际重要规约而来者。

综合上述重要国际规约与台湾地区有关规定，有关个资之要件应包含下列三者：①有关自然人之资料；②生存自然人之资料；③具有特定个人识别性。

（一）有关自然人之资料

在电子科技、互联网、云端运算发达之今日，不受时间空间阻隔之电子商务已成为各国商业、经济活动重要之一环；跨国传递个资为完成国际交易或经营多国企业管理上日常事务执行之一部分，为让各国间安心顺利搜集、传送个资，建置符合国际性规约之个资法，以规范有关个资之搜集、利用以及安全维护，以利国际商务往来，为各国发展经济之重要策略。而"个资法"所保护个资其当事人是否具有中国台湾籍、是否居住在台湾岛内应在所不问，外国人之个资当然亦纳为保护对象①。个资内容呈现方式，得为文字、声音或影像等，故监视摄影器、行车记录器所摄录下特定人之声音、影像或车牌号码均为个资。

个资之内容，不仅为个人活动记录，或人别属性等资料、生物特征资料，尚包括如人事、成绩考核等评价资料；盖评价资料往往与事实资料并存，难以切割；且有关特定个人评价资料如被任意搜集、利用或公开，同样会对当事人造成人格上之伤害②。但应注意的是，评价资料不应为当事人依"个资法"第3条及第11条得请求更正或删除之对象，否则将使评鉴、评价制度无法发挥功能。

（二）生存自然人之资料

因"个资法"立法目的在于尊重个人，保护其人格发展之自律性与完

---

① 此亦为日本之通说。参见〔日〕园部逸夫编《个人情报保护法の解说》（改订版），ぎょうせい，2005，第47页；〔日〕藤原静雄：《逐条个人情报保护法》，弘文堂，2003，第26页；〔日〕冈村久道：《个人情报保护法》（修订版），商事法务，2009，第67页。
② 〔日〕藤原静雄：《逐条个人情报保护法》，弘文堂，2003，第25页；〔日〕冈村久道：《个人情报保护法》（修订版），商事法务，2009，第69页。

整性，并赋予当事人依法行使阅览、更正或删除自己个资等权利，凡此均为生存自然人始能行使之法律权利，故台湾地区及日本之"个资法"均以生存个人之资料为保护对象①。但个资不同于传统财产具有独占性及排他性，个资常同时为其亲属之资料，如遗传基因、继承财产资料等。因此在此逻辑下，日本学者主张及实务判决见解，以因亲属间履行扶养义务或继承制度之需要，或亲属因侵权行为而死亡为损害赔偿请求权之行使，依社会一般通念，得将死亡者之个资视同为生存亲属之个资时，该个资仍受个资法之保护，其亲属亦得要求提供或阅览②。

（三）具有特定个人识别性

1. 直接识别性与间接识别性

受"个资法"保护之个资须具有特定个人识别性，亦即以该资料为依据或线索，能识别出、联结到或确认当事人所在，如单纯中奖号码因无从识别特定个人，即非为个资。又具有特定个人识别性者，并不以当事人之实名为限，若为众所周知之艺名或笔名，能识别出特定个人时，仍属具有识别性之个资。而个资之内容如姓名、电话号码、身份证字号、DNA 或肖像等，以其为凭据直接即可与特定个人联结而识别出特定个人，当然为个资固无争议。而依"个资法"第 2 条第 1 款最后一段尚包括的"间接方式"识别特定个人资料，则究竟何指？查其立法说明为："有些资料虽未直接指名道姓，但一经揭露仍足以识别为某一特定人"，此系参酌前述欧盟 1995 年欧盟

---

① 法务部法律字第 1000022498 号函释。刘佐国、李世德：《个人资料保护法释义与实务》，棋峰资讯股份有限公司，2012，第 17 页。〔日〕园部逸夫编《个人情報保護法の解説》（改订版），ぎょうせい，2005，第 47 页。

② 然查"法务部"2000 年 10 月 8 日有关规定决字第 0960030614 号函释采不同之见解，其理由为：继承人继受取得者系继承人银行账户"财产权"，并非人格权，故其无从继受行使已过世被继承人于"个资法"上之当事人权利。但此一函释认定继承人所取得为被继承人"银行账户财产权"之见解，实有商榷余地，继承人因继承所取得者固为银行账户财产权，但有关此财产权之资料应同时成为其个人资料，不得切割看待，否则仅取得财产权，但有关此财产权之债权、债务关系资料却无法取得时，又如何正确掌握此财产权，得以主张自己之权利。参见日本学者宇贺克也《个人情報保護法の逐条解説》（第三版），有斐阁，2009，第 31 页。日本实务上见解如名古屋高等法院金沢支院，2004 年 4 月 19 日判决认定：继承人对被继承人母亲之医疗记录，为与其侵权行为损害赔偿及慰藉金请求权之存否有密切关联之资料，故得视为其个人资料。参见判例タイムズ1167 号，第 126 页。

《指令》第 2 条（a）、《日本个资法》第 2 条所作规定；唯《日本个资法》上开规定则另加上"容易与其他资料为对照、组合，而借此识别出特定个人者"之要件，以限缩其范围，本款后段之"间接方式"，原则上应理解为："仅依该当资料虽无法识别特定个人，然将之与其他资料做组合、比对后，得识别出特定个人者。"例如，资料本身对当事人之记述虽未指名道姓，但其内容为"得过两届奥斯卡最佳导演之华人"，一般人依此叙述与日常生活经验中已知悉之其他资料做组合后，所指涉特定个人立即浮现，即该处具间接识别性之个资。

如此规定对个资或隐私之保护固然周全，但因得做比对组合之人及资料范围具有"相对性"，故留下两个将来在本条适用上可能产生之争议。第一，具间接识别性之人，应以什么为判断基准？因一般社会大众及与当事人有亲属关系或有地缘、工作、交往关系之人，所掌握有关当事人其他资料之量与质常差异甚大，致其组合、比对相关资料而得以识别、推知出特定个人之能力显著不同，则此时应以与当事人有地缘关系或交往关系人等为基准，抑或依社会一般人为基准以判断其"间接识别"之可能？对此一问题，如自考虑个资常为表现自由之材料，更为适当保持资讯之合理流通利用，则应以"社会一般多数人"依该个资之内容，是否容易推知特定个人为判断基准[1]，盖若非如此新闻媒体等因恐动辄违法，其报道自由之范围将被大量限缩。第二，与"间接识别性"个资为组合、比对之其他资料，是否应为一般人无须经特别调查或支付庞大费用即容易得手之资料？此同样关系到合理利用个资范围之界定。然台湾地区"个资法"并未如前述《日本个资法》第 2 条第 1 项有"容易"与其他资料作比对、组合之要件规定[2]，故本款在适用上留存有讨论空间。基于同前述之考虑，为避免过度限缩表现自由和维持个资合理流通及利用范围，将来实务上似宜纳入比对组合容易性要件，采较宽松之见解。

---

[1] 日本关于此点则可参酌日本《少年法》第 61 条有关推知报道要件之最高法院判决；亦即新闻报纸或其他出版物不得揭载借由犯罪少年住居、容貌等得推知其本人之记事或照片等，而对系争报道内容是否该当于《少年法》第 61 条"推知报道"，最高法院于 2003 年 3 月 14 日第 2 小法庭判决中揭明：依系争记事所记载之假名及经历等，与原告（即被报道之少年犯当事人）有一面之缘之不特定多数读者，得据以容易推知其为事件之犯人者，始该当于推知报道。参见《判例时报》，1825 号，第 65 页。

[2] 参见日本新潟地方法院 2006 年 5 月 11 日判决，《判例时报》1955 号，第 88 页。

2. 匿名化处理之个资

再观台湾地区"个资法"有关公务机关依第16条第1项第5款，有关非公务机关依第19条第1项第4款搜集或处理个资及规范特定目的外利用要件之第20条第1项第5款，均订为"学术研究机构基于公共利益为统计或学术研究而有必要，且资料经过提供者处理后或搜集者依其揭露方式无从识别特定之当事人"，揭示个资经匿名化处理已无从识别特定当事人时，公务机关或非公务机关即不受原定利用目的之限制，而将该个资提供给公务机关或学术研究机构，基于公共利益之目的，使用于统计或学术研究上；且非公务机关之学术研究机构亦得搜集、处理已匿名化处理之个资。盖已作匿名化处理之个资为不具特定个人识别性之资料，其搜集、处理或利用不致造成特定个人之损害，非本法保护之个资。但此处仍有须再检讨之处，亦即仅为"匿名化处理"尚嫌不足，因匿名化处理通常系将资料内容中当事人姓名、身份证字号等隐去，替代以代号或编号。然若留存转换程序或对照表，又与匿名资料同保管于同一机关（构）中，则其事后又被还原出特定个人资料之危险性极高。因此除有持续对特定个人做长期追踪研究之必要者外（如流行病学研究，常须对研究对象之特定族群作长期观察及资料之搜集，以明了其病因、疗程及愈后），应将转换程序或对照表毁弃，或至少应将原始资料与匿名化处理后资料分由两个不同机关保管，让被提供利用为研究或统计之资料与原始个资形成"连结不可能匿名化"状态，对当事人之保护始得称为完全[1]。

（四）个资之特性

1. 个资之有用性

在资讯科技高度发展之时代，资讯流通快速、利用便捷，个资对自己、事业团体、政府机关等利用价值愈见提高。首先，对个人而言，如前述人为群居之动物，需在人群中活动，与他人共生共存，建立人际关系，形塑自己的社会形象，以学习、工作、生活，释出自己之个资让他人认识自己，建立信赖互动之基础，乃必要之生存手段；更因电子商务交易，信用卡消费已为

---

[1] 参见柳川尧《科学・技术の発展とデータの公开》，《学术の动向》2005年1月号，第51页。

社会经济活动常态之今日，提供个资供交易相对人以为身份确认，系保障交易安全所不可或缺者；其他为行使公民权利或履行国民义务，利用自然人凭证在网络上缴税，向行政机关的在线申请或申报等，得以节省时间及成本。其次，对政府机关而言，为有效率、正确执行如课税、征兵、国民教育等行政事务，或提供公平、适当之福利给付，确实掌握人民户籍、收入及财产资料为必要之前提条件，因此完整、正确人民个资之搜集、利用为政府机关施政之本。最后，对民间业者或研究机构而言，搜集广大消费者、顾客之资料作为市场分析或营销策略拟订之依据，或用以开发新产品，是企业生存、发展之方法；许多医学研究、社会问题之研究，须由众多个人提供检体（血液、体液、细胞切片）或病历等医疗记录、家庭背景或生活饮食习惯等个资作为素材，始能顺利进行，得出最后正确之结果。

综上显见个资在现代社会中不论个人之生活、政府之行政、企业之发展等均有一定之有用性，如完全禁止被搜集或利用，势将造成生活上之不便、行政无效率，甚至阻碍经济之发展。

2. 非独占排他性

个资常为个人社会活动记录，如进行公开集会活动或加入社团团体等资料，其他参与、在场之人，或同一团体中其他成员，亦为共有此活动记录之当事人。再如DNA为家族共有，既为医生对患者之诊疗记录亦为患者医疗记录；病历、考绩评议等个资，为主管与受评员工共有之个资。在此共有资料之情形下，个人无法阻碍或禁止其他共有者搜集、利用该资料，个资自主权此时不具有独占排他性，须忍受他人在合理范围内之共有、利用。

二　个人资料之保护与隐私权之保护

（一）"个人资料保护法"保护之客体——个资

依"个资法"第2条第1款所定义之"个资"，个人姓名、容貌、特征、前科、病历、DNA均包含在内，有属于特定个人身份属性之人别资料，或个人从事社会活动之记录资料；有个人于群居生活中被预定必须公开公共性极高之资料，有与个人、社会生活无直接关联，一般人不欲为他人知悉涉及个人隐私，私密性极高者，则个资与隐私之关系为何，亦为界定"个资法"适用范围时应厘清之问题。

个人资料应自 personal data 翻译而来,与隐私(privacy)系不同之用词。隐私自字义上来看,原即含有"秘密"或"隐匿性"之意义①。而个资如前述包含有个人特征、容貌,或于社会活动记录属公共领域之资料,在本质上不具备隐匿性,且为被预定公之于世之个资,无法合理期待不为他人所知,则此类型个资性质上即不属于隐私;再观"个资法"第 1 条立法目的规定:为规范个人资料之搜集、处理及利用,以避免"人格权"受侵害。亦未使用"隐私权"一词,显然"个资法"所保护客体为"个资"非为"隐私"。本文前述保护个资重要之国际规约且为台湾地区"个资法"立法主要参考资料之欧盟《指令》,亦以个资(personal data)为标题。世界各国立法亦多使用"个人资料保护法"为法规标题名称②,更足证个资法立法目的在于保护"个资"。

个资法所保护之个人人格利益,系基于人性尊严、保障个人人格之自主与完整性理念,所导出之个人对自己资料之自主权。亦即个人对自己资料是否揭露,及在何种范围内、于何时以何种方式向何人揭露,应有自主决定权;并由此衍生出个人对自己资料之被他人使用应有知悉与控制权,对资料错误、不足有要求更正、补充之权③。盖如自己之个资他人能任意搜集或利用,将使个人言行、活动受到监视掌控,形同生活于他人目光下,对个人造成精神上压力;可能因畏惧他人之批判或为符合大众之期待,而导致自我压缩活动、表现之空间,致该个人人格自主性、完整性受损害。因此,个资法之立法目的在于规范个资搜集、处理及利用,保障个人对自己资料之自主权,避免"人格权"受侵害。

(二)隐私权保护之隐私

众所周知隐私权之概念源自 1890 年美国有名人为对抗八卦媒体任意刊

---

① The term "privacy" can be defined as:
 1. the condition of being private or withdrawn; seclusion
 2. the condition of being secret; secrecy
 3. (philosophy) the condition of being necessarily restricted to a single person.
② 例如英国:Data Protection Act 1998;德国:Federal Data Protection Act(Bundesdatenschutzgesetz, BDSG);加拿大:Personal Information Protection and Electronic Documents Act。
③ 参见大法官释字第 603 号解释,http://www.judicial.gov.tw/constitutionalcourt/p03_01.asp?expno=603(最后访问日期:2013 年 3 月 22 日)。

载揭露其私生活记事,而主张之个人独处之权(the right to be let alone)[1],之后始自《侵权行为法》保护之权利逐步演化为宪法上所保护得对抗公权力不当之搜查、监听之权利[2]。至20世纪60年代为因应社会人群关系复杂化及科技进步,过去传统之窃听、偷拍刊登等以"侵入"或新闻杂志"刊载"方式侵害隐私之行为,转化为监视摄影、电子追踪等非物理侵入方式,在本人不知觉之情况下搜集、处理个资并储存于电脑,甚至以科技加工组合,将个人形象扭曲后传至网络上,形成无国界、无期限传播散布。过去隐私权保护所侧重之私生活不被侵入或揭露之消极性抵御权,个人仅在受到侵害后再请求排除、救济,实已不足保护之;须在事先即预防个资被搜集、处理,并有机制全程控制自己个资之流向不被滥用,始足以应对科技发展下新形态之侵害隐私行为,故1967年哥伦比亚大学Westin教授提出主张具有积极性质资讯自我控制权概念[3]。从而美国隐私权概念亦随时代演进,而扩充延伸其内容。

台湾地区有关隐私权之概念大多援引美国之学说与判例,本文在此不多作叙述,仅依大法官综合整理国外判例等,对隐私权所保护隐私范围做以下说明,包括:①身体及空间之隐私,即未经个人同意不得搜身、抽血、验尿,无正当理由,不得侵入住宅搜查、窃听;②对自身重要事务之决定权,如是否生育子女、家庭关系等;③资讯自决权与匿名权,个人对自己资讯之控制权;④财产上隐私,如肖像、姓名等使用之财产上利益[4]。再者,台湾地区释宪实务上对隐私权所作之说明,则可综合整理如下:①财产资讯隐私权[5];②人身、私人居住空间不受干预或无故搜索之权利[6];③个人生活私密空间及个

---

[1] 参见 Samuel D. Warren, Louis D. Brandeis, "The Right of Privacy," *Harvard Law Review* 4 (1890): 193。

[2] 美国最先承认隐私权为宪法上所保护之人权的判决为 Griswold et al. v. Connecticut, 381 U. S. 479 (1965)。

[3] Alan F. Westin, *Privacy and Freedom* (New York: Atheneum, 1967).

[4] 参见汤德宗《对话宪法、宪法对话》(修订二版),学林出版社,2011,第474~479页。

[5] 大法官释字第293号解释,个人于银行之存款、放款或汇款等有关资料,此为台湾地区释宪实务上最早出现之见解。http://www.judicial.gov.tw/constitutionalcourt/p03_01.asp?expno=293 (最后访问日期:2013年3月22日)。

[6] 参见大法官释字第535号解释,http://www.judicial.gov.tw/constitutionalcourt/p03_01.asp?expno=535 (最后访问日期:2013年3月22日)。

人资料自主控制权①。进一步查看近年大法官会议相关联解释文中，则将"资讯隐私权"解为个人决定是否揭露自己个资，在何种范围内、于何时、以何种方式、向何人揭露之决定权，及其对个资之使用有知悉之权，资料内容错误或不足之更正、补充权；而其所称"资料自主权"是否等同"资讯隐私权"，又或者是否仅涉及隐私部分之个资始为"资讯隐私权"之内涵，则相互关系为何，大法官则未清楚说明。但却至少可知大法官一贯将基于人性尊严与个人自主性之维护及人格发展之完整，保障个人私生活领域不受他人侵扰及个人对自己资料之自主权②解隐私权中心概念。而大法官会议689号解释，则针对公共领域中个人得主张不受他人干扰之自由、资料自主权，以有合理期待者为限。换言之，当事人已将其不受侵扰之期待表现于外，且该期待依社会通念被认为合理者，应为个人于公共场所得受保护之隐私权范围。

（三）个人资料与隐私

综上可见，相较于前述外国判例等，台湾地区释宪实务见解上有关隐私权涵摄之范围，并未将个人对自身重要事务之决定权包含在内，较侧重于个人私生活领域不受干扰及基于个资自主为内容，以论述隐私权之概念，似乎难谓已完整、清楚阐明隐私权之概念及范围；援用日本学者见解，隐私权概念随时代发展变迁，至今仍属外延、内涵未明确之状态③。此实乃因隐私权为个人主张自己私生活领域不被他人侵扰或私事不被揭露之权，每每与个别当事人主观认知、当下所处风土民情或社会文化有密切关联，本质上属相对性极高之权利概念，殊难有一客观标准以界定其范围。

相对"个人资料"之概念，如前述为具有特定个人识别性之资料，不论是否具有私密性，不介入当事人主观认知，其范围客观容易界定。然个资除为证明个人生存于社会具有人别性之属性资料外，亦包含个人在社会活动

---

① 参见大法官释字第585号、第603号及第689号解释，http：//www.judicial.gov.tw/constitutionalcourt/p03.asp（最后访问日期：2013年3月22日）。
② 大法官释字第689号解释之协同及部分不同意见书中，当时林子仪及徐璧湖大法官，即指出释宪实务就隐私权概念及保障范围有较清楚之说明部分，是着重于保障个人资料自主权之面向。http：//www.judicial.gov.tw/constitutionalcourt/uploadfile/C100/689部分协同部分不同_林子仪及徐璧湖_.pdf（最后访问日期：2013年3月22日）。
③ 日本对"隐私权"之定义及范围，在学说及判例实务上至今亦未有定论，参见〔日〕版本昌成《表现权理论》，信山社，2011，第50页。

中之所有记录，因此其性质差异极大。如姓名、联络方式、工作地点、容貌等，常为个人经营社会生活、建立人际关系上被预定必须公开之公共性高、私密性低之资料。然如 DNA、病历、前科等，即使不公开亦不直接影响该个人一般社会生活之经营。公共性低、私密性高之资料，且此类资料多属个人不欲为人所知之私生活领域资料，如他人得滥行搜集或利用，将造成该个人精神不安或被贴标签而致人格受损，本质上亦属个人隐私，同为隐私权所涵摄保护之范围。故"个资法"所保护个资之范围与隐私权保护隐私之范围，有重叠竞合处，亦有各自不同之部分。换言之，个人对自己私事决定权及私生活领域单纯不被干扰或窥伺（例如仅为尾随、偷窥），不涉及资料之搜集、处理即非个资法所规范者；另外个人出入公共场所或公开活动之活动资料，如容颜、特征举止，因无法合理期待不被同一场所或参加活动之他人知悉，并共有该资料，故本质上不具私密性，实难认定为隐私而纳入隐私权保护之范围[①]。但个人私生活领域具有高私密性之资料，如前科、病历、基因等，则为"个资法"所保护个资之同时亦属隐私权所涵摄之隐私，此部分应得称为资讯隐私权[②]。台湾地区"个资法"第 6 条亦将医疗、基因、病历、前科等私密性极高之个资列为敏感性特种资料（sensitive information），并特别加强其保护，除有该条所列例外之事由外，原则上不得搜集、处理或利用。

以下试以图 1 说明个资法及隐私权保护客体（范围）之关系。

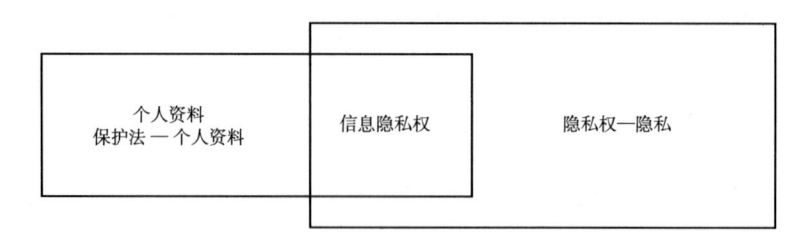

图 1

[①] 李震山大法官亦采相同见解，参见李震山《来者犹可追，正视个人资料保护问题》，《台湾本土法学杂志》2005 年第 76 期，第 226 页；〔日〕長谷部恭男：《憲法學のフロンティア》，岩波书店，2007，107 页。

[②] 李震山：《来者犹可追，正视个人资料保护问题》，《台湾本土法学杂志》2005 年第 76 期，第 228 页，文中所指"资讯自主权属资讯隐私权之前哨"，得解为此一竞合关系。

三 保护范围之检讨

依本文于第一部分中所说明个资之概念、定义及特性,固然基于保护个人人格之完整性与自由发展,立法保障个人对自己资料之自主权,确有其必要性,但为求社会之共生共存与共同发展,任何个人权利均不可无限上纲,在立法保护个人对自己资料自主权之同时,相对必须考虑政府或他人对个资之搜集、处理或利用之必要性,以合理划定"个资法"保护个资之范围。

故"个资法"第 1 条揭示的立法目的,除为保障人格权外,尚有"促进个人资料之合理利用"。再参见《日本个资法》[①] 第 1 条亦揭示其"考量个人资讯有用性,以保障个人权益为目的"。基此立法目的,亦实现在"个资法"立法时界定受保护个资范围之相关规定上。如"个资法"第 51 条第 1 项系明定不受"个资法"适用之二类型个资,另于第 9 条第 2 项第 2 款规定免除搜集者于搜集处理自己公开或于公共领域个资时,告知当事人之义务,又依第 19 条第 1 项第 3 款及第 7 款规定,对已公开或得取自一般来源之个资得为合法搜集、处理,此乃当事人对该类型个资或因自己公开或因已被他人公开,现处于公共领域具公知性,而再无被保护之必要,实质上几乎等同不受"个资法"保护之对象。故本文以下依上开规定将不受"个资法"保护个资之范围,予以类型化后并作分析及说明,以厘清"个资法"所保护之范围。

(一) 因利用目的之排除——自然人为单纯个人或家庭活动之目的

依"个资法"第 51 条第 1 项第 1 款,将此类个资排除于保护客体范围外;其立法说明为:自然人为单纯个人,例如社交活动或家庭活动,建立亲友通讯簿等,而搜集、处理或利用个资,因系属私生活目的之所为,与其职掌或业务职掌无关,如纳入"个资法"适用,恐造成民众不便亦无必要,故将其排除。上开说明乍看似乎合理,但依其要件为"私生活目的"所为,且与其"职业或业务职掌无关"者,始能排除;按台湾地区特有之经济活

[①] 2003 年 5 月 30 日法律第 57 号《个人情报保护法》。

动民间合会，依法须有订立会员名单①；又如学校毕业纪念册之编印，均有个资之搜集、处理及利用，虽与业务职掌无关，然因非单纯个人或家庭活动，故应受"个资法"之适用。其他如个人平日交际应酬，出席会议、宴会等社交活动时，亦常与参加其他活动者交换名片，此名片之搜集或者仅留存为日后建立事业上人脉，拓展人际关系用，但因此行为实难解为单纯之私生活目的，又与职业有关，仍有"个资法"之适用。其结果上述民间惯行或行有多年之个资搜集、处理或利用，依法须先由"法务部"会同"中央"目的事业主管机关订出特定目的②，搜集者履行告知当事人利用之期间、对象及方式等义务③，势必造成民众日常生活诸多不便及违法之风险。

此条款原是沿袭1995年之欧盟《指令》第3条2之"由自然人纯粹于个人或家庭活动过程中所为之个人资料处理"，不受欧盟《指令》规范之排除规定④；2012年1月15日为特别加强网络在线个资之保护，欧盟提出新修正规则草案⑤，Proposal for a Regulation of the European Parliament and of the Council on the protection of individuals with regard to the processing of personal data and on the free movement of such data (General Data Protection Regulation)⑥，其第1章（Chapter Ⅰ）第2条（Article 2）2之（d）已修正为"限于自然人单纯之自己个人或家庭活动过程中，未有任何可得利益而处理之个资"⑦。换言之，欧盟此进一步揭示，将个人或家庭活动过程中未有利益可得而处理之个资排除于其所规范范围外；亦即个人或家庭活动中，适用"个资法"规范者限于利用获利之行为，更清楚界定保护个资之范围。为避免本款适用上有过度扰民及解释上困扰之虞，上开新修草案实有参考

---

① 参见"民法"第709条第1项第2款。
② "个资法"第53条。
③ "个资法"第8条第1项。
④ Article 3 (Scope) 2. This Directive shall not apply to the processing of personal data: by a natural person in the course of a purely personal or household activity.
⑤ 详细说明与相关资料请参见 http://ec.europa.eu/justice/newsroom/data-protection/news/120125_en.htm（最后访问日期：2013年3月22日）。
⑥ 草案之内容请参见 http://ec.europa.eu/justice/data-protection/document/review2012/com_2012_11_en.pdf（最后访问日期：2013年3月22日）。
⑦ Article 2 (Material scope) 2. This Regulation does not apply to the processing of personal data: (d) by a natural person without any gainful interest in the course of its own exclusively personal or household activity.

价值。

　　再传播媒体、报纸杂志在新闻事件之报道上，必须迅速且正确传达资讯，以获得阅听者之信赖，因此被要求符合5W1H之条件，亦即其传达内容基本上应由When（何时）、Where（何地）、Who（何人）、What（何事）、Why（发生原因）、How（如何发生）所组成①，其中Who属得识别特定个人之个资，同时亦为新闻事件报道建立其可信度之要素。此外文学著述出版亦多有以特定个人为素材，搜集、处理及利用个资为其创作之方法，因受"个资法"规范之故，如未有符合免除告知义务事由者，不论直接或间接搜集处理当事人个资，均须依第8条或第9条，于告知当事人后并符合第19条第1项所列七项要件之一者，始得合法进行。虽大众传播媒体为新闻报道目的于间接取得当事人个资时，依第9条第2项第5款规定得免告知当事人资料来源，但为直接搜集第一手资料时，仍无法免除告知义务，事实上将使新闻报道自由与传记文学等著述、出版受到极大限制。按《日本个资法》第50条第1项第1、2款及加拿大《个人信息保护和电子文件法》（Personal Information Protection and Electronic Documents Act, PIPEDA）②第7条（1）（c）③，均明定专为新闻报道之目的、文学著述出版创作为目的，而搜集个资者不受个资法之适用，即为避免对表现自由做过多限制下之立法。

（二）属于公共领域个资之排除

　　此类资料又可再分为下列三种类型。

1. 公开场所或公开活动之影音资料——公共领域之影音个资

　　"个资法"第51条第1项第2款规定："于公开场所或公开活动中所搜集、处理或利用之未与其他个人资料结合之影音资料"，不适用本法规定；

---

① 〔日〕内藤正明，実名報道と匿名報道の社会的役割—「国民の知る権利」と「少年法61条・推知報道の禁止」，2009，第102~103页。

② Personal Information Protection and Electronic Documents Act, available at http：//laws-lois.justice.gc.ca/eng/acts/P‐8.6/page‐1.html#h‐1（最后访问日期：2013年3月22日）。

③ 7. (1) For the purpose of clause 4.3 of Schedule 1, and despite the note that accompanies that clause, an organization may collect personal information without the knowledge or consent of the individual only if (c) the collection is solely for journalistic, artistic or literary purposes.

查其立法说明为："在互联网上张贴之影音个人资料,亦属表现自由之一部分。为解决合照或其他在合理范围内之影音资料须经其他当事人之书面同意始得为搜集、处理或利用个人资料之不便,且合照当事人彼此间均有同意之表示,其本身共同使用之合法目的亦相当清楚",故将此种未与其他个人资料结合之影音资料排除于"个资法"适用范围之外,而于有超出原合照目的侵害肖像权或隐私权之其他事情者,则回归适用"民法"侵权行为损害赔偿规定。

本款对于公开场所或公开活动单纯之个人影音资料,排除"个资法"之适用,基于前述公开社会活动记录个资之非独占排他性及避免不当限制他人表现自由,如此立法原无不妥。但现今社会中因手机录音录像之方便,将常发生之在公开场所摄录特定人影像揭露于网络上,进行人肉搜寻,是否得完全排除"个资法"之适用,并非全无检讨之空间。

人肉搜寻[①]常为在公开场所或活动中所摄录之个人影音资料,因多为揭发该影音当事人违法或欠缺公德心之恶行,于摄录后在网络上播放,再由他人各自提供当事人其他个资如拼图般组合,最后当事人之姓名、身份等全貌完全被揭露,形成舆论审判。当然被揭露资料如造成个人隐私权被侵害时,当事人仍得依侵权行为请求提供资料者负损害赔偿责任。但始作俑者之原始摄录人似得主张其仅提供单纯之影音资料,不受"个资法"之适用。更得主张其为于公开场所所摄录者,亦未侵害当事人之隐私权,亦不负侵权行为之责任。至于其他提供当事人个资者,是否能因行为分担成立共同侵权行为,尚有讨论空间。尤其若因提供资料错误,牵连无辜之他人因而名誉受损时,如何对提供个资之众人追究其法律上责任,均为法律上难解决之问题。且如此影音个资搜集后之利用行为,对当事人之伤害并非轻微,又具有永久留存,至于随时得阅听状态之特性,实不宜仅以其利用目的符合公共利益而不予任何规范。

再者,Google 公司所进行街景摄影,并放置于 Google 之地图上,供大众在网络上观览所选定城市之街道位置及景观之服务,在 2007 年 5 月 25 日于美国开启后,现已至北极几乎遍及世界各国。中国台湾亦在 2009 年 8 月于台北市、新北市开始进行摄影及播放。此在线服务因可以让用户随鼠

---

① 〔日〕青柳武彦:《情報化時代のプライバシー研究》,NTT 出版,2008,第 62 页。

标之移动,沿特定地区道路如身历其境般观赏自己向往城市之风光景致、街头巷尾风土民情,带来有如实地旅游之娱乐性与导览之便利性。但因其摄影时,常一并将通行路人或车牌号码、门牌号码等摄入镜头;可能正巧摄录到出入特定店铺(如当铺、色情场所)或特殊设施(精神病院、收容所)或行状举止不雅等人物;或居民门窗开放而致家中光景一览无余,确有使特定人个资在其未察觉下被搜集并揭露之高度危险。Google 公司在世界各国进行摄影时,事实上引起许多国家认为此举有侵害个人隐私或违反个资保护规范之疑虑,而对该公司提出质疑,要求应将其摄影并于网络播放之事,于事前能告知该地民众,须建立机制让被摄入影片之人得要求将其删除,影片中车牌号码、特定人之容貌应为马赛克处理,并禁止进私有地或私人小区内摄影等①。

按 Google 街景摄影是否符合台湾地区"个资法"前述第 51 条第 1 项第 2 款所定之公开场所或公开活动之影音资料,并认定其得完全排除"个资法"之适用,恐亦有商榷之余地。单依该条规定作字义上解释,固然街景摄影系在公共场所摄录所得未与其他个资结合之影音资料,而被摄录之人亦属在公开活动中所被摄录者,故得解为不受"个资法"之保护。但如前所述,个人被摄录到进出特定场所或醉卧街头或风掀裙底,应为一般人感到窘迫之事,而被 Google 摄影后,公开播放于网络上,传播范围将遍及世界,留存时间又长不可计,对个人造成伤害,远非一般人肉眼所见暂时性留存于记忆或摄录像仅为自己观赏用所能比拟。或者 Google 公司得主张摄录、公开街景影片具有方便电脑用户查询旅游景点资讯,带来娱乐效果之公共利益,但相较于个人因此受到之损害,其重要性应未至必须优先于个人人格权

---

① 加拿大资讯官即认为其不符合个资保护之基本要件,参见"Letter to Mr. David C. Drummond, Senior Vice-President, Corporate Development and Chief Legal Officer, Google, regarding 3D online mapping technology", August 9, 2007, available at http: //www.priv.gc.ca/media/let/let_ 070911_ 01_ e.asp(最后访问日期:2013 年 3 月 22 日)。另外,日本东京都个人情报保护审议会亦于 2008 年 11 月 25 日开会讨论认定街景摄影及播放确有违反《日本个资法》之问题,并于 2009 年 2 月 3 日要求日本 Google 公司到会交换意见,并表明日本对 Google 公司未于摄影前与日本相关政府机关说明、协议,于未了解日本之风土民情下即进行摄影,表明其不满,并要求 Google 公司要遵循《日本个资法》。参见〔日〕堀部政男、宇贺克也编集《地理空間情報の活用とプライバシー保護》,地域科学研究会,2009,第 47~58 页。

益受保护之程度。且如此公共利益之达成，街景摄影之放送非必要手段。故单依第51条第1项第2款"未与其他个人资料结合"之要件，即对Google公司之街景摄影不作任何制约，完全排除"个资法"之适用，实有不当。

　　另外，Google公司虽于摄录像后播放前，以自动机器处理方式，将入镜之人脸部及车牌号码作马赛克处理，但入镜者衣着举止、车辆外形仍清晰可见，如再配合摄录地点及时间，具有地缘关系资讯之人，仍可能识别出特定个人；更何况影片中常有遗漏未做马赛克处理之镜头，故仅如此处理对路过行人个资之保护并不完全，即使Google公司声称播出后，如当事人发现其入镜时，可以要求删除该画面。但一旦流传于网络之影像，形成无时间、空间限制永远留存之状态，加之被多次转载后，如何彻底自网络上删除？且如当事人为拒绝或非经常性网络用户，于不知自己已被摄影情形下，又何来要求删除？按个资自主权之理论原即立足于保护个资本人立场，主张当事人得决定自己资料是否公开、如何公开、对何人公开，故自他人开始搜集其个资，即应在其知悉下，对其后利用亦应得到有效控制，主要之目的在于事前预防损害之发生。"个资法"第8条第1项规定，任何人搜集个资时，原则上应告知当事人其名称、搜集目的、搜集个资之利用期间、地区、方式及当事人得行使请求停止利用、删除等权利，即为实现此目的而设置。再衡量街景摄录像后于网络上放送所可能造成当事人无可回复之损害等特性，事先防止Google公司之街景摄影可能造成个人人格受损之事发生，应纳入"个资法"之规范，且应有主管机关作事后之监督。

　　又依大法官会议689号解释，"个人纵于公共场域中，亦应享有依社会通念得不受他人持续注视、监看、监听、接近等侵扰之私人活动领域及个人资料自主"，从而个人即使在公开场所或活动中仍应有主张资料自主权之余地。

　　如果仅依台湾地区"个资法"第51条第1项第2款规定，以个人于公共场所或公开活动中所被摄录之影音资料，而未与其他个资结合者，即排除于"个资法"保护范围外，未考虑个人在公共场所公开活动中，其个资仍应有受保护之必要性，轻忽Google街景摄影特性所可能造成对个人之损害，显有悖"个资法"保护个人资料自主权之立法主旨。故对Google公司进行街景摄影应有主管机关要求其依法事先公告，亦即履行告知义务让摄影地区之民众知悉其进行摄影，有不想摄录入镜民众有自行回避之机会；同时告知民众其有请求删除自己影像之权利及行使之方法,并应以马赛克方式遮掩所有入镜之人脸及车牌号码。至今日台湾地区似乎未有主管机关出面对 Google 公司作任何监督或管制,放任其大街小巷任意摄影、播放,置人民权利处于高风险下。

2. 自己或已合法公开之个资

自己将个资公开者,例如现今流行上传自身活动讯息于脸书(Facebook)上,因此举为自己决定公开资料,本人应已预知并承担其结果,故法律无须予以保护。再者,已合法公开之个资则为个人自己或他人依法公开之个资,例如依法公开之公司董监事姓名、持股,公职候选人之学历、经历等,公务员依"公务员财产法"申报之财产资料,依"少年事件处理法"第 84 条第 5 项公布之法定代理人或监护人之姓名等,因其为当事人被预定公开之个资,合法公开后已属于公共领域之资料,故依"个资法"第 9 条第 2 项第 2 款,任何人搜集时无须告知当事人;依第 19 条第 1 项第 3 款规定,非公务机关亦得为合法之搜集、处理。

3. "自一般可得之来源"取得之个资

"自一般可得之来源"取得之个资,则是指在电视、报纸杂志或网络等一般媒体上揭载、传播,任何人均得获取之个资。此种类个资可能原先为当事人自行公开者或新闻媒体等为新闻报道而公开者,亦可能为被违法泄露或窃取之个资而公开者,性质上属公共领域之资料。因搜集者常无从查证其是否为合法被公开之资料,尤其在网络上流传者经常是辗转张贴无从追查来源,为避免搜集者动辄触法[①],其搜集应属第 9 条第 2 项第 3 款不能向当事人告知之事由,故无须告知当事人。再依第 19 条第 1 项第 7 款规定得认定该当个资为取得自一般可得来源之个资,其搜集、处理亦为合法。

然如前所述,"自一般可得来源"取得之个资,其可能原为被人泄露或窃取等以不法方式取得者,之后又经他人辗转揭载于网络媒体上,其性质或内容却可能属重要且有高私密性之资料,例如病历、通讯记录等;虽然现今搜集、处理者并未违法,但当事人却因此可能名誉或隐私权受到重大侵害。故而第 19 条第 1 项第 7 款规定:当事人对该资料之禁止处理或利用,显有

---

① 请参见"个资法"第 19 条第 1 项第 7 款立法说明。刘佐国、李世德:《个人资料保护法释义与实务》,棋峰资讯股份有限公司,2012,第 93 页。

更值得保护之重大利益者，不在此限。亦即，如此时该当个资搜集、处理之目的，非为重要公共利益之达成，而当事人又非为具有高影响力之公众人物时，实不得以曾被公知而属公共领域个资，由他人任意予以搜集、处理或利用。

又关于"一般可得之来源"之个资，是否因其已被公开过具有公知性即不受法律保护，得参考美国联邦最高法院对依《资讯自由法》（Freedom of Information Act）①公开政府资讯时，应被豁免公开（exemption）之有关个人隐私资讯判例中，所揭示"实质暧昧原则"（practical obscurity doctrine）②；亦即个人某些资讯在过去特定之状况下，虽曾已公开为一般人所周知者，但当事人应受保护之隐私权益，并不应因此全然丧失；如经过长时间后，而现在又被请求公开，显然该当资讯已非属公共领域一般人所得知具有公知性，此时应转化为具有私密性应被保护之个资。尤其在互联网已十分普及之今日，当下可能因新闻炒作为众人一时关注之讯息，一旦在网络上传播后，被长期留存难以消除；经多年后，众人已遗忘时由有心人发掘出来而重新成为新闻，对当事人造成二次伤害，形成一生难以脱离之梦魇。因此即使曾属具有公知性之个资，实不得认定其"永远"具有公知性，简单地将其归为一般可得来源之个资，永远得任由他人搜集利用。

又查欧盟近年亦因科技发展，互联网普及化，个资之搜集、获取、利用方法，已远非1995年订立欧盟《指令》时所能预见，现行规约对个资保护已然不周全。因此为特别加强在线社群网络（online social networking）个人对自己个资之有效控制（effective control），于2012年1月15日提出新修正规则草案③中新增：当事人有被忘记之权利（right to be forgotten and to erasure）④。亦即对个人资料之保有未具有正当根据者，当事人得请求删除该个资。然对在网络上传送之个资，如何、向谁行使上开权利，在技术上实属难以实现。但显然欧盟已意识到一旦公开于互联网上之个资，不得认为当

---

① 5 U.S.C.S. § 552.
② United States Department of Justice v. Reporters Committee for Freedom of the Press, 489 U.S. 749, 762, 780 (1989).
③ http://ec.europa.eu/justice/newsroom/data-protection/news/120125_en.htm（最后访问日期：2013年3月22日）。
④ 草案之内容请参见 http://ec.europa.eu/justice/newsroom/data-protection/news/120125_en.htm（最后访问日期：2013年3月22日）。

事人即无任何权利保护之必要。而台湾地区现行"个资法"对存于公共领域已公知之个资,其保护之范围及要件,应有再讨论之空间。

再参酌加拿大2000年公布的《个人资讯保护和电子文件法》有关"已公开个资"于该法第7条(1)(d)① 明列为下列五种:①一般人得利用之电话簿所登录之姓名、住址、电话号码,但此登录系为当事人事先同意者②;②一般人得利用之专门职业人员名簿上所登载之姓名、头衔、住址、电话号码③;③登载于依法搜集,而为任何人均得阅览之法定登记簿上之个资④;④一般人得利用之裁判记录或行政审判记录上所揭载之个资⑤;⑤一般人得取得之杂志、书籍、新闻等出版物上所揭载之个资,且为该当事人所提供者⑥。系以立法列举方式界定"公共领域"之个资,虽然未必能全无遗漏,但范围较具明确性,亦有值得台湾地区参考之处。

四 结语

如同"个资法"第1条立法目的所揭示者,本法立法目的在保护人格权不受侵害,兼顾个资之有用性;然因个资之种类、范围广泛,再加诸其公共性与私密性差异极大,某些类型之个资,尤其是公共领域之个资,常为该

---

① Personal Information Protection and Electronic Documents Act, S. O. 2000, c. 5, ss. 7 (1) (d), and the Regulations Specifying Publicly Available Information, S. O. R. /2001 – 7.

② (a) personal information consisting of the name, address and telephone number of a subscriber that appears in a telephone directory that is available to the public, where the subscriber can refuse to have the personal information appear in the directory.

③ (b) personal information including the name, title, address and telephone number of an individual that appears in a professional or business directory, listing or notice, that is available to the public, where the collection, use and disclosure of the personal information related directly to the purpose for which the information appears in the directory, listing or notice.

④ (c) personal information that appears in a registry collected under a statutory authority and to which a right of public access is authorized by law, where the collection, use and disclosure of the personal information related directly to the purpose for which the information appears in the registry.

⑤ (d) personal information that appears in a record or document of a judicial or quasi-judicial body, that is available to the public, where the collection, use and disclosure of the personal information relate directly to the purpose for which the information appears in the record or document.

⑥ (e) personal information that appears in a publication, including a magazine, book or newspaper, in printed or electronic form, that is available to the public, where the individual has provided the information.

当特定时点在场活动之其他人所共有，个人对此种资料无法主张有绝对之自主权，完全拒绝他人合理搜集、利用；否则将会妨害资讯之流通，甚至压缩他人之表现自由。又如本文所述，个人除独居荒岛与世隔绝外，其个资常为个人经营社会生活，行使公民权利履行公民义务，为建立社会信赖及连带关系，所被预定必须向他人公开者，如任何个资其搜集、处理或利用，均需遵守个资法所课予之事前告知、搜集要件等义务，势必将提高个人及社会利用个资之成本与风险，可能对经济之发展造成影响，故如何清楚界定要保护个资之范围，在保护个资自主权与个资之合理利用间取得平衡点，始终为各国个资立法面临之难题，有日本学者称此为个资法之核心课题①。

综合本文上述讨论之台湾地区现行"个资法"以该当个资之搜集、处理或利用目的及所置之状态，界定保护个资之范围，事实上有要件不完备，及未考虑为新闻报道文学创作出版等目的搜集或利用个资必要性之缺失；对现今社会大众使用手机、电脑网络搜集、利用个资行为，所衍生出新的侵害个人权利问题，实不足以应对。

现行"个资法"除有前述要件规定不完备、不明确之问题外，按"个资法"最终乃在保护个人之人格权，因此在不侵害个人尊严与妨碍人格之自律、完整发展之大前提下，个资之有用性仍为立法目的之一，故如为与人格权保护无直接关联性之个资，例如团体会员名簿、毕业纪念册等仅有姓名、联络方式资料，其搜集、处理或利用又非为获取利益者，应无须课以"个资法"所定告知等义务，避免对人民日常生活造成困扰，亦降低合理利用个资之成本；若有被利用于不法目的之情事，再以"民法"侵权行为规定予以救济即可。此得参酌日本近年由法院判决渐累积形成"基本四资料"之见解；按《日本个资法》未全面施行前，其最高法院判决中将"记载演讲参加者之学号、姓名、住所及电话号码之名簿"，认定属单纯个资；同判决中二位法官之反对意见中更主张，系争资料之提供者，因其有维护演讲安全警备上之理由，"纵使为有关隐私之资料，但其性质非属关系个人内在面，应对他人完全保密之性质"②，

---

① 〔日〕冈村久道：《个人情报保护法》（修订版），商事法务，2009，第47页。
② 本案为时任中国国家主席江泽民至早稻田大学演讲时，学校将参加者登记名簿，于未得当事人同意下提供给担任警备之警察厅，参加者中数人对此提出侵权行为损害赔偿诉讼。参见最高法院2003年9月12日判，判例时报1837号，第3页。

故其提供给警方并未违法。之后 Yahoo! BB 网站会员资料流出事件[1]，法院判决亦认定"流出之个资为姓名、住址、电话号码等，为要保护性低之识别个人基础资料"。而其最高法院对政府建置住民基本台账网络系统之违"宪"审查判决[2]，同样明确指出：住基网络所管理、利用之本人确认资料为"姓名、出生年月日、性别及住所所构成"，"此四种资料为个人经营社会生活，于一定范围内被预定当然对其他人公开或提供之个资"，系"与个人内在无关，非属私密性高之个资"，且行政机关依据法令以网络管理、利用确认本人之资料，为提升住民服务及行政事务效率之正当目的范围内所为之行政管理事务，其搜集、处理纵使未经本人同意，亦未侵害住民受"宪法"第 13 条保障之基本权利[3]。因住址及电话号码之利用，有容易使个人私生活遭受侵扰之虞，故本文将之排除，仅限定姓名及联络方式。

另一方面，属于公共领域个资如公开活动之影像等，虽依"个资法"第 9 条第 2 项第 2 及 3 款，无须事先告知当事人其搜集、处理，然因考虑互联网传播无国界、无时限之特性，至少应建置选择退出（opt-out）制度，抑或加入有如第 19 条第 2 项第 7 款"当事人对该资料之禁止处理或利用，显有更值得保护之重大利益者"，应得有要求停止利用之权利。亦即在搜集后第一次利用时，告知当事人表明如不欲该当个资再被利用时，得无条件要求其停止利用该当个资，且其要求停止利用所需之程序及费用应由搜集、处理人负担。让已在公共领域影音个资之当事人仍能保有部分资料自主之权利，以降低其因完全被排除"个资法"之适用所可能受损害之程度。

---

[1] 大阪地院 2006 年 5 月 19 日判决，判例タイムズ1239 號，第 227 页。
[2] 最高法院第 1 小法庭平成 20 年 3 月 6 日判决，判例时报 2004 号，第 17 页。本件为日本住民对行政机关依《住民基本台账法》之规定（简称《住基法》）以网路系统管理、利用当事人本人确认资料之行为，为未得当事人同意之个资搜集、利用行为，又因《住基法》规定之缺漏致使个人受《宪法》保障之隐私权及其他人格权有受侵害之高危险性，而为违宪，故提起诉讼。
[3] 日本最高法院判决理由：《宪法》第 13 条为保护国民私生活上之自由不受公权力之干涉，任何人对自己之资讯均有不被任意向第三人公开或提供之自由。

The Growing Awareness of Privacy in Hong Kong

Kenny Wong[*]

1. Personal Data (Privacy) Ordinance

(1) The Personal Data (Privacy) Ordinance ("Ordinance") was passed in 1995 and came into effect in December 1996. In the Ordinance, "personal data" is defined as any data: (a) relating directly or indirectly to a living individual; (b) from which it is practicable for the identity of the individual to be directly or indirectly ascertained; (c) in a form in which access to or processing of the data is practicable[①]. The scope of the Ordinance covers both public and private data users and manual and electronic records.

(2) The Ordinance implements most of the recommendations of the Hong Kong Law Reform Commission (LCR)'s 1994 Report on Reform of the Law Relating to the Protection of Personal Data. The core provisions are the data protection principles contained in Schedule 1 of the Ordinance which address data collection (DPP 1), accuracy and retention (DPP 2), data use including transfer (DPP 3), data security (DPP 4), openness (DPP 5) and data subject access and correction rights (DPP 6). The overall effect is to confer on an individual a degree of control over personal data relating to him.

(3) Under the Ordinance, the Office of the Privacy Commissioner

---

[*] Kenny Wong, Practising Hong Kong Solicitor, Senior Consultant, Mayer Brown JSM.
[①] Section 2, Personal Data (Privacy) Ordinance, Cap 486.

("PCPD") was established to promote and enforce compliance with the statutory requirements. Besides investigating complaints, the Commissioner may initiate independent investigations and conduct inspections of selected data users.

(4) More than 15 years later, after two rounds of public consultations in 2009 and 2010 on the review of the Ordinance and subsequent discussions at the Legislative Council, the Personal Data (Privacy) (Amendment) Ordinance was adopted in July 2012. The changes took effect in phases most of which began from 1 October 2012. One of the most significant changes is to tighten control over the use and provision of personal data in direct marketing activities in response to community concerns over recent cases of sale/transfer of massive personal data by some enterprises to others for direct marketing purposes without explicitly and specifically informing the data subjects of the sale or transfer and seeking their consent. These direct marketing provisions came into effect on 1 April 2013.

(5) The Amendment Ordinance also makes some amendments to the data protection principles, introduces new offences and penalties, and enhances the authority of the Privacy Commissioner for Personal Data ("Commissioner"). In addition, it introduces a new scheme whereby the Commissioner may provide legal assistance to individuals and this also came into force on 1 April 2003.

(6) Still, it is to be noted that the Commissioner does not have the power to conduct criminal investigation or to prosecute nor to impose penalty or award compensation to aggrieved data subjects or complainants[①]. Where a breach of the Ordinance may constitute a criminal offence, the commissioner may refer the matter to the Police and the Department of Justice for investigation and

---

① In the *Consultation Document on Review of the Personal Data (Privacy) Ordinance*, August 2009, the Government took the view that since the existing arrangement for the Police to conduct criminal investigations and for the Department of Justice to handle prosecutions had worked well, there was no strong case to give the PCPD the power to investigate. The Law Reform Commission opined that conferring power on PCPD to award compensation would vest in a single authority—an undesirable combination of enforcement and punitive functions and recommended that the PCPD's role be limited to determining whether there had been a breach of the Data Protection Principles and it would be for a court to determine the appropriate amount of compensation payable.

prosecution. From 1996 to the end of March 2012, there have only been 14 convictions[①].

(7) The Commissioner's most significant legal power is the power to serve an enforcement notice when he concludes that a data user is likely to repeat or continue a contravention of the Ordinance. Failure to abide by the enforcement notice is a criminal offence punishable by a fine of up to HK $ 50000 and imprisonment for up to 2 years. In the case of subsequent convictions, additional and more severe penalties apply. Contravention of other requirements of the Ordinance is also an offence. In particular, breach of the new provisions relating to direct marketing is punishable by a fine of HK $ 1000000 and imprisonment of up to 5 years, depending on the nature and gravity of the breach. In addition to criminal sanctions, data subjects aggrieved by contravention of the Ordinance may seek compensation from the data user through civil action for damage which may be or include injury to feelings[②].

(8) As from June 2011, the Commissioner decided to name the data users in his investigation reports[③] subject to the exceptions that: (a) it is against Hong Kong's public interests such as security, defence or international relations; (b) it will prejudice the investigation or detection of crime; or (c) there are other legislative requirements prohibiting publication and identification of the relevant data users in particular cases.

2. Background of the Ordinance

(1) The 1994 Report on Reform of the Law Relating to the Protection of

---

① PCPD Annual Report 2011 – 12, p. 7. See also legislative Council Panel, Update on the Work of the Office of the PCPD (report presented at the Constitutional Affairs Meeting, 21 January, 2013), LC Paper No. CB (2) 483/12 – 13 (01) – In 2012, 15 contravention cases were referred to the Police for consideration of prosecution.
② Section 66, PDPO.
③ Para 12 of PCPD Press Release, 20 June 2011, - [The Commissioner] said, "We trust that the practice of naming data users will invoke the sanction and discipline of public scrutiny. In turn it will serve to encourage compliant behaviour by data users concerned and related parties."

Personal Data was the result of over 4 years of work. The Law Reform Commission recognized that whilst the "information boom" and rapid development of new information technology had provided many beneficial consequences, there were increasing concerns about privacy implications. In particular, computerization, coupled with developments in telecommunications, had revolutionized and facilitated the compilation, processing, access, maintenance and transfer of large collections of data. Information has become a valuable and essential commodity and the increasing use of computer and globalization resulted in a massive increase in international data traffic. To secure its position as an international trading centre for international exchange and flow of data, Hong Kong needed to be properly equipped to provide an adequate level of protection to information privacy.

(2) At the time the Report was published, 27 jurisdictions had already enacted personal data protection legislations which followed the standards formulated by international agencies such as the Organisation for Economic Co-operation and Development and the European Communities Commission[1]. Hong Kong became the first in East Asia to enact a personal data protection legislation.

(3) One of the first issues the Commission had to decide on was the different definition of "privacy"[2]. Rather than defining privacy, the Commission concluded that it was more productive to focus on the commonly agreed privacy interests being:

a) The interest of the person in controlling the information held by others about him, or "information privacy";

b) The interest in controlling entry to the "personal place", or "territorial privacy";

c) The interest in freedom from interference with one's person, or

---

[1] At the time of writing this paper, more than 90 countries or jurisdictions have personal data protection laws.

[2] "in spite of the huge literature on the subject, a satisfactory definition of 'privacy' remains as elusive as ever" – Raymond Wacks, *"Personal Information" Privacy and the Law* (Oxford: Clarendon Press, 1989), p. 13.

"personal privacy";

d) The interest in freedom from surveillance and from interception of one's communications, or "communications and surveillance privacy".

(4) The Report dealt only with information privacy[①] and the Ordinance is confined only to the privacy right of an individual in relation to "personal data" and not other privacy rights. The Ordinance has been particularly influenced by the English, Australian and New Zealand data privacy laws with modification to cater for local conditions. In short, the Ordinance does not provide a comprehensive privacy protection.

3. Growing Statistics

(1) The first 10 years of the Ordinance was rather uneventful. This may not tally with the impression given by the Survey on Privacy Attitudes in Hong Kong conducted during the consultation period for the Ordinance in 1993 by the Social Sciences Research Centre at the University of Hong Kong, According to the Survey, a projection of 20000 to 50000 people in Hong Kong might have experienced a privacy invasion of great concern in a 12 - month period[②]. The Survey successfully contacted 520 respondents to answer a rather long questionnaire with over 60 questions. Although Privacy turned out to rank lowest in importance amongst other issues (in descending order) including Housing, Law & Order, Pollution, Inflation, Corruption and Public Confidence, the report expressed surprise to see that a quarter of the respondents still considered Privacy to be "very important" and two-thirds as "somewhat important" when privacy had received

---

[①] Which corresponds to the Commission's terms of reference to look into: (a) the acquisition, collection, recording and storage of information and opinions pertaining to individuals by any persons or bodies, including Government departments, public bodies, persons or corporations; and (b) the disclosure or communication of the information or opinions referred to in (a) to any person or body including any Government department, public body, person or corporation in or out of Hong Kong.

[②] Section 1. 14 and Appendix 2 of the *Law Reform Commission of Hong Kong Report on the Reform of the Law Relating to the Protection of Personal Data*, August 1994.

much less media and political attention[1].

(2) Perhaps this should also be interpreted against the fact that while telecommunications and computer technologies had significantly improved and were becoming more accessible in the 1990s, it was still nothing compared to their prevalence today. The mobile phone penetration rate in 1995 was only 12.97% compared to 81.16% in 2000 and over 228.5% by end of 2011! There was no figure available for 1995 but in 2000, the use of Internet services in Hong Kong was only 30.3% and doubled to 72.9% by 2012. The percentage of households with personal computers was 49.7% in 2000 versus 80% in 2012[2] and the number of estimated number of registered broadband Internet access customer accounts grew from 51494 in February 2000 by more than 40 times to 2249401 by May 2013[3].

(3) Things have charged rapidly over the past few years. According to the PCPD Annual Report 2011 −2012, the number of complaints about personal data privacy intrusion in 2011 increased by 48% compared with two years previous[4]. Before 2010, PCDC had only 3 fact sheets and 3 guidance notes. By the end of December 2011, the number of guidance notes had grown to 10. They cover direct marketing, mobile service operation, electioneering, property management, mobile service operation, data-breach notification, CCTV surveillance, Internet services, the use of portable storage devices, and personal data erasure and anonymisation. From 1997 to the end of March 2012, PCDC published 27 investigation reports, of which 15 were published in 2011 and 2012. A growing

---

[1] See Appendix ① referred to p.2 – "Summary of the Results of the Survey on Privacy Attitudes in Hong Kong conducted by Dr. John Bacon-Shone and Harold Traver".

[2] Statistics as published by the Census and Statistics Department of HKSAR, see "Information technology usage and penetration," Thematic Household Survey Report No. 52, published in June 2013.

[3] Information from Office of the Communications Authority, Internet Service, http://www.ofca.gov.hk/en/medi_focus/data_statistics/internet/index.html.

[4] In 2012, 1213 complaint cases were received by the PCPD, which represented a drop of 18% on the number of cases received in 2011 (1486) – Update on the Work of the Office of the PCPD-LC Paper No. CB (2) 483/12 – 13 (01) – Legislative Council Panel on Constitutional Affairs Meeting on 21 January 2013.

amount of statistics show enhanced awareness of personal privacy rather than aggravated abuses.

4. Changes since 2006

4.1 Blunder of Independent Police Complaints Council

In March 2006, news reports with sensational titles such as "20000 put at risk by blunder on identities" exposed a leakage on the Internet of personal data relating to complaints made against the Police by the public. Personal data of complainants were found publicly accessible via a website www. china2easy. com. An investigation of the PCPD[1] revealed that the Independent Police Complaints Council ("IPCC"), in arranging the outsourcing of the development and maintenance of a computer database system, had not given due consideration to ensuring security of the data. They failed to take any precautionary measures, contractual or otherwise, to keep the personal data secured and confidential. The Chairman made open apologies to the public and the Commissioner recommended in his report, a list of measures to be taken when engaging outsourced contractors or agents. Recommended Procedures for IT Practitioners on Personal Data were subsequently issued.

4.2 Loss of Data Storage Devices

(1) Beginning in 2008, the media reported on a series of cases where USB devices containing personal data were lost. One of the cases investigated by the PCPD involved the loss of a USB by a nurse of the United Christian Hospital containing personal data of 23 lady patients. An investigation of the PCPD[2] revealed that the hospital had not properly put in place any policy or internal guideline on the use of USB devices. The nurse disclosed that apart from informing her verbally of the procedures and requirements for collection, storage and erasure of patients' personal data by USB devices, the hospital had not

---

[1] Report No. R06 - 2599 issued on 26 October 2006 by PCPD.
[2] Report No. R08 - 1935 issued on 24 December 2008.

provided her with any training, circular or guideline on the handling of patients' personal data by USB devices or other portable electronic storage devices.

(2) In his report, the Commissioner warned that "in the wake of the development of technology, the size of electronic storage devices is getting smaller while the capacity is increasing. As a result, the risk of losing such devices and the number of individuals affected by the losses are increasing". The Commissioner recommended that before USB devices were used, there should be an assessment on the actual need and the potential risk involved. If a secured intranet arrangement could not be made, due consideration should be given to encrypting the data and adopting effective measures to protect the personal data against unauthorized or accidental access, processing, erasure or other use.

(3) Around that period, classified and sensitive documents containing personal data held by the Immigration, Fire and Police Departments were found to have leaked on the Internet through the file-sharing software "Foxy". Although remedial measures were taken and apologies made by the relevant departments, personal data leakages through Foxy still continue. On 30 October 2012, the Commissioner issued a statement to confirm that he had commenced a formal investigation into the leakage of confidential personal data through Foxy and also commenced compliance checks in respect of other data breach incidents involving the Police[1].

(4) Whilst the above incidents drew criticisms of the data users for their negligence or insensitivity in handling personal data, Hong Kong was quick to reprimand them, and it also seemed quick to forget the lessons. Information privacy protection did not receive full public attention until personal data of one-third of its population was sold.

4.3 Octopus—the landmark case

(1) Octopus is a household name in Hong Kong for an extensive smartcard payment system. With an enormous number of service providers and a vast

---

[1] Media Statement, 30 October 2012, PCPD, http://www.pcpd.org.hk/english/infocentre/press_20121030.html.

network of card readers, Octopus is heavily relied on by the average Hong Kong citizen for commuting on public transport and daily shopping. Octopus also promotes and manages a Rewards Programme whereby a member can earn Reward Dollars for making purchases using the Octopus card and the Reward Dollars may be redeemed for goods or services from Octopus' business partners. Following information from an informant in July 2010 that the Octopus company had sold personal data of some 2.4 million members of the Program to an insurance company for direct marketing purposes and Octopus' admission that it had transferred personal data of members of the Program to both the insurance company and another business partner, the PCPD initiated an investigation into the Octopus operation[①]. The investigation showed that Octopus had earned over HK $ 44 million selling personal data of its Program members to third parties for direct marketing purposes. Not surprisingly, the Commissioner found that the average members of the Programme, representing the majority, would have regarded the Octopus Program merely as a customer loyalty exercise rather than an arrangement for Octopus to collect and sell their personal data for monetary gains.

(2) In the Octopus case, the Commissioner found various contraventions of the data protection principles. For example, there was contravention of DPP1 (1) as the collection of Hong Kong Identity Card numbers or passport/birth certification numbers, month and year of birth were considered excessive for the purpose of customer authentication. DPP1 (3) was contravened for having failed to take all reasonably practicable steps to ensure that the applicants for the Octopus programme were explicitly informed of the classes of persons to whom the data may be transferred, and DPP3 for having shared members' personal data with others for monetary gains without the members' prescribed consent. Besides his findings, the Commissioner also made in his report a number of recommendations including how the Members' Registration Form could be re-designed and improved; what information would not have been necessary for authentication hence considered excessive; how a Personal Information Collection Statement could be more

---

[①] Report No. R10-9866, issued on 18 October 2010.

effectively expressed and communicated to the data subjects; why specific rather than liberal and vague terms about how personal data could be used and who could use them should be used; how sensitive personal data such as numbers of credit card or Hong Kong Identity Card should be kept from transfer for cross-marketing purposes unless there are justifications based on direct relevance; and why proper assessment and standard terms of use should be imposed on third parties receiving the personal data.

(3) The Octopus case not only brought public awareness of privacy rights to an unprecedented high level, but had also attracted prolonged media attention. Although the Octopus management apologised to the public and admitted that they could have been more sensitive to public sentiment concerning privacy, and handled the matter better, they insisted that they had not done anything legally wrong, an opinion with which the PCPD disagreed[1]. Octopus subsequently announced to the public that it would immediately discontinue the provision of customer data to third parties for marketing purposes and take immediate steps to delete any non-essential personal data on record in the Octopus database. Furthermore, Octopus donated all the revenue generated by its data transfer to charity and pledged that it would focus its core business on providing smart card services. Its CEO and Board Chairman respectively resigned and retired (the latter was said to be part of a natural succession plan)[2].

4.4 Other sale/transfer cases – Banks

(1) Yet, Octopus was not alone. In the same year, many enterprises, including banks, were found to have been involved in the transfer of customers' personal data to third parties for direct marketing purposes without explicitly and specifically informing their customers of the purpose of the transfer and the identity of the transferees, and, where prescribed consent was required, without first seeking the customer's express consent. The Commissioner initiated investigations

---

[1] Para 5.5 of the Report "... People place great trust on the system and expect from the Octopus management nothing less than good governance and a high standard of compliance with the law."

[2] Due to the fact that the ownership of Octopus (and Mass Transit Railway) can be traced to the Government, there were also criticisms against the Government for maladministration.

against six retails banks and the investigation reports revealed that[①]:

a) Vague and loose terms were used to inform customers about the scope of use of the classes of persons to whom the data might be transferred. This constitutes a contravention of the collection principle because it would not be practicable for data subjects to ascertain with a reasonable degree of certainty how their personal data could be used and who could have the use of such data. The Commissioner explains that such purposes of use, "for which the sky is the limit", could not qualify as purposes and catch-all terms like "as a source of information and data for other related purposes" as a defined purpose of use, and "any other persons under a duty of confidentiality to 'the data user'" as a description of possible third party users are unacceptable.

b) The font size of the personal information collection statements was too small to read. The Commissioner points out those data users who cannot assume consumer customers will go from one clause to another in a small print document to find for themselves what was intended in relation to their personal data. They are entitled to be drawn specific attention. Recommendations were made to design a layout to ensure that the personal information collection statement could be easily readable to individuals with normal eyesight, taking into account factors like font size, spacing, use of appropriate highlights, underlining, keywords and contrasts. Matters such as whether it is presented in a conspicuous manner, whether the language used is reader friendly, whether further assistance such as help desk or enquiry service is available to enable the data subject to understand the contents of the Personal Information Collection Statement should be properly considered.

c) Customers were only provided with one space to sign on the service application form which meant that they had to choose between giving up the application (for banking/credit card services) and agreeing to all the terms and conditions which include agreeing to the transfer of their personal data to

---

[①] Reports No. R11-1696, R11-1982, R11-2853 and R11-7946, all issued on 20 June 2011; and Report No. R11-1745 issued on 15 December 2011.

unrelated third parties for direct marketing purposes which they might otherwise have objected. The Commissioner makes it clear that such "bundled consent" can not be regarded as an express and voluntary consent as required under the Ordinance.

4.5 Customer Loyalty Programs

(1) In October 2012, the Commissioner issued investigation reports on four prominent customer loyalty programs including the MoneyBack Program operated by A. S. Watson Group for Watsons (a personal care chain store) and Park'n Shop (one of the two leading supermarket chains in Hong Kong), the Fun Fun Card Program operated by China Resources Vanguard (for their supermarkets) and the Mann Card Program (for Mannings, another personal care chain store) operated by The Dairy Farm Company. The Commissioner found some common contraventions among the program operators:

a) The operators had collected the applicants' numbers (complete or partial numbers) of Hong Kong Identity Card or passport for the purpose of providing them with a default log-in password for using the program's online service. As any set of alpha-numerals will suffice for the same purpose, this amounted to unnecessary and excessive collection and thereby contravened DPP1 (1).

b) The operators also contravened DPP1 (3) for having failed to take all reasonably practicable steps to ensure that program applicants were notified of the matters required under DPP1 (3) such as the purpose of use of the data and the classes of persons to whom the data might be transferred.

(2) In particular, the program operators had either not defined or ill-defined the purpose of use of the data and/or class of data transferees with the result that it would not be practicable for the program applicants to ascertain with a reasonable degree of certainty how their personal data could be used and who could have the use of the data. The saving grace was perhaps, despite the contraventions, the program operators confirmed that in practice, the use and transfer of the data were restricted and directly related to the program objectives. The Commissioner found no evidence to the contrary and hence there was no contravention of DPP3.

(3) In most of the cases investigated by the PCPD, the Commissioner did not

have to issue an Enforcement Notice as the data users who had contravened the data protection principles would give written undertakings to remedy the contraventions and to ensure that such contraventions would not continue or reoccur.

4.6 Latest April 2013 Investigation Report

(1) Whilst the Commissioner hoped that the Octopus case had served as a wake-up call to corporate data users undertaking direct marketing activities, he realized from subsequent investigation cases that there was still a long way to go for many of them in meeting customer expectations and compliance with the requirements of the Ordinance[①]. In this case, PCPD received complaints that the Hong Kong Preventive Association ("HKPA") (which is neither a government-funded organization nor charity) had collected their personal data over the phone by offering them free medical check-up when in fact, their personal data was provided to AEGON Direct Marketing Services Insurance Broker (HK) Limited ("AEGON") for use in direct marketing. The Commissioner found that AEGON would pay HKPA an administration fee for each target customer who agreed to provide his personal data. He further found that HKPA was aware that some of their telemarketers had attempted to mislead the target customers that HKPA was offering the free medical check-up on behalf of, or with the permission of, the Hong Kong Government and some deliberately spoke faster and in a muffled voice when they came to the information about the transfer of personal data to AEGON.

(2) The true purpose of the offer of the free medical check-up by HKPA was to attract people to provide their personal data so that HKPA could collect personal data for sale in bulk to AEGON for monetary gains. There were clearly contraventions of various data principles by both HKPA and AEGON. Besides directing compliance, the Commissioner criticized the two companies with strong statements such as "a misleading and arguably deceitful communication approach was adopted" and "such irresponsible and recalcitrant behaviour must be condemned".

---

① Para 54, Report No: R13-1138, issued on 9 April 2013.

4.7 Direct Marketing

(1) Many of the investigations of the Commissioner revealed improper transfer of personal data for direct marketing purposes by others. Whilst the PCPD acknowledges that direct marketing activities generate economic and social values through creation of business and job opportunities, it reminds repeatedly that commercial organizations should conduct direct marketing activities by legitimate means and in a responsible manner without intrusion into personal data privacy.

(2) As early as 1998, the Commissioner had already pointed out that while direct marketing was booming, there were also "increasing negative sentiments regarding the invasion of privacy by 'unsolicited personally addressed' mail, fax and phone messages"[1]. In a speech in 2011, the Commissioner pointed out that telemarketing calls, in particular, had caused a great nuisance and it was not uncommon for the man in the street to receive several telemarketing calls a day[2].

(3) In response to PCPD's strong reservations, the Government proposed on 22 February 2012 changes to the provisions in the Bill regulating the use of personal data in direct marketing and the sale of personal data, allaying most of the PCPD's concerns[3].

(4) The new direct marketing provisions of the Ordinance came into effect on 1 April 2013. Despite the helpful Guidance Note on Direct Marketing published by the PCPD in January 2013, there was clearly still a lot of confusion,

---

[1] See Office of the Privacy Commissioner for Personal Data, "Direct Marketing and Privacy Related to Personal Data", *Speeches and Articles* (July 13-15, 1998), https://www.pcpd.org.hk/english/infocentre/speech_1998-713a.html. See also Media Statement of PCPD-28 March 2013- "PCPD starts to implement New Direct Marketing Regulatory Regime & provide Legal Assistance from 1 April 2013", a table of complaints received by the PCPD (overall and cases in relation to direct marketing from 1 April 2007 to 31 March 2012).

[2] The Commissioner believes such extreme pervasiveness of junk calls in Hong Kong is due to the world highest mobile subscriber penetration rate and our cheap telephone service fee. See Speech on "Data Protection: Recent trends and developments in Hong Kong" delivered by the Commissioner at Privacy Laws & Business 24th Annual International Conference on 13 July 2011, St John's College, Cambridge, United Kingdom, http://www.pcpd.org.hk/english/infocentre/speech.html.

[3] "Use of Personal Data in Direct Marketing and Sale of Personal Data" —Bills Committee on Personal Data (Privacy) (Amendment) Bill 2011-LC Paper No. CB (2) 1169/11-12 (01) – February 2012.

particularly about the grandfathering provision which provided that, subject to the conditions listed below, the more stringent new requirements of notification and consent would not apply to the continued use by data users of personal data in direct marketing of the same class of products/ services it had previously promoted to the data subjects. The conditions were:

a) The data subject had been explicitly informed by the data user, in a manner which is easily understandable and (if informed in writing) easily readable, of the intended use or use of the data subject's personal data in direct marketing in relation to a class of products/services;

b) The data user had so used any of the data for that class of products/ services, and the data subject had not required the data user to cease to use any of the data;

c) The data user had not contravened any provision of the Ordinance in force at the time of the use of the data.

(5) The grandfathering arrangement does not apply to: a) use of data to promote a different class of products/services, b) where the data subject's consent was given under a bundled consent or the collection of his data was unfair, c) transfer of personal data to another person for use in direct marketing.

(6) Basically the grandfathering provision requires that the data user has collected and used the personal data in compliance with the Ordinance prior to the commencement of the new direct marketing sections in the Amendment Ordinance. Many however thought that provided they simply notified the data subjects before the commencement of the sections that unless the subjects object, they could continue to or could freely use the personal data without restrictions. Some even sent their notices after the commencement of the sections when the new law already said that consent can no longer be inferred from the data subject's non-response[①].

4.8 Surreptitiously Taking Photographs of Celebrities

(1) Breaches by the Octopus, banks, telecommunications company had led

---

① Section 35A (1) PDPO – The data subject's consent can include "an indication of no objection" to the use or provision of personal data to another person for use in direct marketing. However, to qualify as an indication of no objection, the data subject concerned must have explicitly indicated that he did not object. Silence does not constitute consent.

to serious discussions and reflection about the adequacy of protection of privacy in Hong Kong. Nothing yet aroused more public curiosity when TVB artistes Bosco Wong, Vincent Wong and Yoyo Chen made a high profile visit to PCPD to lodge a complaint with the Commissioner against *Sudden Weekly* and *Face* magazines whose reporters used photographic equipment such as long-focus lens and magnifier to take photographs clandestinely of their activities at home and published the photographs in their magazines. Most of the photographs published of Bosco Wong showed him naked and photographs published of Vincent Wong and Yoyo Chen depicted their daily life and intimate acts at home.

(2) The Commissioner found that the photo-taking was at a far distance from their homes (in Vincent Wong's case about 80 metres and Bosco Wong 1000 metres!) and over several days through systematic surveillance of the artistes' activities[1]. Both publishers claimed that the artistes (Bosco Wong/Myolie Wu and Vincent Wong/Yoyo Chen) had on different occasions denied in public that they were in cohabitation with others. As such, the two publishers took the photographs as proof that they were not telling the truth.

(3) The Commissioner considered that an individual should be protected from unwarranted intrusion to his private life, irrespective of his social status and occupation. Therefore, the complainants should not be deprived of protection against intrusion merely because they are TV artistes. Further more, the artistes had a legitimately high expectation of their privacy as they were staying in their homes which had an open view[2].

---

[1] Reports No. R12 – 9159 and R12 – 9164 both issued on 28 March 2012.

[2] Compare to English confidence cases where the sanctity of the home is emphasised. For example, in *McKennitt v Ash* [2005] EWHC 3003, Eady J said (at para 135) (which was approved by the Court of Appeal): " [Home] is one of the matters expressly addressed in Article 8 (1) of the Convention as entitled to 'respect'. Correspondingly, there would be an obligation of confidence. Even relatively trivial details would fall within this protection simply because of the traditional sanctity according to hearth and home. To describe a person's home, the decor, the layout, the state of cleanliness, or how the occupiers behave inside it, is generally regarded as unacceptable. To convey such details, without permission, to the general public is almost as objectionable as spying into the home with a long distance lens and publishing the resulting photographs. "

(4) What the magazines did amounted to a serious intrusion on the artistes' privacy and could not be accepted as fair. The Commissioner did not accept the arguments that the photographs and articles served a public interest to show the artistes were all in the state of cohabitation, contrary to their earlier denial to the media. He took the view that the artistes had only responded to "gossip gathering" questions from the press instead of actively touted publicity and their denials could be taken as a natural response to protect their privacy. Furthermore, the photographs could not prove cohabitation before or afterwards. Whether the artistes were in cohabitation was gossip news not a matter of public interest and a distinction must be drawn between reporting facts capable of contributing to a debate of general public interest and making tawdry descriptions about a public figures' private life. Hence, the clandestine photo-taking by the two magazines were highly privacy intrusive and not supported by public interest consideration. As far as Bosco Wong's complaint is concerned, the Commissioner further found that as the photos, the article and commentary were focused on his naked body, the magazine's alleged reason for taking the photos to prove his cohabitation with a female artiste was extremely unconvincing.

(5) Nothing in the two reports came out as a surprise. Enforcement notices were issued but the magazines lodged appeals with the Administrative Appeals Board and the outcome is pending.

5. Freedom of Press v Protection of Privacy

(1) The artistes' two complaints highlight the important question of balancing the freedom of expression with the right to privacy. Article 27 of the Basic Law provides that Hong Kong residents shall enjoy freedom of speech, of the press and of publication. Articles 28 to 30 protect Hong Kong residents' personal privacy, territorial privacy, and the freedom and privacy of communication. Neither freedom of the press nor an individual's privacy is absolute as both are bulwarks of a free society which need to co-exist and be carefully balanced.

(2) Understandably, the media are concerned about the freedom of the

press and the public's right to know. Yet, a free press is a responsible press. Freedom of the press or freedom of expression does not give media organizations, in their pursuit of commercial gains, free vein or overriding privilege to collect a person's personal data (most of the time celebrities) about their private lives by means in breach of the Ordinance. If news gathering involves the collection of personal data, then it is subject to regulation by the Ordinance.

(3) There are already exemption provisions in the Ordinance to prevent any stranglehold or impediment on news activities as a result of the exercise of the Commissioner's powers. The Ordinance stipulates that if the personal data involved in a complaint are held solely for the purpose of news activity, the Commissioner cannot initiate an investigation without a complaint being lodged by the complainant, irrespective of whether or not the personal data have been published or broadcast. If a complaint is received, he cannot investigate unless and until the data are published or broadcast[①]. "News activity" is widely defined to mean any journalistic activity including: a) the gathering of news, preparation or compiling of articles or programmes concerning news, or observations on news or current affairs, for the purpose of dissemination to the public; or b) the dissemination to the public of any article or programme of or concerning news or observations on news or current affairs.

(4) Although in the majority of cases, what may or may not involve "public interest" should have been obvious, the media urge for a definitive definition of "public interest" to guide them in conducting legitimate news gathering activities. The Commissioner has suggested drawing up a non-exhaustive list of subjects for which news-gathering would serve the public interest. For this purpose, he provided reference to the list included in the judgment of Harrison, J in Canwest TVWorks Ltd v XY[②]: criminal matters; issues of public health and safety; matters of politics, government or public administration; matters relating to the conduct or organizations which impact on the public; exposing misleading

---

① Section 61 (1), PDPO.
② [2008] NZAR 1.

claims made by individuals or organizations; and exposing seriously anti-social and harmful conduct.

6. Matters of Public Interest

(1) In November 2012, Hong Kong saw for the second time the use of cranes with photographers perched on top hovering above private estate when the frenzied media reported on the private wedding ceremony of Kenneth Kok, grandson of late billionaire Henry Fok, and Olympic diving queen Guo Jingjing. The event was meant to be a private and special moment for the young couple to be shared with only 100 of their families and friends. Despite the couple's low profile and wish to keep the event private, the media were determined to intrude short of forcing entry into the Fok family mansion①. It was reported that besides five cranes hovering above the estate, over 80 reporters and photographers were camped outside. The police seemed at a loss if they should do anything and what to do although it was reported that they had to turn away two cranes when the road became too crowded. Although it turned out to be not so private, it was nonetheless a happy occasion and Fok/Guo were not the first couple to have attracted gatecrashers.

(2) Twelve years ago in 2000, and also in November, when Hollywood power couple Michael Douglas and Catherine Zeta-Jones entered into marriage, they gave *OK!* Magazine the exclusive rights to publish photographs of their wedding. Guests were informed not to take photographs and warning messages were posted at the wedding venue. Guests were even searched for cameras and it was reported that on six occasions during the reception, security personnel confiscated cameras and took the film out of them. Employees at the wedding were also asked to sign a confidentiality agreement, which included an undertaking not to take photographs. *Hello*, a rival magazine, planned to publish nine

---

① Jennifer Ngo, "Henry Fok's grandson ties knot with diving queen Guo Jingjing in HK $ 15 million wedding," *South China Morning Post* (9 November 2012); See also Kenny Wong and Eugene Low, "Legal protection of privacy is scattered among various laws," *South China Morning Post* (21 November 2012).

photographs of the wedding, the source of supply of the photographs being unknown. The first instance judge of the UK court granted an interim injunction, but the Court of Appeal discharged it on the ground that since the "privacy rights" had been sold, the plaintiffs would be compensable in money. The case went all the way to the House of Lords which decided in May 2007 in favour of the plaintiffs. *Hello* was ordered to pay over £1 million in damages to *OK! Magazine* and around £10000 to the Douglases for distress and damage suffered as a result of the infiltration of their private reception and for wasted costs.

(3) In February 2012, cranes were for the first time used to lift photographers and television crews to take a bird eye's view of the home of former Financial Secretary and Chief Executive candidate Henry Tang and the illegal structure built there. Six cranes hovered above his adjoining houses and the photographs and videos taken were published in newspapers and on television news programmes. While using crane cameras at Kenneth Fok's private wedding ceremony would not satisfy public interest but rather public curiosity hence likely contravene the Ordinance and the common law of confidence, arguably, in the Henry Tang case, there was public interest in taking and publishing photographs or images of his residence in light of his ambiguous and unsatisfactory explanations about the illegal structure in his home and the subsequent inspections conducted by the Building Authority when he was running for the Chief Executive election[1]. Yet, it is questionable if it was still justified for the cranes to be stationed outside his home for extended periods of time simply to report on the activities in his home after Mr. Tang already admitted that the basement of his home was built illegally.

(4) Whilst in most cases, whether there is public interest or not is obvious, sometimes there is a fine line. Even for matters of public interest, the extent of use of information has to be proportionate. In 2004, in Campbell v Mirror Group Newspapers Limited[2], the House of Lords was divided as to whether in

---

[1] See example Phila Siu, "Tang 'sorry' for illegal garage canopy," *The Standard* (February 14, 2012).

[2] [2004] 2 AC 457.

revealing fashion model Naomi Campbell's drug problem, the newspaper had gone too far in publishing associated facts about her private life, especially in publishing details of her course treatment and using photographs which were taken surreptitiously showing her outside the building where she attended for a meeting of Narcotics Anonymous.

(5) Some law lords agreed with the Court of Appeal that provided publication of particular confidential information was justifiable in the public interest, the journalist must be given reasonable latitude as to the manner in which that information was conveyed to the public otherwise his right to freedom of expression would be unnecessarily inhibited. Hence, following this line of thinking, the photographs added no more than what the reporters could have described in words and were justifiable. However, the majority accepted the trial judge's finding that the photographs added significantly both to the distress and the potential harm to Ms Campbell. Having considered the necessity or proportionality of use of the photographs particularly in light of the editor's acceptance that even without the photographs, the article would have been a front page story, the majority judges considered the photographs an unjustified invasion.

(6) In the Campbell case, Ms Campbell's drug problem would have been a private confidential matter if not for the fact that she went out of her way to say that, unlike many fashion models, she did not take drugs. In view of her repeated false assertions, the courts consider that she could no longer have a reasonable expectation that this aspect of her life should be private. The House of Lords agreed with the Court of Appeal that where a public figure chooses to present a false image and make untrue pronouncements about his or her life, the press will normally be entitled to put the record straight.

7. Data in the Public Domain

(1) In February 2012, the Commissioner published a report[1] concerning

---

[1] Report No. R12 – 3428.

the collection by a car park management company-Imperial Parking (HK) Limited, of vehicle owners' personal data from the Register of Vehicles for direct marketing. Such act was unrelated to the purposes of the Road Traffic Ordinance, and fell outside the reasonable expectation of the complainant who received the direct marketing material.

(2) The Transport Department had stated clearly its purposes in collecting the complainant's personal data in the Application Form for Registration and Licensing of a Vehicle. Applicants for a Certificate of Particulars of Motor Vehicle should only use personal data of the registered owner provided by the certificate for activities relating to traffic and transport matters. Applicants have to make a declaration and any person who makes any statement which is false is liable to a fine of MYM 5000 and to imprisonment for 6 months.

(3) In this case, "legal proceedings" was stated in the Application Form as the reason for obtaining the certificates which was obviously inconsistent with the promotion of a preferential parking rate. Imperial's act was totally unrelated to the purpose of establishing the Register of Vehicles and the aim of the Road Traffic Ordinance. By disclosing data to the public the Transport Department does not intend that others benefit commercially.

(4) Although the data are already in the public domain, DPP3 remains applicable in respect of the use of the data and the data should only be used for the purpose for which the data are to be used at the time of their collection. This principle was already explained in Case No. 2002004 in 2002 which involved use of data contained in a public register relating to property transactions for a purpose unrelated to the purpose for which such data were to be used at the time of their being provided by the government department.

(5) Despite the publication of the investigation report in February 2012 reminding data users who indiscriminately use personal data extracted from public registers for direct marketing do so at their own peril, a few months later in September 2012, a magazine published a copy of the Birth Certificate of the daughter of Andy Lau. Lau is one of Asia's megastar and notwithstanding being a very active member of the entertainment industry, he has always kept a low profile

about his family. His daughter is more than a year old and so far there had been no photograph published of her. A copy of the birth certificate was obtained from the Birth & Death Registry and its publication was unauthorized. This appears another obvious case of abuse of information on public registers. This brings to mind the media's fanatic endeavours to investigate, copy and publish marriage certificates of artistes who were secretly married outside Hong Kong after the divorce of artistes Charlene Choi and Ronald Cheng in March 2010 which shocked members of the public who followed news of celebrities as most did not even know of them as a couple.

(6) There is always a delicate relationship between artistes and entertainment publications. The fact that the artistes did not complain does not mean that they found the unwanted intrusion and exposure of their privacy acceptable. Yet, in these circumstances, the Commissioner cannot investigate without a complaint.

8. Increased Workload of the PCPD[①]

(1) Besides investigating possible contraventions and publishing reports, the PCPD has also conducted inspections to audit compliance of the Ordinance in 2011, it examined the personal data handling procedures from soliciting consent for participating in the controversial Trial Scheme on School Drug Testing in Tai

---

[①] In 2012, the Commissioner carried out 179 compliance checks, conducted 12 self-initiated formal investigations, issued 11 enforcement notices, issued warning letters and provided advice or recommendations in 219 cases, published 8 investigation reports, conducted an inspection of the CCTV systems used by the MTR, referred 15 contravention cases to the Police, received a total of 19053 enquiry cases and 1213 complaints, vetted 16 bills and regulations, commented on 3 proposed legislations and government administrative measures, responded to 6 public consultations, conducted 238 talks, seminars and workshops, published 5 Guidance Notes, 7 Information Leaflets, a video and a booklet. For a summary of the PCPD's work in 2012—see Legislative Council Panal, Update on the Work of the Office of the Privacy Commissioner for Personal Data (report presented at the Constitutional Affairs Meeting, 21 January, 2013), LC Paper No. CB (2) 483/12 – 13 (1).

Po District[1] to destruction of the personal data at the conclusion of all the screening tests of the Scheme. The Commissioner was pleased to find that there was no material deficiency in the personal data system of the Scheme although he made a few recommendations for improvements[2]. In 2012, the PCPD also examined the CCTV system used by the Mass Transit Railway to monitor the public areas of the MTR stations and train compartments. A report on findings with recommendations for improvements was published[3].

(2) In 2011 and 2012, the PCPD had been active in making submissions on various consultation documents including: a) the Legal, Privacy and Security Framework for the Electronic Health Record; b) Consultation on the Improvement of Non-Means-Tested Loan Schemes; c) Charities; d) Arrangements for Issuing a Certificate on Particulars for Motor Vehicles; e) Consultation on the Second Draft of the Code of Practice for Online Service Providers; f) Stalking; g) the "$6000 Scheme"[4].

(3) In addition, the PCPD commented on proposed legislation and administrative measures such as: a) the Guidelines on Election-related Activities in Respect of the Election Committee Sub-sector Elections, District Council Election and Village Representative Elections; b) Mandatory Provident Fund Schemes (Amendment) (No.2) Bill 2011; c) Legislative Proposal to Underpin the Torture Claim Screening Mechanism; d) Fisheries Protection (Amendment) Bill 2011; e) Legal Practitioners (Amendment) Ordinance Higher Rights of Audience Rules; f) Residential Care Homes (Persons with Disabilities) Regulation; g) Comprehensive Review on the Interception of Communications and Surveillance Ordinance; h) Residential Properties (First-Hand) Bill; i) 3rd Revision to the Code of Practice on Consumer Credit Data.

---

[1] The Scheme was a joint initiative of the HKSAR Government led by the Narcotics Division of the Security Bureau and the Education Bureau and 23 public sector secondary schools in Tai Po district.
[2] Report No. 12 - 5825, issued on 26 July 2012.
[3] Report No. R13 - 2768, issued 9 April 2013. In February 2012, MTR had 1967 train compartments, 429 or 22% of which were installed with CCTV, potentially covering an average of over 1 million passengers every weekday.
[4] See pp. 43-56 of PCPD Annual Report 2011 - 12.

(4) It is clear that privacy concerns many aspects of our lives than most would have initially thought. This paper will outline some of the PCPD's work listed above which are relevant to the author's legal practice.

(5) E-Health Project. Hong Kong is in the process of setting up an eHR, which is a record in electronic format containing health-related data of an individual. With an individual's consent, healthcare providers may access the individual's health-related data for his healthcare purposes. Obviously, data privacy and system security are issues of paramount importance[1]. The PCPD advised on a range of privacy issues, including who can give consent to upload health records to the eHR and who can make data access requests on behalf of the data subjects. The PCPD also commented on the privacy framework and the Privacy Impact Assessment Strategy Plan and advocated that there was insufficient justification for not implementing a "safe deposit box" to allow certain sensitive health information to be withheld from those who do not need access to it. The Commissioner also suggested more justification be provided for why the Hospital Authority and the Department of Health must be given "open-ended" access to eHR, while patients could choose whether to give "one-year rolling" or "open-ended" access to other healthcare providers.

(6) Code of Practice for Online Service Providers. There have been discussions about the introduction of safe harbor provisions to shield online service providers from liability in damages or other pecuniary remedy for copyright infringement which occurred on their service platforms so long as certain conditions are met. The safe harbor provisions are to be supported by a non-statutory Code of Practice for Online Service Providers which provides three systems, namely, the Notice and Notice System, the Notice and Takedown System related to Storage and the Notice and Takedown System related to Information Location

---

[1] See "The Legal, Privacy and Security Framework for Electronic Health Record Sharing Public Consultation Document," http://www.ehealth.gov.hk/en/...consultation/doc/full_consultation_document.pdf.

Tools[1]. From the Consultation on the Second Draft of the Code of Practice for Online service Providers[2], the Commissioner noted that certain personal information, including the name, address and telephone number of subscribers, would be provided under the prescribed notice forms. The Commissioner raised concerns about the use of subscribers' personal data by online service providers ("OSPs") for serving notice of alleged copyright infringement ("Notice"). He considers it necessary to ascertain the original propose of collection of the subscribers' personal data and where no such purpose of use was specified at the time of collection of their personal data, the subsequent change in the purpose of use of the personal data (i. e. for serving the Notice) might constitute a breach of DPP3 except with the consent of the subscribers. As the proposed operation would affect subscribers who existed prior to the amendment to the Copyright Ordinance, it would be necessary to address the issue to safeguard the personal data privacy rights of those pre-existing subscribers. On the question whether additional information needs to be provided, the Commissioner reminds that information must be necessary and not excessive for the intended purpose of use. The Commissioner also observes that the proposed arrangement would involve the storage and transfer of a substantial amount of personal data on the part of the OSPs and reminds that in order to comply with DPP4, the OSPs would have to take all practical measures to safeguard the security of personal data held or transmitted by them during the process.

(7) Disclosure of Directors' Personal Data. The PCPD's recommendations may not be accepted by the government or by the public. In the new Companies Ordinance passed in July 2012 (to come into force in 2014), company directors can withhold their home addresses and full identity card numbers from Companies Registry entries. To enhance privacy protection, members of the public and the media were to be denied the right to inspect any entry unless the subject of that

---

[1] See Kenny Wong, " 'Safe Harbour' for Online Service Providers," 23 August 2011, Legal Update-Mayer Brown JSM.

[2] See http: //www. ipd. gov. hk/eng/intellectual_ property/copyright/copyright_ 2011_ bill. htm.

entry authorized them to do so. The media consider that such change may compromise press freedom and legitimate business activities. As a result of much lobbying and to the Commissioner's disappointment, the Government decided to shelve the proposed changes to restrict public access to personal details of company directors[①].

(8) Stalking. The Commissioner supports the legislation and formulation of sanctions against stalking[②]. Two types of complaints which PCPD has been dealing with could fall within the ambit of stalking. The first type refers to the clandestine taking of photos of celebrities and artists through systematic surveillance and using special photographic equipment such as long focus lens and magnifiers. The second type refers to abusive debt collection practices. Such malpractice includes repeated telephone calls, dispatching debt recovery letters to a complainant's workplace or neighbours, posting copies of a complainant's identify card with an abusive message, and demanding repayment of a debt from a referee who is not a guarantor.

9. Increased Global Awareness about Privacy

9.1 New Tools New Challenges

Awareness of privacy protection has gained attention not only in Hong Kong but also globally given the ease with which technology has allowed collecting, compiling, analysing, storing, transferring and disclosing personal data. Yet, despite such awareness, it appears that many are embracing new computers, telecommunications and sharing technologies too readily without fully understanding the consequences and their implications. Despite serious reservations and alarm about possible grave privacy intrusions, Google continues to test its Google Glass – the head-mounted glasses that are said to be able to shoot video,

---

① "Rethink on disclosure rules for company directors prudent," Editorial, *South China Morning Post* (3 April 2013).

② "Consultation Paper on Stalking" (December 2011), http://www.gov.hk/en/consultation/docs/Consultation_ Paper_ on_ Stalking.pdf.

take pictures, and broadcast what you're seeing the world①. This is not the first time Google has been questioned, it has been criticized for its attitude to personal data protection and investigated for collecting information from unencrypted networks worldwide while gathering data for its Street View project. In March 2012, Google introduced new privacy policy which enables it to track users' activity across its search engine, Gmail, the Google + social networking platform and other services it owns, which include YouTube. The changes made it easier for Google to collect and process data that could be used by advertisers to target individuals with offers tailored to their specific interest, thereby increasing the company's revenue potential. France threatened to fine Google if it does not bring its privacy procedures into line with French law on data protection②.

9.2 Value of Personal Data

With the emergence of social media networks and data globalization, people began to realize that personal data is a very valuable asset. The social networking company Facebook held its initial public offering (IPO) in May 2012. It was one of the biggest in technology, and the biggest in Internet history, with a peak market capitalization of over USMYM 104 billion. Using the information it has compiled of its more than 800 million users who freely share about themselves and their desires. Facebook can leverage on this personal data to attract advertisers to help advertisers find their precise audience. According to comScore, a market research firm, Facebook has become the largest platform for display advertising on the Web in the US − 28% of all display ads come to Facebook, followed by

---

① See (1) Charles Arthur, "Google Glass: is it a threat to our privacy?", *The Guardian*, 6 March 2013, and (2) Jemima Kiss, "Google Glass: privacy fears continue", *The Guardian*, 2 July 2013; See also Office of the Privacy Commissioner of Canada, "Data Protection Authorities Urge Google to Address Google Glass Concerns", *News Release*, http://www.priv.gc.ca/media/nr-c/2013/nr-c_130618_e.asp.

② See Vivienne Walt, "What's Europe Got against Google? France Threatens Fines Over Privacy", *Time*, June 21, 2013; also Hayley Tsukayama, "Google faces potential fines over privacy policy in France, Spain", *The Washington Post*, June 20, 2013.

Yahoo, which gets less than half that share[1].

9.3 Identity Theft in Cybercrime

Worldwide, cybercrime has grown at an alarming level. In the US, cybercrime continues to be one of the fastest growing crimes. In 2010, identity theft complaints made up nineteen percent (19%) of all fraud complaints there. In China, illegal sale of personal data over the Internet was ranked the 4th largest type of Cybercrime in 2012[2]. A sophisticated underground economy is established to trade on stolen financial information from millions of unsuspecting Internet users everyday[3]. In late June 2013, a maker of device recognition and intelligence solutions issued a report which warned "Cybercrime is on the rise, spurred by a robust underground economy that has industrialized the making and delivery of tools for criminal behavior" and identified Data Breaches as one of the five top cybercrime trends. On Data Breaches, it said "Stolen identities are the fuel that drives the industry fraud complex. This fact has led to some spectacularly large consumer data breaches during the past year including Twitter, LinkedIn and LivingSocial's disclosure that more than 50 million records compromised in April 2013. This was just one in an ongoing wave of attacks. Some will succeed and capitalize on the stolen data..."[4].

9.4 Edward Snowden – Privacy v Security?

Privacy came in the limelight of global politics when former US National Security contractor Edward Snowden fled to Hong Kong in May 2013 after revealing extensive internet and phone surveillance by US intelligence. He said he

---

[1] See (1) Somini Sengupta and Evelyn M Rusli, "Personal Data's Value? Facebook Is Set to Find Out", *The New York Times*, January 31, 2012; (2) Dennis K Berman, "Is Twitter Really Worth $10 Billion?", *The Wall Street Journal*, February 26, 2013; (3) Jemima Kiss, "Google Glass: privacy fears continue", *The Guardian*, 2 July 2013.

[2] Police Reform & Development Research Centre, People's Public Security University of China, 2012 *China Cybercrime Annual Report*, January 2013.

[3] See David Goldman, "Cybercrime: a secret underground economy", *CNN. Money*, September 17, 2009. See also Robert Lemos, "Cyber-Criminals Selling Fraudulent Identity 'Kitz' on Web Black Market", *eWeek*, 17 July 2013.

[4] *The Growing Threats of Cyber Crime*, June 2013, 41st Parameter. See also *Symantec Report on the Underground Economy*, June 08 – July 07.

was willing to sacrifice his secured career and future because he could not "in good conscience allow the US government to destroy privacy, Internet freedom and basic liberties for people around the world..."[1] He is called many names—a whistle-blower, a dissident, a defector, a traitor, a hero, a patriot[2]. Why did he choose Hong Kong? He said he had faith in its rule of law[3]. After the US filed charges against him for theft of government property, unauthorized communication of national defence information and willful communication of classified communications intelligence (each charge carrying a maximum of 10 years of imprisonment) and asked Hong Kong authorities to extradite him, he left Hong Kong on 23 June 2013 initially for Moscow but with the intention of seeking asylum in Ecuador. He remained in a transit zone in Moscow's Sheremetyevo airport for more than a month after the US revoked his travel documents. In the beginning of August, he was given permission to enter Russia after he was offered asylum there for one year. As the story develops, it is clear that the US intelligence surveillance is not confined to Americans within the US.

10. A Wider Law of Privacy

10.1 UK Privacy Law

(1) As mentioned in the outset, the concern of the PDPO is information privacy. It is not designed to safeguard communications and surveillance privacy[4], territorial privacy, and privacy of the person. With regard to interception of

---

[1] Barbara Starr and Holly Yan, "Man behind NSA leaks says he did it to safeguard privacy, liberty", *CNN*, June 23, 2013.

[2] See Ezra Klein, "Edward Snowden, patriot", *The Washington Post*, August 9, 2013 and Andre de Nesnera, "Is NSA Leaker Edward Snowden a Traitor?", *Voice of America*, August 8, 2013.

[3] "People who think I made a mistake in picking Hong Kong as a location misunderstand my intentions. I am not here to hide from justice; I am here to reveal criminality," Snowden said in an exclusive interview with the South China Morning Post. SCMP: Whistle-blower Edward Snowden tells SCMP: "Let Hong Kong people decide my fate", 12 June 2013.

[4] See 2011 Annual Report of the Commissioner on Interception of Communications and Surveillance and Press Release- "Protection of freedom and privacy of communication of Hong Kong residents," http://www.info.gov.hk/gia/general/201307/03/P201307030382_print.htm.

communications and surveillance, the Interception of Communications and Surveillance Ordinance, Cap 589 ("ICSO") came into force on 9 August 2006. It regulates the interception of communications and covert surveillance operations conducted by the law enforcement agencies. It is not applicable to non-public officers, and cannot be used to apply to non-governmental bodies and individuals.

(2) To enhance protection of privacy, besides the Ordinance and the ICSO, there is a need for a law for privacy. As Hong Kong borrows substantially its case laws from the UK, we should examine the law of privacy in the UK and whether the UK cases are applicable to Hong Kong.

(3) Interestingly, while American courts have recognized a legal right to privacy, English courts have consistently declined to do so. As we have seen, even the British royal family is not exempted from privacy intrusion. Many would remember how the late Princess Diana was fiercely hounded by paparazzis and how her privacy was abused and exploited[①]. In 1993, the late Princess Diana started legal action against the *Daily Mirror* when the latter published photographs taken with a hidden camera of her exercising in a gym. The paper apologized and the action was settled. Although the settlement terms were not publicly disclosed, it was reported that the paper paid her legal costs of £1 million plus a further £200000 to charity. The gym owner was adamant and refused to settle until a week before the case was due to start. It was reported that he apologized and gave up the £300000 he had made from selling the pictures.

(4) The paparazzis left the British royals in peace after the tragic death of Princess Diana but another wave of controversy hit in summer 2012 when a French magazine published half-naked photos of Princess Kate taken while she and Prince William were on vacation on a private property. The Palace said that legal proceedings for breach of privacy had been commenced in France. So far there has been no news on progress or outcome.

---

① Nick Higham, "Analysis: The Royal Family's History of Legal Action", *BBC News Europe*, 14 September 2012.

(5) Although the UK courts have been reluctant to establish a law of privacy, there has been an increase in the number of actions in which claimants sought to prohibit publications which would infringe their privacy since the coming into force of the Human Rights Act 1998 in October 2000, on the grounds that the articles contained confidential information. Hence, in the past 10 years, English law has recognised and, where appropriate, protects personal privacy grounded in the doctrine of breach of confidence.

(6) In the Naomi Campbell case[①], the House of Lords was unanimous with the underlying principles on the way in which the law of confidence should balance the right to privacy with the right to freedom of expression. The law lords also acknowledged how the European Convention on Human Rights and the Press Complaints Commission Code have significantly influenced the development of protection of privacy in the context of the law of confidence in the United Kingdom.

(7) Article 8 of the European Convention on Human Rights extends the areas in which the UK law of confidence can protect privacy while Article 10 protects the freedom of expression which necessarily restricts the area in which remedies are available for breaches of confidence. Articles 8 and 10 respectively provide that:

Article 8. (1) Everyone has the right to respect for his private and family life, his home and his correspondence. (2) There shall be no interference by a public authority with the exercise of this right except such as is in accordance with the law and is necessary in a democratic society in the interests of national security, public safety or the economic well-being of the country, for the prevention of disorder or crime, for the protection of health or morals, or for the protection of the rights and freedoms of others.

Article 10. (1) Everyone has the right to freedom of expression. This right shall include freedom to hold opinions and to receive and impart information and ideas without interference by public authority and regardless of frontiers. This

---

① Decided by the House of Lords in October 2005.

article shall not prevent States from requiring the licensing of broadcasting, television or cinema enterprises. (2) The exercise of these freedoms, since it carries with it duties and responsibilities, may be subject to such formalities, conditions, restrictions or penalties as are prescribed by law and are necessary in a democratic society, in the interests of national security, territorial integrity or public safety, for the prevention of disorder or crime, for the protection of health or morals, for the protection of the reputation or the rights of others, for preventing the disclosure of information received in confidence, or for maintaining the authority and impartiality of the judiciary.

(8) Neither Article overrides the other. In fact, each article is qualified expressly to allow the interests under the other article to be taken into account. In Re S[1], the House of Lords advises that the correct approach to balance the competing rights in Articles 8 and 10 should be as follows:

a) Neither Article as such had precedence over the other;

b) Where the values under the two Articles are in conflict, an intense focus on the comparative importance of the specific rights being claimed in the individual case is necessary;

c) The justifications for interfering with or restricting each right must be taken into account;

d) Finally, the proportionality test – or 'ultimate balancing test' —must be applied to each.

(9) Section 12 (4) of the UK Human Rights Act 1988 requires that the court must have particular regard to the importance of the Convention right to freedom of expression and, where the proceedings relate to material which the respondent claims, or which appears to the court, to be journalistic, literary or artistic material (or to conduct connected with such material), to: a) the extent to which (i) the material has, or is about to, become available to the public; or (ii) it is, or would be, in the public interest for the material to be published; b) any relevant privacy code.

---

[1] [2004] 3 WLR 1129.

(10) The Press Complaints Commission ("PCC") Code[1] provides in its Section 3 for Privacy as follows:

a) Everyone is entitled to respect for his or her private and family life, home, health and correspondence, including digital communications;

b) Editors will be expected to justify intrusions into any individual's private life without consent. Account will be taken of the complainant's own public disclosures of information;

c) It is unacceptable to photograph individuals in private places without their consent. Private places are public or private property where there is a reasonable expectation of privacy[2].

(11) The UK PCC Code further provides that there may be exceptions where they can be demonstrated to be in the public interest. Public interest includes, but is not confined to: a) detecting or exposing crime or serious impropriety; b) protecting public health and safety; c) preventing the public from being misled by an action or statement of an individual or organization.

(12) Although an action for misuse of private information has been

---

[1] This Code is designed to set the benchmark for the ethical standards to protect both the rights of the individual and the public's right to know. It is described as the cornerstone of the system of self-regulation to which the newspaper and periodical industry has made a binding commitment. Editors and publishers in the UK are responsible for applying the Code to editorial material in both printed and online versions of publications and they should take care to ensure it is observed rigorously by all editorial staff and external contributors, including non-journalists, in printed and online versions of publications.

[2] The Hong Kong Journalists' Code of Professional Ethics has the following provisions about privacy: "4. Journalists should respect the reputation and privacy of individuals. Taking into account solid editorial reasons, journalists should report on the private lives of individuals—who have not given their consent for doing so—only in ways that would not create unnecessary additional damage to the individuals. 4.1 Privacy of children should be handled with particular care. Media organizations should have solid editorial reasons for reporting on the private lives of children. Journalists should not intrude into the privacy of children solely because of the social or celebrity status of the minors' family members or guardians. 4.2 New media should have solid editorial reasons for publicizing the behavior and personal data of public officials. 4.3 Behaviour and personal data of public officials that are pertinent to the exercise of their public office are not considered private. In the Guidelines for Practice on Photojournalism, it is provided in Clause 3 that Photojournalists should respect the privacy of people being photographed."

developed by the English courts as an offshoot from the action for breach of confidence, in its report on Human Rights (August 2011), the European Convention still remarked that UK laws have a "weak, fractured and piecemeal approach to privacy". The report further said the Data Protection Act and the Regulation of Investigatory Powers Act were "riddled with gaps and contradictions" and they did not easily explain to people "what happens to their personal information, or what they should do when that information is misused".

11. Hong Kong's Law of Confidence

(1) The extension of the law of confidence to protect privacy in the UK commenced after the reversion of sovereignty of Hong Kong to China. Hence, those UK case laws are not binding authority in Hong Kong. Neither is the European Convention which compelled the UK law development applicable to Hong Kong. So far, there has been no breach of confidence case law established in Hong Kong to protect privacy.

(2) In 2006, Canto-pop star Gillian Chung[①] was photographed surreptitiously when she was changing backstage. The photographs were not so revealing but were used as a cover story of a Hong Kong magazine. Despite Chung's tearful complaint, the magazine continued to publish a second printing. It was reported that Chung applied for an interlocutory injunction based on breach of confidence. Apparently, the magazine agreed to cease use of the photographs before the interim application was heard. Later, the Obscene Articles Tribunal of Hong Kong ruled the photographs as "indecent" and the magazine lost its appeal against the ruling. The founder of the magazine apologized to Chung and offered

---

① She became one of the victims of a sex photo scandal in 2008 which received high-profile media attention not only in Hong Kong and the Chinese communities in Asia but also around the world. In that scandal, the issue of privacy was lost in the frenzy of the wild circulation of the photos, guessing who were involved, morality arguments, the definition of obscenity, the police's rather unhelpful warning and later explanation about the public's possibility liability for disseminating indecent/obscene photographs (through the Internet), the press freedom and the public's right to know.

to return all the negatives. Nothing was heard about the court action which was most likely settled between the parties following the unsuccessful appeal.

(3) In October 2012, it was reported that celebrity Gigi Chao sued *Eastweek* magazine for publishing a story about her alleged civil union in Paris. The writ however revealed that her complaint was based on copyright infringement of her photographs and not a case of breach of confidence involving her privacy.

12. Going Forward

(1) With the Internet, geographical distance and cultural barriers are of little relevance. The international nature of data flows and information exploitation mean that data protection will not be a mere local issue.

(2) The much increased and active work of the PCPD shows how attention to privacy has surged in recent years. Whilst many of the Commissioner's recommendations have been taken on board, despite PCPD's submission that they have public support[①], the HKSAR Government has maintained its stance to shelve a number of PCPD's proposals, which would have a significant impact on personal data privacy. These shelved proposals include:

a) Setting up a territory-wide Do-Not-Call register for person-to-person telemarketing calls[②];

b) Imposing more stringent regulations on sensitive personal data;

c) Empowering the PCPD to award compensation to aggrieved data subjects;

d) Empowering the PCPD to impose monetary penalties on serious

---

[①] PCPD's Submission in response to Report on Public consultation on Review of the Personal Date (Privacy) Ordinance-31 December 2010.

[②] Currently, the Office of Communications Authority (OCTA) operates a "Do-not-call" register prohibiting the sending of pre-recorded phone message, fax and short message to any telephone or fax number registered unless consent has been given by the registered user of the relevant telephone or fax number. From December 2007 to July 2013, the total registrations were 2568777 (do-not-register for pre-recorded phone messages were 1202230; fax 729795 and short message 636752). The Commissioner hence advocates that the OCTA's "Do-Not-Call" register should expand to include person-to-person marketing calls.

contraventions of data protection principles;

e) Imposing direct regulation on data processes and sub-contracting activities.

(3) The Investigation Reports have revealed that there have been many common contraventions. As repeatedly advocated by the PCPD, enterprises should, as part of their corporate social responsibilities, incorporate privacy into business processes and embrace personal data protection as a business imperative.

(4) The PCPD's budget is lean. It is a waste of the PCPD's valuable resources if data users are found repeating the same mistakes despite findings and publications of the Commissioner's Investigation and Inspection Reports. To promote compliance, consideration should be given to provide the power to enable the PCPD to impose penalties on offenders who have committed the same mistakes or indiscretions covered by previous reports or make them bear the costs of the investigations or inspections.

(5) Whilst awareness of privacy has been much enhanced, there is still a long way to go for data subjects to understand the implications when their privacy is compromised. In the Report on a recent Privacy Awareness Survey commissioned by the PCPD about Facebook users, the results showed that there may be a gap between Facebook users' privacy protection awareness and their practice. The Report revealed that:

a) more than half of the respondents (55%) expressed concerns over whether the use of Facebook could lead to privacy intrusion, yet only a small proportion of them took actions (such as creating multiple accounts or friend groups) to limit the extent of information sharing;

b) while the majority of respondents (85%) knew that they could control access rights to their posted information, less than half of them (37%) made use of this privacy setting;

c) Only 39% of the respondents who upload photos to Facebook would seek permission from friends before uploading their friends' photos[①].

[①] See p. 15 – Conclusions-*Report on Privacy Awareness Survey Facebook Users* (dated 5 March 2013) submitted to PCPD by Centre for the Advancement of Social Sciences Research, Hong Kong Baptist University.

(6) It is particularly significant to learn from the Report that while 55.1% of the total respondents were concerned over whether the use of Facebook would lead to privacy intrusion, 55.6% of the 15 – 20 age group (the heavier user of Facebook group constituting 26.8% of the total respondents) were not concerned.

(7) In an earlier survey also commissioned by the PCPD on Smartphones and Smartphone Apps users, the Report revealed that 56.8% of respondents had no idea what information their apps had access to and 51.4% were not aware that their contact lists might be uploaded to a central server when using social network apps. Again, those in the 15 −20 age group were relatively least concerned about data leakage[①].

(8) In another survey on Personal Data and Privacy Awareness conducted in 2011 and released in February 2012, although 86% of the respondents were much concerned about their personal data being sold to third parties outside the original scope the data were collected, less than a quarter of the respondents (24%) carefully read the personal data collection statements. In that survey, whilst a high percentage of respondents (83%) were worried about their personal data being stolen or misused, one-third of the respondents (34%) indicated that they were not worried about privacy and data security while using the internet[②].

(9) We seriously need to reflect on how much we are prepared to compromise our privacy for the ease and convenience of modern computer and telecommunications technologies, particularly before we embrace "sharing" over social network platforms. We also have to ask ourselves our perception on surveillance in the name of security and prevention of crime.

---

① *Report on Privacy Awareness survey on Smartphones and Smartphone Apps* submitted to PCPD by Centre for the Advancement of Social Sciences Research, Hong Kong Baptist University, 1 November 2012.

② See *Report of the Survey on Personal Data and Privacy Awareness in Hong Kong*, 2011 prepared for the Faculty of Law, the University of Hong Kong by Policy 21 Ltd. (February 2012).

第二编
个人资料的法律保护与相关权利保障

个人资料保护过程中的
权利冲突问题研究

刘德学[*]

楔子

隐私权作为一种"令人独处的权利,是一种最为普遍和最为自由的人民所珍爱的权利"(The right to be let alone, the most comprehensive of rights and the right most valued by a free people. Juiz Louis Brandeis Olmstead v. U. S. 1928)。

在当今的信息化社会,我们在享受现代信息科技带给我们的各种便利、好处而日益成为"电子人""信息人""虚拟人"等各种角色的同时,也必然面对并遭遇由此所产生的各种风险。如何在立法强化个人资料保护的同时,平衡兼顾其他与之存在各种潜在的或现实冲突的其他基本权利,如何在保护个人资料和信息的自决权与资料信息的自由流通之间寻求妥适的平衡,是当今个人资料保护立法和实施的其中一个重要课题。

在当今社会,如果没有对个人资料和信息的全面法律保障以及具体有效的保护,宪法赋予我们所享有的私人生活隐私权、通信自由、言论自由与表达权等关乎人格尊严和人格自由发展的一系列基本权利将会受到严重威胁和损害,最终,作为最高价值的人格尊严也将受损甚至是丧失,我们也将没有真正的人格尊严。而一个社会如果没有对人格尊严的有效保护,也就没有真正的法治。

---

[*] 刘德学,澳门特别行政区立法会辅助部门法律顾问。

一　引言

（一）个人资料保护的立法背景和澳门的立法现状

随着信息化、网络化和全球化时代的来临，以维护主体在信息社会中的人格尊严为根本价值的个人资料保护立法运动方兴未艾，越来越多的国家和地区制定了专门的个人资料保护法，赋予资料当事人对其个人资料享有各种权利和自由，并通过各种民事的、行政的和刑事的保护与救济措施以及成立专门机构，具体落实和有效保护资料当事人的权利[①]。与此同时，有关个人资料保护的各种国际性或地区性的公约和协议，更是将个人资料的保护提升到一个新的国际化水平。

在这种立法背景下，因应在个人资料保护问题上缺乏专门性法律的立法状况[②]，澳门于2005年通过了第8/2005号法律——《个人资料保护法》。该法律就个人资料保护所应遵循的一系列结构性原则、权利保障的范围以及相应的行政和司法保护措施等事项做出了系统性规定，从而填补了澳门现行

[①] 除了在宪法中对个人资料作为一种基本权利加以规定外，在个人资料保护的立法版图中，在欧洲有德国、英国、瑞典、瑞士、荷兰、葡萄牙、芬兰、奥地利等国家都先后制定了有关个人资料保护的立法，并且由于受欧洲条约以及欧盟指令的影响，其个人资料保护的立法内容也非常接近；在美洲，作为个人隐私保护先行者的美国，于1974年制定了《隐私权法》（The Privacy Act），后来又在此基础上针对计算机有关的个人资料保护制定了一系列的专门立法及其修正案，加拿大于1980年制定了《隐私权法》（The Privacy Act），后又为了迎合欧盟的个人资料保护标准，制定了《个人信息保护和电子文件法》（The Personal Information Protection & Electronic Documents Act 2000）；在亚洲，日本于2003年制定了《个人资料保护法》（Act on the Protection of Personal Information），泰国于1997年制定了The Act for Protection of Computer Processed Personal Data Held by Administrative Organs，我国台湾地区于1995年制定了"个人资料保护法"，我国香港特别行政区则有《个人资料（私隐）条例》；等等。

[②] 在个人资料保护问题上，尽管澳门此前一系列法律都有直接或间接的规定，对此体现在从刑事性质的事宜到基本权利的立法等诸多方面，涉及与医疗、银行、民事身份识别、被管理人的权利等相关的一系列问题，然而有关的立法仅仅是从某一个层面进行的。因此，并没有一部能够切实有效地规范和保障个人资料保护的一般性法律。有关个人资料保护的立法状况及其法理由，可参见简天龙《隐私权范畴内个人资料保护问题的备忘录》，载《规范基本权利的法律汇编》，澳门特别行政区立法会，第161~168页。

法律秩序中因缺乏一般性法律而出现的制度空白①。在此基础上，为有效打击信息领域中各种刑事不法行为，澳门制定了第11/2009号法律——《打击电脑犯罪法》；针对录像监视技术在预防公共安全和打击犯罪方面的广泛应用，澳门专门制定了第2/2012号法律——《公共地方录像监视法律制度》，使澳门在个人资料保护方面的立法进一步朝向专门化、体系化的方向发展。

在法律实施及其组织保障方面，澳门设立了在行政长官监督下独立运作的个人资料保护办公室。多年来该机构通过处理具体个案及发出各种指引和意见书等多种方式②，有效落实了法律所赋予的执行、监察、协调职能，使澳门在个人资料保护问题上紧随当前的国际化趋势，摆脱了过往澳门这个"熟人社会"对个人隐私和个人资料的权利意识淡薄以及保护力度不够的现象③，使《澳门基本法》所规定的人格尊严及私人和家庭生活隐私权等基本权利得到了进一步实现。

（二）本文拟讨论的主要问题

相比人类几千年来已经较为成熟的其他法律制度而言，信息科技的迅猛发展以及由此所引发的法律调整问题可谓极为短暂，个人资料保护及其立法也不过是近几十年来才进入法律界的新课题。但是，由于信息科技在现实生活中的运用极为广泛，通过信息化手段所处理的个人资料已几乎涉及人类生活的每一领域和每一环节，同时由于信息科技本身所具有的特点及其复杂性，故个人资料保护的法律调整既具有广泛性和重要性，又具有复杂性和多变性的特征。这就要求我们在立法和实施过程中妥善规制和平衡保护由此所引发的各种权利冲突和利益纠纷，实现在个人资料保护问题上的最优化选择。

总体而言，目前在对个人资料保护问题的立法必要性和资料当事人所享有的权利范围及其种类以及国家在保护过程中所承担的职责、为此所提供的

---

① 参见第8/2005号法律《个人资料保护法》理由陈述，第1页。
② 有关个人资料保护办公室的执法状况、所处理的各种投诉及个案、该机构所发出的指引和意见书等情况，可参见该办公室网站，http://www.gpdp.gov.mo/。
③ 从制度需求的角度而言，对于澳门这个东方小城来说，随着近些年来澳门博彩业的对外开放以及急速融入国际社会，澳门对于个人资料保护制度的立法需求更为强烈。

行政或司法救济措施方面，在比较法上已经没有太大的争议性，但对于个人资料保护过程中如何在立法和实施层面协调处理各种类型的权利和利益冲突，如何在维护当事人对个人资料所享有的各种权利和自由以及社会对个人资料的正当合理利用之间求得平衡，仍然是法律理论和实务中需要进一步深入探讨的问题。

基本权利的冲突和碰撞是法律上的固有现象，而在个人资料保护领域，对资料的自决权和资料的自由流通与利用、在当事人所享有的私权和公权力机关所享有的公权、在各种私人利益以及私人利益与公共利益、在个人资料所具有的精神利益和经济利益之间等诸多方面，这种权利冲突现象更为凸显并遥相呼应。如何协调和平衡保护个人资料权以及与其存在各种潜在的或现实冲突的其他权利，缓解保护过程中所产生的各种利益矛盾及其紧张关系，实现一种双赢或多赢的最优化结果，是当前个人资料立法保护过程中的一个关键问题。正是基于这一目的，本文拟从个人资料权的法律性质、内涵出发，在个人资料保护过程中，对权利的保护与限制、权利冲突时所应遵循的原则等问题进行探讨，以期抛砖引玉并求教于同仁。

二　个人资料保护过程中的权利冲突现象及类型分析

（一）个人资料权的法律性质及其内涵

为了更好地从理论上分析个人资料保护过程中所产生的各种冲突现象并进而提出相应的解决进路，需要从个人资料权的起源及其演变进程中，分析该项权利保护过程中冲突的产生根源，为此有必要解构该项权利的法律性质及其内涵。对此，正如法律上的任何一种权利及其相应的保护制度一样，个人资料权以及与其紧密相关的隐私权等，正是在与其他权利的相互碰撞与冲突中孕育和诞生的；作为一种赋予权利人按照自己的意志做出某种行为并实现其利益的权利类型，也恰如以所有权等为典型的财产权具有确定权利归属及其边界的"定纷止争"功能一样，个人资料权在实证法上的确立，在很大程度上也正是为了响应因资料的归属与利用、处理与流通、保密与公开等方面而产生的各种权利的冲突。

工业社会在带给人类巨大的物质繁荣的同时，也打破了农业社会所固有的宁静生活，由此要求给人一定的独处空间（right to be let alone）的隐私权（right to privacy）在美国率先产生[1]，之后隐私权在很多国家的宪法和法律以及一系列国际人权公约中得到了普遍确立。但最早在美国所产生的隐私权，主要是为了克服传统的所有权、保密权、肖像权或其他类型的合同义务在个人隐私的保护上所产生的不足，以对抗因摄影、出版等新的复制传播技术而给私人生活带来的困扰和损害。在当今，私人生活隐私权已被看做基本权利领域中一项极为重要的独立权利，是一种对作为个人人格重要反映的个人资料的权利，它包括具有个人性的私域、具有私密性的领域（具有或不具有个人性）以及一种独处的权利[2]，以保护人类尊严和人格的自由发展。

从权利演进的历史过程看，隐私权正是在与其他相互冲突权利的牵扯争斗中，例如对个人生活资料包括肖像在内的复制、传播和利用等权利的紧张关系中独立出来的，而晚近在保护个人隐私权过程中所建立的个人资料权，也呈现出近乎相同的权利生成和演进路径。

作为隐私权保护的进一步延伸和拓展，个人资料权是伴随着计算机技术和其他信息科技的广泛运用而逐步得以建立和发展起来的。早在20世纪70年代，欧洲议会第428号决议针对信息技术在获取个人资料方面的应用即已指出有必要保护私人生活隐私。"当建立地区性、全国性或国际性的资料库时，个人不应当因有关信息特别是其私人生活资料的收集而完全暴露和透明化"[3]，而在之后通过的第108号公约则成为保护个人资料的一个基本法律文件，《欧盟基本权利宪章》第8条明文规定："所有人有权就其个人资料获得保护"，进一步将其提升到基本权利的高度。

目前就世界范围内有关个人资料保护的立法而言，主要形成了以美国和欧洲为代表的两大立法模式。两种不同的立法模式是从不同的立法理念和权利保护进路加以展开的。以美国为主的立法模式强调资料的交流和利用，同时着眼于防范政府部门侵害个人资料和隐私权；而以欧洲为主的立法模式则

---

[1] Warren Louis & Branels Samuel, "The Right to Privacy," *Harvard Law Review*, Vol. 4, No. 5 (1890): 193.

[2] Catarina Sarmento e Castro, O direito à autodeterminação informativa e os novos desafios gerados pelo direito à liberdade e à segurançano nos pós 11 de Setembro, p4. e ss, http：//www.estig. ipbeja. pt/~ac_ direito/CatarinaCastro. pdf.

[3] http：//assembly. coe. int/Main. asp? link = http% 3A% 2F% 2Fassembly. coe. int% 2FDocuments% 2FAdoptedText% 2Fta70% 2FBRES428. pdf.

强调个人对其资料的自决权和控制权,强调国家在保护个人信息中的作用,针对政府部门和非政府部门制定统一且较为严格的个人信息保护立法①。

对于个人资料受保护的权利性质,理论上从不同的角度提出了隐私权说、人权说、个人信息控制权说及个人信息自决权说等各种学说②;而在该权利的立法表达上,不同国家或地区的立法从不同的基点和立法目的出发,分别使用了个人资料自决权、个人信息自由权、个人资料权等各种称谓,并不存在统一的定义,这种现象本身就折射出权利性质和内涵的多样性和复杂性。本文倾向于使用个人资料权这一称谓,原因在于这一概念可以兼容包括该权利所具有的归属权、决定权、控制处分权等几乎全部内涵,而不是仅仅从某一个视角表达该项权利。

作为一种基本权利,个人资料权在其法理学结构上具有与其他任何基本权利同样的性质和特征,体现在积极与消极两种不同的向度。从消极的向度,权利人可以对抗国家或他人对其个人资料的各种不法处理和侵害行为,使其个人资料保持一个不被干预和不被接触的自我领域;从积极的向度,权利人可以自主决定是否揭露其个人资料及在何种范围内、于何时、以何种方式、向何人揭露,并对其个人资料之使用有知悉与控制及更正权③。与此同时,国家对个人资料权的保护负有特殊义务,国家不仅不应非法干预个人资料权,还应当做出各种必要的给付行为,从立法和实施上使权利人的权利得到实际有效的保护,使人类固有的人格尊严和自由发展得到切实实现。

从个人资料保护的整个过程和环节来看,"个人资料的取得、搜集的限制"以及"个人资料的保存、管理、利用的规定",具有排除第三者干涉之权利,属于自由权排他性的一部分;而"个人资料的查阅或更正",在权利的性质上具有请求权的特征④。因此,作为发端于隐私权的个人资料权,已

---

① 有关内容可参见洪海林《个人信息保护立法理念探究——在信息保护与信息流通之间》,《河北法学》2007年第25卷第1期,第112页;李仪:《个人信息保护的价值困境与应对——以调和人格尊严与信息自由冲突为视角》,《河北法学》2013年第31卷第2期,第2~7页。
② 孔令杰:《个人资料保护的力量和利益平衡论》,《理论月刊》2010年第2期,第121~124页。
③ 参见台湾"行政院"研究考核发展委员会编印 RDEC-RES-097-010(委托研究报告):《政府机关强化个人资料保护措施之研究》,第4~5页。
④ 参见台湾"行政院"研究考核发展委员会编印 RDEC-RES-097-010(委托研究报告):《政府机关强化个人资料保护措施之研究》,第14页。

经有别于古典隐私权所具有的消极防御性质而具有积极请求权的性质。

从个人资料权所保护的法益看，毫无疑问，该项权利最初源于保护私人生活隐私权的需要，但随着信息技术的进一步发展及其利用的多样性，个人资料权所保护的法益已不再局限于单纯的隐私权保护范畴，而还可能涉及肖像权、通信自由权、知情权等各种私人权利以及为社会公共利益所要求的新闻自由、行政公开、预防犯罪等公共领域。在个人资料保护领域，各种权利和利益诉求、私人利益与公共利益、人格上的精神利益与财产上的经济利益相互交织并存、牵扯竞争以至于发生紧张冲突就在所难免，个人资料权的立法保护目标也从单一向度的隐私权保护发展到多种权利和利益的平衡协调、多种法益的综合保护。

（二）个人资料保护过程中的权利冲突现象

葡萄牙著名宪法学者 Gomes Canotilho 将基本权利冲突划分为两种类型，当权利人行使某种基本权利与另一权利人所行使的另外一种基本权利产生冲突时为一种真正的权利冲突；而当一种基本权利的行使与宪法所保护的另一种利益发生冲突时，则不是一种真正的权利冲突[1]。由于个人资料及其应用所涉及的范围极为广泛，其可能成为多种基本权利的对象或其他基本权利得以行使的前提或工具，因而在个人资料权的保护过程中，多种权利相互交织在一起并相互牵扯争斗以至于发生冲突在所难免，这也是个人资料权保护过程中焦点和难点问题之一。本文将从现实中经常发生的典型冲突现象入手，以便为进一步分析如何解决冲突提供必要的事实前提。当然，由于冲突现象的极为广泛性、多样性和复杂性，本文不可能穷尽列举所有的权利冲突现象和类型。

1. 个人资料权与公众知情权之间的冲突

在一个民主法治社会中，信息的公开透明是公民得以行使民主参与权、言论自由与表达权等其他基本权利的必要基础，也是任何民主社会得以形成的基本前提。在公民参与国家治理和行政程序的过程中，参与原则已成为多数国家宪法和行政程序法的一项一般原则。为此很多国家纷纷制定了政府信

---

[1] Gomes Canotilho, *Direito Constitucional e Teoria da Constituição*（3ª edição）（Coimbra: Almedina, 1999）, p. 1189 e ss.

息公开法①，要求政府以适当的方式将存放于政府资料库中的资料加以公开，公民有权了解、知悉和查阅政府的各种资料和文件档案，理论上将之概括为公民的知情权。

作为一种类似于权利、自由及保障性质的第三代人权②，知情权具有普遍性的特征，无论是对保障个人自由，还是建立民主法治国家，这种权利已成为一项关键性的权利③。事实上，没有信息就不可能有参与，行政的公开透明原则要求政府采取积极的行动，以便为公民参与提供必要的资料，而所有人均有权查阅和接触公共档案中现存的各种文件和记录资料，不管有关的内容是否与他们切实相关。

这种公众知情权与作为利害关系人的当事人对所参与行政程序的文件和资料的查阅权不同，前者是行政程序参与人之外的所有人或公众均享有的一种普遍性的权利，所查阅的对象是集中于公共档案中的文献信息，而后者是公民在已与行政当局所建立的行政程序中作为利害关系人对有关文献信息的查阅权。两者在目的上虽然相近但有所不同，前者在于保障行政的公开透明、公众参与以及对行政决定的监督控制；后者则在于保障具体行政活动的公开透明，促进行政活动的合理性和保障利害关系人在行政程序中所具有的直接利益④。

这种公众知情权也与个人资料法中所规定的资料当事人所享有的查阅权不同。后者是资料当事人对个人资料自决权中的其中一项具体权利，该项权利与反对权、不受自动化决定约束的权利、损害赔偿权等共同构成资料当事人权利的完整内容。《澳门个人资料保护法》第 11 条对资料当事人查阅权的内容、范围和条件以及可能的限制做了一般性规定，原则上资料当事人享有自由地、不受限制地从负责处理个人资料的实体获取有关信息的权利。这

---

① 葡萄牙于 1993 年 8 月 26 日通过第 65/93 号法律制定了《政府文件查阅法》（Lei n.° 65/93 de 26 de Agosto, Acesso aos documentos da Administração），后该法经过数次修改，中国于 2007 年 1 月 17 日制定了《中华人民共和国政府信息公开条例》；等等。

② 关于第三代人权的范围，理论上认为其包括对社会互助、可持续发展权、环境保护、生活质量、促进医疗卫生、新技术下的信息自由、保护个人资料以及信息自决等方面的权利。

③ Eduardo Manuel Castro Guimarães de Carvalho Campos, *Dissertação de Mestrado em Novas Fronteiras do Direito*, p. 16. e ss.

④ Eduardo Manuel Castro Guimarães de Carvalho Campos, *Dissertação de Mestrado em Novas Fronteiras do Direito*, p. 17.

种查阅行为属于个人资料处理概念中的一项具体活动。

由于公众知情权所针对的政府文献信息涵盖范围极广，涉及所有公共机关，包括政府公立医院、学校等部门所持有的各种资料，当中不乏有关私人生活、健康和性生活、遗传等方面的敏感资料，因此，在公众行使知情权、查阅政府文献信息与资料当事人对其对个人资料所享有的各种权利之间，就会发生各种各样的潜在的以至于现实的冲突。

在资料当事人、政府以及公众所组成的三角关系中，一方面是政府与资料当事人之间因个人资料的收集、处理等活动所形成的关系；另一方面是政府作为负责处理个人资料的实体与公众之间因查阅、接触公共文献信息所形成的关系，三方处于一种紧张互动的关系之中。当中所涉及的公众知情权与公民个人资料保护权都具有基本权利的性质，在抽象的宪法层面两者处于同一位阶，法律效力和强度不分高低。如何在具体个案情形下决定孰先孰后，协调化解冲突，是个人资料保护过程中的一个突出问题。

2. 个人资料权与特定情形下公众查阅权之间的冲突

本文之所以将这种冲突类型独立出来加以说明，是因为这种情形虽然与上面的冲突类型有一定的相似性和关联性，但在保护目的和所牵涉的利益关系中却具有很大的差异性，这就是个人资料权与公众或利害关系人对存放于公证或登记部门中的各种记录和登记信息的查阅权。这种差异性主要在于，公众知情权所保护的法益在于促进公民在民主政治和公共决策上的参与权，而公众或利害关系人对公证或登记部门中资料的查阅权在于促进一种社会财产或商业交易等方面的有效秩序，保障交易的安全快捷。另外，公众知情权所查阅的对象主要是政府在行使当局权力和行政职能时所处理和形成的各种记录、文件，而公证、登记部门记录和形成登记文件信息并不是在履行典型的行政职能[①]。

在澳门现行法律秩序中，对不动产交易以及有关权利物业登记的主要目的，在于公开不动产的法律状况，借此保障交易安全[②]。《物业登记法》一

---

① 葡萄牙的立法者在1993年8月26日第65/93号法律《政府文件查阅法》中已经意识到这种差异性，故在该法的第7条第7款规定："对公证及登记文件、对身份证明和刑事记录文件……查阅，由专门法律规范。"

② 《澳门物业登记法典》第1条规定："物业登记之主要目的，为公开房地产之法律状况，以保障不动产交易之安全。"

方面通过登记所具有的对抗性或创设性效力,鼓励当事人尽可能促成相应的物业登记,保障不动产交易市场法律状况的公开透明;另一方面又通过物业登记系统所提供的登记信息,为利害关系人查阅相关信息提供各种便利和条件,并在一定程度上保护当事人对于登记信息的合理信赖和交易的安全,而在现实中公众或利害关系人也可以很容易地通过俗称"查屋纸"的方式,了解特定不动产上的法律状况。

从个人资料保护与物业登记信息公开的关系角度,这里需深思的是如何协调和平衡兼顾两种不同的制度功能。由于物业登记中除对不动产本身的法律状况做出记录外,也会对当事人身份、婚姻状况及财产制度等方面的资料进行相应的登记,而现行的物业登记查阅制度只是一般性规定,任何人均得请求就登记行为及存档文件发出证明,以及获得以口头或书面方式提供之有关该等行为及文件内容之资讯,并且可以透过电脑终端机在登记局内直接查阅电脑登记内所载的资讯①,因此如何解决查阅物业登记资讯与个人资料保护之间的冲突,已成为当前立法和实施过程中的一个急迫问题。与澳门的物业登记制度具有基本相同结构和内容的葡萄牙物业登记制度,已经在这方面做出了相应的修改,以便在物业登记的公示作用与当事人个人资料的保护之间取得适度平衡②。

在商业登记制度中也存在几乎相同的问题。对于商业登记中的各种信息,原来的《澳门商业登记法典》规定,任何人均得请求就登记行为及存档文件发出证明,以及获得以口头或书面方式提供的有关该等行为及文件内容的资讯③,但令人欣喜的是,在《个人资料保护法》通过之后,立法者很快意识到这种规定与个人资料保护制度之间可能存在的冲突,并在随后的第

---

① 《澳门物业登记法典》第99条第1款规定:"任何人均得请求就登记行为及存档文件发出证明,以及获得以口头或书面方式提供之有关该等行为及文件内容之资讯。"第6款规定:"专为查阅之目的,使用登记局服务之人,得透过电脑终端机在登记局内直接查阅电脑登记内所载之资讯。"

② 参见葡萄牙第116/2008号法令第109-A条至第109-F条已经根据《个人资料保护法》的规定,就登记资料的查阅、限制、信息安全和保密义务等做了较为系统的规定。有关该法令对此的修改内容和意见,也可参见葡萄牙个人资料保护委员会第10/99号意见书。

③ 《澳门商业登记法典》在未经第6/2012号法律修改之前的第69条第1款规定:"任何人均得请求就登记行为及存档文件发出证明,以及获得以口头或书面方式提供的有关该等行为及文件内容的资讯。"

6/2012号法律中对之做了修改，将查阅权的范围和条件做了进一步的限定[①]，以便从立法上减缓或消除在制度上所存在的冲突，为解决该领域内的其他制度之间的冲突提供了立法范例。

对于民事登记、身份证明、选民登记等部门资料库中的各种个人资料，如何实现登记的本来目的、利害关系人的查阅以及公共部门基于行政管理的目的的利用之间，也同样存在着一种紧张冲突关系。由于时间和篇幅的限制，此处不赘述。

3. 个人资料权与社会传播和新闻自由之间的冲突

社会传播和新闻自由紧密关乎公民的言论和表达自由，正如学者所指出："表达自由权是一种母体性的权利（direito mãe），由此衍生出其他的传播自由并逐渐独立出来，以响应在传播领域所发生的技术上、经济上以及重要结构上所不断发生的变化。"[②] 表达自由在一个民主法治社会中肩负着多种职能，它对于探求事实真相、保障民主自决程序的参与、保护思想的多样性、社会的稳定与和平进化以及表达个人人格[③]等都起着重要作用，故而成为公民所享有的一项基本权利。

由言论自由进一步派生出信息自由。这种信息自由包括向第三人传递信息的告知权（O direito de informar）、查阅信息或文献的自由权（O direito de se informar）以及接受公共实体提供真实资料的权利（O direito de ser informado）[④]。在表达自由和信息自由的基础上则出现了一种组织化和制度化的新闻自由。

长期以来，在传统的传媒方式下本来就存在的社会传播及新闻自由与隐私权和个人资料保护之间的紧张关系，随着互联网技术和电子传媒手段的广泛运用而进一步加剧和突显。因为网络空间内可利用的资料对个人隐私具有

---

① 第6/2012号法律第69-A规定："一、仅自然人商业企业主本人或其适当委托的人可请求发出载有该企业主身份证明文件的类别及编号的证明或书面资讯。二、仅法人商业企业主各股东或成员、公司机关的据位人以及获适当委托的人可请求发出载有与该企业主有关的登录事实主体的身份证明文件的类别及编号的证明或书面资讯。"

② Jorge Miranda, *Manual de Direito Constitucional*, IV (3. Edição), 2000, p. 456.

③ Jónatas Machado, *Liberdade de Expressão-Dimensões Constitucionais da Esfera Pública no Sistema Social*, Coimbra, p. 416. e ss.

④ 有关内容请参见 Domingos Soares Farinho, *Intimidade da Vida Privada e Media no Ciberespaço* (Coimbra: Almedina, 2006), p. 22。

极大的损害力，而当今互联网极为广泛的运用以及运用网络技术，如通过 Chat Logging、Cookies 等手段收集使用者的个人信息，并在网络空间内散播，将会对个人隐私造成严重威胁和损害。

因此，如何调和社会传播和新闻自由与个人资料保护之间的紧张冲突关系，已经对相应的立法调整提出了强烈的制度需求和挑战。近十多年来，除了采取一些技术手段，如 PICS-Platform for Internet、Public Firewalls 等以及制定行业行为守则之外，在立法上已逐渐加大了规管的力度，如欧盟第 97/66/CE 号指令、第 2002/58/CE 号指令以及成员国为落实该等指令而进行的国内立法即为这方面的立法实例。

（三）个人资料保护过程中的权利冲突类型分析

上述有关个人资料保护过程中的若干权利冲突现象，只是诸多权利冲突中较为典型和常见的一部分，而且仅仅为说明问题的需要而列举，由于权利冲突现象的无限多样性，无法也无须穷尽各种可能的冲突情形，只是为在理论上进一步分析冲突的类型并进而论证冲突解决原则和方法之需。由于权利冲突样态的多样性、冲突结构上的差异性、冲突涉及利益的多元性，本文只是试图从多种冲突中发现并整理出冲突的类型划分，但由于在这方面的研究论文尚不多见，本文所做的类型划分还有待于进一步考证。

1. 外部冲突与内部冲突

按照权利冲突所发生的主体范围不同，可以将有关的冲突划分为外部冲突和内部冲突。在个人资料的归属与处理以及进一步的传播、利用之间，由于所涉及的利害关系人的不同，可能发生各种各样的紧张冲突关系。在资料当事人与负责处理资料实体之间所发生的冲突，可以归结为一种内部冲突；而在资料当事人与负责处理资料实体以外的社会公众（其他不特定第三人）之间的冲突，可以视为一种外部冲突。在由资料当事人、负责处理资料的实体以及两者之外的其他不特定第三人所构筑的三角关系中，由于所涉及的权利类型以及所保护的法益不同，在冲突的解决原则和方法上会有所差异。

2. 信息自决权与信息自由流通之间的冲突

按照立法目的和所保护法益的不同，可以将个人资料保护过程中的冲突划分为信息自决权与信息自由流通之间的冲突。个人资料保护法首先是从保护个人信息自决权出发，将资料当事人对本人资料的自决权作为立法的重心和优先保护目标,在此基础上才是协调兼顾负责处理资料的实体以及社会公众对资料的处理和利用所具有的权利和利益;有关促进资料的自由流通和公开、利用的立法,则是首先从保障信息的自由流通和公开、利用出发,并将之作为立法保护的重心和优先目标,其次才是如何兼顾保护个人资料的问题。

从当前的立法实践来看,欧洲更为重视从权利角度出发保护个人信息,美国则更注重从信息流通的角度出发促进个人信息的自由流通[1]。笔者认为,个人信息自决权着重和强调的是权利人本身对于资料的决定性和处分性权能,更多强调的是权利人对权利客体的控制性、支配性和处分性,保护的重心在于当中所隐含的人格利益;信息的自由流通着重和强调的是个人资料所具有的有益性和可利用性,保护的重心在于资料所具有的经济价值或其他方面的社会公共利益。

做出这种立法目的上的划分会对冲突解决原则和方法产生一定的影响。在解决冲突时是以信息自决还是以信息自由流通优先,必然会对相冲突权利的优先选择和保护条件与范围产生不同影响。

3. 私权利之间以及私权利与公权力之间的冲突

按照相冲突权利的类型和性质进行划分,可以将个人资料保护过程中所涉及的权利冲突类型划分为不同私权利之间的冲突以及私权利与公权力之间的冲突。不同的私人实体之间因行使各自的私权利而发生的冲突,属于私权利之间的冲突;资料当事人所享有的私权利与公权力机关基于履行其职责而行使公权力所产生的冲突,则是私权利与公权力之间的冲突。

私权利之间冲突较为常见的情形是资料当事人与负责处理资料的实体在私法法律关系中所产生的冲突。例如,作为资料当事人的雇员与负责处理资料的雇主之间基于雇佣劳动关系而产生的权利冲突,一方面是雇员对其个人资料所享有的自决权及其各项具体权能;另一方面则是雇主在处理资料过程中因各种收集、利用等行为所享有的权利及其利益。银行、电信公司等商业机构与其客户之间因商业经营的需要而发生的资料收集、利用等处理资料行为所发生的冲突。当然,私权利之间的冲突也可能发生在资料当事人因第三

---

[1] 洪海林:《个人信息保护立法理念探究——在信息保护与信息流通之间》,《河北法学》2007年第25卷第1期,第108页。

人侵害其所享有的资料权的情形下，例如第三人不法处理资料当事人的资料，不法利用、传播等行为。

私权利与公权力之间的冲突主要发生在公权力机关根据法律规定因履行其职责而处理当事人资料的情形。一方面公权力机关为实现公共利益而负责处理当事人的资料；另一方面则是私人对于其个人资料所享有的自决权及各项权能。例如，为预防和打击犯罪，保护公共安全和秩序，警察部门在法定情形下主动处理当事人的资料，特别是通过电子监控、录音录像等手段，在公共场所收集不特定人的声音、影像等方面的资料。

这种冲突类型划分同样对于冲突解决原则和方法会产生相当的影响。私权利之间的冲突由于是发生在平等当事人之间的冲突，当中所要解决的是何种私人利益应当处于优先保护地位的问题，而私权利与公权力之间的冲突是发生在具有当局地位的公权力机关与作为行政相对人的私人之间，当中所要处理的是如何在实现公共利益的目标下保护个人资料的问题。

三 个人资料保护过程中权利冲突的解决原则和方法

（一）有关权利冲突解决的基本法理依据

如何解决个人资料保护过程中所产生的权利冲突问题，或者在更广意义上，有关基本权利冲突的解决问题，也是宪法理论上一个很重要但又极为复杂的问题。因为基本权利中所蕴涵的价值，无论采取何种理论和解决路径，都存在一种内在的紧张甚至有时是一种对抗冲突的关系之中，无法在同一时间内以同一程度和条件得到完全的实现，相反，对于处在相互竞争或冲突关系中的基本权利来说，只能以一种相互退让的博弈方式才能获得实现。但另一方面也正如Vieira de Andrade 指出："不可忽视的是，在冲突的情形，宪法保护处于竞争中的不同价值或法益，如果只是单纯为其中一种价值或法益而简单地牺牲另一种，将会导致不法。……对于某种权利（价值）进行限制或压缩的程度可以有所不同，对此取决于冲突的表现方式及其可能的替代解决方法。"[①]

[①] Vieira de Andrade, *Os Direitos Fundamentais na Constituição Portuguesa de 1976*, 1983, p. 221 e ss.

但从抽象的规范角度看，由于不同的基本权利均规范在同一宪法文本中，从抽象的规范效力角度看，它们之间并不存在效力等级上的高低或优先级的问题，因此，无法从抽象的规范角度预先就不同的基本权利进行价值位阶上的排列。平等安全、通信自由、信仰自由、隐私保护等多种价值，对于维护人类尊严和自由发展，都同等重要和珍贵。因此，各种基本权利的实现以及冲突的解决应当根据宪法规范和具体的事实环境得到最佳实现。就此，"基本权利规范应当被理解为根据规范背景和相关的事实状况，在尽可能的限度内得到最佳实现的强制性要求，但在一般意义上和抽象的角度，并不存在普遍有效的权利冲突的解决标准"①，因此，从基本权利规范出发并结合个案的具体情形，进行各种宪法规范的价值判断和利益衡量，是解决基本权利冲突的基本理论进路。

由于宪法是由一系列原则和具体规范所组成的和谐整体。原则是一种高度抽象性的规范，并以要求在可能的限度内得到最佳实现为特征；而规则却是一种抽象程度较低的规范，并以一种"全有全无"的方式加以适用，只要充分规则所界定的事实前提，就必然发生规则为此所界定的法律效果，但无论是原则或规则都具有直接适用的法律效力。由于基本权利规范是一种原则性规定，而原则是以一种衡量方式加以适用的②，考虑到本文主要是为探寻个人资料保护过程中的权利冲突问题，故以下将对个人资料保护过程中所适用的一般原则进行分析。

（二）个人资料保护过程中所适用的一般原则

任何一项法律制度的构建与实施，都有一个因应社会发展的需要而酝酿和形成价值共识，以至于逐渐上升为立法原则和政策取向，最后在此基础上形成具体的制度和规则的过程。个人资料权的保护也不例外。这项权利的最终建立也是因应现代科技的发展而首先在当代社会中形成一些共识性的立法原则而开始的。

在 1980 年，由美国、日本和欧洲国家所组成的经济合作与发展组织

---

① Gomes Canotilho, *Direito Constitucional e Teoria da Constituição* (3ª edição), (Coimbra: 1998), p. 1195.
② 参见王鹏翔《规则、原则与法律说理》，《月旦法学教室》2007 年第 53 期，第 78 页。

（Organization for Economic Co-operation and Development，OECD），公布了一项名为"保护隐私与跨境传输个人资料"的隐私指导原则，成为成员国制定隐私权保护法案的依据，同时也受到美国联邦贸易委员会（Freedom Trade Commission，FTC）的支持，并成为世界范围内被广泛认可的实务参考方针。它提出了以下八项隐私保护的一般原则。

第一，限制搜集原则（Collection Limitation Principle）——对于个人资料的搜集应有所限制，且应以合法、公正的手段，并经当事人同意始得搜集；第二，资料质量原则（Data Quality Principle）——个人资料之利用应符合搜集目的，并保持正确性与完整性，当内容异动时实时进行更新；第三，目的明确原则（Purpose Specification Principle）——搜集个人资料之目的应于搜集时即明确指定，且使用上不得有不符目的之情况产生；第四，限制利用原则（Use Limitation Principle）——除当事人同意或法律另有规定外，个人资料之利用不得为特定目的以外之利用；第五，安全保护原则（Security Safeguards Principle）——个人资料应受合理的保护，以防范因资料遗失、损坏、未授权存取/使用/变更/揭露等造成之风险；第六，公开原则（Openness Principle）——对于个人资料的搜集、处理及政策制定，应以公开为原则，资料管理人联络资料、资料种类及使用目的，亦需公开并容易取得；第七，个人参与原则（Individual Participation Principle）——当事人有权从资料管理者处取得或确认是否拥有自己的资料、了解个资内容，并可请求删除或更正资料内容；第八，责任原则（Accountability Principle）——资料管理者必须遵守上述各项原则[①]。

1995年10月24日，欧洲议会和欧盟通过了《关于涉及个人资料处理的个人保护以及此类资料自由流动的指令》（Directive 95/46/EC of the European Parliament and of the Council of 24 October 1995 on the Protection of Individuals with Regard to the Processing of Personal Data and on the Free Movement of Such Data）。该指令就有关资料处理的手段、目的、正当性以及安全措施、跨境流动等制定了一系列需要所有成员国实施的原则和规则，以期在资料的个人保护与自由流通之间取得适度平衡。从当中一系列原则的具

---

① 有关的中文表述转引自我国台湾地区资通安全会报技术服务中心编著《国际个资保护发展趋势与标准规范》，http://www.icst.org.tw/docs/Fup/。

体内容来看，与上述 OECD 所采纳八项原则具有几乎相同的内容，只不过强调的侧重点和规范调整的视角不同而已①。

从比较法的角度，有关国家或地区在其个人资料保护立法中，首先会在其法律中确定立法及其实施所应遵循的一般原则②。结合有关的国际公约和其他国家的法律，《澳门个人资料保护法》主要有以下一般原则：尊重私人生活隐私原则、目的性原则、正当性原则、比例性原则、安全策略、透明性原则以及善意原则等。这些不同的原则构成一个整体，从不同的角度和侧面

---

① 相关的内容还可以参见亚太经济合作组织于 2004 年 11 月所通过的《APEC 隐私保护纲领》（APEC Privacy Framework）。它包含以下九项原则：①损害避免原则，针对当事人对于其个人资料的合理期待，针对可能损及当事人权益的风险，应采取适当的风险处理措施以避免损害；②告知原则，在搜集个人资料时，应告知当事人被搜集的目的、资料类型、搜集者的联络方式与当事人可主张的权利；③限制搜集原则，个人资料的搜集应与被告知的目的相关，要求采取公正的方式进行，并且限制其所搜集的范围；④利用原则，个人资料的利用应获得当事人的同意，并且仅限于当初所搜集的目的范围内，不可任意作为其他的用途；⑤选择原则，当事人应被提供可选择的权利，能够针对其个人资料的搜集、处理和揭露，主张其个人的意愿和选择；⑥完整原则，个人资料务必确保其正确与完整，并且要持续地更新以维护当事人的权益；⑦安全原则，保有个人资料的组织，应针对可能的安全风险，实施对应的安全控制措施，以避免个人资料受到不当的揭露与损毁；⑧存取和更正原则，组织应提供个人资料的当事人，可在合理的时间内，以适当的方式对其个人资料提出查询和阅览的请求，并且不得无故拒绝其补充或更正的申请；⑨责任原则，保有个人资料的组织，应负责遵守法规和个人资料保护的责任，尤其当资料需传输至第三方和不同国家时，务必要求以对等的保护方式来维护当事人的隐私和资料安全。参见《APEC 隐私保护纲领》，http://toucheng.e-land.gov.tw/69/20070910061526.pdf。

② 例如，《香港个人（私隐）条例》订明了六项保障资料原则：①收集个人资料的目的及方式。个人资料必须要为合法目的而收集，收集目的亦须直接与使用该等资料的资料使用者之职能或活动有关。所收集到的资料足够便可，而不应超过有关目的之实际需要。②个人资料的准确性及保留期间。资料使用者必须确保所持有的个人资料是准确及最新近的。如资料使用者怀疑所持有的个人资料并不准确，就应该立即停止使用有关资料。资料的保存时间，不能超过使用该等资料而达到原定目的之实际所需。③个人资料的使用。除非得到资料当事人的"订明同意"，否则资料使用者不可以改变个人资料的用途，而只可将资料用于当初收集资料时所说明的用途（或与其直接有关的用途）。"订明同意"是指资料当事人明确及自愿给予的同意。④个人资料的安保。资料使用者必须采取适当的安保措施去保护个人资料。他们必须确保个人资料得到足够保障，以避免有人在未获准许或意外的情况下，去查阅、处理、删除或者使用该等资料。⑤资讯须在一般情况下可提供资料使用者须公开所持有的个人资料之类别（不是资料内容），并公开其处理资料的政策及实务。最佳做法是制定一份"私隐政策声明"，内容可以包括有关资料的准确性、保留期、保安、使用、如何处理由资料当事人提出的查阅资料及改正资料要求。⑥查阅个人资料。资料当事人有权向资料使用者查证是否持有其个人资料，以及有权要求获得有关资料的副本。如发现副本内的个人资料不准确，则有权要求改正有关资料。

构成了个人资料立法保护和实施的指导性规范。

由于一般原则和具体规则在法律适用上所具有的不同作用和特点，一般原则作为一种立法目的的优化选择和指令，在冲突解决领域尤其担当着具体规则所不可替代的功能，当然，这并不排除具体规则在冲突解决方面的直接运用。如果对于冲突的解决已经订明了具体规则，当然优先适用具体规则。只要充足具体规则所订明的实施前提，就必然发生具体规则中所包含的法律后果，但由于具体规则在法律适用上的刚性和缺乏弹性，一般原则在冲突的解决领域具有巨大的发挥空间。本文无法展开对所有一般原则的具体分析，在此只对目的性原则与比例性原则进行剖析，以求揭示一般原则在个人资料保护过程中的冲突解决功能。

(三) 一般原则在个人资料保护过程中的冲突解决功能

1. 目的性原则在个人资料保护过程中的冲突解决功能

正如耶林在论述法律的目的时所言，"目的是全部法律的创造者"。在个人资料保护领域，这一论断的正确性尤为鲜明。无论是个人资料保护的立法，还是对法律的具体实施，目的性原则是一项贯彻始终的一般性原则。由于个人资料权的客体——资料所具有的无体性、广泛性、易于传播性以及所涉及权力和利益种类的多样性和复杂性，在同一信息客体上多种权力和利益相互交织缠绕在一起而存在，这也正是导致多种权力和利益相互牵扯竞争以至于紧张冲突的一个重要原因。公民的私人生活隐私、通信自由及其他诸多基本权利和自由与他人的知情权、信息自由传播等基本权利和自由，信息的自决和控制与信息的自由流通和利用，私人利益之间与私人利益和公共利益等在此交汇融合，成为一首高低起伏的变奏曲，而目的性原则则担当着指挥者的角色。

毫无疑问，个人资料保护的立法目的在于尊重和保护个人生活隐私权以及其他的基本权利和自由，是以个人资料权的赋予和保障作为基点和支柱，调节和平衡资料当事人与负责处理资料的实体以及其他不特定的第三人之间的关系，协调和兼顾信息所具有的隐私保护与信息的自由流通和利用等功能。而在围绕这一主轴展开的过程中，目的性原则——处理资料的目的考虑成为法律调整和解决冲突的规则之王。

处理资料的首要决定性因素就是目的性考虑。目的决定了可否收集处理资料，决定了收集资料的范围、数量和强度，决定了应当为此而采取的安全措施，决定了资料保存的条件和时间，决定了资料当事人对其资料的自决权、控制权以及各项查阅、更正等具体权能，目的也决定了私人利益以及私人利益与公共利益之间的分际……对此只要对照有关国际公约或实证法上随处可见的有关目的的条文表述，即可得出上述结论①。

　　在敏感资料的处理方面，目的性原则所具有的冲突解决功能更为突出。基于目的性考虑，立法者在原则性禁止处理与例外情况下有条件许可处理之间做出了明确选择。原则性禁止是基于敏感资料与私人生活隐私所具有的紧密联系和保护隐私权的立法目的，但基于重大公共利益或资料当事人本身利益的目的，当法律、组织性质的规章或资料当事人明确许可时②，可例外许

---

① 参见第 8/2005 号法律《澳门个人资料保护法》第 5 条"资料的性质"的规定："一、个人资料应：（一）以合法的方式并在遵守善意原则和第二条所指的一般原则下处理；（二）为了特定、明确、正当和与负责处理实体的活动直接有关的目的而收集，之后对资料的处理亦不得偏离有关目的；（三）适合、适当及不超越收集和之后处理资料的目的；（四）准确，当有需要时作出更新，并应基于收集和之后处理的目的，采取适当措施确保对不准确或不完整的资料进行删除或更正；（五）仅在为实现收集或之后处理资料的目的所需期间内，以可认别资料当事人身份的方式被保存。二、经负责处理个人资料的实体要求以及当存有正当利益时，公共当局得许可为历史、统计或科学之目的，将上款（五）项所规定的保存期限延长。"在该法中涉及目的性考虑的条文还有第 7 条第 2 款第 4 项，第 8 条第 2、3 款，第 9 条第 2 款第 1 项，第 10 条第 1 款第 2 项等。

② 参见第 8/2005 号法律《澳门个人资料保护法》第 7 条敏感资料的处理。"一、禁止处理与世界观或政治信仰、政治社团或工会关系、宗教信仰、私人生活、种族和民族本源以及与健康和性生活有关的个人资料，包括遗传资料。二、在保障非歧视原则以及第十六条所规定的安全措施的前提下，得对上款所指的资料在下列任一情况下进行处理：（一）法律规定或具组织性质的规章性规定明确许可处理上款所指的资料；（二）当基于重大公共利益且资料的处理对负责处理的实体行使职责及权限所必需时，经公共当局许可；（三）资料当事人对处理给予明确许可。三、当出现下列任一情况时，亦得处理第一款所指的资料：（一）保护资料当事人或其他人重大利益所必需，且资料当事人在身体上或法律上无能力作出同意；（二）经资料当事人同意，由具有政治、哲学、宗教或工会性质的非牟利法人或机构在其正当活动范围内处理资料，只要该处理仅涉及这些机构的成员或基于有关实体的宗旨与他们有定期接触的人士，且有关资料未经资料当事人同意不得告知第三人；（三）要处理的资料明显已被资料当事人公开，只要从其声明可依法推断出资料当事人同意处理有关资料；（四）处理资料是在司法诉讼中宣告、行使或维护一权利所必需的，且只为该目的而处理资料。四、如处理与健康、性生活和遗传有关的资料是医学上的预防、诊断、医疗护理、治疗或卫生部门管理所必需的，只要由负有保密义务的医务专业人员或其他同样受职业保密义务约束的人进行，并根据第二十一条规定通知公共当局和采取适当措施确保资讯安全，得处理有关资料。"

可进行处理。立法者从目的角度在这里做了第一轮权衡取舍；在例外性许可对敏感资料进行处理的基础上，立法者也不是全然放弃对个人资料权的保护，而是要求负责处理资料的实体在保障非歧视原则和采取安全措施的前提下进行处理，以便将资料处理对个人资料权和私人生活隐私的影响等降低到最低限度。立法者在目的衡量上的流连辗转，本身就是从目的角度进行价值判断和平衡选择的过程。

同样的情况也体现在预防和打击犯罪、保障公共安全以及促进社会科学、文化、教育、医疗卫生等方面。为了预防和遏制犯罪或其他刑事不法行为而进行刑事侦查的目的，可以处理个人刑事方面的资料[1]；为了进行医学上的研究和预防治疗疾病的需要，可以对一些有关遗传、基因等方面的资料进行处理，这里体现了社会公共利益相对于个人信息保护的优先地位。但越是在该种情形下，越有必要采取极为严密的技术安全措施进行控制，其包括控制查阅的主体范围、控制查阅的资料内容、防止资料外泄、订立严格的保存制度、通过有关人员职业保密控制等，以便在满足公共利益的基础上实现对个人资料的最佳保护。

当然，目的性原则所指的目的并非是任意的纯粹主观意义上的目的，这里有一个对目的进行客观化和法律化的控制问题。目的必须是特定、明确、正当和与负责处理实体的活动直接有关的目的[2]。如何界定这里所规定的目的要求，需要根据法律和具体情形下当事人之间的合约、负责处理资料的实体在其章程中所定的活动范围、处理资料与达成处理目的之间的关联性等因

---

[1] 参见第 8/2005 号法律《澳门个人资料保护法》第 8 条怀疑从事不法活动、刑事违法行为或行政违法行为的规定："一、只有法律规定或具组织性质的规章性规定赋予特定权限的公共部门，在遵守现行资料保护程序和规定的情况下，可设立和保持关于怀疑某人从事不法行为、刑事或行政违法行为，以及判处刑罚、保安处分、罚金或附加刑决定的集中登记。二、如处理是负责实体实现其正当目的所必需，且资料当事人的权利、自由和保障不优先，在遵守资料保护和信息安全规定的情况下，得对关于怀疑某人从事不法行为、刑事或行政违法行为，以及判处刑罚、保安处分、罚金或附加刑决定的个人资料进行处理。三、基于刑事侦查目的而处理个人资料，应仅限于预防一具体的危险或阻止一特定违法行为，以及行使法律规定或具组织性质的规章性规定所赋予的权限而必需的，并应遵守适用于特区的国际法文书或区际协议的规定。"

[2] 参见第 8/2005 号法律《澳门个人资料保护法》第 5 条第 1 款第 2 项的规定；也可参见欧盟《关于涉及个人资料处理的个人保护以及此类资料自由流动的指令》第 6 条第 1 款 b）项的规定。

素综合判定。

　　以上分析只是从个人资料保护法所进行的单向度考察，为了有效解决冲突，还需要从与之相冲突的权利所涉及的其他法律，例如从保护公众知情权的政府信息和文件公开法、从有关社会信息传播和新闻自由法、从预防和遏制犯罪的相关法如公共地方录像监视法等进行多向度的整体考察，试以从保护公众知情权的政府信息和文件公开法为例，展开说明。

　　保护公众知情权的政府信息和文件公开法以保护公众知情权、促进政府记录和文献信息公开为基点，保护的重心是公众的知情权，以实现民主社会下公众参与和促进依法行政的目的，在此基础上才是兼顾和平衡保护个人隐私和资料的问题，由此采取了与个人资料保护法完全不同的冲突解决路径。

　　由于任何法律的实施都是整体性的和系统性的，而不是孤立地适用某个制度和条文，故目的性原则要求从整个法律体系的角度，对不同法律尤其是相关联法律之间的目的进行整体性考虑。无论是采取个人资料权优先，在此优先目标和前提下兼顾与之相冲突的其他权利，还是优先满足其他权利和实现公共利益及行政当局实施法律的需要，在此基础上兼顾个人资料的保护这种解决路径，都是一种利益最大化和最优化的解决过程，不可采取某种绝对主义或全有全无的简单化立场。

　　衡诸个人资料权以及与之相冲突的权利或利益，目的性原则要求在冲突的解决上应当以权利和利益的相互和谐为目标，在必要的情况下可以是一种权利或利益相对优先于其他权利或利益，但这种情况只能根据个案具体情况加以确定[①]。可以是个人资料权处于优先地位，在此基础上平衡保护其他与之相冲突的权利和利益，也可以是知情权、新闻自由或其他公共利益优先，在此基础上平衡保护个人资料权；只有在冲突绝对不可调和的极端情形下，才可以舍弃对一种权利或利益的保护，而赋予另一种权利或利益绝对优先的地位。

2. 比例性原则在个人资料保护过程中的冲突解决功能

　　如果说目的性原则决定个人资料应否处理，那么比例性原则则决定着个人资料处理的范围、程度和方式，决定着可以采取何种信息处理手段和技术

---

① Gomes Canotilho, *Direito Constitucional e Teoria da Constituição* (3ª edição) (Coimbra: 1998), p. 1195.

措施。换句话说，如果说目的性原则是个人资料保护的质的规定性，那么比例性原则则是个人资料保护的量的规定性。目的决定手段，手段必须适于达成所拟实现的立法目的，而且在既定的立法目的范围内所采取手段应当具有适度性、最低干预性等。在个人资料保护领域，比例性原则同样担当着非常重要的职能，它对于降低和消除各种相冲突的权利和利益，调和和化解由此所产生的冲突和矛盾，一直起着非常重要的作用。

事实上，作为起源于《警察法》的比例性原则，其本来的意义在于强调国家在干涉人民生活的时候，目的与手段之间应该达到一种均衡的状态。比例性原则在法律制度中担当着两种不同的职能，一方面构成保护基本权利对抗国家可能施加的各种限制的工具，它的适用可以扩大对国家所实施的非拘束行为的司法控制，或者说，扩大对行政当局自由裁量行为或者是对不确定概念进行评价行为的司法控制，由此节制行政当局可能滥用公共特权的行为[1]；另一方面，通过对具体个案相冲突利益的权衡判断，比例性原则可以作为解决相冲突权力和利益的一般性标准[2]。

按照理论上的通说，比例性原则包含三个方面的基本内容：①适当性原则，即所选择的手段和措施必须适于达成有关的目的和目标；②必要性原则，即所选定的手段和措施必须限制在必要的限度内，必须选择对私人权利和利益损害最小的行为，对此也体现为最低限度干预原则；③狭义的比例性原则，即所使用的措施是审慎考虑的和平衡的，相较于相冲突的利益或价值，通过这些措施可以对根本性利益带来实质性的和较多的好处或利益[3]。

由于比例性原则所固有的功能，它在个人资料保护这一多种权利和利益交互存在、相互牵扯并不时发生紧张冲突的领域，自然具有极为重要的作用，可以说是在资料保护、处理、利用的整个过程中起到一种中枢调节的功能。试以为预防和遏制犯罪的需要而在公共地方使用录像监视系统为例，由

---

[1] Germana de Oliveira Moraes, *Controle Jurisdicional da Administração Pública*, 1º edição, Dialética, 1999, pp. 75-83.

[2] Luciano Sampaio Gomes Rolim, "Colisão de direitos fundamentais e princípio da proporcionalidade," http: //jus. com. br/revista/texto/2855/colisao-de-direitos-fundamentais- e-principio-da-proporcionalidade.

[3] Lino José Baptista Rodrigues Ribeiro, *José Candido de Pinho*, Código do Procedimento Administrativo: Anotado e Comentado, Fundação Macau e Direcção dos Serviços de Administração Pública, 1998, p. 90 e ss.

于使用该系统会对公民的私人生活隐私权、肖像权、言论和表达自由、通行自由等基本权利和自由构成限制，所以对应否安装、如何安装、对于收集的资料如何处理、保存方式和期限等整个过程中，都有一个平衡和调节预防及遏制犯罪的公共利益与私人基本权利的保护问题，整个过程都需要借助于比例性原则，并结合个案的具体情况加以衡量判断。

具体而言，正如澳门在制定《公共地方录像监视法律制度》法案的意见书中所言："对于在某个地方是否需要安装录像监视系统，需要根据法案中所确立的一般性原则，由警务机关进行严格的技术评估和分析，其中包括所使用录像设备的技术性能、安装数量、覆盖的范围、影响和声音的清晰程度等各项指标。对于能够以较轻程度达成目的的，例如以一般的影像清晰度即可达成监控目的的，就没有必要采用高清晰度摄录手段，以使对公民所享有的个人生活隐私权或其他基本权利的影响降低到最低限度。"[1]

在保障公众的知情权和查阅权以及调和与之相冲突的个人资料权的场合，比例性原则再次验证了其调和功能。例如，对于政府资料库中所储存的资料，公民有权进行查阅、复制等行为，但由于资料库中的资料既可能涉及政府的公开资料，也可能涉及公民隐私甚至是极度敏感的资料，甚至是关乎国家机密和公共安全的资料。对于一般性的资料，公民有权进行查阅，这是公众知情权的目的使然，但是对于涉及个人隐私甚至是极度敏感的资料，就有一个对查阅权本身的限制和对隐私权保护的问题。从保障知情权的角度，比例性原则要求根据个案情况对这种权利的行使是否必要、如何在对隐私权影响最小限度内行使等方面进行判断。如果没有必要，就不可查阅这方面的资料；如果有必要，可以行使查阅权，但必须在对隐私权影响最低限度内进行。

葡萄牙《政府文件查阅法》在处理查阅权与隐私权保护的关系上，较好地处理了两者之间的紧张关系。根据该法第7条的规定，对于不具名性质的行政文件，任何人均有权通过查阅获取相关信息；对于具名性质的文件仅得文件所涉及之人或显示对文件有直接个人利益的第三人方可查阅文件[2]，

---

[1] 参见第三常设委员会第2/IV/2012号意见书，第6~7页。
[2] 参见葡萄牙于1993年8月26日通过第65/93号法律制定的《政府文件查阅法》（Lei n.° 65/93 de 26 de Agosto, Acesso aos Documentos da Administração）第7条第1款、第2款的规定。

在该种情形下，有关的查阅应当在遵守《个人资料保护法》所规定的条件下方可进行，对于涉及健康方面的资料，只有在经其本人所指定医生的媒介下方可进行，是否具有直接个人利益，应当由为此而设定的查阅行政文件委员会所给予的意见加以证明，当然在文件所涉及的本人书面同意，或者是为了保护文件所涉及之人的正当利益而其本人无法给予同意的情况下，也可查阅该等文件[①]。从上述文件可否查阅、有限制查阅以及如何进行限制等整个过程看，比例性原则如同一把松紧有度的标尺，在张弛有度中舒缓由此所发生的权利和利益冲突。

在司法实务中，葡萄牙最高法院对一起有关在劳动场所安装录像镜头的合议庭裁判，有力地说明了比例性原则所具有的冲突解决功能。在该案中，原告以被告在雇员工作的所有地点均安装了录像镜头，雇员的活动受到持续的监视，从而侵害了《葡萄牙宪法》第26条第1款以及《民法典》第70条和第79条所规定的肖像权为由，诉请被告将之拆除，案件在一、二审程序中均遭败诉。法院认为，在该当情形使用监视手段是合法的，目的在于保护财产的安全，而不是对雇员的工作表现进行控制。原告不服，最终上诉至最高法院。

原告所持的理由是，被上诉人在工作场所安装了89个录像镜头，其中有69个对准了雇员的工作岗位。这些镜头对所有雇员的工作表现进行持续的录像，并有保安人员实时查看，而在葡萄牙个人资料保护国家委员会所给予的许可中，只是许可被上诉人为了保护财产安全的目的而在走廊、行政管理区以及其他公众开放区安装录像镜头，但并没有准许被上诉人在工作场所安装等。根据比例性原则的要求，最高法院判决上诉人胜诉。在裁判的理由陈述中指出：录像监视的使用应当是为了法律中所规定的目的，尤其是保护人身或公私财产安全以及在可能发生犯罪的场所预防犯罪的目的，但必须遵守有关使用的一系列原则，尤其是比例性原则。录像镜头的使用只有在具体个案中显示对维护公共秩序和安全以及预防犯罪为适当时，才应被允许，为此须根据每一个个案衡量受监视场所的具体情况、个案下使用系统的具体目的以及对个人权利的影响程度……被上诉人在雇

[①] 参见葡萄牙于1993年8月26日通过第65/93号法律制定的《政府文件查阅法》（Lei n.º 65/93 de 26 de Agosto, Acesso aos Documentos da Administração）第8条的规定。

员工作的所有地点都安装了录像镜头，构成对雇员隐私权，在本案中表现为肖像权，一种难以容忍的侵害，超越了本要到达的保护财产安全所必要的限度①。

根据比例性原则在具体个案下对冲突权利或利益的平衡解决作用，可以在理论上将解决机制划分为以下两种类型：①双边或多边压缩扣减型。对于相互冲突的多种权利或利益，如果通过相互妥协退让，可以平衡兼顾多种权利或利益并实现整体上最优化选择，可以通过对冲突中的权利或利益进行双边或多边压缩扣减等方式，满足同时实现多种权利或利益并取得利益最大化的诉求。②单边压缩扣减型。对于相互冲突的多种权利或利益，如果只是对其中一方的权利进行必要的限制调和，即可实现多种权利和利益，可以仅对该种权利进行必要的压缩扣减②。

四　结　论

任何一种新型权利在法律制度上的生成、保护及其不断的演变发展，都是人性尊严得到进一步尊重和法治不断完善的体现。个人资料权的立法及其保护也不例外。该项权利在与其他权利和利益的相互交织与紧张冲突中而产生、演化，并将继续沿着这种紧张冲突和调和保护的主线向前发展。

信息时代的来临在给人类社会带来深刻变革的同时，也在法律领域蕴涵着一场深刻的革命，对此无论是在刑法、知识产权以至于传统的财产法领域都是如此。由于个人资料权所涉及客体本身的复杂性以及利益的多元性，当中所引发的多种权利和利益冲突在所难免。如何在资料的自决与自由流通、在资料处理过程中所涉及的多种基本权利等之间实现最佳平衡，是立法者和法律适用者的永远使命，也是法学理论所要面对的艰辛课题。

"9·11"之后恐怖主义活动给国际安全和自由秩序所带来的挑战，使

---

① 参见葡萄牙最高法院 2006 年 2 月 8 日合议庭裁判（Supremo Tribunal de Justiça-Acórdão de 8 de Fevereiro de 2006 – Videovigilancia no local de trabalho）。

② Luciano Sampaio Gomes Rolim, "Colisão de direitosfundamentais e princípio da proporcionalidade," http：//jus.com.br/revista/texto/2855/colisao-de-direitos-fundamentais-e-principio-da-proporcionalidade.

得在个人资料保护领域需要重新思考和界定资料的处理利用与个人隐私等基本权利、资料保护中的公共利益及私人利益的关系，保护的重心也从注重个人基本权利的保护向注重保护公共利益偏移，个人资料权本身也正在经历从绝对保护走向相对保护的过程，但无论是对冲突中的权利和利益做出何种平衡限制，其终极目标和走向应当是捍卫人性尊严和地球村村民的基本权利。

公共管理事务中个人数据
信息保护的法律问题研究

蒋 坡[*]

综观在整个人类社会进入信息网络时代的大环境、大背景、大趋势下，信息化无疑提升了政府管理公共事务的现代化水平，"数字政府"在"责任政府"和"服务政府"的基础上已成为现代化政府的基本标志。政府为了满足公共秩序、公共安全、公共福利的需求，通过采集、加工居民个人数据信息，建立起覆盖整个社会和全体居民的个人数据信息系统，花费了大量的人力、物力、财力实施日常的维护及管理，并且进一步开发、利用，从而实现管理公共事务的科学化、高效化和低碳化。

政府管理公共事务的行为、活动与对个人数据信息的利用几乎是现代社会生活的共生体。个人数据信息所反映的社会现实已成为实施公共事务管理不可或缺的基本依据与对象，公共事务管理的开展必须建立在对个人数据信息有效利用的基础之上，这是现代社会，尤其是信息网络时代背景下现代社会的基本特质之一。

如果一个国家的政府在其公共事务管理活动中仅仅出于行政管理的一般需要，以各种方式利用个人数据信息，并不直接或一定引发关于对个人数据信息保护的社会需求。然而，随着市场经济的建立和进一步深化完善，并且广泛渗透于社会生活的方方面面，此时反映公共事务管理需求的公共利益与个人数据信息的原始所有者的个人利益之间的关系就会不同程度地受到冲击，从原先相对和谐的状况逐步衍变为和谐与冲突并存，甚至冲突甚于和谐的格局。虽然对于花费巨额成本所取得的个人数据信息资源而言，予以最大限度的利用是社会发展和公共管理的基本要求和必然反映，但是如何在社会

---

[*] 蒋坡，中国科技法学会副会长，上海政法学院科技法与知识产权研究中心主任、教授。

公共利益最大化的同时充分保障个人数据信息的原始所有者的个人权益，从而实现政府管理公共事务的以人为本、为民服务的根本宗旨，则是我们必须解决的核心问题。

一 公共事务管理与个人数据信息

（一）公共事务管理活动的主要内容

公共事务管理活动的主要内容包括以下几方面（见图1）：

第一，公共安全管理，即以户籍管理、身份证管理、流动人口管理等为主要内容的用以公共治安管理的社会公共事务管理活动。

第二，公共医疗卫生管理，即以公共医疗、公共保健、公众的生理卫生健康和心理卫生健康等为主要内容的社会公共事务管理活动。

第三，公共教育管理，即以国民义务教育、高等教育、继续教育、特殊教育等为主要内容的社会公共事务管理活动。

第四，公共环保管理，即以公共环境卫生、公共生态环境的营造和维护、公共环境保护等为基本内容的社会公共事务管理活动。

第五，公共资源分配管理，即以公共生活资源的合理配置和有效应用等为主要内容的社会公共事务管理活动。

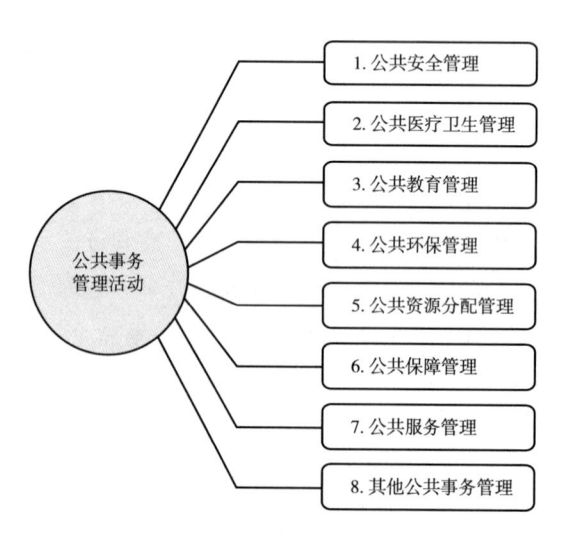

公共事务管理活动
1. 公共安全管理
2. 公共医疗卫生管理
3. 公共教育管理
4. 公共环保管理
5. 公共资源分配管理
6. 公共保障管理
7. 公共服务管理
8. 其他公共事务管理

图1

第六，公共保障管理，即以社会公众的生活保障、就业保障、医疗保障等为基本内容的社会公共事务管理活动。

第七，公共服务管理，即以社会公共服务为主要内容的社会公共事务管理活动。

第八，其他公共事务管理活动。

（二）个人数据信息的基本概念

个人数据信息是个人的人身、生活、活动和行为特征与状态的数据化表示。就数据信息本身而言，可以有狭义和广义之分。所谓狭义的个人数据信息主要包括两部分内容，其一是由个人的自然属性所决定的数据信息，主要反映个人人身的基本特征，该部分数据信息一般不受该个人所赖以生活的那个社会环境的影响，例如，个人的姓名、肖像、体貌、习惯、嗜好等，是构成个人数据信息的主要方面。其二是由个人的社会属性所决定的数据信息，主要反映个人社会生活和活动的一般特征，这部分内容受到该个人所赖以生活的社会环境的影响，例如住址、通讯方法、职业、工作单位、职务等，是个人数据信息的重要组成部分。而所谓广义的个人数据信息，则除了上述狭义的个人数据信息之外，还应当包括反映居民群体自然属性和社会属性的数据信息，主要是指经过采集和加工后所获得的个人数据信息，该类群体性的数据信息一般无法再还原并对应到某位具体的居民。

（三）个人数据信息的主要内容

个人数据信息的内容非常广泛庞杂，以我国社会保障个人数据信息系统为例，大致可以归纳为以下十个方面（见图2）[①]。

（1）个人的基本数据信息。其中主要包括个人的姓名（字、号、曾用名、乳名、别名、笔名、绰号等）、性别、年龄、出生日期、出生地点、民族、籍贯、婚姻状况等。

（2）与个人的身体有关的数据信息。其中主要包括个人的体貌特征（身高、体重、肖像等）、器官特征、健康状况、病史病历等。

---

① 蒋坡主编《个人数据信息的法律保护》，中国政法大学出版社，2008，第169页。

图中文字：

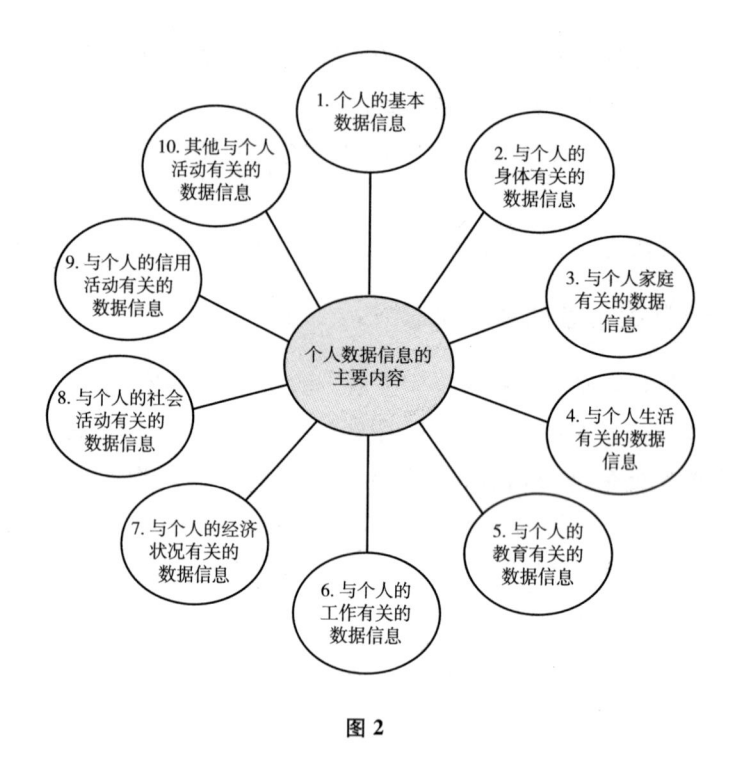

- 1. 个人的基本数据信息
- 2. 与个人的身体有关的数据信息
- 3. 与个人家庭有关的数据信息
- 4. 与个人生活有关的数据信息
- 5. 与个人的教育有关的数据信息
- 6. 与个人的工作有关的数据信息
- 7. 与个人的经济状况有关的数据信息
- 8. 与个人的社会活动有关的数据信息
- 9. 与个人的信用活动有关的数据信息
- 10. 其他与个人活动有关的数据信息

中心：个人数据信息的主要内容

图 2

（3）与个人家庭有关的数据信息。其中主要包括家庭住址（家庭现在的住址、家庭住址变迁记录等）、家庭通讯方法（电话、传真、邮编、电子信箱、家庭通讯方法变更记录等）、家庭组成状况（家庭组成现状、家庭组成变化记录、家庭成员的基本状况和变化记录等）、家庭的收入状况、家庭的财产状况等。

（4）与个人生活有关的数据信息。其中主要包括个人的各种活动（个人的私生活、个人的公开活动等）、个人的通讯和通信、个人的文件记录（个人的日记、信函、计算机文件和其他私人文件等）、个人的档案等。

（5）与个人的教育有关的数据信息。其中主要包括个人接受教育的经历和相关的记录、学历学位、接受其他非学历教育和培训的经历和相关的记录、接受国内外训练的经历和相关的记录等。

（6）与个人的工作有关的数据信息。其中主要包括个人的工作现状、个人的工作经历、个人的工作记录（包括奖励、惩罚等）等。

（7）与个人的经济状况有关的数据信息。其中主要包括个人收入的现状（公开收入、隐性收入、灰色收入等）、个人收入的历史记录、个人的财产状况、个人的储蓄状况、个人的投资状况（投入、收益、亏损的状况和历史记录等）等。

（8）与个人的社会活动有关的数据信息。其中主要包括个人的社会关系（亲属关系、朋友关系等）、个人的社会活动（政治活动、宗教活动、经济活动、社交活动、慈善活动、公益活动等）、个人的社会记录（奖励状况和记录、处罚状况和记录、犯罪状况和记录等）等。

（9）与个人的信用活动有关的数据信息。其中主要包括个人的公用事业消费记录、其他消费信用记录、贷款记录等。

（10）其他与个人活动有关的数据信息。其中主要包括个人的任何其他纯属私有性质的数据信息。

二 公共事务管理的个人数据信息系统

随着科学技术的飞速进步和经济基础的不断加强，尤其是在进入信息网络时代之后，整个社会的文明程度得以飞速地提高，反映在国家的行政管理范畴中，现代公共管理活动已经从原先主要依靠长期以来逐步积累起来的经验和习惯基础上的传统的因而相对落后的模式中摆脱出来，采用建筑在对于各种数据信息，尤其是个人数据信息进行智能化处理的基础之上的更具科学性因而也更具理性的管理模式，依据数据信息的处理管理公共事务已然成为现代公共事务管理的基本手段和途径，因而成为现代公共管理活动的最基本特征。对广泛存在着的公共事务的管理都可以且也都应该通过利用能够真实反映客观现实的数据化了的各种信息得以实现低成本、高效率的基本目标。在公共事务管理活动中，根据数据信息的不同性质分类，可以划分为对于公共数据信息的处理和对于个人数据信息的处理两类，前者是对于具有群体性质的数据信息的处理，而后者则是对于具有个体性质的数据信息的处理。

本文以政府公共管理事务活动中最早全面处理个人数据信息的社会治安和社会保障两个信息系统的情况为例[①]进行以下阐述。

[①] 以下所述社会治安管理与社会保障管理个人数据信息系统的内容主要取于由笔者主持的调研报告。

(一) 社会治安管理个人数据信息系统

社会治安管理个人数据信息系统主要是以户籍信息为核心的数据库系统，它是根据户政管理、身份证底卡管理、口卡管理等户籍管理的业务活动，再加上流动人口和宾（旅）馆住宿人员的相关信息而建立起来的。公安机关通过户籍及相关业务的信息化管理，构建起覆盖全部常住人口、外来人口和流动人口的大型关系型数据库，包括个人的姓名、性别、民族、出生日期、住址、身份证号码等数据信息，并完成联网，从而实现社会公共治安的信息化管理。

1. 个人数据信息系统的基本架构

个人数据信息系统主要具有"三横三纵"式的基本构架。所谓三横结构是指根据居民的户籍性质以及特殊的居住场所划分的常住人口、外来人口和宾（旅）馆三个子系统模块。所谓三纵结构是指根据社会治安管理的组织结构所划分的市公安局、区县公安分局和街道（镇）派出所（警署）三个子系统模块，分别简称为市局系统、分局系统和基层系统。其中基层系统主要承担个人数据信息的采集任务。市局系统和分局系统采用 Oracle 和 Unix 系统，基层系统则采用 Informax 和 Unix 系统。内部查询基本上采用的是一对一 IP 地址加口令的方式，分局系统设有工作终端可供查询市局系统，而各基层系统的工作终端，无向上访问的功能。

2. 个人数据信息的采集

目前个人数据信息的采集工作主要是由各派出所承担的，主要通过居民申报及迁移户口、申领身份证、办理暂住证等业务途径实施登记采集，基本上是属于被动的承受型的模式。其采集个人数据的依据主要是1958年由第一届全国人民代表大会通过的《中华人民共和国户口登记管理条例》和2003年6月28日由第十届全国人民代表大会常务委员会第三次会议通过、同日由中华人民共和国主席令第四号公布，后又根据2011年10月29日第十一届全国人民代表大会常务委员会第二十三次会议《关于修改〈中华人民共和国居民身份证法〉的决定》修改的《中华人民共和国居民身份证法》。

3. 个人数据信息的加工

在进行个人数据信息的有效采集之后，还须进行加工整理，使其使用价值得以体现。由于目前公安机关的个人数据信息系统仅限于内部使用和极为有限的外部使用，同时也由于受到人力、物力、财力等多重因素的限制，因此对所采集的个人数据信息所作的加工整理相当有限，基本维持其原生态。对个人信息的相关数据的更新以及对错误数据的纠正主要通过事后补救的办法解决。

4. 个人数据信息的使用

公安机关的居民个人数据信息系统的使用，从使用需求分类，一般可分为三种情况，即内部使用、反馈使用以及外部使用。

显然，政府各部门之间信息共享的合理使用是可行的，也是必需的，因为这不仅避免了政府有关部门再一次采集如此海量的个人数据信息的重复劳动和巨额成本投入，也使公民免除了再一次提供个人数据、重复履行相应程序的困惑。在一定的技术平台的支撑下，如政府机构各类局域网间网关、网桥等技术设施的建立，采取授权访问的控制手段，逐步实现各部门之间安全的数据交换和信息共享，不失为在秩序优先的前提下兼顾效率、效益的明智之举。

（二）社会保障个人数据信息系统

1. 个人数据信息系统的概况

某市劳动社会保障局机关的居民个人数据信息系统始建于20世纪90年代初期，至21世纪初已经在共享数据库和市级信息交换平台上，在体系结构设计、数据标准制定、主机配置、数据交换系统研制、管理软件编制以及信道构建六个方面得到了不断提升和完善。目前已形成了覆盖全市人口信息（包括照片、指纹）的共享数据库，其中收录了由公安系统提供的全部在籍人口的信息；形成了共享数据库与各业务数据库及各区县网点之间快速、便捷的数据交换能力；完成了与居民医疗保险实时结算系统的连接；建立了安全数据库系统。该居民个人数据系统采用的是 Oracle 关系型数据库平台，对于数据库进行分层次的管理，将系统的开发、建设、维护等与业务服务分开管理。最高层采用的是数据共享型结构，负责整个系统的开发、建设和维护，而下层则按照业务部门的需要分模块进行日常管理与使用。

2. 个人数据信息的采集

目前，个人数据信息的采集都是按照政府的规定统一进行的，具体业务部门不得自行采集个人数据信息。一般由个人按照规定的时间到达劳动和社会保障局下设的各个网点进行数据的录入，具体做法是由个人填写基本情况表，由各网点的工作人员进行数据的输入，然后将输入的数据交由被采集者进行勘误，如果没有发现错误，那么数据将通过内部网络存入数据系统。

3. 个人数据信息的存储和加工

对于系统中的个人数据信息，有非常严格的安全保障措施。从硬件角度看，该数据系统与互联网之间没有直接物理上的连接，通过专线在封闭环线中与特定的终端相互联系，基本上完全存在于一个内部网络系统中，由此保证个人数据信息不会因为暴露在互联网中而可能被泄密。尽管目前在该劳动和社会保障机关官网的主页上可以通过输入个人的身份证号码查询到个人相关信息，但从该主页上可以查询到的个人数据是从总数据库中专门导出而存放在专用存储介质上的，和居民个人数据库没有物理上的连接，因而不会产生危害到整个数据库安全的问题。从软件角度看，在数据库所在的内部网络中对于数据的使用也是有着严格限制的。每个业务部门都只有极少数的业务主机才可以登录数据库，而且其权限是根据业务需要事先设定好的，各个部门间并不能毫无限制地互相查询、存储或者加工数据库中的个人数据信息。另外，每台业务主机上都设置了监视装置，以确保操作者不能实施与业务需求无关的数据存取工作。虽然在实践中会遇到需要几个部门联合开展某项工作，而相互的业务终端又因为权限设置问题不能互相联通的情况，对此，则由网络信息中心作为数据库的主管部门，根据各业务部门的共同上级的决定，通过暂时相互开放权限以完成该工作。

4. 个人数据信息的应用

居民个人数据库中个人数据信息的应用从逻辑上说可以分为单位内部使用和单位外部使用两种情况。在劳动和社会保障机关内部，个人数据信息的使用已经通过各种技术措施和工作的规章制度给予了严格的限制，以确保不被应用于业务需要以外的其他用途。而对于外部使用，个人数据信息只能对本人的查询请求开放。目前还没有商业方面应用的实例出现过。

三　公共管理个人数据信息系统的相关法律问题

在公共事务管理活动中，关于个人数据信息的保护，主要反映在个人数据信息系统的建设和运作的过程中，其中又集中体现在个人数据信息的采集、个人数据信息的储存和加工及个人数据信息的应用三个方面（图3）。

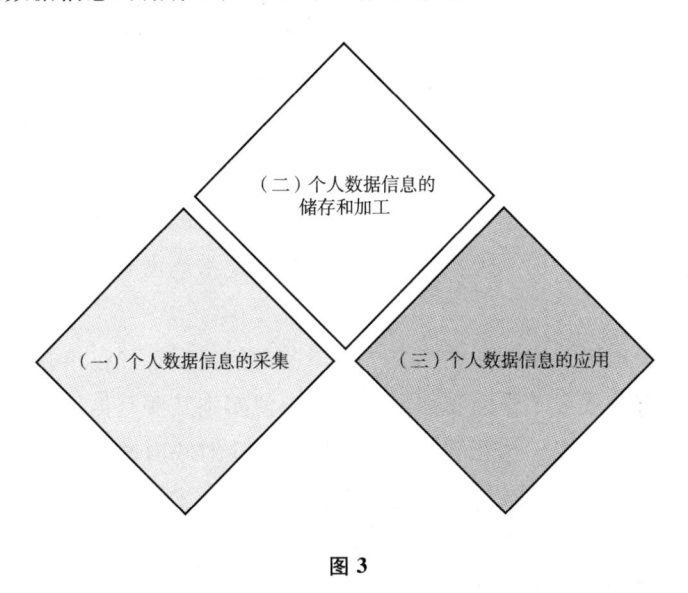

（二）个人数据信息的储存和加工

（一）个人数据信息的采集

（三）个人数据信息的应用

图3

（一）个人数据信息采集过程中的法律问题

1. 行政机关采集个人数据信息行为的法律依据

在信息化社会的环境下，毋庸置疑，行政机关的公共事务管理行为显然应当与时俱进，实现信息化、数字化管理。根据依法行政的基本要求，作为个人数据信息的采集者，在实施采集行为时，必须严格依法行为。同时，作为个人数据信息的提供者，广大居民也同样应当在有关法律法规的指引下依法行为。然而，在现实情况下，政府的行政机关所实施的采集个人数据信息的行为往往缺乏相应的法律依据，更多的只是由其所属的业务职能部门根据自身工作的需要提出相应的要求，并被用作行政机关的行为依据。

正如本文以上所述，公安机关实施有关户口、身份证、居住证等业务活动时采集个人数据信息，包括即于2013年7月1日起全面展开的通过登记的方式采集个人指纹数据信息，所依据的主要是1958年由第一届全国人民代表大会所通过的《中华人民共和国户口登记管理条例》和2003年6月28日由第十届全国人民代表大会常务委员会第三次会议通过、同日由中华人民共和国主席令第四号公布,后又根据2011年10月29日第十一届全国人民代表大会常务委员会第二十三次会议《关于修改〈中华人民共和国居民身份证法〉的决定》修改的《中华人民共和国居民身份证法》。但是并非所有的行政机关在采集居民的个人数据信息时都有明确的法律依据。例如,对于由劳动和社会保障机关所建立的以社会保障个人数据信息库为基础、以居民的社会保障卡为主要接口和接口的个人社会保障体系,作为申领"社保卡"的基本条件,申领者不但被要求必须提供文字形式的个人数据信息,而且还被要求提供体态类型的个人数据信息,但是,此举就没有国家的法律法规作为依据。

行政机关出于工作需要在没有法律规范的情况下,仅仅由其所属的业务职能部门以相关业务工作的实际需要为由,便实施某些具体行政行为,甚至还进一步扩大其权能,这几乎完全基于广大民众对政府的绝对信任以及长期以来所形成的完全服从政府管理的习惯,从而使之成为广大民众都必须遵循的强制性规范。这显然是与依法行政的基本要求不相符的。

2. 个人数据信息采集而发生的权利义务

个人数据信息具有明显的属人性质,其性质决定了个人数据信息与其原始承载者之间存在着自然的所有关系。在市场经济的社会环境中,一旦个人数据信息所固有的财产属性被认识,甚至被进一步加以利用,那么,基于所有关系而引发的对于所有权及其相关利益的需求便会成为原始所有人的基本需求。而此时,由于采集者的介入,出于公共事务管理的需要,将个人数据信息从原始所有人处以某种形式予以剥离,导致了原有所有关系的实质性变更。如果采集者在采集了个人的数据信息后,变成了所采集的个人数据信息的实际所有人,并依此开始行使有关的权利,享有相关的利益,那么就将必然生成发生在原始所有人(提供者)与继受所有人(采集人)之间的利益冲突和各种矛盾。

在现实生活中,这些冲突与矛盾将主要集中围绕着双方当事人之间的权利义务而发生与展开,主要表现为:政府作为个人数据信息的继受所有人在实施采集行为前"告知"义务的完全履行与相对人作为个人数据信息的原始所有人在接受采集行为时"知情"权利的充分享有之间的冲突和矛盾;个人数据信息采集人对于采集数据信息的需求与个人数据信息提供者对于其所提供的数据信息的选择和限制之间的冲突和矛盾;个人数据信息采集人对于其所采集的数据信息实施诸如以某种形式公开的应用与个人数据信息提供者对于其所提供的数据信息将被以某种形式应用的反对而形成的冲突与矛盾；等等。因此，双方当事人之间权利义务的赋予和界定的问题，双方当事人在行使各自的权利义务时，一旦发生冲突和矛盾，特别是公权力和私权利发生冲突时，为建立平衡关系而寻找平衡点的问题，如何能够通过该平衡关系的建立保证取得预期效果的问题，等等，都将是在个人数据信息采集过程中所可能存在的值得深入研究的法律问题。

（二）个人数据信息储存和加工过程中的主要法律问题

1. 个人数据信息库的建立、运作和维护的职责确认、责任分配和救济实现

由于受政府机关实施公共事务管理活动的需求以及受其所有的个人数据信息系统具体应用需求所影响，对个人数据信息系统的日常维护提出了特殊的要求。这其中主要存在着两个层面的问题：

第一，关于职责的划分和确认。由于个人数据信息系统的建立和维护涉及多个方面，也可能牵涉多个政府行政机关，故而关于职责的划分和确认就会成为有关法律问题的重要内容。在我国目前尚难以建立起统一的、完整的以及有效的规范和制约的情况下，从依法行政的需求出发，将关于个人数据信息的各种活动和行为的规则纳入与此相对应的有关法律，这是信息化发展时期我国行政法制建设的基本途径。

第二，关于责任和分配及救济的实现。通过职责的划分和确认，进一步明确责任的分配并依此建立相应的法律救济制度。政府的行政机关依据个人数据信息做出相应的判断和决策，形成抽象的行政行为，如果造成了损失和影响，尤其是对相对人造成损害，那么政府机关作为有关行政法律关系的主体应当承担相应的法律责任。如果是由于个人数据信息原始所有人的原因导致了损失和影响的发生，此时，个人数据信息的提供者以及采集者都应当承担相应的法律责任。很显然，提供虚假的或是不准确的数据信息的个人无疑应当对其行为承担相应的法律责任，但是，在信息技术进步到足以方便实现核对、辨识和修正的情况下，作为数据信息采集者显然也应当为其疏于核对、疏于辨识和疏于修正等行为承担相应的法律责任。此外，如果是由于硬件设备、软件平台或相应的软件工具等技术原因导致损失和影响的发生，这是基于信息技术建立起来的数据信息系统在运行时所出现的问题，则需要通过相应的法律制度借助技术标准、技术协议等技术规范予以规制。

2. 经过储存和加工的个人数据信息的权属

这是涉及多方主体之间有关所有权的权利归属以及相应的权益分配与享有的法律问题。正如本文以上所述，个人数据信息具有极其鲜明的属人性质，每个人都与其个人数据信息之间存在着一一对应的所有关系和映像关系。当行政机关为了建立"数字政府"的需要，开始采集、储存、加工和应用个人数据信息时，这一问题便应运而生，凸显出来。

第一，当行政机关自己，或者委托、授权他人以其名义实施采集个人数据信息的行为时，实际上是对个人数据信息所有关系的一种剥离。这种剥离或许并没有完全变更原来的所有关系，甚至至少在表面上并没有变更其原来的所有关系，但是，这种剥离的直接后果则是导致了另外一种基于该个人数据信息的新的所有关系的建立。

第二，当行政机关采集个人数据信息时，充分利用信息技术，对被采集的个人数据信息在经过技术加工以后，改变了个人数据信息的原有形态，甚至形成了具有不可逆性质的新型信息形态，例如即将全面展开的由公安机关在居民申领身份证时，通过登记的方式采集申领者的指纹信息。一旦该指纹信息被存储，不再是指纹图像，而是数字化指纹信息，而且无法还原成指纹图像[①]。此时，该个人数据信息尽管依然指向某一特定的个人，两种不同形态的个人数据信息表现并没有改变原有的对应映像关系，但是经过技术加工以后所获得的个人数据信息，已不再仅仅是原始意义上的个人数据信息了，而是原始形态个人数据信息的衍生品。

第三，行政机关经过储存和加工得到了原本所不具有的新形式的个人数据信息。原来仅仅处于离散状态的个人数据信息，经过储存和加工，形成了基于特定的数据结构因而具有一定内在联系的个人数据信息的集合，最终得到属于整个社会的具有社会属性的个人数据信息。

第四，多个所有关系的并存，必然引发所有关系之间平衡和制约的需

[①] 《上海全面推开身份证指纹登记》（数字化保护隐私），《新民晚报》2013年5月31日，第1版。

求。当不同的所有人基于各自的目的和需求，行使与享有各自所有且相互关联的权利时，应当可以互相包容、融合、渗透和支持，但是也不可避免地可能存在这样或那样的冲突、矛盾、争议和纠纷，这就提出了当两个所有权在行使和享有的过程中如何平衡和制约的问题。

我们应当在有利于国家的信息化建设、有利于电子政务的实现、有利于提高行政管理水平和有利于最大限度地维护个人的合法权益、有利于最大限度地维护正常的社会秩序的前提下，建立有效的平衡机制和制约机制。

3. 个人数据信息系统的安全

虽然个人数据信息系统的安全，在很大程度上主要取决于数据信息系统本身的安全性能及其日常的维护工作，从表面上看，主要涉及的是有关的技术问题而不是法律问题，但是这其中同样包含着一系列的法律问题。

第一，为个人数据信息系统建立安全防护是其建设单位和所有单位的基本职责和按照法律的规定所应当承担的主要义务之一。在信息化建设进程中，数据安全问题各相关单位的基本职责，尤其是对于建立和拥有特定的数据信息系统的单位而言，在其建立数据信息系统的初始阶段，就必须将数据安全系统与数据信息系统同步设计、同步建设、同步验收、同步使用，从其一开始就确保该数据信息系统的安全。同时，在数据信息系统的日常管理中，为了确保数据信息系统的安全而实施相应的安全维护则是数据信息系统的所有单位所不可推卸的基本义务。

第二，在建设和维护数据信息系统的过程中遵循有关系统安全的技术标准、技术协议以及其他有关的技术规范。随着人类社会进入知识经济和信息化、网络化的历史发展时期，"科学技术是第一生产力"的科学论断逐步被整个社会发展的历史轨迹所证实，并且被社会公众所接受，技术规范因而随之被赋予了国家的意志，提升为法律规范，被纳入国家的法律体系。关于个人数据信息系统的安全建设和维护将建立在有关的技术规范基础上，以执行有关的技术规范为基本内容。

第三，如果不承担法定的安全义务或者导致不安全后果的发生应当承担相应的法律责任。毋庸置疑，不承担法定的义务或者其行为导致了违背法律的后果应当承担相应的法律责任。但是，我们应当对具体的违法行为设置明确的法律责任，设定有关的方式方法和工具手段等用以追究相应的法律责任，并且为可能出现的损失设置寻求救济的途径和方式方法等。

（三）个人数据信息应用中的法律问题

1. 个人数据信息的使用

以个人数据信息的使用方式分类，一般可分为直接使用、间接使用和混合使用三种情况。其中，直接使用是指对采集来的原始数据，即未经加工的具体的个人数据信息进行使用；间接使用是指对采集来的个人数据信息在经过加工整理后得出的群体数据信息的使用，该群体数据信息一般已经无法通过逆向加工再得到可对应具体个人的数据信息；而混合使用则是指在使用中既有直接使用，又有间接使用的综合使用。

第一，内部使用。内部使用中既有对个人数据信息的直接使用，也有对个人数据信息的间接使用。直接使用，如公安机关、检察机关、审判机关等司法机关依法针对某个或某些公民行使调查权或侦察权时，而对个人数据信息进行调阅、摘录或复制，这些行为均属于在法律授权条件下的合法使用。间接使用，例如行政管理机关根据大量的个人数据信息的统计结果制定政策、分析研究社情民情、做出决策时，对该个人数据信息系统的使用。在这些情况下，个人数据信息的保护与公共事务管理机关依法履行的职权相比较，处于相对下位，相对人不得以保护自身隐私权为由与之对抗。

第二，反馈使用。所谓反馈使用是指其他公共事务管理机关在对某特定相对人进行管理或提供服务时向公安机关提出使用该相对人的个人数据信息的请求，公安机关以信息反馈的方式向其提供该相对人的个人数据信息。反馈使用一般都主要表现为直接使用。其中产生问题较多的原因是由于个人数据信息未及时更新或个人数据信息出现差错等，因而引发在政策适用等方面的关系相对人切身利益的纠纷。例如，有两个在实际生活中较为典型的情况，其一，某知青子女为享受返城政策故意减小其年龄，在返城后为了找工作又要求公安机关恢复其真实年龄；其二，由于某人的身份证号码与他人重号，使其在要求银行、证券公司提供某些服务时遭到拒绝。对于前者，造成问题的原因是相对人未能提供真实的个人信息，而对于后者，则显然是源于公安机关工作疏漏。这些问题或许并不涉及个人的隐私问题，但由于这些个人数据信息的错误却可能对个人的利益产生较为严重的影响。由此可知，个人数据信息一旦被公共事务管理机关所采集，其性质即发生了一定的变化，被抹上了一层带有公共事务管理机关职权的权威性色彩。该个人数据信息不仅是表明相对人的某方面特征的外部表现和特定的符号，而且将反作用于相对人，对相对人产生某种约束，并影响其合法权益的行使与享有。

第三，外部使用。外部使用也包括直接使用和间接使用两种情况。

直接使用，又可分为直接向外部提供个人数据信息和仅提供个人数据信息服务（如个人数据的比对）两种。该种使用的本质在于前者所提供的是个人数据信息原料，而后者所提供的则是个人数据信息系统的产品。对于前者，由于这种提供个人数据信息的直接使用将可能导致个人数据信息的扩散，故必须对其使用范围予以严格限制，例如，仅限于政府机关出于公共事务管理之需的使用。公安机关也仅是按其所属政府的部署，将部分个人数据信息提供给相关的政府行政机关，例如提供给政府的劳动与社会保障行政机关。

间接使用，例如向外部提供其所需的某方面个人数据信息的统计结果等。由于其中某个具体的个人数据信息已经不可被推知，因此这样的外部使用一般不直接涉及个人数据信息的保护问题，而是涉及政府保密部门对这些统计数据保密性质和级别的认定，并依此决定是否可向外部提供或向哪些外部单位提供。

2. 个人数据信息应用的运作方式

个人数据信息系统应用的运作方式大致可以分为两大类。其中一类属于非市场化运作方式，即政府行政机关对于其所拥有的个人数据信息按照行政管理的基本模式实施应用，以"服务"为根本目的，实施非市场化性质的运作。而另一类则属于市场化的运作方式，即对于其所拥有的个人数据信息系统按照市场经济的基本法则实施应用，以"营利"为根本目的，实施市场化性质的运作。

政府不同于其他社会组织，不具有直接参与市场活动从而营利的权能。政府基于行政管理的目的，以各种方式方法实施了采集民众个人数据信息，并且予以储存和加工等一系列行为，并没有改变其行政管理的基本性质，也未改变行政管理的根本目的，因此，对于个人数据信息系统的应用仍应符合其行政管理的基本要求。个人数据信息及其系统的非市场化运作和资源浪费之间并不存在必然的联系，不能因为个人数据信息的非市场化运作就由此而得出导致资源浪费的结论。政府首先应当保证在行政管理的活动中充分利用好个人数据信息系统，使该极其宝贵的资源能够为政府的依法行政提供最强有力的支持，为数字政府的建设提供良好的基础。

当然，在市场经济的条件下，并不完全排斥在对个人数据信息系统的具体应用中引入市场运作的某种形式的模式和机制，但是，这首先应当将政府所拥有的数据信息系统的某些应用从政府管理职能中分解出去，使之成为非政府行政管理行为的组成部分，由非政府行政机关实施具体操作，否则是不允许的。

3. 权限及程序的设定

众所周知，政府的行政管理活动是根据职责和权能的划分而构建起来的，因此，各级机关和各个公务员的权限划分就成为行政管理活动的基本前提。由此可知，对于有关行政机关及其公务员的权限设定便成为有关个人数据信息系统应用的国家行政法律规范基本内容之一。

国家的行政法律规范除了实体内容之外，还应当包括相应的程序内容，用以规范行政机关及其公务员在应用个人数据信息系统时应当遵循的基本程序，为关于数据信息系统应用的具体操作提供基本的行为规程。

4. 责任承担和救济实施

在个人数据信息的应用过程中必然存在着由于应用行为和活动而发生的各种应当承担法律责任的事件，因此，关于责任的确认和承担便成为在个人数据信息应用过程中的重要的法律问题，应当在有关的法律规范中予以明确的规定。特别是当行政管理的相对人因为行政机关对个人数据信息的应用而受到损失时，确保法律救济的施行和实现的规范应当是构成完整的法律规范所必不可少的重要组成部分。

四 公共事务管理中的个人数据信息之保护

（一）遵循主流原则

通过对世界主要国家和地区关于个人数据保护立法成果的整理和分析可知，一些主流原则具有共通性，在我国的立法中应当予以遵循和确立。

1. 公平合理地采集并处理个人数据信息原则

该原则是指行政机关必须通过公平合理的手段采集和处理，才能得以应用该个人数据信息。个人数据信息保护的基本原则主要包括以下内容。

第一，在采集个人数据信息时，被采集者，即个人数据信息提供者，应当享有完全的知情权。其中包括应当充分了解采集者的身份、采集的目的以及该被采集的个人数据信息将如何利用和处置等各种相关的情况。

第二，在采集个人数据信息时，行政机关作为采集者应当履行充分的告知义务，不但应当告知被采集者所提供的个人数据信息现在因何采集与使用以及如何被使用等，而且还应当告知将来是否可能被用于其他目的，以便于被采集者决定是否同意提供其个人数据信息。

第三，如果行政机关欲将其所掌控的个人数据信息用于在采集个人数据信息时已尽告知义务范围之外的其他目的时，那么这种使用必须建立在事先征得该个人数据信息提供者许可的基础之上。

第四，强制采集与自愿提供相结合。行政机关因公共事务管理的必需而实施的强制采集个人数据信息的行为应当由国家的法律法规明确规定，除此之外，被采集者应当享有对其个人数据信息是否提供的决定权，在实际采集过程中由被采集者自愿选择。

2. 个人数据信息安全原则

行政机关负有保证其所掌控的个人数据信息安全的义务，应当采取技术的、法律的、行政管理的以及其他适当的措施，防止个人数据信息系统被非法侵入、泄露、篡改或毁灭，以保证其掌控的个人数据信息的完整和安全。

3. 以适当的方式使用和披露个人数据信息原则

行政机关应当以与其所要实现的特定目的与已尽告知义务相适应的方式方法使用和披露其所掌控的个人数据信息，非经个人数据信息提供者的同意，不得将该个人数据信息用于其他任何用途或者披露给任何与实现其特定目的与已尽告知义务无关的其他组织或个人。

4. 个人数据信息的准确与及时更新原则

行政机关应当保证其所储存的数据是准确的，其中既包括在采集个人数据信息时应当保证其所使用的用以采集的方式方法的准确性，还包括在储存和加工个人数据信息时，通过日常维护、及时更新等措施保证其所储存的个人数据信息的准确性。否则，收集者应当对由于其所储存的个人数据信息失实所造成的损失承担相应的责任。

5. 个人数据信息的适度性和相关性原则

行政机关所谓的采集个人数据信息的行为应当与其所要实现的特定目的之间存在着密切的相关关系，而且，所采集的个人数据信息的数量亦应以足够实现该特定目的为限。

6. 保证个人数据信息主体的知情权原则

个人数据信息的所有者本人有权在提交书面请求并支付一定手续费之后，获得其个人数据信息的复印件，并且有权进一步提出要求对其个人数据信息进行核实，对其认为不准确的个人数据信息予以修改，对已确认错误的个人数据信息予以增添或删除。

（二）相关主体的权利义务

1. 个人数据信息原始所有人的权利和义务

（1）基本权利。

①知情权。即有权事先经明确告诉而得知其个人数据信息将由谁、什么时候、什么地方、什么情况下、为了什么目的、在何种范围内、以何种方式使用其个人数据信息，以及由此将会产生何种后果、承担怎样的法律责任，包括如何寻求法律救济等。

②变更权。即可以对在个人数据信息系统中所存储的不实个人数据信息提出变更请求并实现变更。

③删除权。即对于数据信息系统中确属个人隐私而不宜公开，或者因为其他原因而不宜公开的个人数据信息可以要求删除。

④主张权。即可以就因为其个人数据信息的应用被侵权或者其他事由发生而主张其合法权益。

⑤限制权。即可以在法律规定的范围内，对其个人数据信息的具体应用提出限制条件。

⑥救济权。即当因为个人数据信息的应用而导致其遭受损害时，有权寻求政府给予相应的救济。

（2）主要义务。

①如实提供其个人数据信息。当事人应当如实地向政府采集个人数据信息的机关准确地提供自己的真实情况。

②及时更正自己的个人数据信息。当事人或者因为确不知情或者因为疏

忽大意或者因为情势变更或者因为其他原因，未能准确提供其真实的准确的个人数据信息的，应当及时以各种方式要求更正。

③保证不滥用其权利。当事人有义务保证不滥用各项权利，以支持和协助政府的个人数据信息系统的正常运作。

2. 个人数据信息应用主体及权利义务

保护个人数据的实质，应该是个人能够控制自己的信息，决定是否公开、如何公开、向谁公开这些信息，而一旦这些信息被政府部门或其他机构收集了，公民个人就部分丧失了对这些信息的控制权。因此，必须在使公共管理部门得到信息以便更好地开展公共事务管理的同时，对相关人的权利义务予以明确的限定，以防止对个人数据信息的不正当应用而侵害到被收集人的利益。只有对数据的应用主体做出科学的划分，并明确各类主体的职责范围，才能保证上述目标的实现。

（1）个人数据信息的应用主体。

①行政机关主管部门。一般情况下，采集个人数据信息的政府机关同时就是应用该个人数据信息的主体，由于采集者和应用者同属一体，故比较容易确定相应的权利义务。作为原始个人数据信息的采集及储存部门，其对个人数据信息的控制权理应强于其他的个人数据信息的应用主体。

②行政机关中其他部门。在行政管理系统中各部门之间，各自的行政管理职能存在着错综复杂的关联关系，所以对个人数据信息的共享不仅是可能的，而且很多时候是必要的。但是，被授权应用个人数据信息的部门所享有的权利应该受限于授权的部门，相应地，其义务也应该有适当的调整。

③社会服务性机构应用者。个人数据信息的采集需要耗费比较多的人力物力，而据此建立的个人数据信息系统则是一种重要的资源，在规定的范围内提供给需要该数据信息系统的行政管理机构以外的非营利主体，如公益性的事业机构或科研机构等，可以节约社会资源，创造更大的社会价值，并能充分体现政府的服务功能。但是，基于保护个人信息的需要，这种关于个人数据信息的许可应用应该具有更为严格的限制。

④基于商业应用的应用者。在现阶段，政府基于公共事务管理而采集的个人数据信息，不宜作为商业运用。首先，政府是以社会公共事务管理需要的名义采集个人数据信息的，而居民个人也是基于对政府管理社会公共事务

的信赖和服从而主动或被动地提供个人数据信息的,这种提供是以居民享受政府的公共事务管理作为基本对价的,如果政府或政府授权部门将从公众处由此所获得的个人数据信息用于商业活动从而谋利,无异于对民众的欺骗,无疑是对政府公信力的严重损害。其次,以国家公权力为后盾采集的个人数据信息,具有垄断性,如果将其投入商业运营,无疑对其他部分市场经营者构成信息获取的不对称,这种不对称会破坏市场经济所追求的公平竞争原则,是应该被禁止的。最后,将更多涉及个人隐私和个人利益的个人数据信息投入商业运用,无法保证相关的安全性,因而是个人不愿意且不能够被接受的。

(2) 个人数据信息应用主体的基本权利。

①以规定的基于公共事务管理的目的应用,或者在授权范围内应用该个人数据信息。

②对原始的或者所应用的个人数据信息进行整理、汇总、统计、计算、加工、修正、更新等。

③在特定情况下允许其他适格主体有限应用其所采集的个人数据信息,该应用以不影响被采集人的利益为前提。

(3) 个人数据信息应用主体的主要义务。

①在应用之前明确、清楚、完整、细致地告知个人数据信息原始所有人应用其个人数据信息的主体、时间、地点、目的、范围、方式、后果、法律责任等事项。

②对于涉及当事人声明保留的个人数据信息,应在应用前获得其同意。

③保证所应用的或授权他人应用的个人数据信息真实可靠。

④尽力完成应用个人数据信息所要达到的目标,并向授权者报告对该个人数据信息的应用情况。

⑤保证不将所采集的个人数据信息用于其他领域或其他目的,也不将因应用而获得的个人数据信息授权给其他主体包括本系统内其他部门应用,除非有法律法规的明确规定,或者除非得到授权部门的特别授权,或者该项应用完全基于被采集人的利益并事先征得被采集人同意。

⑥保障所采集的或者因应用而获得的个人数据信息在任何情况下的安全性。

(三) 个人数据信息保护的立法

1. 现有的立法概况

据不完全统计，中国内地现有的关于个人数据信息保护的主要立法，分别散见于国家多部法律、法规和政府规章以及地方政府的法规和政府规章中，如表1所示。

表1　中国内地关于个人数据信息保护的相关立法一览

中　央	
法　律	1.《宪法》第49条 2.《民法通则》第99～102条 3.《妇女权益保障法》第42条 4.《未成年人保护法》第39条 5.《邮政法》第4、6条 6.《传染病防治法》第68条第5款 7.《商业银行法》第6条 8.《居民身份证法》第6、15条 9.《母子保健法》第34条 10.《统计法》第14、30条 11.《收养法》第22条 12.《商业银行法》第29条 13.《刑法》第253条 14.《侵权责任法》第1～5、36、61、62条
行政法规	1.《中华人民共和国计算机信息网络国际联网管理暂行规定》第18条 2.《个人存款账户实名制规定》第8条 3.《中华人民共和国计算机信息系统安全保护条例》
部门规章	1.《互联网电子邮件服务管理办法》第9条 2.《医务人员医德规范及实施办法》第5、6条 3.《互联网电子公告服务管理规定》第12条 4.《旅行社条例实施细则》第44、58条 5.《信息安全等级保护管理办法》 6.《个人信用信息基础数据库管理暂行办法》 7.《计算机信息网络国际联网安全保护管理办法》
决　议	1. 全国人民代表大会常务委员会《关于加强网络信息保护的决议》

地　方		
省、市	地方性法规	地方政府规章
江苏省	《江苏省信息化条例》	
徐州市	《徐州市计算机信息系统安全保护条例》	

续表

地方		
省、市	地方性法规	地方政府规章
浙江省	《浙江省信息安全等级保护管理办法》《浙江省信息化促进条例》	
厦门市		《厦门市软件和信息服务业个人信息保护管理办法》
湖南省	《湖南省信息化条例》（我国第一部信息化地方性法规）	
广东省	《广东省计算机信息系统安全保护条例》《广东省档案管理规定》	《广东省计算机系统安全保护管理规定实施细则（试行）》
广州市	《广州市公民个人信息保护条例》	
上海市	《上海市促进电子商务发展规定》	《上海市个人信用征信管理试行办法》《上海市社会保障和市民服务信息系统管理办法》《上海市信息系统安全测评管理规定》
重庆市	《重庆市计算机信息系统安全保护条例》	
天津市		《天津市公共计算机信息网络安全保护规定》

2. 加快制定个人数据信息保护法

目前我国各级行政机关都在加快信息化建设，大力开展电子政务，几乎无一不是以个人数据信息的大量采集和广泛应用为基础的，因此必然涉及个人数据信息的保护问题，然而由于相关法制建设的滞后，相应的法律规范缺失，除了公安机关能够依据最新修改的《居民身份证法》全面推行采集包括诸如指纹信息等个人体态信息在内的各种个人数据信息外，大多数行政机关在采集个人数据信息时都缺乏相应的法律依据，基本上处于一种无法可依的法律真空状态，这与依法行政的基本要求相距甚远，根本无法满足依法行政的需要。进一步分析可知，即使是《居民身份证法》也仅仅只是为采集个人数据信息提供了法律依据，对于处理和应用个人数据信息等行为同样未能予以规制，再者，由于种种原因的限制，特别是由于受到立法资源的限制，又不可能对每一个行政机关的相关行为都分别立法，故有必要针对行政机关在管理社会公共事务活动中采集、处理、应用个人数据信息的整个过程制定专门的个人数据信息保护法。

3. 公共事务管理活动中个人数据信息立法的主要内容

根据上述的诸项原则，关于个人数据信息的立法至少应当包括以下内容：

①立法宗旨、适用范围、主要原则、管理机构等。确立保护公民的个人数据信息依法不受侵犯的原则。

②个人数据信息采集的行为规范。其主要包括有权采集个人数据信息的主体及其资格认定和权限，采集人和被采集人的权利义务，采集前的告知及其实施，出于公共事务管理的目的而采集个人数据信息的范围与内容，采集的形式，采集活动和行为的组织与实施，等等。

③采集个人数据信息的基本程序。从制度层面确保采集个人数据信息行为与活动的合法性。

④公众在提供其个人数据信息时的知情权与在合理范围内的保留权。

⑤个人数据信息储存、加工及其他相关活动的行为规范。其主要包括储存和加工的内容和范围、储存加工者的职责和权限、储存和加工者的权利与义务、有关的合法权益的归属与保护等。

⑥个人数据信息系统日常维护、及时更新等管理规范。其主要包括个人数据信息系统的维护职责与规范、相关的安全防护、保密制度的建立和实施等。

⑦个人数据信息应用的行为规范。其主要包括有权使用个人数据信息的主体及其资格认定，各种相关应用活动和行为的范围与内容，应用个人数据信息的审批权限和审批程序，相应的权利义务，等等。

⑧个人数据信息的合理披露及其例外。

⑨个人数据信息及其系统的安全保障。

⑩有关的法律责任。其包括各个环节中法律责任的分配与确认，例如个人数据信息错误导致损失的归责，各种相关法律责任的承担与执行，法律救济的需求与实施，等等。

⑪其他有关内容。

（四）健全配套的规范，使法律更具可操作性

颁布和施行专门的法律法规，旨在为行政机关实施社会管理时提供必要的法律依据，规范其具体的行为和活动，明晰有关法律关系中各主体之间的权利义务关系，明确相关责任的分配，保护各方的合法权益，建立关于个人

数据信息管理的良好秩序和环境。

然而，徒法不足以自行，与之相配套的一系列规章、办法等则是使其得以顺利实施的重要保障。行政规章的灵活性、及时性和高效性，使它能够成为对法律最有益、最合理的补充。因此，在及时出台有关个人数据信息保护的法律规范的同时，务必制定与之相配套的用以指导具体操作的行为规范，以确保立法目的的实现及其价值的社会认同。

（五）创建良好的法治环境

1. 构筑有利的社会环境

在进行个人数据信息保护的相关立法时应当充分考虑现实的社会环境，转化这些因素对相应的立法所产生的冲击和影响，形成有效的缓冲，对维护社会的稳定、政令的统一以及提高行政效能都将大有裨益。这至少反映在以下三个方面。

第一，我国的行政管理将建立在有中国特色的社会主义市场经济的基本平台上，该市场经济体系的建立和运行，规定了行政管理的基本模式和发展方向，行政管理活动必须符合该市场经济的基本规律和根本法则，行政管理活动必须在适应该市场经济的前提下进一步改革、提高和完善。

第二，我国行政管理的具体实施也应当接受相关的国际主流原则和主要惯例的制约，作为国际市场竞争中的一个重要节点，我们应当积极与相关的国际基本规则接轨。一方面努力与国际规则中的主流内容并轨，与国际规则中的部分内容实现某种形式的对接，形成交互与融合；另一方面也要根据我国的实际国情，在坚持独立自主原则的基础上，影响和作用于国际规则的优化和进步。

第三，为了适应信息化发展的需要，要把视野拓展到全球经济一体化的大环境中去，行政管理活动将适应现实世界网络环境下虚拟空间的需要，紧跟现代信息技术发展的步伐，加强相关高新技术的广泛应用，要在不断更新的高新技术的平台上加强相关的法制建设。

2. 完善相关的解决争议机制

个人数据信息系统的运作几乎从一开始就具备了社会的性质，构成了一系列相应的社会问题，这其中必然会发生许多相关的争议和纠纷，同时，还会由于政府的行政管理行为和活动的开展而导致与公民合法权益，包括对社会利益之间的各种各样的冲突，由此，也就必然会提出关于解决争议和纠纷的问题，同时也就会提出关于在受到侵害以后寻求救济并且实现救济的问题。

在现实生活中，有关的争议将主要发生在以下几方面：

①行政机关和居民之间，其中又主要发生在行政机关和被采集信息的居民之间因个人数据信息的采集和应用等而产生的争议。

②居民与其他组织之间因其他组织接受行政机关的授权或委托在采集、储存、加工、应用个人数据信息的过程中与居民之间发生的争议。

③行政机关与其他组织之间因实施与个人数据信息的采集、储存、加工、应用等有关的行为和活动而引发的争议。

导致争议发生的原因主要围绕着在个人数据信息的采集以及应用的整个过程中互相之间各种利益冲突而展开。其中有些争议的内容具有明显的行政管理的性质，根据我国现有的行政法律规范体系，可以依据《行政复议法》《行政诉讼法》《国家赔偿法》等，通过行政或司法途径解决。同时也有一些争议虽然可能具有全新的形式，但争议的内容往往都具有明显的民事活动的性质，根据我国现有的法律规范体系，可以依据《民事诉讼法》《仲裁法》以及其他法律法规，通过协商、仲裁和诉讼等途径解决。

值得指出的是，由于有关个人数据信息的保护不仅涉及法律和惯例问题，而且还大量涉及技术问题，而这恰恰又是我国相关人员执法和司法技能中的短板，因此应当在争议和纠纷的解决过程中引入技术鉴定和专家证人等机制，以提高我国的执法和司法的能力与水平。

3. 优化救济实现的保障机制

在现实生活中，寻求救济并且实现救济是受害者得到补偿的重要途径，同时也是立法健全和完善的基本标志。保证受害者能够寻求救济，并且最终能够实现救济同样是一个重要的课题。虽然这一问题可能并不直接影响个人数据信息系统的建立、维护和应用，但是它很可能间接地对该系统的正常运作产生重要的影响，以至于破坏整个个人数据信息系统的健全与完善。对于这一问题而言，重要的在于：第一，程序的健全与优化，只有首先通过健全程序才能从制度层面上保障救济的实现；第二，在树立法律权威的前提下，尊重法律，严格执法，使得经过不断健全而日臻优化的法律作用能够充分地得以发挥。其实，这一问题的关键在于建立有利于个人数据信息系统正常运作的社会环境，其中既可能涉及行政管理的问题，也可能涉及司法和执法的问题，更多地将可能折射出政府公务员的技能培训和广大居民的素质教育的问题，是牵涉整个社会的系统工程，也是能够经过长期坚持不懈地努力而最终得以解决的。

台湾医疗个资保护的探讨

陈月端[*]

一 前言

世界潮流趋势之一,即网络全球化。知名防病毒公司赛门铁克(Symantec,SYMC)在2011年发表的《诺顿网络犯罪报告》(*Norton Cybercrime Report*)中指出:网络犯罪造成全球经济成本支出一年高达3880亿美元。其中,直接损失为1140亿美元,全球总计网络犯罪的受害者高达4.31亿人,造成的成本损失超过全球大麻、海洛因等毒品交易总额,网络犯罪显然比毒品交易更有利可图[①]。此外,该公司在同年公布的《网络安全调查报告》(*2011 State of Security Survey*)中指出:2010年10月至2011年8月,台湾地区约有67%的公司遭受过网络攻击,受访者更将网络攻击列为主要担忧因素[②]。

依据台湾"内政部"警政署刑事警察局的统计数据,2008年1~10月电脑网络犯罪发生最多的为诈欺案,9437件(占42.68%);妨害电脑使用(泄露个资)案次之,3519件(占15.92%)。2009年1~8月网络犯罪的项目中,将近7成(66.28%)的网络犯罪涉及网络诈欺和妨害电脑使用;同年1~9月网络购物个资外泄平台报案数统计,从主要拍卖平台外泄的个人资料(以下简称个资)超过整体报案数的7成[③]。再依据

---

[*] 陈月端,高雄大学法学院副院长。
[①] "Norton Study Calculates Cost of Global Cybercrime: $114 Billion Annually," available at http://www.symantec.com/about/news/rebase/article.jsp?prid=20110907-02(最后访问日期:2013年3月2日)。
[②] "2011 State of Security Survey," available at http://www.symantec.com/connect/node/1913171(最后访问日期:2013年3月2日)。
[③] 《刑事局:网络诈欺占网络犯罪5成》,http://www.ithome.com.tw/itadm/article.php?c=58330(最后访问日期:2013年3月3日)。

2010年1~10月电脑犯罪案件统计，1~6月电脑网络犯罪发生数最多的为诈欺案，5215件（占55.23%）；妨害电脑使用次之，1708件（占18.09%），知识产权案件居第三位，1176件（占12.45%）。2012年1~10月，依案件类别结构比观察，以"妨害电脑使用"（3864件，占32.99%）最多，"诈欺"（3032件，占25.89%）次之，"侵害知识产权"（2341件，占19.99%）居第三位（共占网络犯罪的78.87%）①。综观上述统计，2008~2012年，网络犯罪中"诈欺"及"妨害电脑使用"占6~7成。不论是网络诈欺或妨害电脑使用，通常均涉及个人资料的泄露，若再根据资策会FIND/经济部技术处《创新资讯应用研究计划》统计，2010年第1季度台湾经常上网人数为1068万人，互联网联网应用普及率为46%，由网络产生的犯罪也随着网络使用的快速增长而不断增加②。

另外，医疗机构个资外泄的情形，亦时有所闻③，民众到医疗院所就医，均会留下医疗病历资料，此等医疗资料包括一般个资及特种个资。尤其台湾现行医疗体系推广的远距离健康照护、远距离医疗咨询及云端科技医疗，电子病历的使用比例提高，医疗个资电子化，意味着更易传递、复制及修改该等电子化资料，若资料安全管理未及时配合，则病人的个人资料外泄或被不当利用的比例将随之提高。在一般个资上，针对"医疗法"及"医师法"未规范项，仍须适用"个人资料保护法"（以下简称"个资法"），而"个资法"第6条规范特种个资，目前虽暂缓实施，但未来通过后，仍对特种个资的执行有更严格的规范，其涵盖医疗个资各种搜集、处理和利用的过程，凡此，医疗机构均需加以正视并及早因应。

"个资法"在2010年5月26日修正公布，除第6条及第54条条文的施行日期由"行政院"另定外，其余条文均于2012年10月1日生效。而上述的统计数字，均在"电脑处理个人资料保护法"（以下简称旧"个资法"）

---

① 资料来源："内政部"警政署警政统计通报，公布日期：2012年11月14日。
② 资料来源："内政部"警政署警政统计通报，公布日期：2010年8月4日。
③ 《自由时报》电子报（2010年3月23日），如《医院个资外泄 贵妇被诈2千万》《人人一张健保卡 个资满街跑》，http：//www.libertytimes.com.tw/2010/new/mar/23/today-so1.htm（最后访问日期：2013年3月3日）；《废弃文件管控失误 万芳医院错将病历当便条纸》，资安人科技网，http：//www.informationsecurity.com.tw/article/article_detail.aspx?tv=21&aid=6259#ixzz1UUEQwkAG（最后访问日期：2013年3月3日）。

的生效期间做成,其保护的客体仅及于电脑所处理的个人资料①;其适用的行为主体仅限于8大指定行业及12个扩大指定行业。然而,现行"个资法"不仅扩大保护对象至纸本及特种个人资料("个资法"第2条、第6条),适用主体更扩大至所有企业、团体及个人("个资法"第2条),在未对个资泄露预先防范前,应可推测网络犯罪个资外泄的比例将会提高。此外,"个资法"增修行为规范,搜集个人资料,原则上须告知当事人应告知事项并取得书面同意("个资法"第7条、第8条),且当事人表示拒绝接受营销时,应立即停止利用其个人资料营销("个资法"第20条第2项);在罚责上,更加重民事、行政罚及刑罚责任。在行政罚上,"中央"目的事业主管机关或直辖市、县(市)政府,对于非公务机关之违法行为,可限期改正,届期未改正者,按次处新台币2万~50万元不等罚款,并令限期改正,届期未改正者,按次处罚("个资法"第47~49条),非公务机关之代表人、管理人或其他有代表权人,因该非公务机关违法受罚款处罚时,除能证明已尽防止义务者外,应并受同一额度罚款的处罚("个资法"第50条);在刑罚上,对于违法搜集处理或利用个资者,区别是否意图营利,而科予不同刑责("个资法"第41、42条);尤其在民事上,被害人不易或不能证明其实际损害额时,得请求法院依侵害情节,以每人每一事件新台币500元以上2万元以下计算("个资法"第28条第3项)②。对于同一原因事实造成多数当事人权利受侵害事件,经当事人请求损害赔偿时,其合计最高总额以新台币2亿元为限("个资法"第28条第4项)③。尤其"个资法"引进团体诉讼机制,个人资料遭受侵害的当事人不必自行提起诉讼,而可委由公益团体提起诉讼("个资法"第34条),除可协助遭受侵害的当事人进行损害赔偿诉讼外,亦可降低诉讼成本,增强当事人提起个资诉讼的意愿④。

---

① "电脑处理个人资料保护法"(1985年8月11日)第1条规定:"为规范电脑处理个人资料,以避免人格权受侵害,并促进个人资料之合理利用,特制定本法。"
② 亦即将每人每一事件赔偿额度降低,从旧法("电脑处理个人资料保护法"第27条第3项)的每人每一事件新台币2万元以上10万元以下,改为500元以上2万元以下计算("个资法"第28条第3项)。
③ 亦即将同一原因事实赔偿总额提高,从旧法("电脑处理个人资料保护法"第27条第4项)的新台币2000万元提高至2亿元("个资法"第28条第4项)。
④ 《个人资料保护法重要内容简述》,"法务部"个人资料保护专区,pipa.moj.gov.tw/dl.asp?fileName=293010452755.docx(最后访问日期:2013年3月4日)。

表现在医疗上，不仅现行发生医疗纠纷会涉及诉讼，在"个资法"实施后，民众对资料防护有疑虑时，亦可能对医院提出诉讼。面对此种医事新争议类型，医疗院所必须加以正视。

二 从世界潮流看个人资料的保护

（一）隐私权的滥觞

个人资料，包括医疗个人资料，系指足以识别个人，且具有个人私密性的资料，涵盖于隐私权之中。个人资料保护的基本理念，系源自隐私权的保护。隐私权作为世界公认的基本人权，滥觞于1890年Warren和Brandeis所合著的《隐私权》（*The Right to Privacy*）一文（发表在1890年12月份的*Harvard Law Review*上），其强调"生存的权利已逐渐变成享受生活的权利，也就是个人独处的权利"（right to be let alone）[1]，可谓影响深远。

其后，1960年Prosser在其所著《隐私》（*Privacy*）一文中，将隐私权的侵害分成四种类型，包括：以身体或机械方法，对私人事务的干扰；揭发他人私生活领域不愿为人所知的事实；使他人处于被公众误解的处境；未经同意使用他人姓名或肖像[2]。相较于1890年Warren和Brandeis所强调的独处权，显然扩大了隐私权的范围。反观，现今所强调的隐私权，已包括"个人生活秘密空间免于他人侵扰及个人资料之自主控制"（释字第585号理由书），而个人资料依"个资法"第1条第1款规定，包括"自然人之姓名、出生年月日、国民身份证统一编号、护照号码、特征、指纹、婚姻、家庭、教育、职业、病历、医疗、基因、性生活、健康检查、犯罪前科、联络方式、财务情况、社会活动及其他得以直接或间接方式识别该个人之资料"，又远大于Warren和Brandeis所强调的独处权及Prosser所主张的隐私权的类型。显见，在任何时代及社会均有隐私权的概念，隐私权的保护，从独处权开展，其内涵随社会、科技及经济发展而有差异，保障范围也与当代社会所共识的社会行为规范及价值判断有密切关系。

---

[1] Samuel D. Warren & Louis D. Brandeis, "The Right to Privacy," *Harvard Law Review* 4 (1890): 195.

[2] William L. Prosser, "Privacy," *California Law Review* 48 (1960): 383, 388 – 389.

（二）国际公约与组织的规定

1.《世界人权宣言》及《公民与政治权利国际公约》

《联合国宪章》第55条规定，尊重与发展人性尊严的要求，系联合国成立的重要宗旨，联合国大会在1948年通过的《世界人权宣言》（Universal Declaration of Human Rights）第12条"隐私权"规定："任何人的私生活、家庭、住宅和通信不得任意干涉，他的荣誉和名誉不得加以攻击。人人有权享受法律保护，以免受这种干涉或攻击。"为落实《世界人权宣言》，联合国于1966年通过《公民与政治权利国际公约》（International Covenant on Civil and Political Rights）（1976年生效），其第17条亦规定："一、任何人之私生活、家庭、住宅或通信，不得无理或非法侵扰，其名誉及信用，亦不得非法破坏。二、对于此种侵扰或破坏，人人有受法律保护之权利。"值得一提的是，《公民与政治权利国际公约》目前已有164个缔约国，超过全球国家数80%以上，其与《经济社会文化权利国际公约》（International Covenant on Economic, Social and Cultural Rights）（简称"两公约"）及《世界人权宣言》共同被称为《国际人权宪章》（International Bill of Human Rights），系国际社会最重要的人权法典，也是国际人权保障最基本的法源。隐私权不仅是人格权的一种，为私法上权利，更系公法保障权利之一，为国际人权条款规范的内容。

台湾虽非"两公约"的缔约方，但为实施"两公约"及保障人权，于2009年公布施行"公民与政治权利国际公约及经济社会文化权利国际公约施行法"，赋予"两公约"所揭示保障人权的规定，具有台湾有关规定的效力（第2条）；并要求各级政府机关应依"两公约"规定的内容，检讨所主管的法令及行政措施，有不符"两公约"规定时，应于本法施行后两年内，完成法令的制（订）定、修正或废止及行政措施的改进（第8条）。台湾对于人权，包括隐私权的保障，已与国际人权条款规范相吻合。

另外，为保护个人隐私权涉及电子资料处理与人权问题，联合国大会在1990年12月公布《电脑化处理个人资料档案指导纲领》（United Nations Guidelines Concerning Computerized Personal Data Files），但因该指导纲领仅具有建议性质，对于会员国并无强制拘束力。

2. 经济合作与发展组织

经济合作与发展组织（Organization for Economic Co-operation and Development，OECD）成立的宗旨在于促进会员国的经济发展，并提高人民生活水平。其在1974年开始从事个人资讯的国际流通问题，其理事会在1980年通过《理事会有关个人资料之国际流通及隐私权保护准则》（Council Recommendation Concerning Guidelines Governing the Protection of Privacy and Transborder Flows of Personal Data），一方面保护隐私权，强调个人资料的搜集应受限制，当事人对于个人资料的正确性、使用目的及如何使用具有决定权；另一方面又防止各国以保护私权为名，不当阻碍个人资讯的国际流通自由。虽此原则仅具有建议性质，对于会员国不具拘束力[1]，唯众多国家均参考该准则制定资料保护法。台湾在1995年所制定的"电脑处理个人资料保护法"，即系以上开准则所揭示的保护个人资料八大原则加以研拟[2]。

3. 亚太经济合作组织私权保护纲领

鉴于个人隐私的保护日趋重要，亚太经济合作组织（Asia-Pacific Economic Cooperation，APEC）自2003年起，即多次会议磋商并于2004年11月通过《APEC隐私保护纲领》（The APEC Privacy Framework），为APEC会员有关个人资料保护的最高指导纲领。台湾因系APEC会员之一，在修订"电脑处理个人资料保护法"时，即采认《APEC隐私保护纲领》所揭示的九大原则，将个人资料的保护与国际潮流接轨[3]。

（三）日本个人资料保护法

1. 立法面

日本的风俗民情及法律制度与中国台湾相似，且日本个人资料保护法相当完备，探讨日本个资保护的立法沿革及实施状况，有助于比较分析中国台湾的立法及预测个资未来求偿趋势。

（1）立法沿革。

日本在1988年即依据OECD《理事会有关个人资料之国际流通及隐私权

---

[1] Charlene Brownlee & Blaze D. Waleski, "Privacy Law", *Law Journal Press*, § 5.01〔2〕5-6（2008）.
[2] "立法院"议案关系文书（2007年2月27日印发），院总第1570号，委员提案第7784号案由。
[3] 《"立法院"公报》，第83卷45期，第523页。

保护准则》，制定《行政机关电脑处理个人资料保护法》（1989年施行）。唯因此法规适用的对象仅限于行政机关，故日本又于1989年订定《非公务机关电脑处理个人资料保护纲要》，借以规范非公务机关的消费者资讯揭露。其后，为整合行政机关与民间机构对于个人资料保护的处理，日本内阁会议通过《个人资料保护法》并于2001年3月27日由国会提出。

（2）制定缘由。

在日本，因民间企业与行政机关等机构利用电脑与互联网处理大量个人资料，且预测未来使用电脑处理个人资料的情况势必日益增加。实务上，日本企业中顾客名册等个人资料大量流出或贩卖，都造成社会大众对个人资料处理感到不安的情况日益扩大。因此，为使社会大众得以安心享受科学技术带来的便利，就必须制定适当处理与应用个人资料的规范，以预先防止对国民权益侵害行为的产生。此外，国际上个人资料保护组织近年来逐渐提高个人资料保护的水平，如提出第三国家个人资料移转限制指导方针等，逐渐反映电子商务急速扩大所引发的个人资料保护议题，故如何纳入国际性规范并整合国内法令规定，为日本政府当务之急。综合上述各项背景因素，且为实现良好科技社会的目标，日本政府整合国内个人资料保护法令，制定《个人资料保护法》。

（3）法规主要内容。

①适用主体。在日本《个人资料保护法》中，制定个人资料保护的基本原则作为各机构保护的标准[1]。此外，对于使用电脑或资料库等储存利用个人资料的相关单位（个人资料利用事业者），亦设定"个人资料利用事业者之义务"规定，订定具体且明确的规范。以公务机关的个人资料处理为例，虽在1988年已制定《行政机关电脑处理个人资料保护法》，然为配合《个人资料保护法》的制定，除对原先《行政机关之电脑处理个人资料保护法》修正外，另提出《独立行政法人资料保护法案》《资料公开与资料保护审查会设立法案》《行政机关之个人资料保护法施行相关法律准备之法案》[2]等，以加强个人资料保护法的完整性，并于2003年通过《个人资料保

---

[1] 日本《个人资料保护法》第7条。
[2]《行政机关等个人情報保護4法案の概要》，http://www.go.jp/gyokan/kanri/kenkyuf.htm，日本总务省行政管理局，（最后访问日期：2013年4月5日）。

法》（个人情報の保護に関する法律，以下简称日本《个资法》）①，以确实保障个人隐私（见图1）。

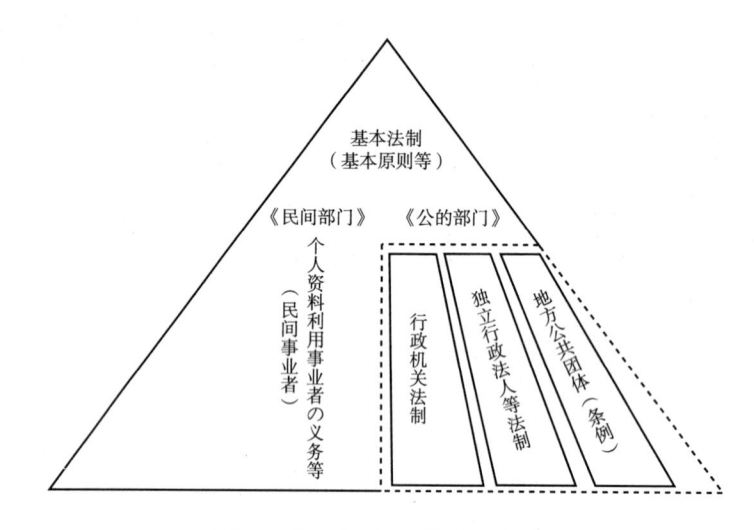

图1　个人资料保护的法制体系

资料来源：日本总务省行政管理局。

②个人资料的定义。日本《个资法》，除规范资料的使用目的、资料取得方法、资料正确性的维护、资料安全性的确保与公开资料的条件外，对于"个人资讯"或"个人资料"是有关可辨识其个人有生命个体的资讯，包括姓名、生日或其他资讯。有关外籍人士的资讯，无论其为居民或非居民，皆视为"个人资讯"（第2条）。

③个人资料利用事业者的义务。在日本，个人资料利用事业者系指使用超过5000笔个人资讯的资料库（在过去6个月内至少使用一次）进行商业行为的公司或个人。在日本拥有分公司的外国公司也可定义为个人资料利用事业者。反之，在日本不具有任何分公司的外国公司则不属之。个人资料利用事业者必须遵守与处理"个人资料"方式相关的多种限制。若有违反日本《个资法》的任何条款，则业务主管机关可要求停止违反活动，若不停止，而重要的个人权利正濒临侵害时，则可命令停止该违反活动（第34

---

① 《个人情報の保護に关する法律》，http://www.ron.gr.jp/law/law/kojinjoh.htm（最后访问日期：2013年4月5日）。

条）。违反者，将处负责人或员工拘役或罚金（第56、58条）。

④个人资料保护团体的设置。为确保个人资料使用事业者能因应相关法规执行业务，业务主管机关得认定个人资料保护团体处理申诉事件、提供业者关于个人资料保护所需的讯息及受理确保业者完善保护个人资料的业务（第37、42条）。此外，个人资料保护团体须公布"个人资料保护方针"，要求个人资料使用事业者遵循，并可提出指导与劝告（第43条）。

2. 医疗照护相关事业适当处理个人资料指导原则

日本《个资法》性质上为各产业共同适用的基本法，公务机关或非公务机关在搜集或处理个人资讯时，应遵守《个资法》所提供的基本原则。基于该基本原则，提供公务机关与非公务机关制定符合本身需求规范的法律保留。就资讯特性的方面，根据《个人资料保护基本方针》第2点第3项的规定，各省厅对于须特别确保并严格实施个人资讯保护的领域，例如医疗、金融、信用、资讯通信等，应依各该个人资讯的性质及利用方法，尽速检讨并制定特别措施。亦即赋予各目的事业主管机关得依照个人资料的特殊性质而制定特别措施[①]。

日本厚生劳动省即在《个资法》制定公布后，发布《医疗照护相关事业适当处理个人资料指导原则》（医療・介護関係事業者における個人情報の適切な取扱いのためのガイドライン，简称《指导原则》），对于个人医疗、健康资料加以特别规范[②]。

（1）规范客体。

所谓个人资料，系指凡有关个人可识别的资料，如姓名、性别、生日、个人特征，或可得识别的个人资料，如个人评价、财产、职业等。不限于以文字方式为记载，录像、录音、指纹或是笔迹等皆属于个人资料。受保护的个人资料，不以生存者为限，逝世者的个人资料也受保护。

医疗个人资料，包含诊疗记录、处方用药记录、手术记录、看护记录、

---

① 日本《个人资料保护法》第7条第1项规定："政府为谋求个人资料保护措施综合性以及整体性的推展，应订定有关个人资料保护的基本方针。"個人情報の保護に関する法律§7I：「政府は、個人情報の保護に関する施策の総合的かつ一体的な推進を図るため、個人情報の保護に関する基本方針（以下「基本方針」という。）を定めなければならない。」2004年4月，《个人资讯保护指导方针》即经内阁会议决定并由日本首相公布。

② http://www.mhlw.go.jp/houdou/2004/12/dl/h1227-6a.pdf（最后访问日期：2013年5月29日）。

各项检查报告及医师的诊断评价报告等。此外,业已匿名化而无法识别特定个人资料,不属于个人资料,不在《个资法》保护范围之内(《指导原则》Ⅱ1.,Ⅱ2.)。

(2)规范主体。

医疗关系事业的范围,包括:①医院、诊疗所、药局、助产所、健康照护中心等提供医疗照护事项的机构;②《照护保险法》及《老人福利法》中所称的相关照护预防服务事业者。亦即不论公立或私立医疗机构,凡需使用医疗资讯资料库者,均有适用(《指导原则》Ⅰ3.)。

(3)资料处理原则。

①同意。若将个人医疗资料为目的外的利用提供给第三人时,必须得到当事人的同意(《指导原则》Ⅱ4.)。医疗照护关系事业对于个人医疗资料的利用,主要在于对病人提供医疗照护服务、医疗保险行政或医疗照护事业营运,若为此等特定目的外利用,原则须得当事人同意,除非以下例外情形:一是基于法律之规定,例如《儿童虐待防止法》规定的儿童虐待事件之通报。二是对人的生命、身体及财产之保护所必需,并且取得当事人同意有显著困难时,如病人丧失意识或于重大灾害中有大量病患时,欲取得当事人同意显不合理。三是为促进公共卫生及儿童健全发展所必需,且取得当事人同意有显著困难时,例如儿童虐待事件主管机关资讯的交换。四是国家机关、地方公共团体或受其委托依法执行公务而有协助的情况,且取得本人的同意对于执行公务有所阻碍时[《指导原则》Ⅲ1.(2)]。

②资料取得与维护。医疗照护事业不得以诈欺或其他不正当方法取得个人医疗资料,并以向当事人取得为原则。医疗照护事业对所处理的个人医疗资料,应于使用目的内,确保该资料为正确且最新(《指导原则》Ⅲ3.)。医疗照护事业对于当事人的医疗相关记录应为详尽记载,并且系统储存该资料,并确保该资料不会被任意修改。

③资料安全的确保。医疗照护事业为防止个人资料泄露、灭失或遭受损害,应就组织、人员管理、物理、技术等采取必要且适当的安全措施,一是对个人资料保护法规的整理与公布;二是设置专责机关,负责个人资料的保护;三是建立发生个人资料泄露时应有的安全联络系统;四是在雇用契约中规范有关个人资料的保护;五是对从业人员进行相关教育与安全训练;六是物理上的

管制措施；七是技术上的管制措施；八是对个人资料妥适保存；九是删除不必要的个人资料（《指导原则》Ⅲ4.）。

（4）当事人权利。

①受告知权。医疗照护事业于搜集、处理个人医疗资讯时，应将相关事项告知当事人，如所搜集与处理的资料为何、使用个人资料的单位名称、使用目的、资料当事人应有的权利等，并使病人可得理解（《指导原则》Ⅲ6.）。

②查询权。当事人对于资料处理机关有疑义时，得向该资料处理机关请求提供相关之资料，如机关的名称、资料使用目的，资料处理机关应以书面答复；例外拒绝当事人请求的情形有：一是可能危害当事人或第三人的生命、身体或财产等重大利益；二是有妨害医疗机构执行业务；三是违反其他法令者，例如医疗照护事业对病患诊疗的结果，告知病患本人可能对其产生心理、生理上的影响时，医疗照护事业得拒绝告知病患相关资料（《指导原则》Ⅲ7.）。

③更正权与请求停止处理。当事人对所处理的个人资料认为有与事实不相符合时，得请求为更正、补充或删除。此外，资讯处理机关未经个人同意而为搜集目的外使用时，当事人得请求停止处理（《指导原则》Ⅲ8.）。

（5）主管机关的监督。

有鉴于各主管机关对于其目的事业主管的业务较为熟悉，日本《个资法》并未设置独立的资料保护监察机关。依据日本《个资法》第32～34条的规定，赋予各目的事业主管机关对于非公务机关处理目的事业的相关个人资料时，有要求提出报告、建议、劝告、发布命令与紧急命令的权责，并且违反紧急命令时，依照第56条的规定将给予刑罚。

3. 实践面

日本《个资法》在2005年4月1日生效施行，民事赔偿在2007年达到高峰后开始逐年下降，至2010年已为外泄数量最低的年度。以2007年为例，个资外泄的件数有854件，却造成3053万人个资外泄，赔偿金额达30531004万日元。再观察2010年，虽个资外泄的件数有1679件，但仅造成558万人个资外泄，赔偿金额降至2550000万日元①。据推测，日本《个资法》施行后，民众开始利用《个资法》加以求偿，而拥有个资单位亦在民

---

① 《日本网络安全协会2011信息保安报告书》，http：//www.jnsa.org/result/incident/2010.html（最后访问日期：2013年4月5日）。

众求偿成功后,开始重视《个资法》并学习导入资料安全系统,以降低个资外泄事件①的发生。

(四) 美国医疗个人资料保护法制

1. 法规面

不同于日本及中国台湾"立法"例,美国对于个人资料的保护,并无独立的专门立法而系散见在不同的法规中。其适用的主体亦非涵盖公务部门及非公务部门,而主要系依规范的资讯类型加以分类,因本文探讨的主要是中国台湾"个人资料保护法"在医疗上的运用,故对美国法的介绍,除涉及隐私权法制的一般性介绍外,主要亦以个人医疗资讯法规为主,以与本文探讨的主题一致。兹说明如下。

(1) 隐私权法 (1974 Privacy Act, 1980 Privacy Protection Act)。

①公平使用原则。美国于1974年通过的《隐私权法》,是一部全面保护个人隐私权的专门立法,其特别强调"公平使用原则",认为"在尚未通知当事人并获得其书面同意以前,资讯拥有者不得将人民为某种特殊目的所提供之资料,使用在另一个目的上"。公平使用原则也同样适用于医疗个资的利用及保护。

②个人资料的保护。凡政府所搜集、储存于系统中的资料与个人有关,并得指涉至个人姓名、社会安全码及其他识别特征者,有隐私法的适用。对于政府处理的个人资料,赋予资料当事人有接近的权利,个人得随时检视该资料是否正确、恰当与完整。其他保护程序如下:一是只有在特殊情况下可以不需经过同意的揭露,否则所有对个人医疗资讯的揭露皆须取得当事人的同意;二是禁止政府搜集与储存资料超出其原先搜集与储存之目的,或与该目的不一致;三是要求资料处理单位必须发布确保个人资料安全的自我规范;四是向资料当事人告知政府搜集资料之目的、适用法规及后续将如何利用,与退出资料处理的权利 [U.S. §552 (a) (b)]。

(2) 健康保险简便性及责任法 (HIPAA Privacy Rule)。

HIPAA (The Health Insurance Portability and Accountability Act, HIPAA)

---

① 叶奇鑫、李相臣:《浅谈个人资料保护法民事赔偿及数字鉴识相关问题》,《司法新声》第101期,第34页。

健康保险可携性及责任法，系美国医疗处理及资讯改革最完整的立法，其在1996年由美国国会通过，主要在于保护病人机密的医疗资讯。HIPAA Privacy Rule 即系依据医疗保险简便性及责任法所制定，为美国第一套有系统地保护个人医疗资讯的规范。其主要内容如下。

①规范客体。本规则所保障的医疗资讯包含口头、书面或电子做成可识别个人身份的资讯，例如姓名、社会安全码、驾照号码、指纹、基因序列等皆属之。同时参照 HIPAA Privacy Rule 的规定，凡有关过去、现在、未来的个人身体或心理之健康状况，对个人的医疗照护以及过去、现在、未来的医疗照护的给付皆属于本规则所规范的医疗资讯。

②规范主体。受规范的单位包含医疗计划、医疗资讯中心、医疗照护者及与这些单位有关的律师、会计师、广告公司和其他利用个人医疗资讯的人士。

③资讯揭露的规定。对于揭露与利用个人医疗资讯，原则上必须得到当事人的授权，无须当事人授权的情况，必须考虑以下四项指标：一是为了更多的医疗照护目的；二是为了病患最佳利益；三是对个人最小牺牲下欲达成公共利益；四是无商业利益的医疗需求。此外，明定以下七种情况可例外不需要当事人的同意：一是法律强制执行。二是司法与行政程序。三是商业营销。四是父母对于未成年子女。五是家庭成员紧急联络人及看护。六是公共卫生利用，包含：防止与控制疾病伤害；儿童虐待疏忽的报告；食物药物部门的报告；雇主于公共场所对雇员的监视报告。七是医疗研究等①。

（五）中国澳门个人资料保护法

澳门《个人资料保护法》（简称澳门《个资法》）制定于2005年，规范有关个人资料的处理与保护（第1条）。其较有特色者，系透过澳门《个资法》（第7条第2款、第3款）直接规范个人资料中的敏感资料（包括医疗个资）。兹说明如下。

1. 敏感资料的处理

关于个人的世界观、政治信仰、政治社团或工会关系、宗教信仰、

---

① Lawrence O. Gostin, James G. Hodge, Jr. and Mira S., *Burghardt*, pp. 15 – 28.

私人生活、种族和民族本源、健康和性生活以及遗传资料等敏感资料，原则禁止处理。例外许可的情形如下：①法律规定或具组织性质的规章性规定明确许可处理上款所指的资料；②当基于重大公共利益且资料的处理对负责处理的实体行使职责及权限所必需时，经公共当局许可；③资料当事人对处理给予明确许可；④保护资料当事人或其他人重大利益所必需，且资料当事人在身体上或法律上无能力做出同意；⑤经资料当事人同意，由具有政治、哲学、宗教或工会性质的非牟利法人或机构在其正当活动范围内处理资料，只要该处理仅涉及这些机构的成员或基于有关实体的宗旨与他们有定期接触的人士，且有关资料未经资料当事人同意不得告知第三人；⑥要处理的资料明显已被资料当事人公开，只要从其声明可依法推断出资料当事人同意处理有关资料；⑦处理资料是在司法诉讼中宣告、行使或维护一权利所必需的，且只为该目的而处理资料。

2. 医疗资讯处理人员的指定

对于特种敏感资料的处理，澳门《个资法》（第7条第4款、第21条）对处理人员及方式设有严谨的规定。亦即基于医学上的预防、诊断、医疗护理、治疗或卫生部门管理所必需而处理有关健康、性生活和遗传的资料，必须由负有保密义务的医事专业人员或其他同样受职业保密义务约束的人进行，并依法通知公共当局和采取适当措施确保资讯安全，方得处理有关资料。

3. 个人资料保护办公室

澳门《个资法》第4款第11项所称的"公共当局"，系指其《民法典》第79条第3款所称的"实体"。其具体实践即根据澳门第83/2007号行政长官批示而设立个人资料保护办公室。

个人资料保护办公室在行政长官监督下独立运作，各公共行政部门、公共及私人实体有义务向该办公室提供其所需的合作。其所得行使职权，除了执行《个资法》所定职务，亦负责有关监察、协调对《个资法》的遵守和执行，以及订定个人资料保密的相关制度并监察该等制度的实施[①]。

[①] 澳门特别行政区政府个人资料保护办公室，http：//www.gpdp.gov.mo（最后访问日期：2013年5月7日）。

（六）比较分析

国际公约与组织的规定，实为国际社会提供个人资讯保护的基本原则，各国在制定个人医疗资讯保护法律制度时，对个人资讯隐私权应有最低标准的规范，以保护个人隐私权资料。

从上述个人资料涉及医疗资讯的规范可以看出，美国及日本系透过制定特别法制加以保护；中国澳门则利用其《个资法》透过特定条文加以规范。美国依规范的资讯类型加以分类，透过个别立法，保护病人机密的医疗资讯；日本亦鉴于医疗资讯的专业性与高度敏感性，在《个资法》规定必须因应医疗资讯的特殊性质而制定专门医疗资讯保护的规则，为医疗资讯提供更详尽、完善的保护规范。此两种立法方式，可加深对医疗个资的保护程度。

三　台湾地区对医疗个人资料的保护

隐私权系属私法上人格权之一，随着时代的演进，其不仅是私法上权利，更提升至宪法上权利。隐私权既属人格权的一种，台湾地区现行对隐私权或人格权的保护法规，对于个人资料的保护，当然有其适用。兹举其中最主要规定说明如下。

（一）"宪法"及大法官解释

隐私权不仅是人民受法律保障的权利，同时也是宪法上的基本权利。其保护的对象、利益，随社会变迁与时俱转，因应影音及数字科技发达与资讯社会的形势，以及国家、私人大量取得个人资料，而逐渐发展出不同的隐私权保障类型。又伴随资讯科技的日新月异，如数字探勘（data mining）技术与网络上永不消除的数字记录现象等，对于隐私权更形成重大威胁。鉴于此，透过大法官解释，以保障隐私权者有释字第585号、第603号、第631号及第689号。其中，与医疗个人资料有关者，有释字第585、第603号。兹说明如下。

1. 释字第585号理由书（2004年12月15日公布）

隐私权虽非"宪法"明文列举的权利，但释字第585号理由书中明确指出："基于人性尊严与个人主体性之维护及人格发展之完整，并为保障个人生活秘密空间免于他人侵扰及个人资料之自主控制，隐私权乃为不可或缺之基本权利，而受'宪法'第 22 条所保障（释字第 509 号、第 535 号解释参照）。"本释字透过理由书，将隐私权纳入"宪法"第 22 条的"其他权利"①，肯定隐私权为"宪法"保障的基本人权之一，提升了隐私权受"宪法"保障的位阶。

2. 释字第 603 号（2005 年 9 月 28 日公布）

释字第 585 号理由书指出隐私权包括"个人生活秘密空间免于他人侵扰及个人资料之自主控制"，释字第 603 号则指出个人资料的自主控制包括得自主决定与自己有关资讯的权利，即资讯隐私权（information privacy），亦即"就个人自主控制个人资料之资讯隐私权而言，乃保障人民决定是否揭露其个人资料，及在何种范围内、于何时、以何种方式、向何人揭露之决定权，并保障人民对其个人资料之使用有知悉与控制权及资料记载错误之更正权。唯'宪法'对资讯隐私权之保障并非绝对，得于符合'宪法'第 23 条规定意旨之范围内，以法律明确规定对之予以适当之限制。指纹乃重要之个人资讯，个人对其指纹资讯之自主控制，受资讯隐私权之保障……基于特定重大公益之目的而有大规模搜集、录存人民指纹，并有建立资料库储存之必要者，则应以法律明定其搜集之目的，其搜集应与重大公益目的之达成，具有密切之必要性与关联性，并应明文禁止法定目的外之使用。主管机关尤应配合当代科技发展，运用足以确保资讯正确及安全之方式为之，并对所搜集之指纹档案采取组织上与程序上必要之防护措施，以符'宪法'保障人民资讯隐私权之本旨"。

（二）"民法"

台湾"民法"将隐私权认为系人格权的一种，隐私权受侵害时，可依"民法"有关人格保护的规定加以救济。此外，随着隐私权议题渐受重视，更将隐私权列为特殊人格权之一，提高个人私生活领域的形成以及对个人资讯自我控制的保护。"民法"对于隐私权的保护规定如下。

1. 侵权行为与损害赔偿

依据"民法"第 18 条第 1 项规定"人格权受侵害时，得请求法院除去

---

① "宪法"第 22 条规定："凡人民之其他自由及权利，不妨害社会秩序公共利益者，均受宪法之保障。"

其侵害；有受侵害之虞时，得请求防止之"，当隐私受到侵犯致使人格权受损害或有损害之虞时，即可请求除去侵害或防止侵害，不以加害人有故意或过失为必要。此外，针对侵害隐私权造成财产的损害，依据"民法"第184条第1项之规定，因故意或过失不法侵害他人权利，或违反保护他人之法律致使损害于他人时，被害人得请求损害赔偿。

至于侵害隐私权造成非财产的损害，根据"民法"第195条的规定"不法侵害他人之身体、健康、名誉、自由、信用、隐私、贞操，或不法侵害其他人格法益而情节重大者，被害人虽非财产上之损害，亦得请求赔偿相当之金额"，因人格权为抽象的法律概念，随时间、地点及社会情况的变迁而有差异，为顾及现代法律思潮对个人隐私的保护，"民法"第195条规定，将隐私权列为特别人格权之一，当隐私权受有损害时，即可向行为人请求非财产上的损害赔偿，使得人格权的保护更加周全。

2. 债务不履行与损害赔偿

1999年"民法"增订第227条之1，规定债务人因债务不履行以致债权人之人格权受有损害时，债务人负有损害赔偿责任，即属于第18条第2项的"法律规定"，亦扩大了对于人格权的保障。医疗资讯属于个人之私密事务，当医师未经病患之同意而泄露其病历，致使病患之隐私权受有损害时，病患之非财产上损害赔偿请求权基础即为第227条之1。盖病患至医疗机构请求医疗照护，系与医疗机构依医疗契约发生债权债务关系，医疗机构对于病患医疗资讯应有的保密义务亦附随于医疗契约中，倘若医疗机构未遵守保密义务规定而泄露病患医疗资讯，构成"民法"第227条不完全给付，负有损害赔偿责任，且对于非财产上的损害，亦可依照第227条之1准用前述第195条规定，向医疗机构或其医疗人员请求非财产上的损害赔偿。

（三）"刑法"

隐私利益在"刑法"上属于个人法益，其规范主要见于第315条以下妨害秘密罪章的规定。所谓秘密，意指个人在私生活领域中不欲人知的事项，倘若未经当事人同意予以公布、泄露，则必将造成当事人私生活受到干扰，并造成其主观上有不悦、困窘、尴尬甚至困扰与痛苦。因此，对于个人秘密的侵入，即属于对个人隐私的侵害，其影响个人私生活领域甚巨，自当有所规范。医疗资讯及其他相关个人资料，多具有不欲人知或不愿随意公开揭露的特性，医事人员对于个人医疗资讯为揭露，自该当妨害秘密罪的要件，而受有处罚①。

1. 隐私利益的保护

隐私权的内涵，包含有个人空间的隐私、自主决定的隐私和资讯隐私。所谓个人空间的隐私利益，乃个人在其领域内有独处不受外界干扰与侵入的权利，且个人领域并不仅限于物理上的空间，亦包含有心理上不受他人干扰的特性。就个人空间隐私利益的保护而言，"刑法"第 315 条之 1 规范有关妨害私生活秘密的行为，凡无故利用工具或设备窥视、窃听他人非公开之活动、言论或是身体隐私部位，甚或以录音、照相、录像、电磁记录之方式对他人非公开之活动、言论或身体隐私部位等私生活领域进行记录，即该当于窥视窃听窃录罪，而应受刑罚。另外，"社会秩序维护法"第 83 条亦针对侵犯个人空间隐私，设有处罚规定②。又依"刑法"第 315 条之 2 规定，意图散布、播送、贩卖这些私生活领域的记录，或意图营利而提供他人便利为窥视窃听窃录的行为，除了危害到个人空间的隐私利益，未经当事人同意而揭露其个人私密事务亦侵害个人自主决定的隐私利益，自当受有刑罚。

2. 资讯隐私利益的保护

在资讯隐私利益保护方面，"宪法"保障人民有秘密通信的自由，个人的信件往来或是文书图像的交流皆受有保障。"刑法"第 315 条规定，无故开拆或隐匿他人之信函、文书或图画，或以其他不正当之方法窥视个人通信的内容者，即属不法而该当妨害秘密书信罪。

资讯隐私权所保障的内涵，包含个人对其个人资讯有免于不当揭露的权利，以及对其个人资讯为控制的权利。现代社会当中，资讯化的结果使得许多资讯皆利用电脑储存、统计与整理，因此对于利用电脑或相关设备知悉或持有之他人秘密而无故泄露者，即该当于第 318 条之 1 泄露电脑或相关设备秘密罪的规定。此外，由于电脑以及网络所能储存、搜集与传递资讯的能力强大，倘若将电脑等相关设备所记载储存的个人资讯泄漏，其所造成的损害势必相当严重，因此"刑法"第 318 条之 2 对于利用电脑或其相关设备犯第 316～318 条之罪者，设有加重处罚的规定。

---

① 甘添贵：《体系刑法各论》（第一卷）（修订再版），瑞兴图书股份有限公司，2001，第 459～463 页。

② "社会秩序维护法"第 83 条第 1 款，故意窥视他人卧室、浴室、厕所、更衣室，足以妨害其隐私者，处新台币六千元以下罚款。

3. 保密义务的要求

在保密义务及个人资讯隐私部分,"刑法"第316条规定医师、药师、药商、助产士、心理师、宗教师、律师、辩护人、公证人、会计师或其业务上佐理人,或曾任此等职务之人,无故泄露因业务知悉或持有之他人秘密者,该当泄露业务知悉持有秘密罪的规范。本罪为身份犯,必须是具有本条所列举身份者泄露秘密,方成立本罪,倘非因业务知悉或持有他人之秘密,并不成立本罪。盖任此等职务之人,因业务执行之需要,或为履行其契约义务,较容易取得他人之秘密,倘若得以任其泄露个人资讯,不仅是对个人隐私的侵害,亦违反最基本的职业道德伦理①。换言之,业务上保守秘密的规定,不仅可保护个人隐私权,个人因为此保障亦可放心地为秘密告知借以请求该业务专业人士提供协助。

2005年"刑法"第316条修正加入了心理师一职,其修正理由即指出,心理师于咨商过程中,极易知悉其案例的隐私,咨商的个案与心理师之间应当存有高度信赖,无保留地提供个人情状与资讯,方能达成咨商的目的,倘若心理师泄露业务上所知悉他人的秘密,即系对个人隐私的侵害。故对此等专门业务执行者,实有必要课与保密义务,以保护个人隐私利益。

(四)"个人资料保护法"

1. 适用主体

旧"个资法"对适用主体的规范,虽包含公务机关与非公务机关,但对非公务机关仅以列举方式限定三大类型八大行业②。此一规范被认为无法及时因应新兴行业对个人资料的搜集、利用。因此,"个资法"第2条第8款,对非公务机关定义,放宽为"依法行使公权力之中央或地方机关或行政法人以外的自然人、法人或其他团体"。医疗机构,不论为公立或私立医院或诊所,均为"个资法"所规范的适用主体。

此外,为避免适用范围无限制扩张,使得任何资料取得皆受限"个资法"的规范,"个资法"第51条亦有排除适用条款的规定:"(1)单

---

① 甘添贵:《体系刑法各论》(第一卷)(修订再版),瑞兴图书股份有限公司,2001,第500~503页。
② 征信业及搜集电脑个人资料行业;医师、学校、电信业、金融业、证券业、保险业及大众传播业;其他主管机关指定之事业、团体或个人(旧"个资法"第3条第7款)。

纯为个人或家庭活动之目的,而搜集、处理或利用个人资料;(2)于公开场所或公开活动中所搜集、处理或利用之未与其他个人资料结合之影音资料。"

2. 适用客体的扩大

旧"个资法"规范的客体仅限于电脑处理的个人资料,并将个人资料例示包含"自然人之姓名、出生年月日、身份证统一编号、特征、指纹、婚姻、家庭、教育、职业、健康、病历、财务情况、社会活动及其他足资识别该个人之资料"(第3条第1款)。因"个资法"所保障的法益为人格权,唯个人资料的种类繁多,第1款关于"个人资料之定义",除旧条文例示的日常生活中经常被搜集、处理及利用之个人资料外,另增加护照号码、医疗、基因、性生活、健康检查、犯罪前科、联络方式等个人资料,以补充说明个人资料的性质;且亦删除电脑处理的限制,"不论系以自动化处理系统处理或非自动化处理系统处理之资料"(第2条第2款),皆受规范。

此外,因社会态样复杂,有些资料虽未直接指名道姓,但一经揭露仍足以识别为某一特定人,对个人隐私仍会造成侵害,参考1995年《欧盟资料保护指令》(95/46/EC)第2条、日本《个人资料保护法》第2条①,将"其他足资识别该个人之资料"修正为"其他得以直接或间接方式识别该个人之资料",以期周全②。足资识别个人资料,系指依该单纯个人资料承载的资讯可反向推定出特定的个人,但因现代科技的发达,许多无法直接识别出个人的资料经过电脑交叉比对与分析之后,亦可间接指涉出特定的个人,故将足资识别个人资料的规定修正为"得以直接或间接方式识别该个人之资料"(第2条第1款)。

医疗院所与病人间的个人资料交流,依"'个人资料保护法'之特定目的及个人资料之类别"代号64:保健医疗服务,可见病人个人资料,不论是一般个资或特种个资,不论是纸本病历或电子病历,均为"个资法"涵

---

① 日本個人情報の保護に関する法律第2條:「この法律において「個人情報」とは、生存する個人に関する情報であって、当該情報に含まれる氏名、生年月日その他の記述等により特定の個人を識別することができるもの(他の情報と容易に照合することができ、それにより特定の個人を識別することができることとなるものを含む。)をいう。」

② 日本《个人资料保护法》第2条立法理由参照。

盖的范围。

3. 告知义务要求

个人资料的搜集，涉及当事人的隐私权益。当事人的个人资料遭受不法侵害时，往往无从得知，故无法提起救济或请求损害赔偿。为使当事人明知其个人资料被何人搜集及其资料类别、搜集目的等，"个资法"规定搜集时，原则上应告知当事人的事项①，使当事人能知悉其个人资料被他人搜集的情形，进而维护个人对其信息自主处分的权利②。

4. 特种个人资料的规范

旧"个资法"并未针对个人资料敏感性高低给予不同的保护程度，亦未针对高度敏感资讯的特种个人资料加以规范。"个资法"新增第6条规定："有关医疗、基因、性生活、健康检查及犯罪前科之个人资料，不得搜集、处理或利用。"因个人资料中有部分资料性质较为特殊或具有敏感性，如任意搜集、处理或利用，恐会造成社会不安或对当事人造成难以弥补的伤害。参考1995年《欧盟资料保护指令》（95/46/EC）、《德国联邦个人资料保护法》第13条及中国澳门《个人资料保护法》等立法例③，均有特种（敏感性）资料不得任意搜集、处理或利用的规定。虽上述立法例所指的特种资料大抵系指"政治信仰、政治社团或工会关系、宗教信仰、私人生活、种族和民族本源以及与健康和性生活有关的个人资料"，但因审酌台湾地区实际情况、价值观与民众的认知，"立法"上将医疗、基因、性生活、健康检查及犯罪前科五种个人资料列为特种个资，其搜集、处理或利用应较一般个人资料更为严格，须符合所列要件，方可为之，以避免宽滥，并加强保护特种或敏感个人资料，以强化对个人的隐私权益的保障④。

针对具有特殊与敏感性质的个人资料，纵经当事人同意，亦不得加以搜

---

① 公务机关或非公务机关搜集个人资料时，应告知："（1）搜集机关的名称；（2）搜集之目的；（3）个人资料的类别；（4）个人资料利用之期间、地区、对象及方式；（5）当事人权利；（6）不提供资料可能产生之影响。"（第8条第1项）
② "个人资料保护法"第8条立法理由参照。
③ 如澳门《个人资料保护法》第7条第1项规定："禁止处理与世界观或政治信仰、政治社团或工会关系、宗教信仰、私人生活、种族和民族本源以及与健康和性生活有关的个人资料，包括遗传资料。"
④ "个人资料保护法"第6条"立法"理由。

集、处理或利用①。唯为使得特种个人敏感性资讯不致完全失去其社会价值，例外可搜集、处理与利用的情形如下："（1）法律明文规定；（2）公务机关执行法定职务或非公务机关履行法定义务所必要，且有适当安全维护措施；（3）当事人自行公开或其他已合法公开之个人资料；（4）公务机关或学术研究机构基于医疗、卫生或犯罪预防之目的，为统计或学术研究而有必要，且经一定程序所为搜集、处理或利用之个人资料。"

5. 不限意图营利

旧"个资法"第 33 条规定，违法搜集、处理与利用个人资料者，须具备有意图营利的主观要件，始受刑事责任。若仅单纯揭露个人资料，因不符合意图营利的要件，即无刑责。同时"刑法"妨害秘密罪章并未针对个人资料提供保护，当个人资料受他人不当揭露与利用时，"刑法"无法提供资料当事人权利救济。有鉴于此，新"个资法"第 41 条删除意图营利的构成要件，凡违反法令规定或未得当事人同意而为资料的搜集、处理与利用，足以损害于他人者，即受有刑罚。

四 "个人资料保护法"对医疗个资的规范不足

（一）特种资料未包括指纹

依据旧"个资法"第 2 条第 1 款，个人资料系"指自然人之姓名、出生年月日、国民身份证统一编号、护照号码、特征、指纹、婚姻、家庭、教育、职业、病历、医疗、基因、性生活、健康检查、犯罪前科、联络方式、财务情况、社会活动及其他得以直接或间接方式识别该个人之资料"。再结合"个资法"第 6 条将"医疗、基因、性生活、健康检查及犯罪前科之个人资料"，另定其管理方式，故可将个人资料分为三种：①一般个资，指"自然人之姓名、出生年月日、国民身份证统一编号、护照号码、特征、指纹、婚姻、家庭、教育、职业、病历、联络方式、财务情况、社会活动"；②特种个资，指"医疗、基因、性生活、健康检查、犯罪前科"；③其他个

---

① 一般个资，经告知当事人并取得其同意时，依法可加以搜集、处理或利用。然特种个资，纵经当事人同意，亦不得加以搜集、处理或利用，此观之"个资法草案"第 6 条第 1 项中，原将"经当事人书面同意"列为第 6 款例外情形，而可搜集、处理或利用，但条文通过时却被删除，可得印证。

资，指"其他得以直接或间接方式识别该个人之资料"。

"个资法"区分一般个资及特种个资，立法理由即指出：特种个资本质上具有直接侵害基本权或隐私的能力，故有不同规定。指纹，依现行"个资法"的规定，系属一般个资，而非特种个资。然而，指纹是个人身体的生物特征，具有人各不同、终身不变的特质，一旦与个人身份连结，就具有高度人别辨识功能的一种个人资讯，本质上即属特种个资。释字第603号即指出："指纹乃重要之个人资讯，个人对其指纹资讯之自主控制，受资讯隐私权之保障。"在"法务部"研修"个资法"阶段，"司法院"大法官会议还尚未对指纹作相关的解释①，故未将指纹列为特种个资加以规范。现行法仅将指纹纳入一般个资，可能会造成对人民基本权的保护不足，有待未来修法时，再予以加入。

（二）"个资法"与其施行细则对个人资料的认定不同

根据"个资法"第2条及第6条的规定，一般医疗机构所管理的个人资料，大抵包括病历（一般个资）及医疗、基因、性生活、健康检查等特种个资。为使本法第2条第1款的病历与第6条第1项的医疗、基因、性生活及健康检查等概念有统整性说明或定义，以避免概念混淆，"个资法施行细则"第4条第1项，将"个资法"第2条第1款所称病历的个人资料，定义为"医疗法"第67条第2项所列的各款资料②。因"医疗法"第67条第2项已有明文规定，本法第2条第1款所定病历，自宜与"医疗法"上开规定为相同定义。而"个资法"第2条第1款所称医疗之个人资料，指"病历及其他由医师或其他之医事人员，以治疗、矫正、预防人体疾病、伤害、残缺为目的，或其他医学上之正当理由，所为之诊察及治疗；或基于以上之诊察结果，所为处方、用药、施术或处置所产生之个人资料"。因依"医师法"第28条对于未具合法医师资格，擅自执行医疗业务者，定有相关处罚规定，故"行政院"卫生署于1986年4月26日卫署医字第527454号函及同年8月30日卫署医字第548812号函，对医疗行为作出释示，认为

---

① "司法院"大法官对指纹所做的解释为：大法官释字603号。
② "医疗法"第67条第1项、第2项："医疗机构应建立清晰、翔实、完整之病历。前项所称病历，应包括下列各款之资料：一、医师依'医师法'执行业务所制作之病历。二、各项检查、检验报告资料。三、其他各类医事人员执行业务所制作之记录。"

在一定目的下，所为综合可产生疗效的行为，均认定为医疗行为，故以医疗行为所产生的个人资料，则可认属医疗的个人资料①。

另外，"个资法"第2条第1款所称基因的个人资料，指"由人体一段脱氧核糖核酸构成，为人体控制特定功能之遗传单位讯息"；"个资法"第2条第1款所称性生活之个人资料，指"性取向或性惯行之个人资料"。

"个资法"与其施行细则对个人资料的认定不同，即"个资法"将病历列为一般资料；但"个资法施行细则"则将病历列为特种资料，显然违反母法"个资法"的规定。此外，"个资法施行细则"第4条第1项既已将病历定义为依"医疗法"第67条第2项所列的各款资料，再透过"个资法施行细则"第4条第2项，将病历解为医疗个资之一，定义上显然重复并前后矛盾，况且，"个资法施行细则"第4条系针对不具医师资格所为医疗个资的解释，完全未针对病历加以说明，立法本意即不包括病历。

另外，依"个资法施行细则"第4条的定义，对于因检查、检验报告资料及其他各类医事人员执行业务所制作的记录，是否为个人资料，显然无法说明。相较于"个资法施行细则"第4条草案的规定，其将"个资法"第2条第1款所称病历的个人资料，包括："一、医师依'医师法'执行业务所制作之病历；二、各项检查、检验报告资料；三、其他各类医事人员执行业务所制作之记录。"且将"个资法"第2条第1款所称医疗的个人资料，定义为"病历以外，其他以治疗、矫正或预防人体疾病、伤害、残缺为目的，所为之诊察、诊断及治疗；或基于诊察、诊断结果，以治疗为目的，所为之处方、用药、施术或处置等行为全部或一部所产生之个人资料"，以处理未具合法医师资格，擅自执行医疗业务医疗行为所产生的个人资料②。个人以为"个资法施行细则"第4条草案的规定，既未逾时母法，且与母法对于个人资料的分类一致，又符合医疗临床的现况，较为可采。

---

① "法务部"：《个人资料保护法施行细则修正草案对照表》，http：//www.moj.gov.tw/（最后访问日期：2013年3月11日）。

② 因"医师法"第28条规定，未具合法医师资格，擅自执行医疗业务者，处6个月以上5年以下有期徒刑，得并科新台币30万元以上150万元以下罚金，故"行政院"卫生署对医疗行为作成定义，认为在一定目的下，所为综合可产生疗效的行为，均认定为医疗行为；以医疗行为所产生的个人资料，则认属医疗的个人资料。"法务部"：《个人资料保护法施行细则修正草案对照表》，http：//www.moj.gov.tw/（最后访问日期：2013年3月11日）。

(三) 为研究或统计的需求搜集特种个资无须当事人同意

对于个人资料（包括一般、特种及其他个资）得为搜集、处理或利用的前提，系告知当事人并征得其同意，其法理在于个人资讯自决及对隐私权的保护。在"个资法"第6条对于特种个资（亦即敏感资料），原则禁止搜集、处理或利用，例外列举四款得为搜集、处理与利用亦应做相同的解释[①]，除非该法条所保护的法益大于隐私权法益。

以第1款"法律明文规定"为例，当法律明文规定对医疗资讯为强制搜集或揭露时（如"罕见疾病防治及药物法"第7条、"传染病防治法"第39条），系为避免因程序冗赘而使行政效率不彰，自无须当事人同意的必要。再就第3款为例，"当事人自行公开或其他已合法公开之个人资料"，更可印证系以"知情同意"为立论基础。然在第4款例外，现行法却未将"告知同意"列为必要条件，仅因研究或统计的需要，即可径行搜集个人特种个资而无须当事人同意，显然是对个人资讯隐私权的漠视。盖资讯隐私权所保护者，包含个人资讯有免受揭露的利益，亦包含个人对资讯自主控制的利益（即个人有权决定是否公开或如何公开的权利）。特种个资涉及个人私密事务及隐私权的核心保护，更应当尊重当事人的自主决定权。据此，"个资法"此款并未充分保障个人的资讯自主控制权[②]。

相较于日本立法例，其《个资法》，不分一般个资及特种个资，对于个人资料均给予同等的保护（第2条）。第16条关于利用个人资料的限制，在第2项即指出未取得当事人的同意，不可利用该当事人的资料。仅例外在四种情形下，不须当事人的同意（第16条第3项），如"法律另有规定""为保护个人生命、身体及财产，取得本人同意有困难""有促进公共卫生

[①] "个人资料保护法"第6条："有关医疗、基因、性生活、健康检查及犯罪前科之个人资料，不得搜集、处理或利用。但有下列情形之一者，不在此限：
一、法律明文规定。
二、公务机关执行法定职务或非公务机关履行法定义务所必要，且有适当安全维护措施。
三、当事人自行公开或其他已合法公开之个人资料。
四、公务机关或学术研究机构基于医疗、卫生或犯罪预防之目的，为统计或学术研究而有必要，且经一定程序所为搜集、处理或利用之个人资料。"

[②] 台湾采相同见解者刘彦辰：《论医疗资讯隐私之保护规范》，硕士学位论文，世新大学法律学系研究所，2010。

及儿童健全发展之必要，取得本人同意有困难"及"国家机关及公共团体接受委托，为实施法令所定事务有协助之必要时，可依本人之同意，阻止该事务之进行"①。

（四）欠缺处理特种个资的事前审查机制

对于特种个资（敏感资料）的搜集、处理与利用，由于事涉个人隐私权的核心问题，事前应当经过审慎与严谨的程序审查，确认其搜集、处理与利用是否符合法定正当事由，是否具有适当资讯安全技术与规则，以防止特种个人资料受到非法的揭露、利用，真正保障个人隐私。大法官释字第603号即指出，对于指纹等资料为搜集、利用时，"主管机关尤应配合当代科技发展，运用足以确保资讯正确及安全之方式为之，并对所搜集之指纹档案采取组织上或程序上必要之防护措施，以符'宪法'保障人民资讯隐私权之本旨"。"个资法"对于事前审查等程序保障未作规范，未能确实落实个人隐私的保护，笔者建议在第6条施行日公布后，应透过同条第2项的授权立法，在此办法中应订定处理特种个资的事前审查机制。

（五）医疗资讯利用规范的缺失

医疗资讯因涉及个人私密事务，具有高度敏感性，又因其具有高度专业判断性，一般不具备专业知识的人，并不能轻易理解或处理此等医疗资讯。"个资法"对于特种个资医疗资讯的利用并未指定得搜集、处理与利用资料之人，当医疗资讯被其他不具有专业知识人员搜集、利用与处理时，将可能对当事人产生错误评价的不当连结。此外，不具有专业保密义

---

① 日本「個人情報の保護に関する法律」第16條第3項：「前二項の規定は、次に掲げる場合については、適用しない。
一　法令に基づく場合
二　人の生命、身体又は財産の保護のために必要がある場合であって、本人の同意を得ることが困難であるとき。
三　公衆衛生の向上又は児童の健全な育成の推進のために特に必要がある場合であって、本人の同意を得ることが困難であるとき。
四　国の機関若しくは地方公共団体又はその委託を受けた者が法令の定める事務を遂行することに対して協力する必要がある場合であって、本人の同意を得ることにより当該事務の遂行に支障を及ぼすおそれがあるとき。」

务的人员对资讯的处理,一旦有泄露秘密的行为发生,亦无法依"刑法"业务泄露秘密罪处罚,对个人医疗资讯隐私保障而言,无疑是另一项疏漏。笔者以为:"立法"上应可参考澳门《个人资料保护法》第7条第4项的规定,为医学研究、公共卫生等目的而对医疗资讯的搜集、处理与利用时,应指定由具有保密义务的医事专业人员或其他亦具有职业保密义务规定的人员来处理①。

此外,"个资法"第6条第4款例外得搜集与利用特种个资的规定,"个资法"并未要求搜集特种个资须采取适当措施确保资讯安全,如适当匿名程序的处理,因统计或研究的成果发表时,亦可能揭露资讯当事人的相关资讯,而侵犯个人资讯隐私权。笔者以为:"立法"上可参考澳门《个人资料保护法》第7条第4项的规定,采取适当措施确保资讯安全,处理有关资料。因卫生、统计或研究之必要而搜集与利用医疗资讯时,必须确保搜集与利用不会揭露当事人的身份,且发表的形式也不会揭露当事人的身份,以确实保障个人医疗资讯隐私权。

五 医疗法规与个人资料保护法的关系

探讨医疗法规与"个人资料保护法"的关系,前提需先了解现行医疗机构处理个人资料的特色,方能妥善贴切地适用此两类法规,并进而将"个资法"的规定落实到医疗院所的医疗资讯管理上。

(一) 医疗机构处理个人资料的特色

1. 大部分为一般个资,但同时可能构成特种个资

基于"个资法"及其施行细则对于个人资料的分类,表现在医疗机构对于个人资料的处理上,大部分为一般个资,可涵盖在病历中,但涉及医疗、基因、性生活或健康检查的资料,即同时构成特种个资。有别于相关医疗法规,"个资法"对这两种个人资料,有不同程度的保护规范要求,医疗

---

① 澳门《个人资料保护法》第7条第4项:"如处理与健康、性生活和遗传有关的资料是医学上的预防、诊断、医疗护理、治疗或卫生部门管理所必需的,只要由负有保密义务的医务专业人员或其他同样受职业保密义务约束的人进行,并根据第二十一条规定通知公共当局和采取适当措施确保资讯安全,得处理有关资料。"

机构须加以注意。

2. 服务过程中即在搜集个人资料

医疗人员在医疗服务的过程中即在搜集个人资料，包括搜集一般个资或特种个资；对于个人资料的利用是否仅限于搜集时的特定目的，有别于相关医疗法规，"个资法"是否有不同的保护规定，不仅医疗人员须加以知悉，相关的医疗资讯管理更须配合法令的规定加以调整。

3. 个人资料的利用不限于搜集时的特定目的

现行医疗机构对于个人资料的利用，往往不限于搜集时的特定目的，有时尚包括学术研究分类、病历分类、行政机关通报、医疗营销及转诊等。这些也未必由机构本身为特定目的加以处理及利用，亦可能是代诊或资讯系统处理[①]，凡此均逾越搜集时的特定目的，当事人往往无法得知，更遑论对其医疗资讯隐私权的保护。

（二）现行医师法规无法全面性保护医疗个人资料

台湾对于医疗个人资料，并未设有专门规范加以保护，有关医疗个资保护的实践，散见于各个不同的法规，如上述的"个资法""民法"及"刑法"等均有不同的医疗资讯隐私的保护程度及保护范围。本部分将进一步介绍"个资法"与医疗法规的关系，以期医疗院所对"个资法"的修正有所因应。

1. 医疗法规系"个资法"的特别法

医疗法规如"医疗法""医师法""人体研究法"或"人体生物资料库管理条例"等，均系"个资法"的特别法规，当同一医疗事实，特别法规与"个资法"均有规定时，可优先适用特别法规。如医院制作病历（包括制作方式及内容）依法须符合"医疗法"与"医师法"等特别法[②]，因其位阶高于"个资法"，故符合这两种规范的病历，即不受"个资法"的影响。

2. 医疗院所除适用医事法规外，亦有适用"个资法"的空间

并非医疗院所符合"医疗法"及"医师法"，就不需对"个资法"进

[①] 周道君：《个人资料保护法修正对医疗机构之影响与因应》，http://www.hl7.org.tw/20120510/p1.pdf（最后访问日期：2013年4月20日）。

[②] 如"医疗法"第67条；"医师法"第12条。

行任何因应措施。纵医疗院所先前已建立了一套严谨的作业流程，主管机关的规范亦相当完整，但"个资法"的施行仍对医疗业造成影响。因"医疗法"及"医师法"仅规定病历的制作方式及内容，但并未规定医生搜集资料时必须告知病人，更未规定医生需告知病人其病历资料的后续利用情形。

此外，现行的医疗院所在健保财务收入减少下，其业务较以前更为广泛多元，除从事医疗行为外，尚有健康检查、病情预防及委外检验等其他业务，医疗院所提供的服务即牵涉多数上、下游厂商，形成医疗的服务供应链[①]，凡此委外及内部的作业串流，均不在"医疗法"与"医师法"的规范中，而需适用"个资法"的规范。唯过去医疗院所大抵只知悉"医疗法""医师法"等与医疗相关法令规章，对各产业通用的法令，如"个资法"，较不熟悉。凡此均系日后经营医疗业务时，须加以留意之处。

(三) "医疗资讯安全与隐私权保护指导纲领"（草案）

鉴于日本《个资法》授权主管机关基于资料的特殊性质，制定不同保护程度的专门法令；美国亦依规范的资料类型个别立法，台湾"行政院"卫生署亦于2004年拟定"医疗资讯安全与隐私权保护指导纲领"（草案）（简称"指导纲领"），借以保障医疗个资的安全。唯此"指导纲领"之位阶仅为行政指导，非法规命令，且其草拟的时间在"个资法"修正前，故其在规范内容上，即有诸多与"个资法"及国际立法趋势不相吻合，遑论就上述现行"个资法"不足之处，加以因应。兹说明如下。

1. 规范主体

"指导纲领"规范的主体，包含医疗机构以及医事相关人员。所谓医疗机构，系指依据"医疗法"设立之医疗机构（"指导纲领"第1条），亦即仅限于医院、诊所及其他医疗机构（"医疗法"第12条）。而其他医疗机构，依据"医疗机构设置办法"第2条规定，包括：①捐血机构；②病理机构；③其他非以直接诊治病人为目的而由医师办理医疗保健业务的机构。医事相关人员，系指需参与及处理该病人医疗服务或医疗资讯的相关人员（"指导纲领"第1条）。

---

① 黄穗秋：《个资法对医疗院所之冲击》，http://www.hl7.org.tw/20120510/p2.pdf（最后访问日期：2013年4月20日）。

然而，从"个资法"扩大适用主体及临床医疗加以观察，保有病患医疗个资的机构，除医疗机构外，尚有护理机构、医事检验所、营养咨询机构、心理或心理咨询机构等，皆对个人提供医疗照护并为业务记录。然"指导纲领"却疏漏未规范，应可参考与日本《指导原则》Ⅰ3.及美国HIPAA Privacy Rule 的规定，纳入其他保有医疗个资的机构。

2. 规范客体

本纲领所规范的医疗资讯，系指任何形式的医疗记录（"指导纲领"第1条），包括纸本、电子病历、录音或录像等方式。相较于"个资法"及其施行细则对个人资料的认定不同，且对一般个资及特种个资及其管理规范，"指导纲领"对此应有具体响应，似不宜将任何形式的医疗记录一并适用同一规范。

3. 医疗资讯的使用

本纲领指出医疗机构或医事人员对于个人医疗资讯的使用必须有所限制，除非以下例外：①其使用形式不会揭露足资识别该病人之资料；②其使用目的是作统计之用，发表形式也不会揭露足资识别该病人之资料；③其使用目的是作研究之用，且取得医疗机构相关委员会的同意，而且发表形式也不会揭露足资识别该病人之资料（"指导纲领"第10条）。

相较于"个资法"第6条第4款"基于医疗、卫生或为统计与研究的必要"，不仅未将"告知同意"列为必要条件，并未考量可否揭露资料当事人的身份，且于统计或研究之发表时亦未有不得揭露个人身份的规范。"指导纲领"第10条的保护程度，显然高于"个资法"的规定。

4. 医疗资讯的揭露

本纲领规范医疗机构或医事人员就其保有的个人医疗资讯不得无故揭露，除非有以下例外情形：①经病人或其法定代理人同意；②在紧急情况下，向其配偶、亲属或关系人揭露医疗资讯；③受有关机关询问或委托鉴定；④其他依法应办理事项；⑤为保障生命权及公共利益所必需（"指导纲领"第15条）。由于医疗个资具有高度敏感性，其涉及个人隐私权的核心价值，不当的揭露对于当事人的隐私将造成极大的损害，若无正当理由，不得为医疗资讯的揭露。然"公共利益"的概念过于抽象与不确定，若基于公共利益，即得揭露当事人的医疗个资，显然是侵犯个人对其医疗个资自主控制的权利。故对例外的制定，应加以限缩且须明确，宜将公共利益事由具体化。

5. 当事人权利

"指导纲领"仅赋予病患对于医疗机构或医事人员所保存的医疗资讯享有以下权利：①查询及请求阅览；②请求复本；③请求补充。然本文前述规范主体应扩及保有医疗个资机构，故当事人权利亦应做相同认定。此外，依据"个资法"与"医疗法"的规范，病患对其医疗个资本享有查询与请求阅览权、请求制给复本及请求补充的权利，"指导纲领"实不必重复规定。

六　医疗院所对实施"个人资料保护法"的因应

"个资法"施行后，面对着财团法人或公益社团法人的团体诉讼权并得减免裁判费，以及提高对同一原因事实应对当事人损害赔偿总额（2亿元），均足使医疗个资争议形成医事争议新类型，故医院及诊所有"个资法"的规定，加以因应。

（一）对医疗个资的管理须因一般个资与特种个资而异

"个资法"中对于特种资料设限较多，而特种资料的搜集、处理及利用，又属医疗院所居多。对于特种个资的管理，纵经当事人同意，原则上亦不可搜集、处理或利用。唯有符合法定情形，方可为之；若医疗院所为学术研究机构，为统计或学术研究而要搜集、处理或利用特种个资时，亦建议应经当事人书面同意，以保障其隐私权。

对一般个人资料中的管理，在符合法定要件下，可搜集、处理或利用。建议医疗院所应将此等法定要件，如告知义务、告知事项，及特定目的的搜集、处理或利用等事项，设计在病历的制作中；且透过教育倡导，纳入医事人员继续教育范围。

另外，对于病历的管理，亦须强化相关医疗人员不得无故泄露的法定义务。不论任何医院或诊所，对于病历的管理，综观医疗法规及"民刑法"的相关规定，其共通的背景，即不得无故泄露。依据"医疗法"第72条的规定："医疗机构及其人员因业务而知悉或持有病人病情或健康资讯，不得无故泄漏"，违反者，依该法第103条规定，行政责任系处新台币 5 万元以上 25 万元以下罚款。再依该法第 107 条规定，其行为人亦处以第 103 条罚款；其触犯刑事法律者，如触犯"刑法"第 316、317 条或第 318 条时，需移送司法机关办理。此外，亦构成对隐私权的侵害的，可依"民法"第 184 条第 1 项前段及第 195 条规定，主张财产上及非财产上的损害赔偿。

（二）医师制作病历时应告知病人，并告知其病历资料的后续利用

医疗院所搜集一般个人资料、制作病历时，不论是直接向病人或间接向家属搜集一般个人资料，除符合法定免为告知情形外，应明确告知当事人医疗院所的名称、搜集目的、资料类别、利用方式及资料源等相关事项。唯为减少劳费起见，可于首次对当事人资料利用时，一并告知（"个资法"第 8、9 条）。

（三）一般个人资料的利用不得逾越搜集时的特定目的

医疗院所搜集或处理一般个人资料，应有特定目的，并符合"个资法"第 19 条所定各款事由之一；并应于搜集的特定目的必要范围内加以利用，除非符合法定事由，方得为特定目的外的利用（"个资法"第 19、20 条）[①]，即一般个人资料的搜集与利用具有连结性。合法搜集后，仅能在搜集的特定目的内加以利用的，不可无限加以利用。特定目的应贯穿整个个资管理的生命周期。医疗院所针对特定目的外的利用，亦应依法建构搜集的程序[②]。

（四）以第 6 条条文内容预先规划安全维护计划

1999 年 5 月 26 日修正公布的"个资法"，除第 6 条及第 54 条条文的施行日期由"行政院"另订外，其余条文均自 2012 年 10 月 1 日施行。虽现阶段第 6 条尚未生效，但考虑未来仍会施行，第 6 条第 2 款要求须有"适当安

---

① 依据"个资法"第 2 条第 3 款，搜集系指以任何方式取得个人资料；第 4 款处理系指为建立或利用个人资料档案所为资料的记录、输入、储存、编辑、更正、复制、检索、删除、输出、连结或内部传送；第 5 款利用系指将搜集的个人资料为处理以外的使用。

② 周道君：《卫生署对于医疗院所因应个人资料保护法修正之政策思考》，http://www.hl7.org.tw/20121208/3-1.pdf（最后访问日期：2013 年 4 月 20 日）。

全维护措施"，且公务机关或非公务机关保有个人资料档案时①，依据"个资法"第18条及第27条的规定，亦应实行安全维护措施，以防止个人资料被窃取、窜改、毁损、灭失或泄露。据此，医疗院所除有必要斟酌"个资法施行细则"第12条第2项所规定的事项，并以与所欲达成的个人资料保护目的间具有适当比例为原则外②，更需参考卫生署对医院安全维护计划的构想，拟订安全维护计划③。

七　结语

医疗资讯，不论是一般个资或特种个资，均属于个人资讯的一部分，具有专业性、敏感性以及可辨识性的特质，一旦遭受他人揭露或滥用，将造成个人人格的贬损以及负面评价，甚至有可能使得个人无法受到完善的医疗照护，进而影响医学研究的发展及公共卫生的安全。而对于个人医疗个资的保

---

① 个人资料档案系指依系统建立而得以自动化机器或其他非自动化方式检索、整理的个人资料的集合（"个资法"第2条第2款）。
② "个资法"施行细则第12条第2项："前项措施，得包括下列事项，并以与所欲达成之个人资料保护目的间，具有适当比例为原则：
一、配置管理之人员及相当资源。
二、界定个人资料之范围。
三、个人资料之风险评估及管理机制。
四、事故之预防、通报及应变机制。
五、个人资料搜集、处理及利用之内部管理程序。
六、资料安全管理及人员管理。
七、认知倡导及教育训练。
八、设备安全管理。
九、资料安全稽核机制。
十、使用记录、轨迹资料及证据保存。
十一、个人资料安全维护之整体持续改善。"
③ 卫生署对医院安全维护计划的构想："管理人员：应指定专责管理人员。个人资料范围：适时盘点；一定规模以上定期盘点。风险评估：定期办理；一定规模以上有检讨机制。事故通报及应变机制：应有具体内容；一定规模以上应有演练；搜集处理利用管理机制：应有具体内容；一定规模以上定期检讨。安全管理：资讯及非资讯得分别规范；对委外厂商应有明确管理规范。教育倡导：每年实施；一定规模以上可有最低时数；医事人员研拟纳入继续教育范围。稽核机制：一定规模以上应定期实施。证据保存：医疗个资保存期间同病历；其他可自定义。"周道君：《卫生署对于医疗院所因应个人资料保护法修正之政策思考》，http://www.hl7.org.tw/20121208/3-1.pdf（最后访问日期：2013年4月20日）。

护，不仅为当前国际趋势，更落实在台湾的相关大法官解释、"个资法"及相关医事法规中。

目前台湾并无一部专门的医疗个资保障的规范，除了"民法""刑法"等基本规范外，"个人资料保护法""医疗法"、各医事人员法与其他医疗法规亦有关于医疗个资的保障。在此等法规的适用方面，对于医疗个资的保障，医事法规系"个资法"的特别法，应优先加以适用，然对于医事法规未规定的事项，仍应适用"个资法"。甚至，侵害医疗个资亦属对隐私权的侵犯及业务上泄露秘密，有"民刑法"相关法律的适用。

但不可否认，现行"个资法"涉及医疗个资的规范，仍有不足之处，如特种资料未包括指纹、"个资法"及其施行细则对个人资料的认定不同、为研究或统计的需求搜集特种个资无须当事人同意、欠缺处理特种个资的事前审查机制及缺乏医疗资讯利用规范，故个人的医疗个资仍然有可能受侵害，无法确实保障个人的资讯自主控制权。故本文借由探讨欧盟、美国、德国、日本及我国澳门的个资保护规范，期冀可为台湾"个资法"及"医疗资讯安全与隐私保护指导纲领"（草案）提供参考与建议，借以建立一套更加完善的制度，落实对医疗个资的保护。

告知后同意在个人资料处理之适用

翁清坤[*]

一 前言

资讯（information）无疑系当代社会运作的重要命脉，乃政治、经济或社会决策所不可或缺的。当前人们所生活的世界，主要系由科技形塑其面貌并由资讯供给其运作的能量。科技设备（如电话、录音及录像设备、电脑及互联网）对于人们获取世界资讯的能力及彼此的沟通，造成了天翻地覆的革命化影响[①]。尤其，电脑及互联网革命将个人资料的搜集、处理、利用与分享推至一个新的境界。因为具有科技上的可能性及经济上的可行性，所以可以搜集及储存人们长时间生活点点滴滴的个人资讯，而在科技革命之前，人们只能单纯地让这些资讯流失或将其放置于遥远的大型电脑中而难以移动[②]或接近。于是，逐渐地人们每一天的活动皆涉及资讯的流通及搜集。政府的档案搜集了大量关于个人出生、婚姻、财产、宗教信仰、投票活动、专业证照、纳税、前科记录等个人资料，以利其施政。私人部门则为了市场营销目的、准备信用记录或其他五花八门的目的，也储存了巨大的个人资料库。不管人们去哪里也不管人们做什么，皆轻易地留下了被搜集及记录的资料轨迹[③]。而这些政府或

---

[*] 翁清坤，辅仁大学财经法律学系助理教授。

[①] Daniel J. Solove & Paul M. Schwartz, *Information Privacy Law 1* (2003).

[②] Vera Bergelson, "It's Personal But Is It Mine? Toward Property Rights in Personal Information," *U. C. Davis Law Review* 37 (2003): 382, 384-385.

[③] Daniel J. Solove & Paul M. Schwartz, *Information Privacy Law 1* (2003), p.1.

私人部门所搜集的个人资料则有各种来源①,包括在线(online)及脱机(offline)的购物记录、电话簿、民意调查、人口普查、财产登记、信用卡交易、电话记录、杂志订阅及政府档案等。

  正因电脑科技及互联网革命促进了搜集、处理、利用及分享大量个人资料的能力,而这种能力也使得个人资料的交易蓬勃发展,因为善用个人资料无疑将确保财富创造的新途径,尤其某些产业(如金融业、广告业)乃资讯经济(information economy)的一环,其赢家将属于那些善于管理客户个人资料且能适时适地提供客户所需产品的经营者。虽然,按国内外学说及实务见解,个人资料所指涉的主体(data subject)或当事人(以下称当事人)对于个人资料应拥有控制权,得决定是否揭露其个人资料,及在何种范围内、于何时、以何种方式、向何人揭露。唯"资料搜集者"(information collector)或"资料控制者"(data controller)擅长以高明手段取得当事人同意而搜集、利用及分享其个人资料。尤其在网络世界中,网站经营者更能轻易地搜集个人资料②。

  伴随着资料搜集者对个人资料逐渐增加的使用,新科技俨然对个人资料的保护造成前所未有的全新威胁③。尤其,消费者经常未能注意或正确评估其大量的个人资料被以复杂方式所搜集④、处理、利用或分享,当事人对于个人资料的控制能力也因此被削弱或剥夺。正因当事人与资料搜集者之间存在着严重的"资讯不对称"(information asymmetries)或知识落差(knowledge gap),极易导致有利于资料搜集者的单边协商(one-sided bargains)⑤之结果,而使得个人资料轻易地被搜集、利用及分享,因此,有必要透过"告知后同意"或"知情同意"(informed consent)或"告知后选择"(informed choice)的机制⑥来促进资讯的"透明化"(transparency),

---

① Vera Bergelson, "It's Personal But Is It Mine? Toward Property Rights in Personal Information," *U. C. Davis Law Review* 37 (2003): 384 – 385.

② Vera Bergelson, "It's Personal But Is It Mine? Toward Property Rights in Personal Information," *U. C. Davis Law Review* 37 (2003): 385.

③ Daniel J. Solove & Paul M. Schwartz, *Information Privacy Law 1* (2003), p. 1.

④ Paul M. Schwartz, "Property, Privacy, and Personal Data," *Harvard Law Review* 117 (2004): 2055, 2069.

⑤ Paul M. Schwartz, "Privacy and Democracy in Cyberspace," *Vanderbilt Law Review* 52 (1999): 1609, 1683.

⑥ Jeanette Teh, "Note, Privacy Wars in Cyberspace: An Examination of the Legal and Business Tensions in Information Privacy," *Symoposium on Law and Technology* 4: 1, 7, 2001 – 2002.

而减缓资讯不对称所造成个人资料交易市场失灵的流弊。

由1995年通过的《欧盟资料保护指令》(the Data Protection Directive)[①]第2(h)条规定"当事人的同意系任何出于自由意志、目的特定及基于告知后所表示之期望,借以指出其同意个人资料被处理",及中国台湾2010年新修正的"个人资料保护法"第7条规定"第十五条第二款及第十九条第五款所称书面同意,指当事人经搜集者告知本法所定应告知事项后,所为允许之书面意思表示。第十六条第七款、第二十条第一项第六款所称书面同意,指当事人经搜集者明确告知特定目的外之其他利用目的、范围及同意与否对其权益之影响后,单独所为之书面意思表示"可知,立法者亦有意借由所谓"告知后同意",进一步落实对当事人之保护。

告知后同意原则除适用于个人资料之保护外,在医疗领域的发展更早,要求医生从事医疗行为前必须先取得病人告知后同意,唯在该领域属于先驱的美国于1957年方获得法院肯认。告知后同意原则其实有着古老且深厚的立论基础,在司法机关透过医疗案件开始发展关于告知后同意原则的法理论述之前,"同意"(consent)的概念数世纪以来早已处于法律思想中显著的重要地位,尤其在契约法制中,同意实为居于核心的概念。因为当事人可以透过同意的机制反映其个人价值体系的偏好次序,唯当事人不应受其非自愿性及非有所认识下所为的承诺之拘束;且按新古典经济学理论,同意的机制虽有助于增进经济效率,唯只有在当事人被告知后、自愿性地选择所为的交易才能直接或间接增进当事人或社会的福祉。据此可知,同意必须系基于告知后(informed)或有所认识(knowledgeable)所为者[②],方具有相当的意义。

其实,告知后同意原则主要包含"揭露"(disclosure)及"同意"两个面向[③]。因此,告知后同意之首要,即在使资料搜集者搜集、利用或分享

[①] Directive 95/46/EC of the European Parliament and of the Council of 24 October 1995 on the protection of individuals with regard to the processing of personal data and on the free movement of such data, available at http://eur-lex.europa.eu/LexUriServ/LexUriServ.do?uri=CELEX:31995L0046:EN:HTML (last visited May 3, 2013).

[②] Peter H. Schuck, "Rethinking Informed Consent," *Yale Law Journal*, January. 103 (1994): 899, 900-901.

[③] Jacqueline M. Nolan-Haley, "Informed Consent in Mediation: A Guiding Principle for Truly Educated Decision-making," *Notre Dame Law Review*, March. 74 (1999): 775, 782-783.

个人资料之实际状况得以"透明化",以利当事人同意权之行使。换言之,按告知后同意原则,资料搜集者应以合理努力而指出为何搜集个人资料,使得当事人得以了解其个人资料将如何被搜集、利用或分享;而同意则应以当事人对于其与资料搜集者间之意思表示一致内容有所了解为前提。据此,资料搜集者所应提供予当事人之"隐私权政策"或"隐私政策"(privacy policy)通知之资讯应包括个人资料搜集的主体、目的、是否与第三者分享该个人资料、对于搜集目的以外的利用或揭露之限制,以及当事人所因此让与之个人资料之利益,以利当事人为告知后同意或选择。然而,各国或国际组织对于如何要求资讯搜集者提供"隐私权政策"通知予当事人之落实方式则有所不同,大抵可分别借由市场机制或政府管制之方式诱使或强制资讯搜集者分享其将如何搜集、利用或分享其个人资料之资讯予消费者或国民,以求克服资讯不对称的问题,唯成效不一。

本文在结构上,第二部分将先介绍资讯搜集者搜集、利用或分享个人资料应经当事人同意之实证法上的基础,并兼论何种情形下得不经当事人同意而搜集、利用或分享个人资料之情形。第三部分将分析用以解决资讯不对称流弊之"告知后同意"内涵为何,及其在其他领域(如医学)的运用状况,以供借鉴;并详细分析各国或国际组织如何借由市场力量或政府立法促使资讯搜集者揭露其将如何搜集、利用或分享其个人资料之隐私权政策资讯予当事人而尽告知之责,以及当事人所为同意之构成要件应为何,方属有效的告知后同意。第四部分将通过以金融业者为主的资料搜集者依法所采用之"选择加入"及"选择退出"模式,探讨其所提供之隐私权政策通知对于解决资讯不对称问题之具体成效与可能衍生之问题(如隐私权政策通知之"框架效应"),以为实证。第五部分,则为结论。

二 以"同意"为基础的个人资料保护体制

关于搜集、利用或分享个人资料应经当事人同意之实证法上的基础,以及政府采取"由上而下"立法模式罗列得不经当事人同意而搜集、利用或分享个人资料者之情形,分述如下。

（一）"同意"之由来与个人资料控制、处分权之赋予

学者 Alan F. Westin 曾于其 1967 年的划时代著作《隐私与自由》（*Privacy and Freedom*）中谓："隐私乃个人……得决定其何种资料于何时及如何提供予他人之一种权利。"此后，许多主要国际或国家保护个人资料的规范即参照该见解，以"同意"或"选择"及协助该同意、选择决定所需的"告知"或"通知"（notice）为保护个人资料之重要机制[①]，分述如下。

1. 主要国际规范

经济合作与发展组织（The Organization for Economic Co-operation and Development，OECD）堪称个人资料保护领域的先驱，对于全球相关法律架构的发展颇有帮助[②]。OECD 于 1980 年所通过《有关隐私权保护及个人资料跨国流通之准则》（Guidelines on the Protection of Privacy and Transborder Flows of Personal Data）[③] 规定了关于个人资料保护的八大原则，其中，关于"限制搜集原则"（Collection Limitation Principle），即个人资料的搜集应合法、公正，并取得当事人同意或通知当事人；另外，关于"目的明确化原则"（Purpose Specification Principle），即个人资料于搜集时，目的应明确化，其后之利用亦不得抵触最初搜集之目的，目的变更者亦应加以明确化，除非经当事人同意或法律另有规定[④]。

按《欧洲联盟基本权利宪章》（Charter of Fundamental Rights of the European Union）[⑤] 第 8 条第 1、2 款规定，每个人有保护关于其个人资料之权利，而该个人资料被处理时，应有特定目的及经当事人同意或经法律赋予其他正当化基础（legitimate basis）。1995 年通过的《欧盟资料保护指令》也关注个人选择及通知。例如，按《欧盟资料保护指令》第 7(a) 条规定，

[①] Fred H. Cate, "Protecting Privacy in Health Research: The Limits of Individual Choice," *California Law Review* 98 (2010): 1765, 1766.

[②] Jody R. Westby, *International Guide to Privacy* (New York: American Bar Association, 2004), p. 82.

[③] Available at http://www.oecd.org/document/18/0,3343,en_2649_34255_1815186_1_1_1_1,00.html (last visited May 31, 2013).

[④] 许文义：《个人资料保护法论》，三民书局，2001，第 161~163 页；Jody R. Westby, *International Guide to Privacy* (New York: American Bar Association, 2004), pp. 82 – 85。

[⑤] Available at http://www.europarl.europa.eu/charter/pdf/text_en.pdf (last visited March 31, 2013).

倘经个人资料所指涉之当事人（data subject）毫不含糊、明确地（unambiguously）同意者，则可对个人资料加以处理。又如第8(2)(a)条规定，倘经当事人明白同意（explicit consent）者，则可对种族、政治见解、宗教信仰、健康、性生活等敏感资料加以处理。而第26(1)(a)条规定，倘经当事人对于所提议之个人资料移转加以毫不含糊、明确地同意者，则可排除第25条禁止出口个人资料至保护不足的非欧盟国家之限制。

又如2000年为解决美国与欧洲联盟之间个人资料保护标准不一致所引发的纷争而协议的"安全港隐私原则"（Safe Harbor Privacy Principles）①，要求资料搜集者应给予个人是否同意将其个人资讯揭露予第三人或用于与原始搜集目的或随后的授权目的不相符之用途；而对于敏感资讯（如种族、政治见解、宗教信仰、健康、性生活）揭露予第三人或用于与原始搜集目的不相符之用途，则应给予个人明确选择（选择加入，opt in）之机会。

亚太经合组织于2004年11月制定的《亚太经合组织隐私框架》（APEC Privacy Framework）也同样地强调"选择"，按《亚太经合组织隐私框架》第20条规定②，适当时，应提供当事人得就其个人资料之搜集、利用和揭露行使选择（choice）的清楚明显且易于了解、接近及可行的机制。

2. 主要国家规范

除上述国际规范外，个人的"同意"或"选择"及协助该同意、选择所需的"通知"在许多国家的中央或地方立法中亦甚受重视。台湾新修正的"个人资料保护法"第15条第1项第2款规定："公务机关对个人资料之搜集或处理，除第六条第一项所规定资料外，应有特定目的，并符合下列情形之一者：……二、经当事人书面同意。"第16条第1项第7款规定："公务机关对个人资料之利用，除第六条第一项所规定资料外，应于执行法定职务必要范围内为之，并与搜集之特定目的相符。但有下列情形之一者，得为特定目的外之利用：……七、经当事人书面同意。"第19条第1项第5款规定："非公务机关对个人资料之搜集或处理，除第六条第一项所规定资料外，应有特定目的，并符合下列情形之一者：……五、经当事人书面同

---

① Available at http：//export.gov/safeharbor/eu/eg_ main_ 018475. asp.
② Fred H. Cate, "Protecting Privacy in Health Research：The Limits of Individual Choice," *California Law Review* 98（2010）：1766 - 1767.

意。"第20条第1项第6款规定:"非公务机关对个人资料之利用,除第六条第一项所规定资料外,应于搜集之特定目的必要范围内为之。但有下列情形之一者,得为特定目的外之利用:……六、经当事人书面同意。"由此可知,资料搜集者(不论公务机关或非公务机关)对于个人资料的搜集、处理或利用,除有其他法定原因外,应经当事人书面同意。

欧盟会员国的英国《资料保护法》(Data Protection Act 1998)[①]之 Schedule 1,Part Ⅰ 及 Schedule 2 规定,个人资料之处理应公正及合法,尤其非经当事人同意或有其他法定理由,不得为个人资料之处理。同属欧盟会员国的德国于2009年8月14日所修订的《联邦资料保护法》(Bundesdatenschutzgesetz, Federal Data Protection Act)[②] 第4(1)条规定,个人资料的搜集、处理及利用应经当事人同意或法律另有规定者,方属合法。

在美国,联邦贸易委员会(Federal Trade Commission,FTC)向国会所提出的报告[③]指出,有助于建立"公平资讯惯例"(Fair Information Practices)的五项核心原则,其包括"通知/注意"(Notice/Awareness)、"选择/同意"(Choice/Consent)、"接近/参与"(Access/Participation)、"完整/安全"(Integrity/Security)、"执行/补偿"(Enforcement/Redress)。其中,最重要者为"通知/注意"及"选择/同意",倘无通知,消费者即无法针对是否及于何种范围内揭露个人资料而为告知后决定[④]。类似地,美国某些法律〔如《金融服务现代化法》(the Gramm-Leach-Bliley Financial Services Modernization Act)〕[⑤]亦以"选择"基础为立法模式。

[①] Schedule 1, Part Ⅰ, and Schedule 2 of Data Protection Act 1998, available at http://www.legislation.gov.uk/ukpga/1998/29 (last visited October 3, 2011).

[②] Federal Data Protection Act, Bundesdatenschutzgesetz-as of 1 September 2009, available at http://www.bfdi.bund.de/EN/DataProtectionActs/Artikel/BSDG_idFv01092009.pdf?__blob=publicationFile (last visited October 3, 2011).

[③] Federal Trade Commission, Privacy Online: A Report to Congress 62, 1998, available at http://www.ftc.gov/reports/privacy3/priv-23a.pdf (last visited August 5, 2011).

[④] Fred H. Cate, "Protecting Privacy in Health Research: The Limits of Individual Choice," *California Law Review* 98 (2010): 1767–1768.

[⑤] 例如,《金融服务现代化法》(The Gramm-Leach-Bliley Financial Services Modernization Act, GLBA)、《健康保险可移植性和责任法》(The Health Insurance Portability and Accountability Act, HIPAA)、《儿童在线隐私保护法》(Children's Online Privacy Protection Act, COPPA)均是,详情如后述。

综上，前揭众多国际或国家规范均认为，除有其他法定原因外，对于个人资料的搜集、处理、利用或分享，应经当事人同意。

(二)"同意"适用之排除——不经当事人同意而搜集、利用或分享个人资料之情形

如前所述，各国或国际组织制定法律（如个人资料保护法），要求资料搜集者（如"产业"）搜集、处理、利用或分享个人资料必须经过当事人同意。换言之，"同意"之要求即将是否同意个人资料被搜集、处理、利用或分享之控制及决定权交到消费者个人之手。因此，资料搜集者必须提供相当对价，以吸引消费者同意其个人资料被搜集、利用或分享，而消费者与产业之间的互动关系也将决定资讯隐私权与效率之间的"抵换"状况。据此，以个人同意为核心所建构的个人资料或资讯隐私保护体制将具有相当吸引力，尤其，当科技日新月异的蓬勃发展降低个人对于个人资料的控制时，同意权的赋予明显地部分返还了被科技所窃取的控制权，因为同意的要求赋予当事人得排除他人接近其个人资料之权[①]，或其可选择授权他人搜集、处理、利用或分享其个人资料。然而，这种"由下而上"的市场机制并非完美无缺，因为有时将决定权限交予市场参与者（当事人）反而会忽略整体社会的利益[②]，因此，必须借由政府"由上而下"的立法方式限缩或排除当事人"同意"之适用范围，而兼顾资讯隐私或个人资料保护以外的其他重要价值。

个人资料及资讯隐私的保护，对于现代社会高质量生活的追求，实属不可或缺。然而，"法律规范并非毫无代价的"[③]，因此资讯隐私权的赋予势必付出一些额外的成本或风险，形成"抵换"关系，其理至明。如同其他权利的创设一样，资讯隐私权也势将造成某些权利的牺牲或限制为其代价。资讯隐私权一方面制止了"淫秽偷窥狂的好奇心"（voyeuristic curiosity）；另

[①] Richard Warner, "Surveillance and the Self: Privacy, Identity, and Technology," *DePaul Law Review* 54 (2005): 847, 859-860.

[②] Richard Warner, "Surveillance and the Self: Privacy, Identity, and Technology," *DePaul Law Review* 54 (2005): 853-854.

[③] Gregory Shaffer, "Globalization and Social Protection: The Impact of EU and International Rules in the Ratcheting Up of U. S. Privacy Standards," *Yale Journal of International Law* 1, 25 (2000): 17.

一方面却又成为人们获知潜在机会（如商机）或揭穿危险资讯（如不实资讯）的绊脚石①。由于法律保障个人资料所指涉的当事人得决定于何时、如何及何种程度下揭露其个人资料予他人，故本质上，也得决定是否将"真实资讯"部分或全部予以留中不发，而造成他人遭误导的可能②。据此，资讯隐私权的赋予将使得"不实资讯"的传播更加猖獗，也使得欲拆穿其庐山真面目更加不易，甚至属于不可能的事情。例如，对于过去的工作记录，应征新职者可能为不实的陈述，而资讯隐私权的赋予势将阻碍相关真实资讯的分享。同样的，飞机乘客的安全可能受到危害，只因可能影响机师工作机会的医疗记录未能适度地揭露③。因此，资讯隐私权可能损及他人权益，肇因于无法顺利取得自保所需的资讯④，如他人的前科或健康记录（是否为狎童症、性犯罪、严重传染病等）。

由于资讯隐私权将对社会某些权利或利益造成限制，而有利益权衡之必要，故对资讯隐私权的保障应非绝对的。如同台湾"司法院"大法官第603号解释："惟'宪法'对资讯隐私权之保障并非绝对，……得于符合'宪法'第二十三条规定意旨之范围内，以法律明确规定对之予以适当之限制。"再者，"同意"虽是资讯隐私权及个人资料保护的重要基石，但其适用范围亦并非绝对的，纵有些国家赋予"同意"特殊的地位，唯"取得当事人的同意"亦仅是得合法搜集、利用或分享个人资料的理由之一⑤。因此，针对搜集、利用或分享个人资料之同意的取得，各个国家或国际组织的法制均有例外之规定。例如，美国联邦贸易委员会于《在快速变迁的时代中保护消费者隐私——一个为产业及政策制定者提议的架构》（*Protecting Consumer Privacy in an Era of Rapid Change: A Proposed Framework for*

---

① Jeanette Teh, "Note, Privacy Wars in Cyberspace: An Examination of the Legal and Business Tensions in Information Privacy," *Yale Symposium on Law and Technology* 1, 7, 2001-2002, 4: 17.

② Alan F. Westin, *Privacy and Freedom*, New York: Atheneum 1967.

③ Fred H. Cate, *Privacy in the Information Age*, Washington D.C.: Brookings Institution, 1997.

④ Jeanette Teh, "Privacy Wars in Cyberspace: An Examination of the Legal and Business Tensions in Information Privacy," *Yale Symposium on Law and Technology* 1, 7, 2001-2002, 4: 17.

⑤ Article 29 Data Protection Working Party, Opinion 15/2011 on the Definition of Consent, WP187, 13 July 2011, 7, available at http://ec.europa.eu/justice/policies/privacy/docs/wpdocs/2011/wp187_en.pdf (last visited October 25, 2012).

Businesses and Policymakers）报告中指出，在某些"普遍被接受的惯例"（commonly accepted practices）中，一旦消费者选择利用系争的产品或服务，公司不必再被要求应取得其同意方可使用该消费者个人资料。该等惯例包括：①产品及服务的履行。如网站搜集联络资讯（如地址），以运送所要求的产品，并搜集信用卡资讯以利于付款；在线代为计算税额者及财务分析申请书搜集财务资讯，以为客户进行分析。②内部经营。旅馆及餐厅为改进顾客服务而搜集顾客满意度调查；网站搜集造访及点选率，以改进网站经营。③诈欺防止。当消费者以支票付款时，零售商要求查看驾照，以防止诈欺；在线经营者亦设置诈欺侦测设施，以防止诈欺交易的发生。此外，在线经营者亦可浏览一般的服务器记录，以侦测诈欺，并于不需要时，删除该等记录。商家利用埋伏的员工及监视器，以防止窃盗。④法律遵守及公共目的。搜索引擎、行动设备及当铺应执法单位的要求而与其分享个人资料[1]。业者将消费者逾期债务不履行的账户资讯通知信用资讯交换中心。⑤第一手的营销（first-party marketing）。在线零售业者根据消费者先前在网站的购买记录而推荐产品及服务；一般商店于结账处提供予经常购买尿布者婴儿奶粉的折价券。唯倘追踪消费者在线活动状况，则非可接受的惯例，应另取得同意。据此，上述普遍被接受的惯例中[2]，倘要求消费者必须决定是否同意公司搜集、利用或分享其个人资料，将为消费者及业者带来弊大于利的额外负担。

《欧盟资料保护指令》第7条[3]规定，有下列情形之一者，纵未经当

---

[1] 例如，2011年上半年，美国政府总计向Google提出5950次的用户资料请求，涉及1.1万个使用者账号，而且Google的遵循度高达93%。台湾当局总计提出了69次的内容移除请求，但Google部分或完整遵循台湾当局请求的比例只有12%，主要是来自法院的命令；而台湾当局提出的用户资料请求次数为155次，涉及267个使用者账号，Google的遵循比例则为81%。陈晓莉：《Google揭露各国政府索取个资数据》，http：//www.ithome.com.tw/itadm/article.php?c=70495（最后访问日期：2011年11月25日）。

[2] FTC, "Protecting Consumer Privacy in an Era of Rapid Change—A Proposed Framework for Businesses and Policymakers," available at http：//www.ftc.gov/os/2010/12/101201privacyreport.pdf（last visited October 25, 2011）, pp. 53 – 54.

[3] Directive 95/46/EC of the European Parliament and of the Council of 24 October 1995 on the protection of individuals with regard to the processing of personal data and on the free movement of such data, available at http：//eur-lex.europa.eu/LexUriServ/LexUriServ.do?uri=CELEX：31995L0046：EN：HTML (last visited May 3, 2013), p. 10.

事人同意，仍得处理个人资料：①与当事人有契约，为履行契约所必需者，或缔约前根据当事人要求而采取的措施者；②资料控制者为遵守法律义务所必需者；③为保护当事人重大利益所必需者；④为实践公共利益或执行赋予资料控制者或接收个人资料的第三人之公权力所必需者；⑤为资料控制者或接收个人资料的第三人追求正当利益之目的所必需者，但当事人的基本权利及自由显有更值得保护之重大利益者，则不在此限。

类似地，台湾亦有"同意"适用范围的除外规定，按新修正的"个人资料保护法"规定，有下列情形之一者，纵未经当事人书面同意，仍得搜集、处理或利用个人资料。第15条第1项第1、3款规定："公务机关对个人资料之搜集或处理，除第六条第一项所规定资料外，应有特定目的，并符合下列情形之一者：一、执行法定职务必要范围内……三、对当事人权益无侵害。"第16条第1项第1~6款规定："公务机关对个人资料之利用，除第六条第一项所规定资料外，应于执行法定职务必要范围内为之，并与搜集之特定目的相符。但有下列情形之一者，得为特定目的外之利用：一、法律明文规定。二、为维护国家安全或增进公共利益。三、为免除当事人之生命、身体、自由或财产上之危险。四、为防止他人权益之重大危害。五、公务机关或学术研究机构基于公共利益为统计或学术研究而有必要，且资料经过提供者处理后或搜集者依其揭露方式无从识别特定之当事人……六、有利于当事人权益。"第19条第1项第1~4、6~7款规定："非公务机关对个人资料之搜集或处理，除第六条第一项所规定资料外，应有特定目的，并符合下列情形之一者：一、法律明文规定。二、与当事人有契约或类似契约之关系。三、当事人自行公开或其他已合法公开之个人资料。四、学术研究机构基于公共利益为统计或学术研究而有必要，且资料经过提供者处理后或搜集者依其揭露方式无从识别特定之当事人;……六、与公共利益有关。七、个人资料取自于一般可得之来源。但当事人对该资料之禁止处理或利用，显有更值得保护之重大利益者，不在此限。"第20条第1项第1~5款规定："非公务机关对个人资料之利用，除第六条第一项所规定资料外，应于搜集之特定目的必要范围内为之。但有下列情形之一者，得为特定目的外之利用：一、法律明文规定。二、为增进公共利益。三、为免除当事人之生命、身体、自由或财产上之危险。四、为防止他人权益之重大危害。五、公务机关或学术研究机构基于公共利益为统计或学术研究而有必要,且资料经过提供者处理后或搜集者依其揭露方式无从识别特定之当事人。"综上可知,无论系公务机关或非公务机关的资料搜集者除非有上述情事者外,仍应经当事人同意,才可搜集、处理或利用个人资料。

三 告知后同意与个人资料之搜集、利用或分享

按"消费者主权"[1]理论,消费者应拥有充足且正确的资讯,以便为适当决定,增进其福祉。唯在个人资料交易市场,个人资料所指涉的当事人与资料搜集者之间的"资讯不对称"或"知识落差"造成市场的失灵,因此,关于个人资料的搜集、利用或分享,应有"告知后同意"与"告知后选择"原则之适用,当事人决策或同意权的行使应以"被告知"(informed)与"自愿的"(voluntary)为前提[2],否则,实无自由选择的空间。

"告知后同意"主要包含"揭露"及"同意"两个面向[3]。按"告知后同意",资料搜集者应以合理努力而指出为何搜集个人资料,使得当事人得以了解其何种个人资料将如何被搜集或利用[4];而同意应以当事人对于其与资料搜集者间之意思表示一致有所了解为前提。

"告知后同意"或"告知后选择"不仅有助于保护当事人之资讯隐私,也有助于保护国际普遍接受的人性价值(如个人自主、个人自决、人性尊严)。学者 Jerry Kang 认为人性价值(如人性尊严)并不容易借由市场机制的"效率"概念能完全有效地加以诠释,故在市场进行个人资料交易时,必须有额外限制或其他配套措施,如"告知后同意"机制之导入。事实上,"告知后同意"用于解决个人资料保护的问题之前,早已运用于其他领域(如医学)并发展相当成熟,有值得借鉴之处。

---

[1] John Rothchild, "Protecting the Digital Consumer: The Limits of Cyberspace Utopianism," *Indiana Law Journal* 74 (1999): 893, 944.
[2] Paul M. Schwartz, "Privacy and Democracy in Cyberspace," *Vanderbilt Law Review* 52 (1999): 1684.
[3] Jacqueline M. Nolan-Haley, "Informed Consent in Mediation: A Guiding Principle for Truly Educated Decision-making," *Notre Dame Law Review* 74 (1999): 782–783.
[4] Jeanette Teh, "Privacy Wars in Cyberspace: An Examination of the Legal and Business Tensions in Information Privacy," *Yale Symposium on Law and Technology* 1, 7, 2001–2002, 4: 80.

（一）告知后同意在医学等领域之发展

就医患关系而言，深植美国医界的"告知后同意"原则，实源自"个人自主"的概念与病人对身心诊疗与否应有自决权的假设。尊重个人自主原则，即包含对发生于其自身事务（如身体、个人资讯、秘密）之决定权，换言之[①]，个人得对于自身决定与相关活动拥有控制权。于1914年Benjamin Cardozo法官曾谓："每一心智正常的成年人，有权决定如何处置自己的身体。"因此，告知后同意乃成了"个人自主"的必然推论。如果个人有权得处置其自己的身体，其必然有权被告知其选择项目为何及潜在风险、利益为何[②]。又于1957年Salgo v. Leland Stanford, Jr. University Board of Trustees之案件系最早认定医疗程序必须有"告知后同意"之适用，由于该案病人Salgo未被告知医疗的风险，法院乃认定其同意系无效的。"告知后同意"应包含：①病人对于是否同意接受特定的医疗应有决策能力（decision making capacity）；②病人应有足够的资讯（adequate information），而该资讯系一个理性的病人在相同或类似的环境中为"告知后决定"所必须知道的；③病人所为的医疗决定必须是自愿的，不得有强暴、胁迫或诈欺之情事[③]。而上述三者，系使病人的同意有效所不可或缺的构成要件[④]。据此，所谓"告知后同意"，系指某些事情因当事人的同意而发生，且其同意系对于因此所可能发生的风险与所存在可能的选择项目有充分认知之下而为之[⑤]。因此，在"告知后同意"原则下，针对病人病况，当医师建议采取某特定的医疗方式时，医生（资讯充裕的一方）应充分告知病人（资讯不充裕的另一方）所须知悉的所有资讯。而为符合"告知后同意"原则所要求的完全揭露，医

---

① Franklin G. Miller, "Research on Medical Records Without Informed Consent," *Journal of Law, Medicine & Ethics* 36 (2008): 560, 561.
② Fred H. Cate, "Protecting Privacy in Health Research: The Limits of Individual Choice," *California Law Review* 98 (2010): 1783.
③ Derek Kroft, "Informed Consent: A Comparative Analysis," *Journal of International Law and Practice* 6 (1997): 457, 459.
④ Douglas Andrew Grimm, "Informed Consent for all! No Exceptions," *New Mexico Law Review* 37 (2007): 39, 41.
⑤ Jeanette Teh, "Privacy Wars in Cyberspace: An Examination of the Legal and Business Tensions in Information Privacy," *Yale Symposium on Law and Technology* 1, 7, 2001-2002, 4: 84.

生必须以浅显方式向病人揭露以下资讯：病人诊断状况、欲采用治疗方式的性质、目的与期望结果、统计上达成期望结果的可能性、医生个人看诊经验与成功概率、并发症的风险性、欲采用治疗方式的副作用或不利效果、其他可能治疗选项，及倘不接受该种治疗的可能后续病况[①]。对此，台湾"医师法"第12－1条[②]及"医疗法"第63条第1项[③]有明确规定。可知，告知后同意之基本宗旨[④]，在于病人医疗的决定应是理性与明智的，以及免于不当的干预。

另就医学研究而言，自纽伦堡大审以来，即要求进行研究前必须先征得当事人同意。《纽伦堡规章》（The Nuremberg Code）明确规定，告知后同意系所有医学研究的前提要件；其并声明："当事人自愿性的同意乃绝对重要的"，以谴责德国纳粹政府进行人体实验的暴行。此后，告知后同意的概念即成为科学研究专业规范的普遍标准，如《世界医学协会的赫尔辛基宣言》（The World Medical Association's Declaration of Helsinki）。因此，倘欲取得基因样本（genetic sample）或相关医疗资讯，研究人员必须取得当事人的告知后同意。告知后同意系指研究人员主动寻求样本捐赠者个人同意之过程，且研究人员必须告知捐赠者其研究性质、目的、风险、效益、方法及可能衍生后果[⑤]。对此，台湾亦有类似"立法"，如"人体生物资料库管理条例"第6及第7条、"医疗法"第79条及"人体研究法"第14条规定。

---

① Jana L. Fischer, "What Constitutes an Invalid 'Blanket Consent' within the Purview of Illinois's Mental Health and Developmental Disabilities Confidentiality Act?" *North Illinois University Law Review* 22（2002）：535；而关于台湾对于"告知后同意"原则的适用问题，可参见杨秀仪《论病人自主权——我国法上"告知后同意"之请求权基础探讨》，《台大法学论丛》2007年第36卷第2期，第229页。

② "医师法"第12－1条规定："医师诊治病人时，应向病人或其家属告知其病情、治疗方针、处置、用药、预后情形及可能之不良反应。"

③ "医疗法"第63条第1项规定："医疗机构实施手术，应向病人或其法定代理人、配偶、亲属或关系人说明手术原因、手术成功率或可能发生之并发症及危险，并经其同意，签具手术同意书及麻醉同意书，始得为之。但情况紧急者，不在此限。"

④ Nathan A. Kottkamp, "Finding Clarity in a Gray Opinion: A Critique of Pennsylvania's Informed Consent Doctrine," *University of Pittsburgh Law Review* 61（1999）：241, 278.

⑤ Alice Hsieh, "A Nation's Genes for a Cure to Cancer: Evolving Ethical, Social and Legal Issues Regarding Population Genetic Databases," *Columbia Journal of Law and Social Problems* 37（2004）：359, 375–376.

"告知后同意"原则也广泛运用于许多领域，如精神医疗业，按美国伊利诺伊州的《精神健康与发展性残障保密法》（Mental Health and Developmental Disabilities Confidentiality Act）规定，所有精神健康与发展性残障的相关治疗记录与沟通均属机密且不得被揭露，但法律另有明文列举之情形者，不在此限。其中，法律所列举的例外之一者，即当事人的"有效授权"（a valid authorization）。然而，倘提供予治疗接受者签署的授权书内容，其用语空泛抽象、无限制授权诊疗者得任意揭露其记录（资讯）、同意揭露之记录（资讯）内容与种类不特定或未经充分告知而同意（uninformed consent）者，将构成所谓"空白同意"（blanket consent），而不生授权之效力[1]。"告知后同意"原则亦有引用于法律服务专业，按美国威斯康星州通过的《专业行为规范》（Rules of Professional Conduct），对于律师提供之专业意见而需客户为决定者（例如，是否和解），要求律师必须取得客户之"告知后同意"，因此，律师必须揭露相关案情与事实、解释一定行为可能产生的利益或损失，及讨论客户之可能选项，以确保客户取得足够资讯而为决定[2]。另外，"告知后同意"亦适用于金融商品的交易，金融服务业有向金融消费者告知契约内容及风险之义务，以利于其决策，台湾"金融消费者保护法"第10、11条即有所规定。

（二）对于个人资料搜集、利用或分享之告知后同意

如同前揭医学等领域的经验，"告知后同意"原则实源自"个人自主"的概念，个人得对于自身事务（如个人资讯之搜集、利用或分享）之决定应拥有控制权。因此，"告知后同意"要求当事人对于个人资料之搜集、处理、利用或分享应有所认识及理解，方得为有效之同意。对于个人资料的保护而言，选择的自由系居于关键性地位。对于个人资料之搜集、处理、利用或分享，资料搜集者与个人资料所指涉的当事人之间存在着严重的资讯不对称，因此，有必要透过告知后同意的机制来减缓其所造成个人资料交易市场

---

[1] Jana L. Fischer, "What Constitutes an Invalid 'Blanket Consent' within the Purview of Illinois' Mental Health and Developmental Disabilities Confidentiality Act?" *North Illinois University Law Review* 22 (2002): 535–560.

[2] Dean R. Dietrich, "Obtaining Informed Consent," 80 – *Wisconsin Law* (Sept., 2007): 22.

失灵的流弊①。而告知后同意之首要，即在使资料搜集者搜集、处理、利用或分享个人资料之实际状况得以"透明化"，以利于当事人同意权之行使。

1. 个人资料搜集、利用或分享之透明化

如同诺贝尔奖得主 Joseph Stiglitz 所言，透明化可用于解决资讯不对称的问题。倘所有当事人对于买入或卖出的标的皆有良好资讯，使得其能精确地评估所进行的交易，则市场的运作将最有效率。当每一方皆评估所获得的比所失去的更多，因此，对双方皆创造了价值而导致一个更有效率市场的出现。然而，市场的运作并非总是如此，有时交易的一方比另一方知道得更多，而导致互惠互利的交易受到影响。倘无外来的干预（如资讯的提供）或竞争（如竞争对手的加入），此种资讯不对称将一直发生而难以解决。

消费者对于资料搜集者如何搜集、利用或分享其个人资料，所知实属有限。尤其，资讯科技赋予产业界极大的权力，得以大量搜集消费者的个人资料，并得借由个人化方式（如行为广告）有效地锁定消费者，吸引其从事某些本来并不会从事的交易。由于交易双方当事人之间存在着资讯不对称，市场权力的运作乃向产业界倾斜，因此，为了平衡产业界与消费者之间的权力关系，并为了使消费者的"选择"机制能够有效运作，应降低资讯不对称，故资料搜集者运用个人资料的状况应加以充分"透明化"，而使得当事人有充分的资讯②，以利其审慎地为最适切的决定。

所谓"透明化"，可界定为要求一方必须向有权知悉之另一方诚实及重大地揭露其一定事项之过程③。"透明化"将有助于资料搜集者与个人资料被搜集的当事人之间权力运作的平衡，而此种平衡有助于缓和双方的冲突。学者 David Brin 认为，在一个透明化的社会，个人将拥有某种程度的参与及控制，而不至于因为个人资料被秘密地搜集及利用而引发当事人与资料搜集者彼此之间的不信任或个人只能保持着听天由命的消极态度。唯当前社会的

---

① Jeanette Teh, Note, "Privacy Wars in Cyberspace: An Examination of the Legal and Business Tensions in Information Privacy," *Yale Symposium on Law and Technology* 1, 7, 2001–2002, 4: 7.

② Viktor Mayer-Schönberger, "Demystifying Lessig," *Wisconsin Law Review* (2008): 713, 723; Bert-Jaap Koops, "Law, Technology, and Shifting Power Relations," *Berkeley: Technology Law Journal* 25 (2010): 973, 1015.

③ Jerry Brito & Drew Perraut, "Transparency and Performance in Government," *North Carolina Journal of Law & Technology* 11 (2010): 161, 168.

实际状况为：资料搜集者极力搜集、利用及分享个人资料，但沉默的大众大多数则维持着被动（passive）及未被告知（uninformed）的状态。因此，借由提供个人得接近资料搜集者的资讯，透明化的要求将有助于交易双方当事人在权力及控制分配上的平等，资讯不对称的状况可以缩小，并可建立有效率及公平的市场。理论上，经由透明化的机制，强大的企业与弱势的消费者在某种程度上可立于同样的立足点，因为双方均可接近及使用同样的资讯，并皆可就所搜集的资料加以分析与探勘。当资料搜集者（企业）利用个人资料而预测消费者未来的行为模式时，消费者同样地亦取得企业的资讯而知悉企业之营运计划，甚至其弱点。因此，双方拥有平等的武器装备以参与市场的交易。再者，透明化的另一个关键性概念，即系"可究责性"。在透明的社会中，所有行为均是受监督的，倘有任何滥用或不当的行为者（例如，对于所搜集个人资料的滥用），则必须为其行为负责①。

事实上，透明化原则即在确保个人资料处理的公开化（openness），故个人资料的处理过程必须对当事人公开透明及使其能够理解。而透明化之核心要素，即在确保当事人参与其个人资料之处理。因此，对于个人资料的搜集、利用或分享，资料搜集者必须给予当事人"告知""通知"②，并取得当事人同意。

2. 促使个人资料搜集、利用或分享透明化之方式——"隐私权政策"之告知、通知

网际网路摧毁了个人资料搜集、利用及分享的障碍。然而，过去仅有少数人注意到网际网路的个人资料运用状况，而这种对于虚拟世界中使用个人资料的真实状况的忽略，乃是普遍存在的状况，并非特例。唯个人资料遭滥用的情形日渐增多，人们才逐渐注意到网际网路的个人资料运用状况及可能衍生的资讯隐私问题。尤其持续性秘密处理个人资料所导致的资讯不对称问题，将危害到当事人针对其个人资料的自由选择机会。相反地，处理个人资料相关惯例（practices）的"通知"（即"隐私权政策"）将提供当事人个人

---

① Tal Z. Zarsky, "Thinking outside the Box: Considering Transparency, Anonymity, and Pseudonymity as Overall Solutions to the Problems of Information Privacy in the Internet Society," *University of Miami Law Review* 58 (2004): 991, 997-999.

② Joel R. Reidenberg, "Setting Standards for Fair Information Practice in the U. S. Private Sector," *Iowa Law Review* 80 (1995): 497, 515.

审慎决策过程所需的安全阀（insulation），让其知悉个人资料将如何被搜集、利用或分享之细节，并于资料搜集者违反其通知的隐私权政策时，当事人得借以向其究责。而所应通知的资讯应在当事人决定是否同意个人资料之搜集、利用或分享前即提供予当事人，才系真正的"告知后同意"，因为只有当事人知悉个人资料之可能运用状况，当事人才会认真与资料搜集者就其个人资料的保护展开协商[1]或采取下一个动作（如揭露个人资料、安装某些软体而导致其个人资料将被搜集或网路浏览过程被监看[2]）。事实上，当事人所应提供的资讯应包括个人资料搜集的主体、目的、是否与第三者分享该个人资料、对于搜集目的以外的利用或揭露之限制，以及当事人所因此让与之个人资料之利益。再者，倘隐私权政策内容有所变更时，资料搜集者亦应通知当事人，以利于其为是否继续同意个人资料被搜集、利用或分享之决策。

综观各主要国家或国际组织的理论与法制可知，针对上述"资讯不对称"个人资料交易市场失灵的现象，大抵可分别从"市场机制"与"政府管制"的面向寻求解决之道，如以市场力量或政府立法之方式诱使或强制资讯搜集者"通知"消费者将如何利用其个人资料，以克服资讯不对称的问题。相较于欧盟及中国台湾采用"政府管制"为主、"市场机制"为辅的个人资料保护模式，美国则采取以"市场机制"为主、"政府管制"为辅的模式。欧盟及中国台湾模式，主要仰赖"全方位"适用的个人资料保护实定法之制定，以解决市场失灵。然而，出于政府角色认知的歧义，美国模式系将个人资料的搜集、利用或分享问题，主要委由当事人个人与资料搜集者双方自行通过利伯维尔场的机制协商，政府并不积极介入管制，必要时才辅以产业界自定义的自律规范。唯在某些特定的产业，滥用消费者个人资料的问题严重，形成资讯隐私权保护的危机，美国政府乃特别制定仅适用该特定"部门"的法令，以求市场失灵之解决。例如，《金融服务现代化法》即属于仅适用于金融领域的部门式立法之一[3]，《健康保险可移植性和责任法》

---

[1] Paul M. Schwartz, "Privacy and Democracy in Cyberspace," *Vanderbilt Law Review* 52 (1999): 1609, 1676 – 1677.
[2] Jordan M. Blanke, "'Robust Notice' and 'Informed Consent': The Keys to Successful Spyware Legislation," *Columbia Science and Techology Law Review* 2005 – 2006, 7: 2, 45 – 47.
[3] 翁清坤：《台湾与美国金融机构分享客户个人资料之法律界限》，《辅仁法学》2008年第35期，第93~94页。

(The Health Insurance Portability and Accountability Act，HIPAA）则适用于个人健康资讯之领域。

（1）以市场机制方式增进透明化。

反对政府干预者常认为，针对消费者的好恶，资料搜集者（如网站）得因应而提供较大的个人资料保护，以强化其竞争力，连带地可建构一个更重视资讯隐私的环境。按此逻辑，倘消费者（网络用户）并未要求网站保护其资讯隐私或个人资料，则意味着其对于所接受服务的估价高于所失去的资讯隐私。市场机制的支持者认为，委由市场本身的由下而上运作机制，资讯隐私的保护将达到最适切的保护层次，然而，倘政府由上而下介入，其结果将被扭曲①。因此，反对政府干预者主张，市场机制单独的力量或其与产业自律规范相结合的力量，对于个人资料能提供较佳的保护并能解决资讯不对称的问题。

唯反对以市场机制解决资讯隐私者，则特别诟病"资讯不对称"所引发的市场失灵问题。尤其在网络世界中，网络用户经常未注意其个人资料在网络上实时又无形地被搜集或利用，或所知有限。如此资讯落差（information gap）使得网络用户未能表达其对于资讯隐私保护的真实好恶，也使得市场机制未能有效加以因应。也因个人资料交易市场充斥着不完整与不对称的资讯，使得资料搜集者比在无资讯不对称之完美市场中，搜集及利用了更多的个人资料②。

市场机制的支持者承认，亚当·史密斯（Adam Smith）自由放任理论（laissez-faire theory）一只看不见的手之概念在个人资料保护的现实运作上系不可行的③，市场的失灵、不完美（market imperfections）有可能存在，因此，接受某种形式的集体规范（collective regulation）是有必要的，并认定产业的自律规范（self-regulation）比政府规范更适合作为集体规范。自律规范系由产业界所派遣代表自行界定标准及执行之，政府较少或完全未介入④。

---

① Dennis D. Hirsch, "The Law and Policy of Online Privacy: Regulation, Self-Regulation, or Co-Regulation?" *Seattle University Law Review* 34（2011）：439，455.

② Dennis D. Hirsch, "The Law and Policy of Online Privacy, Regulation, Self-Regulation, or Co-Regulation?" *Seattle University Law Review* 34（2011）：455.

③ Jeanette Teh, "Privacy Wars in Cyberspace: An Examination of the Legal and Business Tensions in Information Privacy," *Yale Symposium on Law and Technology* 1，7，2001-2002，4：49.

④ Dennis D. Hirsch, "The Law and Policy of Online Privacy: Regulation, Self-Regulation, or Co-Regulation?" *Seattle University Law Review* 34（2011）：457-461.

事实上，自律规范模式并非仅是纸上谈兵而已，过去20年，美国联邦政府鼓励产业的自律规范，并视其为可保护资讯隐私的方式。尤其，联邦贸易委员会认为，按电脑及网络科技快速演化的特性，自律规范系以侵入性最小及最有效的方式确保"公平资讯惯例"。1998年美国联邦贸易委员会曾要求产业界制定网络隐私自律规范，否则政府将直接制定规范。因此，"在线隐私联盟"（The Online Privacy Alliance，OPA）制定了《在线隐私权政策准则》（Guidelines for Online Privacy Policies），要求所有OPA成员制定"隐私权政策"，提供网络用户关于其个人资料搜集及利用的基本通知，允许使用者得选择退出（opt-out）个人资料的使用及更正不正确的个人资料，以及成员应采取确保个人资料安全及可信赖性的措施。然而，《在线隐私权政策准则》实际上是失败的。除了选择退出的隐私权政策外，该准则并未禁止敏感资料的搜集或有害的利用，隐私专家即批评："不能因消费者未表示反对，资料搜集者即可为所欲为。"对于未确实遵守的会员，OPA也未能强制之。最后，仅约100家公司参与OPA，而一些重要网站经营者（如Amazon.com）则自始缺席[1]。

再就个人资料搜集、利用或分享之市场运作实证经验来看，上述自由放任理论或自律规范模式倘系正确无误，则市场运作机制应该能提供有效的个人资料保护功能并缓和资讯不对称的现象。然而，实证数据则证明了结果不幸刚好相反，市场机制的功效系不足的。而针对网路资讯隐私的保护，美国联邦贸易委员会曾于2000年对商业性网站进行调查，其结果显示，多数网站均从事个人资料的搜集，但约40%的网站却未提供"隐私权政策"[2]。而纵使提供"隐私权政策"的网站，亦仅有25%符合"公平资讯惯例原则"（通知、选择、接近、安全）的最低标准[3]，或者不愿将其明显呈现，反而隐身于复杂网页中，使得消费者不容易发现并阅

---

[1] Dennis D. Hirsch, "The Law and Policy of Online Privacy, Regulation, Self-Regulation, or Co-Regulation?" *Seattle University Law Review* 34 (2011): 459 – 460.

[2] Dennis D. Hirsch, "The Law and Policy of Online Privacy: Regulation, Self-Regulation, or Co-Regulation?" *Seattle University Law Review* 34 (2011): 456 – 457.

[3] FTC, "Protecting Consumer Privacy in an Era of Rapid Change—A Proposed Framework for Businesses and Policymakers," available at http://www.ftc.gov/os/2010/12/101201privacyreport.pdf (last visited October 25, 2011), p. 8.

读之①。再者,美国联邦贸易委员会在评估其"隐私权政策"内容之后,发现其诸多使用自相矛盾的文字、将例外规定深藏于密密麻麻的印刷之中、对于网站如何处理消费者选择则提供含糊及误导的陈述,及保留毋庸通知即得变更隐私权政策之权。虽然,美国联邦贸易委员会2000年的报告未曾进行后续更新,但是后来其他的一些评估则指出,有更多的网站公告"隐私权政策"予消费者知悉,唯其内容仍是难以理解。由于个人资料的搜集、利用或分享能带给资料搜集者不小的利益,上述调查结果亦不令人感到讶异②。在台湾,于新修订的"个人资料保护法"生效前,旧法("电脑处理个人资料保护法")适用的客体,仅限于经电脑处理的个人资料,且适用的主体于非公务机关部分,亦局限于法律及主管机关所规定的十余种特定行业部门,故如美国般亦被归类为"部门式"立法③,而造成该十余种特定行业以外的各式各样的非公务机关(或自然人)或非以电脑方式从事个人资料的搜集、处理、利用与分享,形同自由放任的个人资料交易市场。即使有适用的行业,旧法未明文要求资料搜集者有隐私权政策的通知义务。因此,曾有一项针对"人力网站安全与服务大调查"④指出,人力网站在关系消费者个人资料保存的"隐私权政策"所获得的肯定偏低,显示业者对求职者资讯隐私的尊重亟待改善。

(2)以政府管制方式增进透明化。

由于资讯不对称可能存在于交易双方当事人之间,为了使选择或同意能有效运作,为选择或同意之当事人必须有充足的资讯以利于其决策,此即透明化之重要性。因此,倘"资讯对称"(information symmetry)未能经由市

---

① Andrew J. McClurg, "A Thousand Words are Worth a Picture: A Privacy Tort Response to Consumer Data Profiling," *Northwestern University Law Review* 98 (2003): 63, 130.

② Dennis D. Hirsch, "The Law and Policy of Online Privacy: Regulation, Self-Regulation, or Co-Regulation?," *Seattle University Law Review* 34 (2011): 456-457.

③ Karin Retzer, Cynthia Rich, Morrison & Foerster LLP, "Global Solution for Cross-Border Data Transfers: Making the Case for Corporate Privacy Rules," *Georgetown Journal of International Law* 38 (2007): 449, 456.

④ 《服务最佳人力网站十大揭晓》,《民生报》2000年10月6日,D4版。另外,国内曾有一项研究,针对339个.com.tw商业网站及15家主要的ISP网站进行资讯隐私政策的调查中,显示超过八成的网站未能揭示其隐私政策让顾客知晓。参见杨亨利、邱显贵《台湾地区电子商务隐私权保护之现况探讨》,《中华管理评论》2001年第4卷第1期,第101~118页。

场机制自然出现,则应由政府力量(如立法)加以创造①,以补足市场力量(如自律规范)的不足。因为从过去实证经验可知,若无足够的法律规范限制,资料搜集者将会侵蚀消费者的资讯隐私权而滥用其个人资料。因此,应借由政府的力量督促透明化的落实,以利于市场的运作。以下乃举主要国际组织及国家、地区之例,加以说明。

①欧洲联盟及其会员国。按《欧盟资料保护指令》第2(h)条规定:"当事人的同意系任何出于自由意志、目的特定及基于告知后所表示之期望,借以指出其同意个人资料被处理"可知,欧洲联盟则欲借由"告知后同意"之方式以解决"资讯不对称"的问题。又按《欧盟资料保护指令》第10条规定:"除当事人已有该资讯外,会员国应规定控制者(controller)或其代表人应提供其个人资料被搜集之当事人下列多项资讯:(a)控制者或其代表人(如果有时)之身份;(b)处理资料之目的;(c)任何下列之资讯:资料接收者或其类别,针对问题的回复是否系强制或自愿性,以及倘未能回复之可能后果,确保被搜集个人资料公平处理之当事人接近权利及查核权利。"第11条规定:"倘资料非从当事人取得者,会员国应规定控制者或其代表人于从事个人资料记录时或揭露予第三者应于揭露前,应提供当事人至少以下之资讯,除非该当事人已有该资讯:(a)控制者或其代表人(如果有时)之身份;(b)处理之目的;(c)任何下列之资讯:相关资料之种类,资料接收者或其类别,确保被搜集个人资料之公平处理之当事人接近权利及查核权利。而基于统计目的或历史、科学研究之目的之情形,上开资讯之提供经证明系不可能或须经不成比例的付出者,或记录或揭露系法律明文规定者,则第一项不在适用之列。于此种情形,会员国应提供适当保护措施。"②

再者,欧盟会员国乃各自制定国内法,以落实《欧盟资料保护指令》之规定。例如,按《英国资料保护法》第7条规定,个人有权被资料控制者告知其是否为被处理的个人资料之当事人,倘系当事人,资料控制者应告知其:(i)当事人之个人资料;(ii)处理个人资料之目的;(iii)个人资料可能被揭露予何种接收者(recipients)。又《英国资料保护法》之 Schedule

---

① Viktor Mayer-Schönberger, "Demystifying Lessig," *Wisconsin Law Review* (2008): 723.
② Mika Raento, "The Data Subject's Right of Access and to be Informed in Finland: An Experimental Study," *International Journal of Law and Information Technology*, 14 (3) (2006): 390, 392.

1，Part Ⅱ，Paragraph 2(1) 及 (3) 之第一原则的相关规定，除非资料控制者尽可能确保当事人被提供了相关特定资讯，否则，个人资料将不会被视为经过公正地处理。而所谓相关特定资讯系指：（a）资料控制者的身份；（b）如有代表人，则代表人之身份；（c）个人资料处理之目的；（d）其他关于个人资料处理的特定情况之资讯，使得其就当事人而言能公平处理者①。又如 2009 年 8 月 14 日修订的《德国资料保护法》第 4(1) 条规定，除法律另有规定外，个人资料的搜集、处理及利用应经当事人同意，方属合法。又按第 4(a) 及 4(3) 条规定，该同意应系告知后同意，故控制者应通知当事人：①搜集、处理及利用个人资料之目的；②相关个人资料之类型；③资料接收者之类型，但限于非当事人所预期其个人资料将被移转至该等资料接收者②之情形。

②亚太经合组织。《APEC 隐私保护纲领》第 15 条③规定，个人资料控制者 (personal information controller) 对于其所搜集和持有的个人资料应向当事人提供清楚且容易取得的隐私保护政策声明，包括：（a）个人资料已遭搜集的事实声明；（b）搜集个人资料的目的；（c）接受被揭露的个人资料之对象；（d）个人资料控制者的身份及地址，包括如何和个人资料控制者联络关于隐私保护政策及如何处置个人资料的资料；（e）关于当事人得以请求查阅、更正和限制其个人资料之利用及揭露范围的选择和方法。

③美国。因应个人资料搜集、利用及分享的相关问题，美国系采取以"市场机制"为主、"政府管制"为辅的模式。再者，针对资讯不对称的现象，美国亦企图委由市场机制及产业自律规范加以解决，然成效似乎不彰，已如前述。相反地，支持政府管制者乃主张，由于个人资料有助于企业营运并具有相当的经济价值④，资料搜集者乃有强烈动机大量地搜集、利用及分享个人资料，故政府应积极介入，以保护资讯隐私。支持政府管制者乃进一步主张，首先，应于国会通过相关法律；其次，由美国联邦贸易委员会制定

---

① Schedule 1, Part Ⅱ, Paragraph 2 (1), and (3) of Data Protection Act 1998, http://www.legislation.gov.uk/ukpga/1998/29 (last visited October 3, 2011).
② http://www.bfdi.bund.de/EN/DataProtectionActs/Artikel/BDSG_idFv01092009.pdf?__blob=publicationFile (last visited July 1, 2011).
③ http://toucheng.e-land.gov.tw/69/20070910061526.pdf (last visited October 23, 2011).
④ Dennis D. Hirsch, "The Law and Policy of Online Privacy: Regulation, Self-Regulation, or Co-Regulation?" *Seattle University Law Review* 34 (2011): 452.

细部规范执行上述国会法律。

其中,个人"选择"及有助于选择的"通知"在美国亦甚受重视,以减缓资讯不对称的问题。2010年5月4日联邦众议员Boucher和Stearns曾提出一项草案,要求网站经营者及网络广告商就其如何搜集利用及分享个人资料之事宜,必须提供清楚及醒目的通知(clear and conspicuous notice)予消费者,以利其为有意义的选择(meaningful choice)。再者,搜集、利用敏感的个人资料(如医疗、财务、种族、性倾向及人身所在精确位置)或与非关系企业的第三者分享个人资料前,该草案要求应经当事人明确同意。如同传统的政府立法,该草案亦授权行政机关(联邦贸易委员会)得制定施行细则并得处罚违反者。然而,在该草案提出不久,即面临来自产业界及支持市场机制团体的反对,尤其,其认为将有害于网络业者从2008年的经济衰退中复苏、政府对于产业认识有限而不应加诸不必要的限制于业者并影响其竞争力、快速变迁的网络科技并非政府的速度所能跟上而使得立法过时脱节[1]。

事实上,该法案虽功败垂成而未能完成立法,唯在上述草案提出前,联邦贸易委员会及州检察长(state attorneys)早已鼓励美国商业网站的经营者制定及公布在线"隐私权政策",而是否制定隐私权政策虽然系自愿的,但是否遵守隐私权政策则非自愿的。由于联邦贸易委员会通过《联邦贸易委员会法》第5条的解释而赋予联邦贸易委员会起诉不公平及欺罔交易案例之权,其中,违反所公布的隐私权政策即属其中一种。再者,在审视美国、加拿大及欧洲的"公平资讯惯例规范"(fair information practice codes)后,联邦贸易委员会于提交国会的报告中提及,由各国文件可知,隐私保护主要有五项核心原则。其中,最重要的基本原则即是"通知",因为倘无通知,消费者即无法针对是否及于何种范围内揭露个人资料而为告知后的决定;而另外一个广泛接受的原则为,针对个人资料的运用,消费者得为"选择"或"同意"[2]。

此外,美国某些适用于特定部门的法律,亦有类似上述联邦贸易委员会以选择及通知为基础的立法模式。例如,1999年美国国会通过的《金

---

[1] Dennis D. Hirsch, "The Law and Policy of Online Privacy: Regulation, Self-Regulation, or Co-Regulation?" *Seattle University Law Review* 34 (2011): 452–454.

[2] Fred H. Cate, "Protecting Privacy in Health Research: The Limits of Individual Choice," *California Law Review* 98 (2010): 1767–1768.

融服务现代化法》即规定，金融机构在揭露非公开个人资料予非关系企业的第三人前，金融机构应提供清楚及醒目的隐私权政策通知[1]予消费者并提供其得选择退出该分享的权利。而倘该通知之内容无变更者，则仍至少每年皆应提供。然而，倘金融机构与其关系企业之间就消费者个人资料（不限于非公开个人资料）的分享或揭露，则不受法令限制，得自由行之。此外，资讯隐私规范也适用于个人的健康资讯，按 HIPAA 规定，首先，在提供给病人通知及以诚实信用方式取得其认可（acknowledgement）后，医疗服务机构得使用个人健康资讯，以提供医疗服务及收取医疗费用之用；其次，倘若供医疗服务或收费目的以外之用途而欲使用个人资料，则医疗服务机构应取得当事人选择加入的授权；最后，倘取得当事人同意者，医疗服务机构得使用个人资料或揭露个人资料予相关人员，以利于医疗之进行。HIPAA 也说明了通知及同意机制的日趋复杂性，每种类型的资料各有不同类型通知及同意之要求[2]。又按《儿童在线隐私保护法》（Children's Online Privacy Protection Act，COPPA）规定[3]，于搜集或利用 13 岁以下儿童个人资料前，应先提供如何使用个人资料的隐私权政策通知予该儿童之父母亲并取得同意。

[4]中国台湾。对于隐私权政策的通知义务，台湾"个人资料保护法"之旧法并未明文要求，唯新修正的"个人资料保护法"第8条[4]或

---

[1] 依《金融服务现代化法》规定，金融机构所提供的隐私权政策通知应包括：①所搜集及揭露的非公开个人资料的类型；②因揭露而接受非公开个人资料（包括前客户资料在内）的关系企业与第三人的类型；③共同营销或类似安排下的资讯揭露；④消费者选择退出权利的解释；⑤根据《公平信用报告法》（Fair Credit Reporting Act, FCRA）而对于关系企业所为信用资讯的揭露；⑥金融机构对于确保非公开个人资料机密与安全的政策与惯例。16 C. F. R. Section 313.6 (a), and Charles M. Horn, "Financial Services Privacy at the Start of the 21st Century: A Conceptual Perspective," 5 N. C. Banking Inst. 89 (2001): 105.

[2] Fred H. Cate, "Protecting Privacy in Health Research: The Limits of Individual Choice," *California Law Review* 98 (2010): 1767–1769.

[3] Jody R. Westby, *International Guide to Privacy* (New York: American Bar Association, 2004), p.47.

[4] "个人资料保护法"第8条规定："公务机关或非公务机关依第十五条或第十九条规定向当事人搜集个人资料时，应明确告知当事人下列事项：一、公务机关或非公务机关名称。二、搜集之目的。三、个人资料之类别。四、个人资料利用之期间、地区、对象及方式。五、当事人依第三条规定得行使之权利及方式。六、当事人得自由选择提供个人资料时，不提供将对其权益之影响。有下列情形之一者，得免为前项之告知：一、依法律规定得免告知。二、个人资料之搜集系公务机关执行法定职务或非公务机关履行法定义务所必要。三、告知将妨害公务机关执行法定职务。四、告知将妨害第三人之重大利益。五、当事人明知应告知之内容。"

第9条①则明文规定，不论直接或间接搜集资料，除符合得免告知情形者外，公务机关或非公务机关均须明确告知当事人搜集机关名称、搜集目的、资料类别、利用方式、资料源等相关事项。

另按新修正的"个人资料保护法"第7条规定："第十五条第二款及第十九条第五款所称书面同意，指当事人经搜集者告知本法所定应告知事项后，所为允许之书面意思表示。第十六条第七款、第二十条第一项第六款所称书面同意，指当事人经搜集者明确告知特定目的外之其他利用目的、范围及同意与否对其权益之影响后，单独所为之书面意思表示"可知，立法者有意借由所谓"告知后同意"或"告知后选择"之原则，进一步落实对个人资料所指涉当事人之保护。

其实，早在新修正的"个人资料保护法"第8条对于从事个人资料搜集的公务机关或非公务机关课以向当事人告知义务之前，在某些特定产业，关于个人资料的搜集、处理、利用或分享早有类似规范。例如，在金融领域中，依"金融控股公司子公司间共同行销管理办法"第13条第3项规定："金融控股公司及其子公司应向客户揭露交互运用客户资料之子公司名称及其保密措施，该名称及措施内容应于公司网页公告，并以书面、电子邮件方式通知客户或于营业处所内明显位置公告。"同条第4项②并对于保密措施

---

① "个人资料保护法"第9条规定："公务机关或非公务机关依第十五条或第十九条规定搜集非由当事人提供之个人资料，应于处理或利用前，向当事人告知个人资料来源及前条第一项第一款至第五款所列事项。有下列情形之一者，得免为前项之告知：一、有前条第二项所列各款情形之一。二、当事人自行公开或其他已合法公开之个人资料。三、不能向当事人或其法定代理人为告知。四、基于公共利益为统计或学术研究之目的而有必要，且该资料须经提供者处理后或搜集者依其揭露方式，无从识别特定当事人者为限。五、大众传播业者基于新闻报道之公益目的而搜集个人资料。第一项之告知，得于首次对当事人为利用时并同为之。"
② "金融控股公司子公司间共同行销管理办法"第13条第4项规定："前项措施应包含下列内容：一、资料搜集方式：各公司取得客户资料之方式。二、资料储存及保管方式：各公司取得客户资料后，如何保存该等资料。三、资料安全及保护方法：各公司间有关资讯防火墙之建置方式及效果。四、资料分类、利用范围及项目：依照客户资料之分类，揭露欲使用之资料性质及项目。五、资料利用目的：依照资料分类，说明对于不同性质资料使用之意图。六、资料揭露对象：依照资料分类，说明对于不同性质资料揭露之对象。七、客户资料变更修改方式：客户有更改资料之需求，提供客户修改之申请途径。八、选择退出方式：金融控股公司之子公司依本办法之规定，为进行行销而揭露、转介或交互运用客户资料者，客户得通知金融控股公司或其子公司停止对其基本资料、往来交易资料或其他相关资料之共同使用。行使方式应于保密措施中揭露。"

所应包括资讯有进一步阐述。综上，金融控股公司子公司间交互运用客户资料，亦有"告知后同意"或"告知后选择"原则之适用。

综上，诸多国际组织与国家均立法，要求资料搜集者善尽告知义务，以增加资讯的透明化，及减少资讯不对称所造成的流弊，方有助于当事人为"告知后同意"或"告知后选择"。

3. 同意

除法律另有规定者外，个人资料的搜集、处理、利用或分享应经当事人同意。进一步言，"告知后同意"亦系个人资料搜集、处理、利用或分享的前提要件。为了使同意具有法律上的意义，当事人必须能了解资料搜集者将如何运用其个人资料，方能为有效的同意。因此，资料搜集者必须经合理的努力（a reasonable effort）告知当事人其个人资料被搜集之目的，以确保当事人能合理地理解其个人资料将如何被使用或揭露[1]。当事人的同意系个人资料保护的关键概念之一，何种情形下的同意方属有效，及嗣后得否选择撤销或退出同意之授予，均有厘清的必要。

针对同意之构成要件应为何？按《欧盟资料保护指令》第2(h)条规定："当事人的同意系任何出于自由意志、目的特定及基于告知后所表示之期望，借以指出其同意个人资料被处理。"按《欧盟资料保护指令》第7(a)条规定，欲处理个人资料者，应经当事人毫不含糊、明确地同意。再者，针对《欧盟资料保护指令》第26(1)(a)条规定，只要经当事人毫不含糊、明确地同意者，个人资料可以移转至未能提供充分保护的国家，对此，按《欧盟资料保护指令》第29条所成立的工作小组（Working Party）[2]指出，同意必须符合下列四项标准才会在法律上生效：（一）同意必须清楚且毫不含糊、明确地指出其意愿（Consent must be a clear and unambiguous indication of wishes）；（二）同意必须出于自由意志（Consent must be given freely）；（三）同意必须特定（Consent must be specific）；（四）同意必须基于告知后（Consent must be

---

[1] Erika King & John H. Fuson, "An Overview of Canadian Privacy Law for Pharmaceutical and Device Manufacturers Operating in Canada," *Food & Drug Law Journal* 57 (2002)：205, 215.

[2] According to Article 29 (1), "A Working Party on the Protection of Individuals with regard to the Processing of Personal Data, hereinafter referred to as 'the Working Party', is hereby set up. It shall have advisory status and act independently," available at http://eur-lex.europa.eu/LexUriServ/LexUriServ.do? uri = CELEX：31995L0046：EN：HTML（last visited October 31, 2011）.

informed）所为①。倘不符合上述要件，法院亦将毫不迟疑地宣告所为的同意无效②。上述工作小组又于 2011 年 7 月 13 日公布了《同意定义之意见》（Opinion on the Definition of Consent）③，对于该四项标准内涵有进一步阐释。另外，同意是否限于以书面为之应有澄清之必要。因此，本文就同意之构成要件乃从欧盟及其他国家相关规范之理论及实务综合加以分析。

（1）必须基于告知后所为的同意。

按《欧盟资料保护指令》第 29 条所成立的工作小组所指出的四项标准中，本项"告知后同意"乃格外重要。告知后同意不仅要求资料搜集者提供相关资讯，也要求当事人必须注意到所同意之个人资料处理的范围及方式。因此，当事人必须以清楚及能理解的方式（in a clear and understandable manner）被告知依法（如前述《欧盟资料保护指令》第 10、11 条）所应提供的正确完整（accurate and full）的资讯，如被处理个人资料之性质及范围为何、处理个人资料之目的为何、个人资料可能移转予何人，以及不同意个人资料被处理之后果为何。据此，得以下列两种方式确保上述相关资讯的适当提供：①按资讯质量（quality of the information）原则，上述相关资讯应以一般人能理解的方式提供，因此，在评估同意是否属于被告知后而为之，资讯提供的方式（是否以平铺直叙、易于理解语言及显著的方式陈述，而非使用艰涩难懂词汇）实属关键性地位；②按资讯可接近性及可见性（accessibility and visibility of information）原则，上述相关资讯应直接提供予当事人，仅将资讯置于某处而已是不足的，且资讯的提供必须清楚可见（如字体的形式及大小）、醒目及完整。另外，分层通知（layered notices）（如长型及短型隐私权政策之提供）亦有助于资讯的可接近性。基本上，个人资料的处理愈复杂，对于资料搜集者告知义务的期待将愈多。尤其，对于

---

① Article 29 Data Protection Working Party, Working Document on a Common Interpretation of Article 26 (1) of Directive 95/46/EC of 24 October 1995 (WP114, 25 November 2005) 10 - 12, available at http://www.dataprotection.gov.sk/buxus/docs/wp114 _ en.pdf? buxus = c7d6e8723268eb3522710f5f8a25c524 (last visited October 31, 2011).

② Christopher Kuner, *European Data Protection Law: Corporate Compliance and Compliance and Regulation* (Oxford: Oxford University Press, 2007), pp. 67 - 68.

③ Article 29 Data Protection Working Party, Opinion 15/2011 on the Definition of Consent, WP187, 13 July 2011, 7, available at http://ec.europa.eu/justice/policies/privacy/docs/wpdocs/2011/wp187_ en.pdf (last visited October 25, 2012), pp. 1 - 38.

一般人愈难监督及理解个人资料的处理过程①,则资料搜集者必须以更大的努力来证明其所取得的同意系基于特定及可理解的告知资讯而来的。

针对《欧盟资料保护指令》第26(1)(a)条规定,按忠实(loyalty)义务原则,当事人在个人资料被移转前,应适度地被告知与移转相关的资讯,如目的、资料接收者的身份及详细资料等。此外,提供予当事人之资讯应包括:倘若个人资料移转至未能提供充分保护的第三国时,其可能产生之特定风险。只有提供必要的资讯,才能使当事人对于事实有所认识而为同意;倘未能提供该资讯,则所为的同意非属有效,《欧盟资料保护指令》第26(1)(a)条"只要经当事人毫不含糊、明确地同意者,个人资料可以移转至未能提供充分保护的国家"之规定将无适用余地。再者,倘对于告知后同意有争议时,资料搜集者必须先证明确实取得当事人的同意;其次,必须证明系基于充分且精确资讯所为之同意②。

倘告知或通知有所欠缺、瑕疵或未被确实遵守者,则其效力如何?对此,台湾"个人资料保护法"并未明文规定,但仍可参考国外立法例。例如,按《英国资料保护法》之Schedule, Part Ⅱ, Paragraph 1(1)之第一原则的相关规定,在决定个人资料是否经公正的处理,即涉及个人资料取得的方式,尤其包括个人资料被取得的当事人关于个人资料处理的目的是否被欺罔(deceived)或误导(misled)者③。美国第一巡回法院在处理个人资料相关案件时,亦曾谓:"默示同意之主张,将因不完全的通知而失效。"④ 另外,美国联邦贸易委员会对于违反个人资料搜集、利用或揭露之相关隐私权政策承诺或未经通知消费者即重大变更隐私权政策内容之数家公司,认为其隐私权政策系错误且误导的(false and misleading)而有

---

① Article 29 Data Protection Working Party, Opinion 15/2011 on the Definition of Consent, WP187, 13 July 2011, 7, available at http://ec.europa.eu/justice/policies/privacy/docs/wpdocs/2011/wp187_en.pdf (last visited October 25, 2012), pp. 19 – 20.

② Daniel B. Garrie & Rebecca Wong, "The Future of Consumer Web Data: A European/US Perspective," *International Journal of Law and Informatiom Technology* 15 (2007): 129, 148 – 151.

③ Data Protection Act 1998, available at http://www.legislation.gov.uk/ukpga/1998/29 (last visited October 3, 2011).

④ Andrew J. McClurg, "A Thousand Words are Worth a Picture: A Privacy Tort Response to Consumer Data Profiling," *Northwestern University Law Review* 98 (2003): 132.

《联邦贸易委员会法》第 5 条所定之不公平或欺罔（unfair or deceptive）之情事，乃分别要求改善。例如，2003 年联邦贸易委员会认定，服饰制造商 Guess 未能落实个人资料加密（encryption）之安全措施而易遭黑客（hackers）攻击，因此，其隐私权政策系错误且误导的而有不公平或欺罔之情事。2004 年联邦贸易委员会认定，Gateway Learning Corporation 违反其隐私权政策而搜集个人资料，且未通知使用者及未取得当事人同意即变更其隐私权政策内容而向第三人分享该个人资料[1]。又如 2009 年联邦贸易委员会曾认定零售业者 Sears 追踪下载研究软件的消费者在线浏览记录，却仅在消费者多重注册层次的最后阶段所提供的一份冗长授权契约（license agreement）中间处，才揭露该软件所欲完全追踪的个人资料范围，系未能提供充分的通知（adequate notice）予消费者，乃构成欺罔行为，要求 Sears 不得继续搜集个人资料及应删除已搜集的个人资料[2]。2011 年针对被指控误导消费者关于个人资料的使用，面书（Facebook）与联邦贸易委员会达成和解，面书于溯及既往的重大变更（material retroactive change）隐私权政策内容前，应经当事人同意。换言之，倘面书以有别于消费者原始同意的方式分享个人资料，应经当事人同意[3]。再者，按加拿大卑斯省《个人资料保护法》第 7(1) 条[4]规定，个人不能将符合本法所要求的"同意"提供予一个组织（即资料搜集者），除非该组织将第 10(1) 条所要求之资讯（如资料搜集之目的）提供该个人。按加拿大艾伯特省《个人资料保护法》第 10

---

[1] Suzanna Shaub, "User Privacy and Information Disclosure: The Need for Clarity in 'Opt-In' Questions for Consent to Share Personal Information," *Shidler Journal of Law Commerce & Technology* 5 (2009): 18.

[2] FTC, "Protecting Consumer Privacy in an Era of Rapid Change —A Proposed Framework for Businesses and Policymakers," available at http://www.ftc.gov/os/2010/12/101201privacyreport.pdf (last visited October 25, 2011), pp. 12 – 13.

[3] Julia Angwin, Shayndi Raice & Spencer E. Ante, "Facebook Retreats on Privacy," *The Wall Street Journal*, November 11, 2011, available at http://online.wsj.com/article/SB10001424052970204224604577030383745515166.html? mod = WSJ_ hp_ us_ mostpop_ read (last visited November 13, 2011); "FTC's settlement Agreement with Facebook," available at http://www.ftc.gov/os/caselist/0923184/111129facebookagree.pdf (last visited November 30, 2011).

[4] http://www.bclaws.ca/EPLibraries/bclaws_ new/document/ID/freeside/00_ 03063_ 01 (last visited October 3, 2011).

条^①规定:"倘资料搜集者借由:(a)提供关于个人资料搜集、利用或揭露的错误(false)或误导性(misleading)资讯、或(b)使用欺罔或误导性惯例(practices)而取得或试图取得同意者,所取得的同意则为无效。"

综上,倘欲使同意有效,则必须经告知才可,而所提供之隐私权政策通知应完整[②]、清楚及明确地指出何种个人资料将被搜集、如何被利用、与谁分享,且不得有欺罔、误导或错误之情事,否则,同意将无效。

此外,倘资料搜集者不符合"告知后同意"之法定要件而违法搜集、处理、利用、分享或揭露个人资料者,应对当事人负损害赔偿责任。按《英国资料保护法》第13(1)及(2)条[③]明文规定,资料控制者违反本法义务致个人财产或精神上损害者,被害的个人得请求损害赔偿。由加拿大艾伯特省《个人资料保护法》第59(1)(a)及60(2)条[④]规定可知,倘有悖于本法而搜集、利用或揭露,将构成一种"违法行为"(offence),因此受损害的当事人得请求损害赔偿。同样的,台湾"个人资料保护法"第28条第1项前段及第29条第1项前段均规定,公务机关及非公务机关违反本法规定,致个人资料遭不法搜集、处理、利用或其他侵害当事人权利者,负损害赔偿责任。

(2)同意必须清楚且明确地指出其意愿。

《欧盟资料保护指令》第2(h)条规定:"当事人的同意系任何出于自由意志、目的特定及基于告知后所表示之期望,借以指出其同意个人资料被处理。"第7(a)条规定,欲处理个人资料者,应经当事人毫不含糊、明确地同意。按《欧盟资料保护指令》第29条所成立的工作小组之见解,为了使同意明确化,取得或给予同意的程序必须对于当事人表达同意的意图不容存有怀疑。换言之,用以表明当事人同意的指示(indication)不得为其意图留有含糊不清(ambiguity)的空间。因此,资料控制者应建立健全程序,

---

[①] http://www.qp.alberta.ca/574.cfm?page = P06P5.cfm&leg_type = Acts&isbncln = 9780779748938F (last visited October 3, 2011).

[②] Jerry Kang & Benedikt Buchner, "Privacy in Atlantis," *Harvard Journal of Law and Technology* 18 (2004): 229, 246.

[③] Data Protection Act 1998, http://www.legislation.gov.uk/ukpga/1998/29 (last visited October 3, 2011).

[④] http://www.qp.alberta.ca/574.cfm?page = P06P5.cfm&leg_type = Acts&isbncln = 9780779748938 (last visited October 3, 2011).

以供当事人表达其同意,即取得当事人清楚的明示同意(express consent)或推论而得的同意(inferred consent)。尤其在同意系借由电话或网络提供者,资料控制者应充分确定提供同意之人即为当事人本人[①]。

然而,针对《欧盟资料保护指令》第26(1)(a)条规定,只要经当事人毫不含糊、明确地同意,个人资料可以移转至未能提供充分保护的国家。工作小组特别指出,倘在个人资料移转后,当事人仅能事后表示反对该移转(即选择退出),则非属于有效的同意。必须在个人资料移转时,经毫不含糊、明确地同意,才属有效[②]。倘同意系以默示方式行之(例如,当事人知悉个人资料的移转却未为反对之表示),则非属有效的同意[③]。

唯学者则主张,倘完全保持沉默将不会构成同意,但假如沉默与其他行动结合(例如,当事人先前已积极表示同意)则有可能足以形成同意[④]。类似地,上述第29条工作小组于"同意定义之意见"亦调整先前见解而主张,消极行为(passive behaviour)或未为任何行为(the absence of any behaviour)在非常特定且明确的情形下亦可能被解释为一种指出、指示。唯工作小组亦认为,在实务上,于当事人不作为时,资料搜集者能否确认沉默即属于接受或同意,实有疑问。例如,当资料搜集者通知消费者倘未于两周内反对,否则,将移转其个人资料予第三人,结果,仅有10%消费者有回应。据此,其他90%未回应者是否即属于同意个人资料的移转,将颇有争议,因为资料搜集者将难以证明其得到同意。可知,除有特殊情形外,消极行为或不作为的模糊性将难以符合《欧盟资料保护指令》的要求[⑤]。

[①] Article 29 Data Protection Working Party, Opinion 15/2011 on the Definition of Consent, WP187, 13 July 2011, 7, available at http://ec.europa.eu/justice/policies/privacy/docs/wpdocs/2011/wp187_en.pdf (last visited October 25, 2012), p.21.

[②] Article 29 Data Protection Working Party, Working Document on a Common Interpretation of Article 26 (1) of Directive 95/46/EC of 24 October 1995 (WP114, 25 November 2005) 10, available at http://www.dataprotection.gov.sk/buxus/docs/wp114_en.pdf?buxus=c7d6e8723268eb3522710f5f8a25c524 (last visited October 31, 2011).

[③] Philip Rees, "Transferring Personal Data outside the EEA: The Least Worst Solution," *The Journal of E-Commerce, Technology and Communcations* 13 (2) (2007): 66-69.

[④] Christopher Kuner, *European Data Protection Law: Corporate Compliance and Compliance and Regulation* (Oxford: Oxford University Press, 2007), pp.68-69.

[⑤] Article 29 Data Protection Working Party, Opinion 15/2011 on the Definition of Consent, WP187, 13 July 2011, 7, available at http://ec.europa.eu/justice/policies/privacy/docs/wpdocs/2011/wp187_en.pdf (last visited October 25, 2012), p.12.

然而，有别于上开"毫不含糊、明确地同意"之规定，按《欧盟资料保护指令》第8（2）（a）条特别规定，倘经当事人明白同意（explicit consent）者，禁止处理特种资料（special categories of data）的规定将不适用。事实上，明白同意具有与明示同意同样的法律意义，因此，推论而得的同意或选择退出机制于此将不符合要求[①]。

事实上，针对一般性的各种资料，有些国家法制亦未要求个人资料的搜集、利用或分享皆必须取得当事人的明示同意。例如，按《英国资料保护法》[②] 之 Schedule 1, Part Ⅰ 及 Schedule 2 规定，个人资料之处理应公正及合法，尤其，非经当事人同意或有其他法定理由，不得为个人资料之处理。无疑地，其同意之内涵亦众说纷纭。在某些案例中，默示同意即可，但某些案例则要求必须是清楚的书面同意，资料保护官（Data Commissioner）指出，对于个人资料（尤其是敏感资料）的处理取得空白同意是不足以为合法授权之基础。事实上，资料控制者处理个人资料所依赖的同意愈空泛[③]，则愈会被质疑同意之存在或有效性。

按《加拿大个人资料保护和电子文件法》规定，不论明示或默示同意、书面或口头同意皆可，唯其并未特别规定何种情况应以何种同意行之。不过，隐私保护官（Privacy Commissioner）则进一步解释，必须取得同意的形式端视所搜集的个人资料性质及同意系在何种情况下给予而定，倘个人资料被认为具有敏感性，则资料搜集者应取得明示同意（如"选择加入"之同意），不论书面或口头皆可；倘个人资料较不具敏感性，则取得默示同意（如"选择退出"之同意）即属充分[④]。

再针对以明示或默示方式表达同意的问题，美国法院亦曾有意见分歧的裁判。关于网站经营者或进行资料探勘的第三人使用cookies科技以拦截搜集网站使用者之 clickstream data 是否违反《窃听法》（Wiretap Act）一事，

[①] Article 29 Data Protection Working Party, Opinion 15/2011 on the Definition of Consent, WP187, 13 July 2011, 7, available at http://ec.europa.eu/justice/policies/privacy/docs/wpdocs/2011/wp187_en.pdf (last visited October 25, 2012), p. 25.

[②] Schedule 1, Part, and Schedule 2 of Data Protection Act 1998, available at http://www.legislation.gov.uk/ukpga/1998/29 (last visited October 3, 2011).

[③] Catherine Baker, "New Data Protection: Act!" *Ent. L. R.* 11 (8) (2000): 193.

[④] Erika King & John H. Fuson, "An Overview of Canadian Privacy Law for Pharmaceutical and Device Manufacturers Operating in Canada," *Food & Drug Law Journal* 57 (2002): 216.

美国第二及第九巡回法院在 DoubleClick 及 Intuit 案中，宽松地认为只要有"默示同意"即符合《窃听法》中的同意例外规定而对于资料搜集者较为有利，因此，得将 cookies 安装于终端用户之电脑而将其个人资料传输至网站经营者或第三人处。然而，美国第一巡回法院于 Pharmatrak 案中，则严格地认为只有"确实同意"（actual consent）才符合《窃听法》的例外规定而对于消费者较有利。倘欠缺有效的通知，消费者将无法对其个人资料的搜集加以同意，因此，反对"造访某网站即系同意对于其个人资料之拦截"之见解[1]。

综上，个人资料的搜集、利用或分享，应经当事人明确地同意。唯同意之方式，则有不同见解。有学者认为，除法律明文要求应明示同意外，只要能明确地表达同意者，则不论明示或默示方式皆可，因完全保持沉默虽不会构成同意，但假如沉默与其他行动结合则有可能足以形成同意。另有学者认为，倘同意系以默示方式行之，则非属有效的同意。唯按台湾"个人资料保护法"规定，无论公务或非公务机关之资料搜集者对于个人资料的搜集、处理或利用，除有其他法定原因外，应经当事人书面同意。据此，本文认为，在台湾关于同意之方式，应以明示同意为当。

（3）同意必须出于自由意志。

当事人之同意必须出于自由意志而能为真正选择（real choice），且没有被诈欺、强暴、胁迫，或倘不同意亦不会遭逢重大不利后果之风险，始得就个人资料为有效的处分。倘同意的后果侵蚀了个人的选择自由，则同意并非出于自由[2]。因此，倘同意之意思表示具有瑕疵，则非属有效的同意。具体言之，倘资料搜集者（公务机关或非公务机关）以强暴或胁迫而强制，或以诈术或违反告知义务等诈欺手段，导致当事人不得不同意或因陷于错误而为同意，均非有效之同意[3]，当事人得依法加以撤销。

换言之，出于自由意志的同意，即指个人利用所有能力所为的自愿性决

---

[1] Andrew Hotaling, "Protecting Personally Identifiable Information on the Internet: Notice and Consent in the Age of Behavioral Targeting," *CommLaw Conspectus* (2008): 551–553.

[2] Article 29 Data Protection Working Party, Opinion 15/2011 on the Definition of Consent, WP187, 13 July 2011, 7, available at http://ec.europa.eu/justice/policies/privacy/docs/wpdocs/2011/wp187_en.pdf (last visited October 25, 2012), p. 12.

[3] 许文义：《个人资料保护法论》，三民书局，2001，第238页。

定，且非出于任何社会、经济、心理或其他胁迫而为之①。对此，《加拿大个人资料保护和电子文件法》更明文规定，资料搜集者不得要求当事人同意个人资料为原始交易目的以外之使用为其提供产品或服务之前提要件，故医生不得要求病人同意医疗记录贩卖予药厂为其提供医疗服务之前提②。同样的，按加拿大艾伯特省《个人资料保护法》③第7(2)条规定，资料搜集者不得要求当事人同意搜集、利用或揭露逾越产品或服务的提供所必要的个人资料，而作为提供产品或服务的前提。

倘当事人只能面对既成的事实或没有机会为真正的选择，则其同意的效力将备受质疑。例如，对于受雇人而言，真正的选择即可以拒绝同意而不会遭逢任何的伤害（如丧失工作）或可以事后改变心意而撤销同意。然而，在层级化的依赖关系中，受雇人（当事人）处于雇用人（资料搜集者）的影响支配之下，对于其个人资料的搜集、利用、分享或移转，倘受雇人拒绝或保留同意，可能将遭逢或多或少的损害。据此，就雇用人与受雇人之间具有从属的关系，谈判力量实不对等，故当事人的同意是否出于自由意志④，实有探讨空间，不乏否定其系出于自由意志而认定为无效之例⑤，但倘能充分证明当事人的同意系出于自由意志者⑥，则仍不能否定同意的效力而完全排除个人资料的搜集、利用、分享或移转。又如，由于欧洲航空公司在飞机起飞前有义务将乘客个人资料传输至美国当局，则乘客倘欲搭乘飞机，关于

---

① Article 29 Data Protection Working Party, Opinion 15/2011 on the Definition of Consent, WP187, 13 July 2011, 7, available at http://ec.europa.eu/justice/policies/privacy/docs/wpdocs/2011/wp187_en.pdf (last visited October 25, 2012), p. 13.

② Erika King & John H. Fuson, "An Overview of Canadian Privacy Law for Pharmaceutical and Device Manufacturers Operating in Canada," *Food & Drug Law Journal* 57 (2002): 215.

③ http://www.qp.alberta.ca/574.cfm?page=P06P5.cfm&leg_type=Acts&isbncln=9780779748938 (last visited October 3, 2011).

④ Article 29 Data Protection Working Party, Working Document on a Common Interpretation of Article 26 (1) of Directive 95/46/EC of 24 October 1995 (WP114, 25 November 2005) 10, available at http://www.dataprotection.gov.sk/buxus/docs/wp114_en.pdf?buxus=c7d6e8723268eb3522710f5f8a25c524 (last visited October 31, 2011), p. 11.

⑤ Christopher Kuner, *European Data Protection Law: Corporate Compliance and Compliance and Regulation*, (Oxford: Oxford University Press, 2007), p. 211.

⑥ Article 29 Data Protection Working Party, Opinion 15/2011 on the Definition of Consent, WP187, 13 July 2011, 7, available at http://ec.europa.eu/justice/policies/privacy/docs/wpdocs/2011/wp187_en.pdf (last visited October 25, 2012), p. 14.

个人资料的分享,其同意能否自由地为之,实不无疑义①,对此曾有不少讨论;唯事实上,欧洲航空公司得将乘客个人资料传输至美国当局的法律基础,非依《欧盟资料保护指令》第7(a)条规定而应取得当事人同意,而系依第7(c)条为履行欧盟与美国间关于处理及移转乘客姓名档案资料之国际协议的法律义务②。

事实上,不论法律是否强制要求就个人资料的搜集、利用或分享应取得消费者的同意,资料搜集者仍可能擅长于以其单方所定之条件取得消费者之同意。例如,银行或网站所提供之服务或产品(如信用卡、网页的浏览)乃消费者所想要的,则消费者很可能将按银行或网站所提议之资讯隐私保护措施加以同意,否则,其将无法获得该项服务或产品。再者,消费者多半对于价格条件(如信用卡的迟延利息、是否能免费浏览网页新闻)较为敏锐③,而对于非价格条件(如银行或网站之隐私权政策)反应较为迟钝。

尤其在网络虚拟空间中,众多从事个人资料搜集、利用及分享的网站所公告的隐私权政策亦属于一种"附合"(adhesion)机制,消费者倘仅点选某一按键是否即构成对隐私权政策条件的同意,实值得探讨。其实,一般消费者对于在线隐私(privacy online)所具有的讨价还价谈判能力相当有限,这也反映在他们对于网站所公告的隐私权政策加以点选并阅读的比例相当低。或许,有人可能会主张,在乎隐私的消费者应该确实阅读隐私权政策,倘其不同意该隐私权政策的条件,可以将网络交易或活动移转至他处。但是,该主张忽略互联网对于日常生活的重要性及消费者欠缺变更或排除该隐私权政策的能力。在当前社会中,互联网已成为一种宰制性的资讯管道,特别地,对于相当的人口而言,网络的使用并非方便而已,更是必需品。曾有一项美国民调指出,与电视、收音机、报纸或书籍相比,网络是更重要的资

---

① Article 29 Data Protection Working Party, Working Document on a Common Interpretation of Article 26 (1) of Directive 95/46/EC of 24 October 1995 (WP114, 25 November 2005) 10, available at http://www.dataprotection.gov.sk/buxus/docs/wp114_ en.pdf?buxus = c7d6e8723268eb3522710 f5f8a25c524 (last visited October 31, 2011), p.11.

② Article 29 Data Protection Working Party, Opinion 15/2011 on the Definition of Consent, WP187, 13 July 2011, 7, available at http://ec.europa.eu/justice/policies/privacy/docs/wpdocs/2011/wp187_ en.pdf (last visited October 25, 2012), p.16.

③ Richard Craswell, "Property Rules and Liability Rules in Unconscionability and Related Doctrines," *University of Chicago Law Review* 60 (1993): 1, 49.

讯来源。然而，在进行网络交易时，消费者却面对严重的权利不平等。由于不是面对面互动（face-to-face interaction）①，消费者欲谈判一个满意的契约条件的机会显然少于其与传统实体商店之间的交易。

对于"同意"的性质，学者 Margaret Jane Radin 曾以"契约即为同意"（contract-as-consent）与"契约即为产品"（contract-as-product）两种模式分析之。"契约即为同意"模式，指传统上两个人心灵的交会乃出于自由意愿，当事人知悉且明了彼此所为为何，而且要求相关契约条件应处于可被理解的状态或者是否有其他项目可供选择。相反地，"契约即为产品"模式下，交易条件本身即为产品的一部分，故消费者倘急需该产品，对于所开出交易条件只能"接受或拉倒"（take-it-or-leave-it），别无其他选择②。虽然，传统法律体系仍信守"契约即为同意"的模式，但在现行商业交易中，不乏（尤其网络虚拟世界的网站经营者）将"契约即为产品"模式作为营运的基础，完全未赋予消费者选择余地。

据此，当前对于同意权的行使构成最大挑战者之一，在于交易过程以"契约即为产品"模式或"定型化契约"取得消费者的同意，并非完全以自愿方式授权个人资料的搜集、利用或分享③。在许多市场交易（尤其互联网交易），为了取得所需产品或服务，消费者将被迫签署一个无讨价还价空间的标准格式"同意函"或"定型化契约"，授权资料搜集者得搜集、利用或分享其个人资料。当同意权行使系以强制性的方式进行而剥夺消费者平等议约能力时，该同意权的授予乃非自由意志下的产物④，倘该附合契约或定型化契约因某些情形（如台湾"民法"第247条之一规定之"免除或减轻预定契约条款之当事人之责任者""使他方当事人抛弃权利或限制其行使权利者"等）而显失公平者，将被视为无效。因此，基于该无效契约所为的任何个人资料的搜集、利用与分享将因未经合法授权，而得向资料搜集者请求损害赔偿。

---

① Andrew J. McClurg, "A Thousand Words are Worth a Picture: A Privacy Tort Response to Consumer Data Profiling," *Northwestern University Law Review* 98 (2003): 131-132.

② Margaret Jane Radin, "Humans, Computers, and Binding Commitment," *Indiana Law Journal* 75 (2000): 1125, 1126.

③ Jerry Kang, "Information Privacy in Cyberspace Transactions," *Stanford Law Journal* 50 (1998): 1193, 1265.

④ Vera Bergelson, "It's Personal But Is It Mine? Toward Property Rights in Personal Information," *U. C. Davis Law Review* 37 (2003): 448.

综上，当事人之同意必须出于自由意志，且没有被诈欺、强暴或胁迫之情事。否则，非属有效的同意。尤其，当同意权行使系以强制性而剥夺消费者平等议约能力时，该同意权的授予乃非自由意志下的产物，且其所同意之定型化契约又因某些情形而显失公平者，将被视为无效。

（4）同意必须特定。

按《欧盟资料保护指令》第 29 条成立的工作小组公布的"同意定义之意见"中指出，同意必须特定，方能有效。换言之，未能指出处理之确切目的之"空白同意"系不足以为合法授权之基础。资料控制者或资料搜集者处理个人资料所依赖的同意愈空泛，则愈会被质疑同意之存在或有效性[1]。因此，为了使同意符合特定的要件，同意必须清楚及精确地指出系针对特定个人资料处理的范围及后续应用而为之，而同意不得针对不设限、开放性（open-ended）的个人资料处理活动而为之。其实，同意必须针对明确指出个人资料处理的不同面向而为之，其中，包括为了何种目的而处理何种个人资料，而关于同意内涵的诠释必须根据个人资料所指涉当事人及资料搜集者双方的合理期待（reasonable expectations）而为之。因此，同意的特定化本质上即与同意必须系被告知的相通。同意不得根据资料控制者单方处理个人资料的需求而轻率地解释为涵盖各种目的，相反地，同意所针对的个人资料的处理应与达成特定目的具有合理及必需性关联者为限。此外，倘符合当事人的合理期待时，资料搜集者虽为供不同营运，仍可仅取得当事人一次的同意。倘资料控制者为不同目的而处理个人资料或移转个人资料予第三人时，则必须另外再取得当事人的同意。事实上，取得当事人同意的需要性，必须根据目的及资料接收对象之身份而就不同个案（case-by-case）加以判断。例如，个人资料的处理乃为履行契约关系所必需（如为运送买受物而需取得买方之地址），已经其他法律授权，则毋庸得到当事人同意，但倘个人资料的处理超出契约履行所需（如为评估买方付款能力而从事信用调查），则应另外取得特定的同意[2]。

又针对《欧盟资料保护指令》第 26(1)（a）条规定，工作小组指出，当事人的同意必须针对特定的个人资料之移转。由于同意之客体（例如：搜集

---

[1] Catherine Baker, "New Data Protection: Act!" *Ent. L. R.* 11 (8) (2000): 193.
[2] Article 29 Data Protection Working Party, Opinion 15/2011 on the Definition of Consent, WP187, 13 July 2011, 7, available at http://ec.europa.eu/justice/policies/privacy/docs/wpdocs/2011/wp187_en.pdf (last visited October 25, 2012), pp. 17–18.

之目的）必须特定化，故对未来不确定的个人资料移转，难以要求当事人事前予以同意，具体言之，对于个人资料移转的是否发生或其他相关情况，在同意当时，仍不为当事人所知且无法评估个人资料的移转对于当事人的影响，即属之。据此，倘某家公司为某种特定目的而搜集客户个人资料时，该公司不能要求客户"对于如果该公司为其他的公司并购而将其个人资料移转至第三国之行为"事前先加以同意。唯如对于个人资料移转之相关细节（如接收者之目的、类别）于同意时已事先确定者，则可预先加以同意[1]。

再者，按《加拿大个人资料保护和电子文件法》第5(3)条之规定，资料搜集者得正当地搜集、利用或揭露个人资料之目的，应限于一个理性（reasonable）之人在同样情况下认为系适当（appropriate）之目的[2]。又按加拿大艾伯特省《个人资料保护法》[3] 第7(2)条规定，资料搜集者不得要求当事人同意搜集、利用或揭露逾越产品或服务的提供所必要的个人资料而作为提供产品或服务的前提。此外，台湾"个人资料保护法"第5条亦有类似限制："个人资料之搜集、处理或利用……不得逾越特定目的之必要范围，并应与搜集之目的具有正当合理之关联。"易言之，同意之客体范围之解释亦必须考虑当事人个人的合理期待（the reasonable expectations of the individuals）。例如，在订购杂志时，当事人将合理期待杂志社（即资料搜集者）除为了寄送杂志及收费而使用其姓名及地址外，也会为了招揽当事人续订该杂志而使用其个人资料。因此，对于杂志社而言，其可以假设当事人之杂志订购行为将构成其同意杂志社得利用其个人资料而为续订之招揽行为[4]。相反地，倘缺乏当事人之同意，则杂志社不得将订户个人资料提供予保险公司，以供招揽保险之用，否则，将有违当事人之合理期待。此乃因将订购杂

---

[1] Article 29 Data Protection Working Party, Working Document on a Common Interpretation of Article 26（1）of Directive 95/46/EC of 24 October 1995（WP114, 25 November 2005）10, available at http://www.dataprotection.gov.sk/buxus/docs/wp114_en.pdf?buxus=c7d6e, p.12.

[2] Ian Kerr, Carole Lucock & Valerie Steeves, *Lessons from the Identity Trail—Anonymity Privacy and Identity in a Networked Society* 35（New York: Oxford University Press, 2009）.

[3] http://www.qp.alberta.ca/574.cfm?page=P06P5.cfm&leg_type=Acts&isbncln=9780779748938（last visited October 3, 2011）.

[4] Juliana M. Spaeth, Mark J. Plotkin & Sandra C. Sheets, "The Impact of Canada's Personal Information Protection and Electronic Documents Act on Transnational Business," *Vanderbilt Journal of Entertainment Law and Practice* 4（2002）: 28, 35.

志所提供之个人资料转为保险公司招揽保险之用，已超出原始搜集目的，应另取得当事人同意。由此可知，为不同目的而利用或分享个人资料，应另外取得同意，否则，将被视为违法。例如，Google 告知 Gmail 用户其个人资料仅供 email 目的使用，却未事前取得当事人同意，即将其转用于 Google Buzz 社群服务（social-networking service）之其他目的，2011 年被美国联邦贸易委员会认定为欺罔消费者[①]。

然而，某些个人资料的运用（如资料探勘）将难以符合目的特定化之要求，由于资料探勘的本质系在发现资料彼此之间的未知关系与联系，资料探勘者一开始未必知悉其用途、价值，甚至将出现何种联系关系。由于资料探勘欠缺透明性，认知发现的过程乃未能确保个人资料仅供特定目的之使用。此外，由于资料探勘构成第二次使用（secondary use），按加拿大安大略省隐私官（Ontario's Privacy Commissioner）Ann Cavoukian 之见解，将资料探勘列为搜集个人资料之原始目的（primary purpose），不足以构成有意义的个人资料保护体制，因为很难期待一般消费者能完全明了资料探勘之性质及结果，是故，把一个内涵不确定的第二次使用作为原始目的将备受质疑[②]。因此，在加拿大确实有某些案件，因为关于预定使用目的之隐私权政策通知的文字用语过于空泛或不完备，而未能通过"同意"要件之审查[③]。

综上，同意必须特定，而为了使同意符合特定的要件，同意必须清楚及精确地指出系针对特定个人资料处理的范围及后续应用而为之，而同意不得针对不设限、开放性的个人资料处理活动而为之。

（5）同意应以书面为之。

一般而言，同意的行使在民法、刑法上并无书面形式之要求[④]。就个人

[①] Shayndi Raice & Julia Angwin, "Facebook 'Unfair' on Privacy", November 30, 2011, available at http://online.wsj.com/article/SB10001424052970203441704577068400622644374.html#ixzz1fAwiQlu7 (last visited November 30, 2011); FTC news, "FTC Charges Deceptive Privacy Practices in Google's Rollout of Its Buzz Social Network", available at http://www.ftc.gov/opa/2011/03/google.shtm (last visited November 30, 2011).

[②] Jeanette Teh, "Privacy Wars in Cyberspace: An Examination of the Legal and Business Tensions in Information Privacy," *Yale Symposium on Law and Technology* 1, 7, 2001 - 2002, 4: 78 - 80.

[③] Ian Kerr, Carole Lucock & Valerie Steeves, *Lessons from the Identity Trail—Anonymity Privacy and Identity in a Networked Society* (New York: Oxford University Press, 2009), p. 34.

[④] 许文义：《个人资料保护法论》，三民书局，2001，第 240 页。

资料保护上，《欧盟资料保护指令》未明文要求同意必须以书面为之，亦无形式的限制，由于该指令仅要求同意必须清楚明确地表达，因此，明显地不论以书面、口头或其他行为方式为之的指示，只要能足够清楚地表达当事人的意愿（wishes）并为资料控制者能了解即可①。类似地，《加拿大个人资料保护和电子文件法》亦未明文要求同意必须以书面为之，故书面或口头同意皆可。

然而，按德国《联邦资料法》第4a条规定，除另有规定外，当事人的同意应以书面为之②。再者，由台湾"个人资料保护法"第15、16、19条及第20条规定可知，无论公务机关或非公务机关之资料搜集者对于个人资料的搜集、处理或利用，除有其他法定原因外，应经当事人书面同意。

又如台湾"个人资料保护法"第7条规定："第十五条第二款及第十九条第五款所称书面同意，指当事人经搜集者告知本法所定应告知事项后，所为允许之书面意思表示。第十六条第七款、第二十条第一项第六款所称书面同意，指当事人经搜集者明确告知特定目的外之其他利用目的、范围及同意与否对其权益之影响后，单独所为之书面意思表示。"唯在电脑科技蓬勃发展的时代，个人资料的搜集、处理、利用或分享常系经由网际网路为之，则当事人经由网际网路所为之同意是否属于上述"书面同意"，则端视其是否符合参考"电子签章法"第4条第2项内容而新修正的"个人资料保护法施行细则"（2011年10月26日预告之草案）第11条规定"本法第七条所定书面意思表示之方式，如其内容可完整呈现，并可于日后取出供查验者，经搜集者及当事人同意，得以电子文件为之"而定之。类似地，按加拿大亚伯省《个人资料保护法》第8(5)条③规定，倘一个组织（即资料搜集者）制作或能随时制作一份列印的版本或影像或以书面方式重制同意者，

---

① Article 29 Data Protection Working Party, Opinion 15/2011 on the Definition of Consent, WP187, 13 July 2011, 7, available at http: //ec. europa. eu/justice/policies/privacy/docs/wpdocs/2011/wp187_ en. pdf（last visited October 25, 2012）, p. 11；Indira Mahalingam Carr, Katherine S. Williams, "Electronic Data Interchange, Data Protection and the European Community: Implications for the Banking and Insurance Sectors," *Journal of Financial Crime* 2（1）（1994）: 49, 52.

② http: //www. bfdi. bund. de/EN/DataProtectionActs/Artikel/BDSG_ idFv01092009. pdf?_ _ blob = publicationFile（last visited October 3, 2011）.

③ http: //www. qp. alberta. ca/574. cfm? page = P06P5. cfm&leg_ type = Acts&isbncln = 9780779748938（last visited October 3, 2011）.

则书面同意得以电子方式提供或传输予资料搜集者。

综上,虽然某些立法例未明文要求同意必须以书面为之,唯台湾"个人资料保护法"则明定,当事人的同意应以书面为之。本文认为,为了促使同意的进行能慎重起见,以减少争议及有助于当事人权益的进一步保障,同意应以书面为之,较为适当。

四 "选择加入"与"选择退出"之同意行使模式及"隐私权政策"通知之框架效应

如前述,"告知后同意"原则主要包含"揭露"及"同意"两个面向。其中,关于同意的方式最为激烈的争辩之一,即究竟应实行"选择加入"还是"选择退出"的同意行使模式[1];连带地,因同意行使模式的不同,"揭露"或"告知"("隐私权政策"通知)方式亦有所差异,而影响当事人为"告知后同意"之决策。因此,关于"选择加入"与"选择退出"之定义、利弊得失及"隐私权政策"通知之实证经验、"框架效应"(framing effect)分析如下。

(一)"选择加入"与"选择退出"之定义及相关实证规范

按"选择加入"模式,资料搜集者于搜集、利用或分享个人资料前,应先取得当事人的明示同意[2]。选择加入模式因此于个人资料上创设一种权利赋予当事人,且对于资料搜集者课以引诱当事人放弃权利的负担[3]。相反地,"选择退出"模式要求资料搜集者必须提供当事人选择退出关于个人资料搜集、利用或分享之机会,因此,当事人怠于行使选择退出之权利,将被视为对于个人资料搜集、利用或分享的默示同意。选择退出乃将负担移转至消费者身上的机制[4],当其对此欠缺同意的意思时,当事人必须积极主动通知资料搜集者停止关于其个人资料之搜集、利用或分享。可以想见,产业界

---

[1] Craig D. Tindall, "Argus Rules: The Commercialization of Personal Information," *Journal of Law Technology and Policy* (2003): 181, 195.
[2] Vera Bergelson, "It's Personal But Is It Mine? Toward Property Rights in Personal Information," *U. C. Davis Law Review* 37 (2003): 393.
[3] Paul M. Schwartz, "Property, Privacy, and Personal Data," *Harvard Law Review* 117 (2004): 2103.
[4] Andrew J. McClurg, "A Thousand Words are Worth a Picture: A Privacy Tort Response to Consumer Data Profiling," *Northwestern University Law Review* 98 (2003): 133.

较欢迎"选择退出"之模式,因为他们原则上得自由搜集、利用或分享消费者个人资料,直到被要求停止使用为止。相反地,隐私权提倡者则倾向于"选择加入"之模式①,因为消费者的忽视或不作为将不会导致个人资料之被搜集、利用或分享。曾有实证研究发现②,针对同样的问题(如是否提供健康调查资料)征求参与者的同意,由于参与者对问题的忽视或不作为,在"选择退出"模式视为同意,但在"选择加入"模式则视为不同意,最后的统计结果显示"选择退出"模式所取得同意比例系"选择加入"模式所取得同意比例的二倍。

在美国,大多数涉及个人资料搜集、利用或分享的联邦与各州法律,就当事人同意权的行使,多采用"选择退出"模式,采用"选择加入"模式的法律,属于少数。例如,依美国《金融服务现代化法》,金融机构得与非关系企业之第三人分享其消费者个人资料,除非该消费者选择退出其个人资料之分享③。又如某些从事个人资料搜集的公司(如 Acxiom 及 DoubleClick)虽然法令并未强制要求,但仍主动提供消费者得选择退出个人资料被分享之机会④,已如前述。

在台湾,按"个人资料保护法"第15、16、19及20条规定,除有其他法定情形外,个人资料未经当事人书面同意者,不得任意加以搜集、处理或利用,即属"选择加入"模式。另外,2009年1月21日修正公布之"台湾金融控股公司法"第43条第2项规定:"金融控股公司之子公司间进行共同营销,其营业、业务人员及服务项目应使客户易于识别。共同使用客户资料时,除个人基本资料外,其往来事务资料及其他相关资料,应先经客户书面同意,且不得为使用目的范围外之搜集或利用;客户通知不得继续共同使用其个人基本资料、往来事务资料或其他相关资料时,应即停止共同使用。"由此可知,对于客户基本资料之交互运用系采取选择退出机制,而对于客户之往来事务资料及其他相关资料,则类似上述"个人资料保护法"

---

① Lynn Chuang Kramer, "Private Eyes are Watching You: Consumer Online Privacy Protection-Lessons from Home and Abroad," *Texas International Law Journal* 37 (2002): 387, 412.
② Elizabeth K. Brill, "Privacy and Financial Institutions: Current Developments Concerning the Gramm-Leach-Bliley Act of 1999," *Annual Review of Banking Law* 21 (2002): 167, 188.
③ GLBA, 15 U. S. C. Section 6802 (b).
④ Andrew J. McClurg, "A Thousand Words are Worth a Picture: A Privacy Tort Response to Consumer Data Profiling," *Northwestern University Law Review* 98 (2003): 133.

规定,应先经客户书面同意①。

《欧盟资料保护指令》第2(h)条规定:"当事人的同意系任何出于自由意志、目的特定及基于告知后所表示之期望,借以指出其同意个人资料被处理。"学者Christopher Kuner认为,第2(h)条对于同意的定义并未明文指出同意必须系"选择加入"或"选择退出",尤其,由某些条文未如第8(2)(a)条提及"明示"(explicit),是否即意味着"选择加入"并非通则。唯第2(h)条虽并未普遍要求选择加入的同意,但当事人必须指出(signify)其同意之要求,似乎暗示单纯地不行动是不够的,要构成同意必须有某种程度的行动。因此,倘完全保持沉默将不会构成同意,但假如沉默与其他行动结合(例如,当事人先前已积极表示同意)则有可能足以形成同意②。再者,《欧盟资料保护指令》第29条所成立的工作小组公布的"同意定义之意见"认为,《欧盟资料保护指令》虽未明文规定取得同意的时机,唯从诸多条文用语可推知其清楚地暗示着,应于开始个人资料处理前取得同意(即为"选择加入"模式)。例如,《欧盟资料保护指令》第2(h)条提及任何指出(indication)必须系毫不含糊的[参照第7(a)条规定]及针对敏感资料必须系"明示"(参照第8条规定)③。

又如前揭,虽然《加拿大个人资料保护和电子文件法》并未特别规定何种情况应以何种同意行之,唯隐私保护官则进一步解释,必须取得同意的形式端视所搜集的个人资料性质及同意系在何种情况下给予而定,倘个人资料被认为具有敏感性,则资料搜集者应取得明示同意(如"选择加入"之同意),不论书面或口头皆可;倘个人资料较不具敏感性,则取得默示同意(如"选择退出"之同意)即属充分④。

---

① 《金融控股公司法部分条文修正草案总说明》(2009年1月21日修正),http://db.lawbank.com.tw/FLAW/FLAWDAT01.asp?lsid=FL006621(最后访问日期:2011年2月15日)。

② Christopher Kuner, *European Data Protection Law: Corporate Compliance and Compliance and Regulation* (Oxford: Oxford University Press, 2007), pp. 68–69.

③ Article 29 Data Protection Working Party, Opinion 15/2011 on the Definition of Consent, WP187, 13 July 2011, 7, available at http://ec.europa.eu/justice/policies/privacy/docs/wpdocs/2011/wp187_en.pdf (last visited October 25, 2012), pp. 9–10.

④ Erika King & John H. Fuson, "An Overview of Canadian Privacy Law for Pharmaceutical and Device Manufacturers Operating in Canada," *Food & Drug Law Journal* 57 (2002): 216.

（二）"选择加入"与"选择退出"之同意行使模式及"隐私权政策"通知之实证分析

资讯不对称可能发生于资料搜集者（如金融机构、网站经营者）与当事人（消费者）之间。具体言之，当事人对于其个人资料之市场价值或将如何被搜集、利用或分享，并未拥有完整的资讯[1]。相反地，对于个人资料将于何种情况被搜集、利用及分享，资料搜集者握有质量较优良及完整之资讯。因此，存在于资料搜集者与当事人之间的资讯不对称问题，妨碍当事人分辨及计算其揭露个人资料后将付出的代价与不揭露个人资料所取得的好处之间的成本效益分析[2]（cost-benefit analysis），因而，影响其对于个人资料分享真实喜好的精确表达。可知，无论采用之机制系"选择加入"或"选择退出"，在当事人面临是否同意个人资料被搜集、利用或分享之选择时，最重要者，乃提供给当事人充分之资讯，以利于决策。

在众多资料搜集者中，金融业乃属资讯经济的一环，其赢家乃属于那些善于管理客户个人资料且能适时适地提供客户所需产品的经营者。而基于商业营运或决策之目的，金融机构实有搜集、利用、处理、分享与移转消费者个人资料的强烈动机。因此，以下主要以美国《金融服务现代化法》所采用之"选择退出"模式与"台湾金融控股公司法"针对客户基本资料以外的个人资料所采用之"选择加入"模式为实际分析范例，以解决资讯不对称问题之具体成效与可能衍生的问题影响为分析重点，以为各领域普遍落实"告知后同意"原则之借鉴。

1. "选择退出"之同意行使模式下之"隐私权政策"通知

就个人资料交易市场的资讯不对称问题，美国《金融服务现代化法》借由订立"选择退出"条款，要求处于资讯强势一方的金融机构必须与处于资讯弱势一方的消费者分享其关于隐私权政策之资讯，且应于 2001 年 7 月 1 日前实施。由于法律对于隐私权政策的特定格式或标准用语并未明定，因此，只要符合法律要求及清楚醒目的标准，金融机构得弹性地根据其惯例

---

[1] Edward J. Janger, "Muddy Property: Generating and Protecting Information Privacy Norms in Bankruptcy," *William and Mary Law Review* 44 (2003): 1801, 1849.

[2] Andrew Hotaling, "Protecting Personally Identifiable Information on the Internet: Notice and Consent in the Age of Behavioral Targeting," *CommLaw Conspectus* (2008): 559.

设计自身的隐私权政策通知,故许多提供予消费者的隐私权政策通知冗长且复杂,不同金融机构所提供的隐私权政策通知的格式、呈现、长度、风格或语气并不相同,以致难以比较其差异性[1]。

虽然法律赋予消费者选择退出之权,但实际上,仅2%~5%的消费者选择退出其个人资料之分享,"选择退出"条款对于消费者保护之效能因此备受质疑[2]。上开比率堪称奇低无比,除消费者可能并不甚在意其个人资料的保护[3]外,另实肇因于"选择退出"权利行使之困难重重,尤其,有些隐私权政策通知欠缺一致性[4],内容过琐碎冗长又不容易理解[5],因为该等通知的内容使用过多的繁复句子与佶屈聱牙文字[6]。再加上消费者基于成本效益的考虑而多半将该等隐私权政策之通知视为垃圾邮件而加以丢弃[7],或者某些网站公告的隐私权政策刻意隐藏于繁复的网页中而难以发现,致使消费者不愿投入时间及精力去发现及审慎阅读该等通知,以致未能了解其规范之内容与重要性,而未采取任何行动,因此被视为放弃选择退出之机会,亦造成消费者选择退出比例偏低之因,故资料搜集者得继续搜集、利用或分享消费者个人资料。可知,"选择退出"模式导致金融机构等资料搜集者拥有强烈的动机,去建构并采用促使消费者不作为而使得资料搜集者易于分享其个

---

[1] Final Model Privacy Form under the Gramm-Leach-Bliley Act, available at http://www.sec.gov/rules/final/2009/34-61003.pdf (last visited November 27, 2011), pp. 10-11.

[2] David A. Tallman, "Financial Institutions and the Safe Harbor Agreement: Securing Cross-Border Financial Data Flows," *Law & Policy in International Business* 34 (2003): 747, 759.

[3] Andrew J. McClurg, "A Thousand Words are Worth a Picture: A Privacy Tort Response to Consumer Data Profiling," *Northwestern University Law Review* 98 (2003): 135.

[4] FTC, Protecting Consumer Privacy in an Era of Rapid Change—A Proposed Framework for Businesses and Policymakers, available at http://www.ftc.gov/os/2010/12/101201privacyreport.pdf (last visited October 25, 2011), p. 70.

[5] R. Bradley McMahon, "After Billions Spent to Comply with HIPAA and GLBA Privacy Provisions, Why is Identity Theft the Most Prevalent Crime in America?" *Villanova Law Review* 49 (2004): 625, 639.

[6] Edward J. Jange & Paul M. Schwartz, "Modern Studies in Privacy Law: Notice, Autonomy and Enforcement of Data Privacy Legislation: The Gramm-Leach-Bliley Act, Information Privacy, and the Limits of Default Rules," *Minnesota Law Review* 86 (2002): 1219, 1231;参见翁清坤《台湾与美国金融机构分享客户个人资料之法律界限》,《辅仁法学》2008年第35期,第144~145页。

[7] Edward J. Janger, "Muddy Property: Generating and Protecting Information Privacy Norms in Bankruptcy," *William and Mary Law Review* 44 (2003): 1852.

人资料的"隐私权政策通知"之类型。尤其,近来行动(mobile)科技蔚为风潮,隐私权政策通知变得更加没有效率,肇因于其设备(如手机)之屏幕面积过小,一则隐私权政策通知的开展可能动辄超过一百个屏幕画面[1],所以,很难想象消费者将一一加以阅读或根据其间所传达的资讯而为告知后决定。

如前述,资讯不对称系指当事人掌握的资讯有所差异,一方拥有比另一方更好或更多的资讯。事实上,对于契约内容及条件欠缺熟悉性(lack of familiarity)即属资讯不对称的一种类型。契约起草的一方(contract drafter)(如金融机构)对于契约内容及条件被充分告知,但契约签署的一方(contract signer)(如消费者)被告知的资讯则较不完全。因此,倘消费者不愿花时间及精力审慎阅读契约内容及条件(如隐私权政策通知),则对于契约起草的一方较为有利的契约内容及条件较有可能被纳入,而对于契约签署的一方较有利的契约内容及条件则较不会被纳入。可知,倘附合的一方(adherent party)更愿意阅读契约[2],这些对于增进整个社会福祉没有帮助的无效率条款或将不会普遍地存在及严重化。

然而,由于个人资料交易市场存有"柠檬均衡"(lemons equilibrium)的现象[3],消费者通常对于价格条件(例如,信用卡的利率)拥有较充分之资讯,但对于非价格条件(例如,信用卡公司对于消费者个人资料的保护措施)所拥有资讯较不充分。又因美国《金融服务现代化法》并未鼓励金融机构就消费者个人资料的保护措施竞相提供更适当的服务,故金融机构与

---

[1] FTC, "Protecting Consumer Privacy in an Era of Rapid Change—A Proposed Framework for Businesses and Policymakers", available at http://www.ftc.gov/os/2010/12/101201privacyreport.pdf (last visited October 25, 2011), p.70.

[2] Shmuel I. Becher, "Asymmetric Information in Consumer Contracts: The Challenge that Is Yet to Be Met," American Business Law Journal 45 (2008): 723, 734.

[3] Richard A. Ippolito, Economics for Lawyers (Princeton: Princeton University Press, 2005), pp.284-286; Edward J. Jange & Paul M. Schwartz, "Modern Studies in Privacy Law: Notice, Autonomy and Enforcement of Data Privacy Legislation: The Gramm-Leach-Bliley Act, Information Privacy, and the Limits of Default Rules," Minnesota Law Review 86 (2002): 1240; Richard Craswell, "Property Rules and Liability Rules in Unconscionability and Related Doctrines," University of Chicago Law Review 60 (1993): 49; Edward J. Janger, "Enforcing Privacy Rights: Agency Enforcement and Private Rights of Action: Privacy Property, Information Costs, and the Anticommons," Hastings Law Journal 54 (2003): 899, 916;翁清坤:《台湾与美国金融机构分享客户个人资料之法律界限》,《辅仁法学》2008年第35期,第143~145页。

消费者之间"柠檬均衡"现象[1]更为显著。尤其,从上述实证经验可知,美国《金融服务现代化法》"选择退出"模式下的资讯分享机制,确实难以有效强制处于资讯强势一方的金融机构与处于资讯弱势一方的消费者分享其隐私权政策。因此,某些隐私拥护者倾向于将告知消费者得行使"选择退出"权利的隐私权政策相关通知视为一种公告位置难寻、内容繁复或不完整、语汇艰深难懂而阻碍消费者阅读[2]以遂行欺罔消费者的法律文件[3]。因此,乃渐有改革的呼声。

2. "选择加入"之同意行使模式下之"隐私权政策"通知

就建立资讯强制分享或"隐私权政策"通知的有效机制,相对于上述"选择退出"模式的缺点,"选择加入"的模式看似有较好的选择。于"选择加入"模式下,说服消费者的责任转嫁到资料搜集者(如金融机构、网站经营者)身上,所以,资料搜集者必须想方设法以促使消费者同意分享其个人资料[4]。如前所述,"选择加入"模式下,在分享消费者个人资料前,资料搜集者(金融机构)应先征得消费者明示同意。而"选择加入"模式多半导致消费者的不作为,除非消费者被说服而相信资料分享系有利可图的。因此,资料搜集者必须经过一番努力(例如,在"隐私权政策"通知中,解释分享个人资料的种种好处),以诱使消费者对于其个人资料在资讯搜集者间"次级市场"(即个人资料原始搜集后的第二次后续使用)的分享或交易采取较正面的态度,即选择加入资料的分享[5]。如"台湾金融控股公司法"主要乃采取"选择加入"模式,所以,客户基本资料以外的个人资料原则上不得与金融控股公司子公司间任意分享,除非相关客户选择加入而同意其个人资料之分享。

---

[1] Edward J. Jange & Paul M. Schwartz, "Modern Studies in Privacy Law: Notice, Autonomy and Enforcement of Data Privacy Legislation: The Gramm-Leach-Bliley Act, Information Privacy, and the Limits of Default Rules," *Minnesota Law Review* 86 (2002): 1241.

[2] Andrew J. McClurg, "A Thousand Words are Worth a Picture: A Privacy Tort Response to Consumer Data Profiling," *Northwestern University Law Review* 98 (2003): 131.

[3] Vera Bergelson, "It's Personal But Is It Mine? Toward Property Rights in Personal Information," *U. C. Davis Law Review* 37 (2003): 393–394.

[4] Lynn Chuang Kramer, "Private Eyes Are Watching You: Consumer Online Privacy Protection-Lessons from Home and Abroad," *Texas International Law Journal* 37 (2002): 412.

[5] 翁清坤:《台湾与美国金融机构分享客户个人资料之法律界限》,《辅仁法学》2008年第35期,第147~148页。

然而，纵使法律规定就个人资料的分享必须先取得当事人的同意，但缔约地位强势的一方（如金融机构）仍可能善于使用"定型化契约"或"附合契约"，而轻易地依其所定条件取得消费者的同意。倘若金融机构所提供的产品乃众人所需要者，消费者极可能接受金融机构所要求之条件而同意揭露或分享其个人资料，否则，消费者可能无法从上开金融机构取得贷款或信用卡的金融服务。尤其，依"柠檬均衡"的理论，价格条件（如贷款利率或循环利息）通常比非价格条件（如隐私权政策）更引起消费者的关注。因此，除非剥夺消费者就资讯隐私保护措施（隐私权政策）之平等议约权的附合契约能被有效地禁止使用，否则，"从强制分享资讯的效果来观察，选择加入模式乃优于选择退出模式"之假设[1]将无法成立。

3. "隐私权政策"通知之"框架效应"

从某些社会科学研究发现，"框架效应"本质上存在着对于消费者决策的影响，使得"消费者理性"（consumer rationality）的空间相当局限[2]。按行为经济学家的分析，人类系"受限制的理性"（boundedly rational），由于时间与资源的局限性，其决策多半受到相当限制；若欲完全理性则必须有数量不受限制的时间或资源，纵使不能二者兼有之，至少必须有其中之一项[3]。因此，学者 Julie Cohen 主张，市场上决策自由的基础，必须以能搜集到关于其选择及后续效果的正确资讯为前提[4]，才能为"告知后同意"或"告知后选择"。消费者的决策并非全然理性，也非率意恣行[5]。事实上，对于所产生出来的结果，决策的背景条件扮演着一个关键性角色。在个人资料交易的协商过程中，消费者自主决策能力将因市场所提供的实际选项而降

---

[1] 翁清坤：《台湾与美国金融机构分享客户个人资料之法律界限》，《辅仁法学》2008年第35期，第148~149页。

[2] Paul M. Schwartz, "Property, Privacy, and Personal Data," *Harv. L, Rev.* 117 (2004): 2083.

[3] Ian Kerr, Carole Lucock & Valerie Steeves, *Lessons from the Identity Trail—Anonymity, Privacy and Identity in a Networked Society* (Oxford: Oxford University Press, 2009), p. 7.

[4] Julie E. Cohen, "Examined Lives: Informational Privacy and the Subject as Object," *Stanford Law Review* 52 (2000): 1273, 1396.

[5] James P. Nehf, "Shopping for Privacy Online: Consumer Decision-making Strategies and the Emerging Market for Information Privacy," *University of Illinois Journal of Law, Technology & Policy* (2005): 1, 21.

低[①]。由于"呈现形式"（the presentation of form）将影响选择的结果，因此，当事人一方（如契约起草的一方）倘掌握权力得决定何种资讯可以纳入隐私权政策通知内，将影响嗣后据以决策的另一方当事人（如契约签署的一方）选择结果。是故，资料搜集者（如金融机构或网站经营者）对于消费者关于其个人资料分享的选择具有重大实质影响，因为隐私权政策通知所涵盖的内容乃由资料搜集者所决定。例如，隐私权政策通知载明，倘消费者同意个人资料与他人分享将有助于其获得其他项目的服务时，该隐私权政策将产生"框架效应"[②]，将使消费者怠于选择退出或轻易地选择加入关于其个人资料的搜集、利用或分享。

再者，按"告知后同意"原则，资料搜集者应告知当事人关于个人资料被搜集、利用或分享状况之资讯，唯如前述，在美国《金融服务现代化法》所采取"选择退出"模式下，金融机构所提供之隐私权政策通知通常既冗长、复杂又难以理解，对此，美国联邦贸易委员会早先认为只要金融机构依法对于消费者公开其隐私权政策或金融机构对于个人资料的利用或揭露符合该隐私权政策，即不会构成欺罔[③]。在 F. T. C. v. AmeriDebt, Inc.[④] 案中，法院则同意美国联邦贸易委员会见解，倘金融机构迟延提供隐私权政策，则违反《金融服务现代化法》而应负法律责任。但 2009 年在前揭 Sears

---

[①] Paul M. Schwartz, "Privacy and Democracy in Cyberspace," *Vanderbilt Law Review* 52 (1999): 1647 - 1658.

[②] Edward J. Jange & Paul M. Schwartz, "Modern Studies in Privacy Law: Notice, Autonomy and Enforcement of Data Privacy Legislation: The Gramm-Leach-Bliley Act, Information Privacy, and the Limits of Default Rules," *Minnesota Law Review* 86 (2002): 1242 - 1243；翁清坤：《台湾与美国金融机构分享客户个人资料之法律界限》，《辅仁法学》2008 年第 35 期，第 77~78、93~94 页。

[③] Janet Dean Gertz, "The Purloined Personality: Consumer Profiling in Financial Services," *San Diego Law Review* 39 (2002): 943, 1015 - 1016. 然而，当资料搜集者（如金融机构）对于个人资料的利用或揭露违反隐私权政策时，当事人得否以违反契约义务而求偿？有学者认为隐私权政策仅可视为警告客户个人资料运用的通知；亦有学者认为隐私权政策可能被视为存在于资料搜集者与当事人之间的某种类型之契约，唯其条件一般系由资料搜集者单方决定且无商量余地。唯在 Dyer v. Northwest Airlines Corp., 334 F. Supp. 2d 1196 (D. N. D. 2004) 案，针对 Northwest Airlines 将乘客资料交予政府一事，法院强调欲构成违反契约的请求，原告必须证明契约的存在、违约及损害，故即使隐私权政策够明确及原告在提供个人资料前确实已阅读该隐私权政策，原告仍因未能主张因该隐私权政策的违反而造成契约的损害而败诉。Daniel J. Solove & Paul M. Schwartz, *Privacy, Information, and Technology* (2009), pp. 417, 420.

[④] F. T. C. v. AmeriDebt, Inc., 343 F. Supp. 2d 451, 461 (D. Md. 2004).

案中，美国联邦贸易委员会却认定零售业者 Sears 的埋藏性揭露（buried disclosure）的隐私资讯不足以充分告知消费者其个人资料搜集的惯例。其乃肇因于零售业者 Sears 提供 10 美元予造访其网站并同意下载研究软件者，使得 Sears 可以秘密地追踪下载者的在线浏览记录。事实上，借由该软件可搜集大量的个人资料（如消费者的购物内容、用药记录、录像带租借记录、在线金融对账单、图书馆借阅记录），唯 Sears 却仅在多重的注册层次的最后阶段所提供的一份冗长授权契约中间处，才揭露该软件所欲完全追踪的个人资料范围。因此，美国联邦贸易委员会认定，Sears 未能提供充分地通知予消费者却追踪其在线的大量活动，乃构成欺罔行为，因此，要求 Sears 不得继续搜集个人资料并应删除已搜集的个人资料[1]。据此，美国联邦贸易委员会认为隐私权政策通知应更清楚、更简短及更标准化[2]，以利于消费者更加明了及比较各个隐私权政策通知。其实，在金融领域，美国 2006 年即通过《金融业务管理放宽法》（The Financial Services Regulatory Relief Act of 2006）修改《金融服务现代化法》之规定，而要求行政机关必须制定"言简意赅及完整"（succinct and comprehensive）的模范格式（model form），让消费者能轻易地比较不同金融机构的隐私权政策通知与容易阅读的字形（easy-to-read font）[3]，以及让金融机构得作为符合法律要求所应揭露隐私惯例资讯之安全港（safe harbor）[4]。因此，在进行广泛的消费者研究及寻求大众意见后，2009 年美国八个联邦监理机关[5]发布"模范隐私通知格式"（model privacy notice form）之最终版本，以使消费者更容易明了金融机构如

---

[1] FTC, "Protecting Consumer Privacy in an Era of Rapid Change—A Proposed Framework for Businesses and Policymakers", available at http://www.ftc.gov/os/2010/12/101201privacyreport.pdf (last visited October 25, 2011), pp. 12, 13, 20.

[2] FTC, "Protecting Consumer Privacy in an Era of Rapid Change—A Proposed Framework for Businesses and Policymakers", available at http://www.ftc.gov/os/2010/12/101201privacyreport.pdf (last visited October 25, 2011), p. 70.

[3] Joint Press Release of "Federal Regulators Issue Final Model Privacy Notice Form", November 17, 2009, http://www.sec.gov/news/press/2009/2009-248.htm (last visited November 29, 2011).

[4] Final Model Privacy Form under the Gramm-Leach-Bliley Act, available at http://www.sec.gov/rules/final/2009/34-61003.pdf (last visited November 27, 2011), p. 2.

[5] The final model privacy form was developed jointly by the Board of Governors of the Federal Reserve System, Commodity Futures Trading Commission, Federal Deposit Insurance Corporation, Federal Trade Commission, National Credit Union Administration, Office of the Comptroller of the Currency, Office of Thrift Supervision, and Securities and Exchange Commission.

何搜集及利用其个人资料[1]。

事实上,"框架效应"亦将出现于"选择加入"的模式,因此,消费者的选择亦将受隐私权政策通知所呈现内容之影响。"台湾金融控股公司法"所采用的"选择加入"模式下,金融机构所提供之保密措施(隐私权政策)通知[2]多半简短易于阅读,却又避重就轻,以吸引客户选择加入其个人资料之分享。在实务运作上,甚至未确实提供保密措施通知予消费者,即要其选择是否加入,亦不在少数。因此,资讯不对称使得个人资料的交易或流通更加容易[3],因为消费者未能充分了解金融机构的保密措施及其实际做法,反而轻易地允许其个人资料被搜集、利用或分享。

综上,不论系采"选择退出"或"选择加入"模式,不应放任资讯强势一方的资料搜集者继续单方面掌控关于隐私权政策通知的形式、内容与文字,因而降低资讯强制分享之效果,故应对于隐私权政策通知的形式、内容与文字进一步加以规范。例如,要求隐私权政策通知的字体必须放大及用粗体[4]、内容文字必须使一般民众易于了解[5]、不得有欺罔或误导性资讯、隐私权政策通知必须确实提供予消费者、应告知个人资料分享之后续效应为何等,以强化资讯不对称问题的有效解决,使得当事人得为真正有意义的"告知后同意"或"告知后选择"之决策。

五 结论

学者 Alan F. Westin 曾谓:"隐私乃个人……得决定其何种资料于何时及

---

[1] Joint Press Release of "Federal Regulators Issue Final Model Privacy Notice Form", November 17, 2009, http://www.sec.gov/news/press/2009/2009-248.htm (last visited November 29, 2011).
[2] 得参照各金融控股公司于其网站所公告之相关"保密措施通知"或"隐私权政策通知",即可查知。
[3] Edward J. Janger, "Muddy Property: Generating and Protecting Information Privacy Norms in Bankruptcy," *William & Marry Law Review* 44 (2003): 1849.
[4] Edward J. Jange & Paul M. Schwartz, "Modern Studies in Privacy Law: Notice, Autonomy and Enforcement of Data Privacy Legislation: The Gramm-Leach-Bliley Act, Information Privacy, and the Limits of Default Rules," *Minnesota Law Review* 86 (2002): 1258-1259.
[5] 台湾"电子商务消费者保护纲领"第五、三、(一)、1点之要求,企业经营者应提供有利于消费者选择及进行交易之充分、正确、清楚且易于了解之资讯,并应使用浅显易懂之文句,避免艰涩专业术语及法律用语。

如何提供予他人之一种权利。"此后，许多主要国际组织（如 OECD、EU、APEC）或国家和地区（如德国、英国、加拿大、澳洲、美国、中国台湾）保护个人资料的规范即参照该种见解，以"同意"或"选择"及协助该同意、选择决定所需的"通知"为保护个人资料之重要机制。事实上，上述着重于个人"同意"或"选择"的法律，系反映"隐私乃控制"之概念，尤其在互联网去中央集权的分众化之当前时代，不少学术理论及法律实证均倾向于将隐私视为控制个人资料运用的一种个人权利，因此，当事人成为个人资料运用的决策核心。台湾"司法院"大法官第 603 号解释亦进一步阐述："就个人自主控制个人资料之资讯隐私权而言，乃保障人民决定是否揭露其个人资料，及在何种范围内、于何时、以何种方式、向何人揭露之决定权……"，由此可知，隐私权下位概念之资讯隐私权赋予当事人得自由处分其个人资料，因此，对于个人资料之搜集、利用或分享应经个人资料所指涉之当事人的同意。

在资讯社会，包括个人资料在内的各种资讯乃决策所不可或缺的，资料搜集者或资料使用者无疑地将有强烈动机搜集个人资料。唯针对是否同意个人资料被搜集、利用或分享，当事人与资料搜集者之间存在"资讯不对称"或"知识落差"而造成市场失灵。按实证经验，资料搜集者有强烈动机使用烟幕战术（smokescreen tactics），故意不提供清楚的资讯。实际上，资讯不对称未必阻碍当事人与资料搜集者之间关于个人资料之交易。相反地，资讯不对称之存在，反而使得个人资料之交易更加容易。由于当事人并不完全了解所属个人资料将如何被利用，因而低估个人资料遭滥用之可能性，使得其不明就里，便轻易授权资料搜集者得利用或揭露其个人资料予第三人。据此，当个人不知何种资料被搜集、如何被利用或分享与因此将造成何种伤害时，当事人将轻忽保持个人资料的私密性是何等的重要，极易导致同意谬误（consent fallacy）或同意陷阱（consent trap）之现象[1]。因此，关于个人资料的搜集、利用或分享，亦应有"告知后同意"原则之适用，当事人的决策或同意权的行使应以"被告知"与"自愿的"为前提，否则，个人资料

---

[1] Edward J. Jange & Paul M. Schwartz, "Modern Studies in Privacy Law: Notice, Autonomy and Enforcement of Data Privacy Legislation: The Gramm-Leach-Bliley Act, Information Privacy, and the Limits of Default Rules," *Minnesota Law Review* 86 (2002): 1231.

的交易实无自由选择的空间。告知后同意之首要，即在于使资料搜集者搜集、利用或分享个人资料之实际状况得以"透明化"，以利当事人同意权之行使。而"告知后同意"原则主要包含"揭露"及"同意"两个面向，资料搜集者应以合理努力而指出为何搜集个人资料，使得当事人得以了解其个人资料将如何被搜集、利用或分享；而同意应以当事人对于其与资料搜集者间之意思表示一致有所了解为前提。

事实上，针对"资讯不对称"等个人资料交易市场失灵的现象，综观各主要国家或国际组织的理论与法制可知，大抵可以市场力量或政府立法之方式诱使或强制资讯搜集者"通知"消费者将如何利用其个人资料，以克服资讯不对称的问题。倘自由放任理论或自律规范模式倘系正确无误，则市场运作机制应该能提供有效的个人资料或资讯隐私保护功能并缓和资讯不对称的现象，唯美国实证数据证明了多数网站均从事个人资料的搜集，但约40%的网站却未提供"隐私权政策"，而纵使提供"隐私权政策"的网站，多数亦未符合"公平资讯惯例原则"的最低标准。因此，倘"资讯对称"未能经由市场机制自然出现，则应由政府力量（如立法）加以创造，以补足市场力量（如自律规范）的不足。台湾新修正的"个人资料保护法"即明文规定，不论是直接或间接搜集资料，除符合得免告知情形者外，公务机关或非公务机关均须明确告知当事人搜集机关名称、搜集目的、资料类别、利用方式、资料源等相关事项，以利当事人为"告知后同意"。

"告知后同意"亦系个人资料搜集、利用或分享的前提要件，按台湾"个人资料保护法"第15、16、19及第20条规定，除有其他法定理由外，个人资料的搜集、处理或利用应经当事人书面同意。唯同意之构成要件应为何，台湾"个人资料保护法"并未进一步阐述，唯仍可参考国外立法例。《欧盟资料保护指令》第2（h）条规定："当事人的同意系任何出于自由意志、目的特定及基于告知后所表示之期望，借以指出其同意个人资料被处理。"《欧盟资料保护指令》第7（a）条规定，欲处理个人资料者，应经当事人毫不含糊、明确地同意。对此，按《欧盟资料保护指令》第29条所成立的工作小组指出，同意必须符合下列四项标准才会在法律上生效：（一）同意必须清楚且明确地指出其意愿；（二）同意必须出于自由意志；（三）同意目的必须特定；（四）同意必须基于告知后所为。再者，同意是否应以书面为之，各个国家和地区有不同规定，唯台湾则明文要求应以书面为之。因此，欲使同意有效,则必须经告知才可,而所提供之隐私权政策通知应清楚及明确地指出何种个人资料将被搜集、如何被利用、与谁分享,且不得有欺罔、误导或错误之情事,否则,同意将无效。

再者,按"选择加入"同意模式,资料搜集者于搜集、利用或分享个人资料前,应先取得当事人的明示同意。"选择退出"同意模式要求资料搜集者必须提供当事人选择退出关于个人资料搜集、利用或分享之机会,因此,当事人怠于行使选择退出之权利,将被视为对于个人资料搜集、利用或分享的默示同意。唯不论"选择加入"或"选择退出"的同意行使模式,当事人的决策均受到"框架效应"的影响。由于"呈现形式"将影响选择的结果,因此,当事人一方(如契约起草的一方)倘掌握权力得决定何种资讯是否纳入隐私权政策通知内,将影响嗣后据以决策的另一方当事人(如契约签署的一方)选择结果。据此,不应放任资讯强势一方的资料搜集者继续单方决定隐私权政策通知,故应对于隐私权政策通知的形式、内容与文字进一步加以规范,强化资讯不对称问题的有效解决,以利当事人为告知后同意、告知后选择及个人资料之保护。

社交网络对雇佣关系的私隐挑战

张善喻[*]

在 21 世纪，通过社交网络（social networking sites）与人沟通已是一个普遍的现象。截至 2013 年 3 月，面书（Facebook）每月记录的活跃用户已超过 11 亿个[①]。同年推特（Twitter）有近 3 亿个用户[②]、中国内地的人人网每月活跃用户则有 5700 万个[③]。直到 2012 年年末，专为在职人士而设的社交网站领客音（Linkedin）多达 2 亿个用户[④]；而新浪微博的每日活跃用户则有 4600 万个[⑤]。这些数字意味着我们与别人的沟通模式已逐渐发生了微妙的变化。也许，我们在社交网络结识的朋友已达数以百计，我们会与素未谋面的陌生人互称为朋友，我们已习惯了分享自己的私隐，甚至把私密的相片张贴在网上的公开园地，却偏又深信并坚持那是我们的私人园地和私人空间。

这个新的社会现象为现有的私隐法律保护带来新的挑战。我们不禁要

---

[*] 张善喻，香港大学法律系教授，anne.cheung@hku.hk。本文作者感谢香港研究资助局的优配研究金 Research Grants Council（RGC）所提供的支持，亦感谢研究助理顾瑜博士的协助。

① Facebook Newsroom, http://newsroom.fb.com/Key-Facts.

② Global Web Index, "Twitter Now the Fastest Growing Social Platform in the World", available at https://www.globalwebindex.net/twitter-now-the-fastest-growing-social-platform-in-the-world/ (last visited August 2, 2013).

③ 《人人网："中国版 Facebook" 的幻灭》, http://big5.chinanews.com:89/gate/big5/finance.chinanews.com/it/2013/05-21/4839394（最后访问日期：2013 年 8 月 2 日）。

④ Deep Nishar, "200 Million Members," available at http://blog.linkedin.com/2013/01/09/linkedin-200-million/ (last visited 2 August 2, 2013).

⑤ 《新浪微博用户数超 5 亿 日活跃用户达到 4620 万》, http://news.xinhuanet.com/info/2013-02/21/c_132181760.htm（最后访问日期：2013 年 8 月 2 日）。

问：在网络世界，公与私的界限还能清楚划分吗？当人们把自己的个人资料和想法张贴到一个"公开的私人"平台上，他们还能享有合理的私隐期望（reasonable expectation of privacy）[1] 和相关的私隐权利吗？以上的种种问题对雇佣关系尤为重要。雇主不希望员工在社交网络发表的言论令他们尴尬，或蒙受金钱上的损失。雇员却认为他们在社交网站发表的言论应当得到私隐的保障[2]。

本文就以社交网络对雇佣关系的私隐挑战做出两方面的探讨。第一，雇主是否有权要求求职者或雇员披露他们在社交网站的密码，从而评估他们能否胜任工作，或确定他们有否做出违法和违规行为；第二，雇主从社交网络得知员工的言论或行为后，是否有权解雇对方。文章所讨论的例子包括美国、德国和澳洲的法律和判例。本文会就各国不同的考虑因素做出分析，再加以建议，务求能在雇主与雇员间的合理私隐期望上达到适当的取舍和平衡。

社交网络或网站在本文的定义是指人与人联系起来的社会媒体工具，包括以文字、音频、录像、图像播放以及其他多媒体通信的工具。

一 雇主翻查社交网站习以成风

在现今网络和资讯发达的社会里，我们也深知讯息一旦在网上披露，便如泼出去的水，无法收回。而这些资讯亦会被广传至世界每一角落，任人随时在网络上翻查，其后果对个人或公司的严重性可想而知。

就以 2013 年斯诺登（Snowden）擅自向传媒揭露美国国家安全局（National Security Agency）监控民众所得的元数据而引起的全球关注为例[3]，任何雇主也绝对不想员工披露秘密资料和商业秘密。雇主亦不希望员工利用

---

[1] Helen Nissenbaum, *Privacy in Context: Technology, Policy, and the Integrity of Social Life* (Chapter 3) (Palo Alto: Stanford University Press, 2009).
[2] Patricia Sánchez Abril, Avner Levin & Alissa Del Riego, "Blurred Boundaries: Social Media Privacy and the Twenty-First-Century Employee," *American Business Law Journal* 49 (2012): 63 – 124. doi: 10.1111/j.1744 – 1714.2011.01127.x.
[3] Alec Luhn, Miriam Elder & Paul Lewis, "Edward Snowden Accuses US of Illegal, Aggressive Campaign," *The Guardian*, July 2013, available at http: //www.theguardian.com/world/2013/jul/12/edward-snowden-accuses-us-illegal-campaign.

社交网络对其他员工做出性骚扰或种族骚扰。因为尽管那是"社交"网络或私人网上空间,雇主也可因此而负有法律责任。同样,雇主绝对不想在社交网站看到员工批评上司、公司甚至顾客,或发表损害公司名誉的言论。在2012年,维珍航空公司宣布计划用三年耗资一亿英镑提升豪华商务舱的产品和服务,怎料其中一名负责中国航线的机舱服务员却在微博留言,说"东西少,又难吃。光改餐具有什么用?",该名员工很快就遭解雇了[①]。同年,国泰航空公司的一名负责泰国航线的机舱服务员在一次旅途中得悉其中一名乘客为泰国前总理他信的女儿巴东蒂(Paetongtarn Shinawatra)后,遂在社交网站面书留言声称想向巴东蒂泼咖啡,并把巴东蒂航班的座位拍下照片上载到面书。事件引起很大反响,曾有逾百次留言,而该名服务员也同样被革职了[②]。

以上的情况和例子也令我们明白,为何雇主和公司绝对不想因为员工在社交网站有意的披露或无意的失言为其带来利益、形象或声誉上的损失。这导致雇主在聘请求职者时会格外小心。从前,某些雇主会就求职者进行背景调查;现在,渐趋普遍的做法是对求职者做网上名誉审查。

在2010年,微软公司(Microsoft)曾就"联系社会中的网上名誉"发表了一份报告[③]。调查访问了275个来自美国、英国、德国和法国的招聘公司[④],发现79%的美国公司、47%的英国公司、59%的德国公司和23%的法国公司在聘请求职者时会进行网上名誉审查[⑤]。75%的美国公司更有明确

---

① 《空姐抱怨餐食量少难吃遭解职 续:已进入诉讼阶段》,《北京日报》2012年12月22日。

② 《扬言咖啡泼他信女儿空姐被炒》,《东方日报》2012年12月4日;Maria Lloyds, "Flight attendant fired for posting hostile comments and a picture of a passenger on Facebook," 6 December 2012, available at http://www.techyville.com/2012/12/news/cathay-pacific-flight-attendant/.

③ Cross Tab, (Microsoft), "Online Reputation in a Connected World," January 2010, available at http://download.microsoft.com/download/C/D/2/CD233E13-A600-482F-9C97-545BB4AE93B1/DPD_ Online%20Reputation%20Research_ overview.doc.

④ Cross Tab, (Microsoft), "Online Reputation in a Connected World," January 2010, available at http://download.microsoft.com/download/C/D/2/CD233E13-A600-482F-9C97-545BB4AE93B1/DPD_ Online%20Reputation%20Research_ overview.doc, p. 3.

⑤ Cross Tab, (Microsoft), "Online Reputation in a Connected World," January 2010, available at http://download.microsoft.com/download/C/D/2/CD233E13-A600-482F-9C97-545BB4AE93B1/DPD_ Online%20Reputation%20Research_ overview.doc, p. 6.

的公司政策订明必须进行网上名誉审查①。报告中所指的网上名誉是指个人因行为或在网上上载的任何发表或别人对他在网上做出的评语或分享的公开社交评审②。基于求职者的网上名誉评审，确实有70%的美国公司、41%的英国公司、16%的德国公司和14%的法国公司因此而拒绝求职者的申请③。另一项调查亦显示，71%的中国香港人事部门主管曾查看过求职者的社交网站资料④。这远高于同为亚太地区的其他国家（澳大利亚只有36%，新西兰有34%，而新加坡有50%）⑤。微软的调查显示，雇主最常翻查的是有关求职者的搜索引（78%），其次则为社交网站（63%）⑥。而雇主最介意，并会为此而拒绝聘请申请人的首要理由为申请者的个人生活模式不当，再次则为申请人曾发表的不恰当言论⑦。就算对在职的员工，某些雇主也绝不放松进行网上名誉审查。早在2009年已有调查指出，有8%的美国公司曾因员工在社交网站发表不恰当的言论而解雇他们⑧。在中国香港也有零星的报道，其一常见的例子是员工装病请假，却在面书上上载自己在同日外出游玩的相片⑨。

---

① Cross Tab, (Microsoft), "Online Reputation in a Connected World," January 2010, available at http://download.microsoft.com/download/C/D/2/CD233E13-A600-482F-9C97-545BB4AE93B1/DPD_Online%20Reputation%20Research_overview.doc, p.6.

② Cross Tab, (Microsoft), "Online Reputation in a Connected World," January 2010, available at http://download.microsoft.com/download/C/D/2/CD233E13-A600-482F-9C97-545BB4AE93B1/DPD_Online%20Reputation%20Research_overview.doc, p.3.

③ Cross Tab, (Microsoft), "Online Reputation in a Connected World," January 2010, available at http://download.microsoft.com/download/C/D/2/CD233E13-A600-482F-9C97-545BB4AE93B1/DPD_Online%20Reputation%20Research_overview.doc, p.5.

④ Robert Half, "Use of Facebook may Affect Career Prospect," 30 May 2011, available at http://www.roberthalf.com.hk/id/PR-03128/facebook-use-may-affect-career-prospects.

⑤ Robert Half, "Use of Facebook may Affect Career Prospect," 30 May 2011, available at http://www.roberthalf.com.hk/id/PR-03128/facebook-use-may-affect-career-prospects.

⑥ Cross Tab, (Microsoft), "Online Reputation in a Connected World," January 2010, available at http://download.microsoft.com/download/C/D/2/CD233E13-A600-482F-9C97-545BB4AE93B1/DPD_Online%20Reputation%20Research_overview.doc, p.8.

⑦ Cross Tab, (Microsoft), "Online Reputation in a Connected World," January 2010, available at http://download.microsoft.com/download/C/D/2/CD233E13-A600-482F-9C97-545BB4AE93B1/DPD_Online%20Reputation%20Research_overview.doc, p.9.

⑧ Adam Ostrow, "Facebook Fired: 8% of US Companies have Sacked Social Media Miscreants," Mashable, 10 August 2009, available at http://mashable.com/2009/08/10/social-media-misuse/.

⑨ 叶瑶：《FB留言闹老板上司 随时被炒 病假游玩照上载 同事告密成证据》，《香港经济日报》2011年9月26日。

可想而知，雇主的担忧并非绝无理由，而员工在私人社交网站的言论在某些情况下确实会影响工作及影响雇主的名誉。尽管人们可将社交网站设定为"私人"或将浏览对象限定为只给"朋友"浏览，但在涉及工作、公司、同事或雇主的范围内，公与私的界限往往已变得模糊。

二 法律规管的尝试

也许，我们会问：若一个人自愿地把自己的生活或言论公开在社交网站分享，又怎能责怪别人或雇主去翻查，甚至审查呢？既自愿公开了个人资料，不是放弃了对私隐的期望吗？看来，这是无可厚非。虽然欧洲人权法院在 Van Hannover 诉德国一案曾明确说明一个人在公众地方的活动并不能代表他放弃了私隐权[1]，现今还未有法例或权威性的判例明确地就社交网站的公开设定做出相似的结论。

而实际上，若网站已被设为公开，雇主对求职者做出了审查，后者也难以知道。反过来，一个令人较头痛的问题是雇主要求求职者说出社交网站的密码让他们仔细审查。其中涉及了雇主是否有权去得知私人资料（right of access）和是否有权把社交网站的个人资料和言论用作聘请人员之准绳。

在美国，联邦议会和不同州的立法机构就应否为雇佣关系中定下密码保护法正议论不休。2012 年，马里兰州成为全美第一个通过此类法律的州。根据马里兰州的《用户登记姓名及密码私隐保护法》（User Name and Password Privacy Protection Act，UNPPPA），雇主不得向求职者或员工询问或要求其披露任何个人用户的登记姓名或密码[2]。这包括用于登录电脑、电话、个人电子通信设备或其他相近的仪器[3]。但法例亦容许例外的情况，例如，若雇主怀疑员工可能涉及证券欺诈行为或盗取和误用商业秘密，而调

---

[1] Von Hannover v. Germany No. 1 (2005) 40 EHRR 1. Von Hannover v. Germany No. 2 (application no. 40660/08), adjudicated in 7 February 2012 at http：//hudoc. echr. coe. int/sites/eng/pages/search. aspx? i = 001 - 109029# { "itemid"：["001 - 109029"]}.

[2] Md. Code, Lab. & Empl. § 3 - 712 (b) (1) (2012).

[3] Md. Code, Lab. & Empl. § 3 - 712 (b) (1) (2012) (b) (1) 和 (a) (3) ii 条。

查已展开，雇主就可要求员工披露社交网站的密码①。截至2013年7月底，美国已有12个州分别就上述问题立法，亦有24个州正考虑为同一议题而立法②。已立法的州包括了加利福尼亚州和华盛顿州。而联邦政府亦在2013年提出了立法草案，名为"社交网络在线保护法"（Social Networking Online Protection Act）③。草案明确规定雇主不得向求职者或员工提出或要求提供个人电邮和个人社交网站的用户登记名称和密码，以及不得因为被员工拒绝而对该员工做出解雇、惩罚、歧视、拒绝提升或恐吓中的任何一种行为④。

　　大概，我们已可猜想到法例将带出的问题。第一，每个州对电子密码法的涵盖范围不同。有些列明用于社交网站，另一些则只包括私人电子账户⑤。第二，有一些州的法例会禁止雇主向求职者或雇员索取登录账户的资讯⑥，一些则不容许向任何员工要求索取有关当事人在社交网站上的任何资讯⑦。第三，有些州禁止雇主利用求职者或员工在任何社交网站的资料［包括公开（public）或私人只供朋友浏览（private）］⑧，但有一些州却只禁止雇主查询或利用私人设定的社交网站⑨。第四，纵然大部分州的法例保障求职者和在职员工在这方面的私隐，还是有一些州只保障求职者的社交密码私隐，而不保护员工在同一方面的权利⑩。第五，每个州也容许有例外情况给

---

① Md. Code, Lab. & Empl. § 3 – 712（b）（1）（2012）（e）条。
② 其中，佛蒙特州立法要求成立一个委员会来检视社交媒体密码保护的问题。12个州中，4个在2012年立法，其余8个在2013年立法，参见 National Conference of State Legislatures, "Employer Access to Social Media Usernames and Passwords – 2013 Legislation," at http://www.ncsl.org/issues-research/telecom/employer-access-to-social-media-passwords – 2013.aspx 以及 National Conference of State Legislatures, "Employer Access to Social Media Usernames and Passwords – 2012 Legislation," http://www.ncsl.org/issues-research/telecom/employer-access-to-social-media-passwords.aspx.
③ H. R. 537, 113th Congress（2013 – 2014）.
④ H. R. 537, 113th Congress（2013 – 14），第2（a）条。
⑤ 前者如阿肯色州，Ark. Code § 11 – 2 – 124（a）（3）（C）（2013）；后者如科罗拉多州，Colo. Rev. Stat. § 8 – 2 – 127（2）（a）（2013）。
⑥ 如阿肯色州和密歇根州，Ark. Code § 11 – 2 – 124（b）（1）（A）（2013），Mich. Comp. Laws § 37. 272 – 37. 278（3）（a）（2012）。
⑦ 如加利福尼亚州，Cal. Lab. Code § 980（b）（1）（2013）。
⑧ 如伊利诺伊州，820 Ill. Comp. Stat. 55/10（b）（1）（2013）和第4（A）条。
⑨ 如阿肯色州，Ark. Code § 11 – 2 – 124（b）（1）（A）（2013）。
⑩ 如新墨西哥州，N. M. Stat. Chapter 222 of 2013（1）（A）。

雇主在特定的情况下做出要求，但范围不同。例如，对行为失当的调查，或只对涉嫌违法行为的正式调查才能做出要求。第六，每个州的救济方法也不同，有些只容许金钱的赔偿[1]；有些容许衡平法的赔偿，如复职[2]；有些则没提及任何方式的赔偿[3]。对于在美国经营的跨州或国际公司，它们在这方面的考虑可谓繁杂。

雇主除了要求求职者或员工披露个人社交网站的密码，更有可能会要求他们在雇主面前登录其网站，让雇主可同步看见[这被称作"肩窥"（shoulder surfing）]；有些雇主则要求求职者或员工把他们加入成为个人社交网站的好友，或要求他们将网站的私隐设置改为公开。美国不同州的法例也忙于做出相应的回应，如五个州已禁止雇主做出肩窥[4]，而两个州则是禁止雇主要求员工把社交网站设为公开开放式的[5]。相比之下，最早立法的马里兰州法例则没有就上述两种现象做出回应。

日后，若其他政府要为雇佣关系中的密码立法以保护员工或求职者的私隐，必须考虑各方面的相关问题和雇主层出不穷的对策。

三 雇主对员工在社交网站内容的异议：美国、德国和澳洲法比较分析

另一个涉及社交网站与雇佣关系的难题在前文已略有提及：雇主可否因员工在个人社交网站的发言而解雇对方。以下我们就美国、德国和澳洲就此问题做出的判例加以比较和分析。谈及的例子涉及各国的劳工法，以及法院或审裁处对社交网站的私隐期望做出的阐释。

---

[1] 如密歇根州，Mich. Comp. Laws § 37.272 – 37.278 (8)(1)(2012)。
[2] 如俄勒冈州，H. B. 2654，77th Leg. Assembly (Or. 2013)。
[3] 如新墨西哥州，N. M. Stat. Chapter 222 of 2013 (1)(A)。
[4] 这五个州分别是：加利福尼亚州，Cal. Lab. Code § 980 (b)(2)(2013)；俄勒冈州，H. B. 2654，77th Leg. Assembly (2)(1)(c)(Or. 2013)；密歇根州，Mich. Comp. Laws § 37.272 – 37.278 (3)(a)(2012)；新泽西州，A. B. 2878，215th Leg. Assembly (2)(a)(N. J. 2013)；华盛顿州，Wash. Rev. Code § 49.44 (1)(b)(2013)。
[5] 阿肯色州，Ark. Code § 11 – 2 – 124 (b)(1)(C)(2013)，以及科罗拉多州，Colo. Rev. Stat. § 8 – 2 – 127(2)(a)(2013)。

在美国，自2009年起已有不少涉及这个议题的案例①。国家劳工处（National Labor Relations Board）亦从2011年起，为此议题做出了指引和报告②。法律的争议往往在于《国家劳工关系法》（National Labor Relations Act）的第7条③。根据该法例，员工有权为了互助和互相照应的原因而进行有组织或有计划的活动（concerted activities），亦有权就改善工作环境，而与其他同事沟通④。那么，员工在个人社交网站上批评上司和公司的待遇，或说出对雇主的种种不满，法例还能保障他们吗？

在2013年New York Party Shuttle, LLC and Fred Pflantzer⑤一案中，就涉及一名旅游巴士司机P在面书上批评公司的工作环境、福利以及工会活动。他甚至形容他的前雇主（也是旅游巴士公司）所提供的环境为天堂。虽然P在面书上的批评是张贴在纽约导游的专页网上，而该页已设定为仅向受邀请的导游开放，P的雇主还是得知了他的言论并把他开除。

为此，P进行了诉讼。被告的巴士公司辩称P在社交网站的言论含有诽谤的成分，不应得到《国家劳工关系法》的保障。但国家劳工处并不同意这一点。他们认为原诉人大部分发表的批评均属事实，而内容全都与工作有关，纵然言辞对雇主不尊重（disrespectful）又粗俗（coarse），也不应妨碍劳工法对他的保护。劳工关系处裁定旅游巴士公司必须对原诉人补发薪金，并让他复职。这个案例提醒了雇主，也确认了员工在社交网站上就劳工法容许下的议题发表言论能够得到法律的保障。

比较下，德国员工的命运则截然不同，而德国劳工法院所考虑的因素也大不相同。

---

① Robert Sprague, "Invasion of the Social Networks: Blurring the Line between Personal Life and the Employment Relationship," *University of Louisville Law Review* 50, 2011 - 12.

② National Labor Relations Board, Office of the General Counsel, "(Third) Report of the Acting General Counsel Concerning Social Media Cases (Memorandum OM 12 - 59)," May 30, 2012, available at http://mynlrb.nlrb.gov/link/document.aspx/09031d4580a375cd.

③ 29 U.S.C. S157 (2006).

④ Kellie A. O'Shea, "Use of Social Media in Employment: Should I Hire? Should I Fire?" *Cornell Human Rights Review*, 2012, available at http://www.cornellhrreview.org/use-of-social-media-in-employment-should-i-fire-should-i-hire/.

⑤ May 2, 2013, CN: 02 - CA - 073340.

在 2012 年 Landesarbeitsgerichts Hamm 法院判案中[①]，原诉人是一名 26 岁的实习生。他在面书上留言，称他的雇主为一名"暴君"和"剥削者"，把他当作"奴隶"，常要他做愚蠢的工作，又不给他合理的工资。他的面书设定是私人，而他在面书上的朋友为 112 位。就上述的言辞，他被解雇。诉讼最终上诉到劳工法院（Landesarbeitsgericht Hamm）。劳工法院维持原判，认为原诉人的行为确属不当。

法院指出，纵然德国的劳工法已特别保护实习生，并订明雇主不能轻易解雇他们，但在本案中，原告人的言辞已构成侮辱，而那番言论已传给一个颇大的群体，他不能说他在"公众"对雇主的侮辱发言应该得到言论自由和私隐的保障。而且，法院认为原告人已 26 岁，应具相当的理解力，明白不应对雇主做出此等发表。

虽然法院说明，员工必须明白在社交网站的发表往往会被很多人看见，但它也强调不是所有在社交网站上对雇主的批评都能成为合理和合法的解雇理由。法院指出每一件案件也需视个别案情和具体事实而定，重点应是发表的言辞是否属于侮辱性的抨击或含诽谤性成分，那是否属于言论自由和隐私法的保护范围。

我们不难察觉德国劳工法院积极为雇主和员工因社交网站而引起的纷争寻求一个解决办法，甚至定下一些可供日后判案的准则。可惜，上述案例的指引含混不清。相比之下，澳洲公平工作委员会（Fair Work Commission, Australia）在 Linfox Australia Pty Ltd. v Glen Stutsel[②] 一案中定下的指引则较为清晰。

在 Linfox 一案中，一名货车司机 S 在面书上批评两名管理人员：称其中一名回教徒的同事为"讨厌烟肉的人"，又以可构成性骚扰的字眼称呼另一

[①] LAG Hamm, Urt. Vom 10. 10. 2012, 3 SA 644/12, available at http: //dejure.org/dienste/vernetzung/rechtsprechung? Gericht = LAG%20Hamm&Datum = 10.10.2012&Aktenzeichen = 3%20Sa%20644/12. 英语分析，详见 Carsten Domke, The Right to Privacy is Dead—or is it? Social Media Use in Germany, American Bar Assiocation Tech Committee, at 6 (2013), available at http: //www. americanbar. org/content/dam/aba/events/labor_ law/2013/04/aba _ national _ symposiumon technologyinlaboremploymentlaw/22 _ domke.authcheckdam.pdf. Tobias Mommer, Newsletter Employment Law, II/2013, Oppenhoff & Partner Rechtanwaelte, available at http: //www. oppenhoff. eu/press/newsletter_ en/article/newsletter-arbeitsrecht-ii – 2013. html.

[②] C2011/6952, 3 October 2012.

名女同事。S 在面书上的设定为私人,他有 170 多名朋友,当中多数是 S 的同事。为此,S 被公司解雇了,但他不服解雇的决定而向委员会申诉。在第一轮裁决时,公平工作委员长认为,虽然投诉人在面书发表的言论令人生厌(distasteful)①,但他在面书上所发表的只给友人看的评论与一个人在下班后,与同事一起到酒吧或咖啡室聊天诉苦,宣泄一下工作不愉快的言辞并没有太大分别②。纵使 S 说了一些对回教徒不尊敬的话,但那些并不构成法律上的人身攻击③。而对于女同事说出介乎性骚扰的字眼确是不妥。但委员长认为较严重的性骚扰用词却是出于别的同事口中,雇主却没有惩罚这些人。再者,雇主公司并没有订明任何员工必须遵行的社交网站守则,在这种情况下而解雇申诉人是过于严苛、不公和无理的④。

雇主公司不服上述裁决,遂上诉到上诉委员会,并由布顿法官(Justice Boulton)与另外两名成员做出上诉裁决,虽然他们决定维持原判,理由却大不相同。首先,他们并不认同社交网站的发表,只像一个人与同事或朋友在下班后,在酒吧或咖啡室发牢骚而已⑤。因为网站的发表会留下永久的文本文件,任人易于查阅,及易于传递⑥。其次,上诉委员会强调,在此案中 S 是一名已为上诉公司服务了 22 年的员工,并一直有良好的表现;他在面书的账户是由他的女儿为他而开设的,他本身却不大谙熟网上技术,包括他连可以删除别人在他版面留下的发表也一无所知;他面书的设定是最高私隐密度,只给好友浏览,从没打算给管理人员阅读;他不是在上班的地方和上班时间上面书;雇主投诉的某部分发表根本不是来自 S,而是其他同事,雇主却没向其他人追究;S 为他愚蠢的行为深感悔意⑦。上诉委员会对 S 于社交网站的运用和技术上的一知半解深表同情⑧,但也明确指出,在社交网站日趋普及的未来,日后类似的案件将未必有同一裁决⑨。最终,上诉委员会

---

① C2011/6952, 3 October 2012, 第 9 段。
② C2011/6952, 3 October 2012, 第 9 段。
③ C2011/6952, 3 October 2012, 第 9 段。
④ C2011/6952, 3 October 2012, 第 11 段。
⑤ C2011/6952, 3 October 2012, 第 26 段。
⑥ C2011/6952, 3 October 2012, 第 26 段。
⑦ C2011/6952, 3 October 2012, 第 33 段。
⑧ C2011/6952, 3 October 2012, 第 34 段。
⑨ C2011/6952, 3 October 2012, 第 34 段。

裁定维持 S 胜诉，雇主必须将他复职并做出工资上的赔偿。

就上述美国、德国和澳洲的判例来看，我们可以得出以下的论点。第一，法律并不保护对个人做出谩骂性的抨击，以及一切人身侮辱（insult, 德国法）、人身威胁、性别或种族骚扰和含诽谤性的言论。一旦触及以上违法行为，即使言论自由和个人私隐也不能做法律的挡箭牌。第二，法律会考虑讨论的前提和发表的原因。如在美国，关乎员工利益的内容全属合理讨论的范围；在澳洲，裁决对员工在下班后的一般牢骚持宽容态度。第三，社交网络的私隐设定（是否设为公开或只供朋友可阅读）是一个重要但并非决定性的考虑因素。纵然社交网络已设定为私人只供朋友浏览，朋友的多寡还是会影响裁决。而德国法院和澳洲公平工作委员会已清楚说明人们必须明白在网络发表的特殊性。言论在网络中易于广传，却难以被删除，因此对受抨击的人伤害甚为深远。第四，雇主的态度也是裁决时考虑的一项重要因素。例如，雇主是否对待曾发表不适当言辞的员工也一视同仁。另一项重要因素是，雇主是否已向员工公开一套已订明的员工社交网站守则，并以合法及公平的方式去执行。

四　总　结

我们在探讨社交网络对雇佣关系涉及的私隐挑战中，不难发现雇主与员工对与工作有关的事项的私隐期望往往大相径庭。不同国家在立法、规管或判案中也处于一个摸索阶段。

就上述议题而言，法律大致上还未禁止雇主查看求职者或员工在公开社交网站的发表，但对于已设定为私人和只供朋友阅读的网站，美国已在不同方面限制雇主查看资料。至于如何运用那些在社交网站的发表，又能否因为在那些网站不恰当的言辞而开除员工，归纳各国法律和案例分析，我们可做出以下的建议。第一，雇主应就员工按他们自己在个人社交网站有关工作的议题订下一套合法的政策，而那套政策不能过于空泛，执行也必须对所有员工贯彻公平。第二，雇主必须考虑引起争议的发表是否与工作有关。第三，雇主必须有完善的机制去核实被怀疑发出不恰当发表的员工的身份。第四，雇主亦要考虑是否已经给予员工机会，就该发表表示异议、澄清或解释。

另外，求职者和员工在保护他们在社交网站的私隐时，必须明白张贴于网络世界的资讯往往不能享有百分百的私隐程度。若他们不希望雇主看到他们在社交网站的发表，他们应为网站加上密码，并将网站设为私人、不公开、只给朋友看的园地。尽管如此，以上只能代表他们的主观意愿。网上朋友的数量多往往令法院认为，那所谓私人园地，在实际运作时已变为公开或公众的园地。另外，他们发表的内容也有可能令他们失去私隐的保护。若内容涉及披露雇主工作机密，或对其他同事做出含诽谤性的言论，或能构成骚扰（harassment）或其他违法行为，雇主甚至执法机关也会变得义正词严去要求查看个人社交网站的资料，雇主也因此解雇他们。员工必须加以警惕在个人社交网站发表与工作有关的种种言辞，及明白私隐法的保护并不是绝对的。细节往往在法律所容许的例外之中。

员工在社交网站发表的私隐与世界各国劳工法提供的不同保障息息相关。看来，劳工法与私隐法要并肩发展。在日新月异的网络领域，雇主已不能忽略求职者和员工在社交网站发表的讯息，后者则不能对他们的发表讯息掉以轻心。各国法例则为他们两者间如何取得合理的私隐期望正努力揣摩。无论我们是雇主、员工或求职者，我们此时唯能涉水而行。

第三编
个人资料的刑法保护

论澳门地区对居民个人信息资料的刑法保护

赵国强[*]

近几年来，随着科技的进步与发展，尤其是网络技术的突飞猛进，一些机构或个人无视职业道德或保密义务，不当搜集、恶意使用、出售牟利、任意泄露居民的个人信息资料，严重侵犯了居民依法享有的人身、财产、隐私等基本权利，破坏了正常的社会管理秩序。因此，在现实生活中，如何切实有效地加强对居民个人信息资料的保护，并运用刑法手段来惩治和预防各种侵犯居民个人信息资料的行为，已经引起了世界各国和各地区立法者的高度关注。

从各国和各地区对居民个人信息资料的刑法保护来看，其保护的范围、涉及的罪名以及惩治的力度不完全一致。本文认为，澳门刑法对居民个人信息资料的保护是相当充分的，这不仅表现为与居民个人信息资料有关的刑事罪名较多，而且还与澳门本身的刑事立法模式密切相关，因为在澳门，具体规定刑事罪名的刑法渊源既有《澳门刑法典》分则，也有特别刑法，包括单行刑事法律和附属刑法[①]。正是从这一意义上说，澳门刑法对居民个人信息资料的保护就显示出一种"全方位"的立法保护，上至刑法典、下至单行刑事法律和附属刑法，都分别从不同的角度对居民的个人信息资料实施刑法保护。下面，本文拟结合不同层面的刑法渊源，就相关的法律概念、涉及的刑事罪名以及定罪量刑须注意的若干问题，做一简单的介绍与评析。

一 隐私权、个人资料与电脑数据资料

如上所述，在澳门刑法体系中，对居民个人信息资料给予刑法保护是多

---

[*] 赵国强，澳门大学法学院教授，澳门刑事法研究会会长。
[①] 这里讲的附属刑法，就是指非刑事法律中的刑法规范。

层面的,将这种多层面的刑法保护落实到"实处",实际上就包括了三个具体的法律渊源:第一个法律渊源是作为普通刑法的《澳门刑法典》分则第七章"侵犯受保护之私人生活罪";第二个法律渊源是作为附属刑法的《个人资料保护法》(第8/2005号法律);第三个法律渊源是作为单行刑事法律的《打击电脑犯罪法》(第11/2009号法律)。毫无疑问,这三个法律渊源都涉及对居民个人信息资料的刑法保护问题,唯三者使用的法律概念不尽相同,前者使用的是"隐私"概念,中者使用的是"个人资料"概念,后者使用的是"电脑数据资料"概念。因此,在解读这三个法律渊源对居民个人信息资料的刑法保护时,就相关法律概念做出必要的界定是具有现实意义的。

(一) 隐私

隐私权作为居民的一项基本权利,得到了法律的充分保护,在大陆法系国家或地区的刑法典中,可以说都有关于侵犯隐私权犯罪的规定,澳门同样如此。关于隐私的定义,法律上一般无明确规定,通常只是笼统地表述为居民私生活方面的事实或秘密,但在理论上,学者的论述却是众说纷纭。本文认为,隐私既然是一种涉及居民私生活的秘密,那么作为一种个人秘密,成为个人隐私的资料或者某种事实,当然也属于居民个人信息资料的组成部分,而且可以说是居民个人信息资料中最重要的组成部分。从学者们关于隐私定义的各种表述来看,某种与居民个人有关的信息资料成为个人隐私,必须符合以下三个基本条件:

一是主体性条件,即作为个人隐私的事实在事实涉及的主体方面只能是自然人,法人及其他社会组织是无个人隐私可言的,因为隐私权作为一种人格权,乃是基于自然人的精神活动和内心感受而产生的,法人及其社会组织只具有虚拟的人格,不可能存在自然人的精神活动和内心感受,当然也不可能产生隐私。在现实生活中,侵犯法人秘密的,不属于侵犯个人隐私,只能按照其他法律规定如侵犯商业秘密处理。

二是真实性条件,即作为个人隐私的事实在事实内容上必须具有真实性,因为只有真实的事实,才会有保密和是否公开的问题,如果是内容虚假的事实,就不称其为隐私。例如,捏造虚假的事实到处散布的,就不可能构成泄露他人隐私的犯罪,充其量只能构成诽谤罪。

三是保密性特征，即作为个人隐私的事实在性质上必须是属于个人私生活方面的一种秘密，也就是私人秘密，对这种私人秘密，只有当事人才有权公开，在当事人没有决定公开或授权公开的情况下，任何人不得通过各种手段加以刺探、散布或泄露。隐私的保密性表明，如果某种事实尽管与个人的私生活有关，但当事人并不将其视为不予公开的个人秘密的话，该等与私生活有关的事实仍然不属于个人隐私的范畴。例如，甲公开表明自己信仰佛教，在此情况下，甲的宗教信仰就不是甲的隐私；反之，甲同样信仰某个教派，但不想让周围其他的人知道，故从未公开，那么这种宗教信仰就属于甲个人的隐私。可以说，正因为个人隐私是一种不能公开的个人信息资料，所以更应当受到法律保护，隐私权之所以能够成为居民的一项基本权利，其道理就在于隐私的保密性。

鉴于隐私所具有的上述三个特征，我们不妨为《澳门刑法典》分则第七章所指的与隐私权有关的个人隐私下一个简单的定义，即这里所讲的隐私，就是指一种与自然人的私生活有关的、真实的、未经同意不得加以公开的个人秘密，如家庭生活、生理缺陷、严重疾病等事实，即可视为属于个人隐私的秘密。

（二）个人资料

个人资料是《个人资料保护法》所使用的法律概念。根据该法律第4条第1款第1项规定，所谓个人资料，就是指"与某个身份已确定或身份可确定的自然人（'资料当事人'）有关的任何资讯，包括声音和影像，不管其性质如何以及是否拥有载体。所谓身份可确定的人是指直接或间接地，尤其透过参考一个认别编号或者身体、生理、心理、经济、文化或社会方面的一个或多个特征，可以被确定身份的人"。

对个人资料的理解很容易与个人隐私混合在一起。比如，在中国内地，不少学者在解释"公民个人信息"这一概念时，往往将其与个人隐私等同起来，继而认为所谓"公民个人信息"，就是指与公民个人身份有关的，且公民不愿为社会所知的、具有保护价值的各种信息，言外之意，"公民个人信息"也具有像隐私那样的不公开性即保密性；更有学者认为，对"公民个人信息"的保护，其实质就是对公民隐私权的保护，故在网络上批量处理和出售公民个人信息的行为，其性质就是属于侵犯网络隐私权的行为。本文认为，中国内地刑法中所指的"公民个人信息"，实际上就相当于澳门《个人资料保护法》中所讲的个人资料，但我们能否像上述中国内地学者那样，将个人资料概念与个人隐私完全等同呢？

本文认为，个人资料是一个大概念，正如《个人资料保护法》所说，它可以包括与某个自然人有关的任何资讯，既然是任何资讯，那就意味着不管是公开的还是不公开的，只要是与个人有关的资讯，都可以视为个人资料。举例来说，甲虽然将自己的个人电话号码和邮址印在名片上，但甲的个人电话号码和邮址并不会因为具有公开性而不再成为甲的个人资料，换句话说，甲的个人电话号码和邮址仍然属于受法律保护的个人资料。但个人隐私则不同，既然是一种隐私，那就必然带有保密性，否则就不能称其为隐私，如上面所举甲的个人电话号码和邮址，我们可以说它们与甲的私生活有关，但因为它们已被当事人自己印在名片上，那就不能认为其具有保密性，在这种情况下，印在名片上的电话号码和邮址就不能说是甲的个人隐私，即便甲的电话号码被他人非法出售或非法提供，其行为性质也不属于侵犯他人隐私的行为。

由此可见，个人资料作为一个大概念，它强调的是主体的特定性和资料内容的真实性，即只要是与特定的个人相关的且内容真实的信息，都属于个人资料的范畴；至于信息内容是否具有保密性，是否已经公开，都不会影响个人资料的成立。从这一意义上说，本文认为，《个人资料保护法》中所讲的个人资料既可以包括与个人隐私有关的个人资料，如个人私生活的各种秘密，也可以包括与个人隐私无关的个人资料，如上述印在名片上的个人电话号码及邮址。因此，将个人资料与个人隐私完全等同起来的观点是不科学的，它们之间实际上具有种属关系，个人资料是属概念，而个人隐私是种概念。

（三）电脑数据资料

电脑数据资料是《打击电脑犯罪法》所使用的法律概念。根据该法律第2条第2项规定，电脑数据资料"是事实、资料或概念的任何展示，而该展示是以一种可于电脑系统内处理的形式为之，包括可使电脑系统具执行功能的程序"。这一规定表明，电脑数据资料泛指被保存在电脑中的所有数据资料，从数据资料的内容来看，它们可以与居民的个人信息相关，如关于居民个人的电话号码、存款数目,甚至是居民私生活的各种秘密,但也可以与居民的个人信息无关,如建筑图纸、影视资料等。因此,电脑数据资料与个人资料之间的关系显然是一种交叉关系,当电脑数据资料的内容与特定的个人信息相关时,其性质就属于个人资料,包括具有保密性的属于私生活隐私的个人资料。正因为有了这样一种交叉关系,侵害电脑数据资料的行为才可能会成为侵犯居民个人信息的行为。

二 侵犯隐私的犯罪

个人隐私作为一种特殊的个人信息资料,因其性质涉及对隐私权的保护问题,故澳门立法者在《澳门刑法典》分则第七章中专门规定了关于侵犯隐私权的犯罪。在这一章犯罪中,直接与侵犯居民个人信息资料相关的罪名主要包括"侵入私人生活罪"(第186条)、"以资讯方法作侵入罪"(第187条)和"违反保密罪"(第189条)。

(一)侵入私人生活罪

根据《澳门刑法典》分则第186条第1款规定,所谓"侵入私人生活罪",就是指意图侵入他人之私人生活,尤其系家庭生活或性生活之隐私,而在未经同意下做出了法律所禁止的四种行为的行为。构成"侵入私人生活罪"的,法定刑为2年以下徒刑,或科240日以下罚金。关于本罪的定罪与量刑,须注意以下几个问题。

(1)行为方式的多样性。所谓行为方式的多样性,就是指"侵入私人生活罪"的构成要件行为包括以下四种行为方式。

①截取、录音取得、记录、使用、传送或泄露谈话内容或电话通信的行为。应当指出,不管使用何种行为侵犯他人的谈话内容或电话通信,此类谈话内容或电话通信必须具有两个特征:一是非公开性。这里讲的非公开性,就是指此类谈话或电话通信并不是针对不特定的人,它只是在特定的个人或少数人之间进行。比如,在集会上的讲话或在电视论坛上的讲话,都属于具公开性的谈话;而夫妇之间在家中的谈话或特定朋友聚会相互之间的谈话就属于不具公开性的谈话。二是私人生活性。这里讲的私人生活性,就是指此类谈话或电话通信的内容应当涉及私人生活,尤其是涉及家庭生活或性生活

方面的隐私，否则就不会存在"侵入私人生活"的问题；如果行为人对非属私人生活隐私权方面的谈话内容或电话通信实施了截取、录音、记录、使用、传送或泄露行为的，不构成"侵入私人生活罪"，行为符合其他罪名的，可按相关罪名处罚，如对非属私人生活的谈话内容进行非法录音的，可按"不法之录制品及照片罪"（第191条）定罪处罚。

②获取、以相机摄取、拍摄记录或泄露他人之肖像或属隐私之对象或空间之图像的行为。首先，这里讲的肖像应作广义的解释，即只要与当事人的私人生活有关且有当事人影像的照片，如私人生活方面的生活照、裸体照，都属于肖像的范围；如果非法拍摄的当事人的照片与其私人生活无直接关系的，则属于侵犯肖像权的问题，可按"不法之录制品及照片罪"（第191条）论处。其次，判断某种对象是否属隐私的对象，关键是看该等对象与私人生活之间的关系，而非对象本身的价值。比如，非法获取他人的日记并加以泄露的行为，就是典型的侵入他人私生活的行为；如果非法窃取他人与私人生活没有直接关系的贵重手表，那就属于单纯的盗窃行为。至于所谓空间的图像，则指供私人生活的空间的图像，如未经当事人同意，拍摄当事人房间或浴室的图像。

③偷窥在私人地方之人，或窃听其说话的行为。这里所讲的偷窥，是指不为他人所知的窥视，包括一个人窥视，也包括几个人共同窥视；包括使用工具窥视，也包括不使用工具窥视。而所谓私人地方，则泛指未经当事人同意不得进入的地方，比如，偷窥在酒店房间里洗澡的客人，就属于偷窥在私人地方之人；窃听在酒楼包房中客人的说话，就属于窃听他人在私人地方的说话。当然，对于窃听他人说话来说，他人说话的内容同样必须属于与私人生活直接有关的说话，否则也不构成"侵入私人生活罪"。比如，甲与乙在房间中商量如何抢劫银行之事，丙在房外窃听，丙的窃听行为自然不会构成"侵入私人生活罪"。

④泄露关于他人之私人生活或严重疾病之事实的行为。这是比较常见的侵入他人私人生活的行为。这里所讲的泄露，包括向公众透露，如通过电视、电台、杂志、报纸透露，也包括向第三人透露；至于行为人所透露的关于他人私人生活或严重疾病的事实是如何得来的，不影响"侵入私人生活罪"的成立。比如，记者甲将其从朋友处听来的关于乙患严重疾病的事实加以报道，就属于侵犯他人隐私的行为。

（2）主观罪过的故意性。所谓主观罪过的故意性，就是指从行为的主观要素来看，"侵入私人生活罪"只能由故意构成，这种故意主要表现为行为人主观上要具有侵入他人私人生活的意图。值得注意的是，这里讲的"意图"只是针对侵入行为而言的，并非是指行为人侵入的动机或目的，因此，行为人是出于何种动机或目的而侵入他人私人生活，不影响"侵入私人生活罪"故意的成立，正因如此，"侵入私人生活罪"的故意可以是直接故意，也可以是间接故意。比如，前几年在香港发生的所谓"艳照门"事件，如果此类事件发生在澳门，其行为就会构成"侵入私人生活罪"，因为行为人既然知道电脑中的相关资料都是涉及他人私生活的秘密事项，却还要放到网上加以泄露，这就表明行为人主观上明显具有侵入他人私人生活的意图，故构成"侵入私人生活罪"，至于他人的私生活是否因此而受到损害，行为人实际上是抱着一种容忍的意志态度，也就是属于间接故意。

（3）免责的例外性。所谓免责的例外性，就是指根据《澳门刑法典》分则第186条第2款规定，在行为人出于侵入他人私人生活的意图，而做出上述第四种行为即"泄露关于他人之私人生活或严重疾病之事实"的情况下，如果行为人泄露该等事实"系作为实现正当及重要公共利益之适当方法者"，则不予处罚。这一规定表明，为了实现正当及重要的公共利益，对居民个人隐私权的保护是可以有所限制的。比如，当一个人要竞选总统或议员时，其私生活方面的某些秘密尤其是涉及人品方面的私生活秘密就与公共利益密切相关，如果有人将这种私生活秘密在报纸上加以公开，让公众知悉，直接质疑当事人不适宜当总统或议员，在此情况下，一般公众都会认为行为人具有实现正当及重要公共利益的目的，这样的行为不仅在澳门不会构成"侵入私人生活罪"，而且在很多国家或地区也都不会构成侵犯他人隐私的犯罪。又如，根据《传染病防治法》（第2/2004号法律）规定，医务人员在知悉病人患上或怀疑患上传染病时，应向特定机构做出申报，这是医务人员应尽的法律义务；在这种情况下，医务人员虽然泄露了他人患严重疾病的事实，但其泄露该等事实显然属于实现正当及重要公共利益的适当方法，因而阻却了违法性，不构成"侵入私人生活罪"。

（二）以资讯方法作侵入罪

根据《澳门刑法典》分则第187条第1款规定，所谓"以资讯方法作侵入罪"，就是指"设立、保存或使用可认别个人身份，且系关于政治信仰、宗教信仰、世界观之信仰、私人生活或民族本源等方面之资料之自动资料库"的行为。构成"以资讯方法作侵入罪"的，法定刑为 2 年以下徒刑，或科 240 日以下罚金。关于本罪的定罪与量刑，须注意以下几个问题。

（1）自动资料库的概念。根据《个人资料保护法》第 4 条第 1 款第 4 项规定，所谓个人资料的资料库，就是指"任何有组织结构并可按特定标准查阅的个人资料的集合体，而不论资料库的建立、储存以及组织形式或方式如何"。至于自动，则指可通过非人手方式做出操作，也就是指通过电脑进行资料方面的储存和处理。因此，自动资料库就是指通过电脑等自动化手段所建立起来的、具有组织结构并可按特定标准查阅的资料集合体。

（2）自动资料库的内容。自动资料库的内容主要包括两个方面：其一，可认别个人身份的必要资料，如姓名、性别等个人资料。如果没有这种认别个人身份的资料，既然连主体都无法确定，那么其他关于各种信仰、私人生活或民族本源等方面的资料也就无从谈起。其二，除认别个人身份的必要资料外，还必须包含有反映特定个人的政治信仰、宗教信仰、世界观之信仰、私人生活或民族本源等方面的资料。当然，对这部分资料来说，并非都要完全具备齐全，只要个人资料中包含部分这方面的资料，如没有信仰方面的资料，但有私人生活方面的资料，就可以认为已经符合资料内容方面的构成要件。由此可见，有些机构从业务需要出发所建立的只包括个人身份资料的自动资料库，如银行为发放信用卡而建立的自动资料库、博彩场所为发放会员卡而建立的自动资料库、电讯公司为通信业务而建立的自动资料库，均不属"以资讯方法作侵入罪"所调整的范围，即便这些机构在使用此类自动资料库的过程中有违法行为，如出售或泄露他人的个人身份资料，也不会构成"以资讯方法作侵入罪"，若触犯其他法律规定的，可按相关法律处理。

（3）自动资料库的设立、保存或使用。在现代信息社会，关于个人资料自动资料库的设立、保存或使用有其必然性和必要性，关键在于无论是设立、保存还是使用这种自动资料库，都必须具有合法性。只有在个人资料自动资料库的设立、保存或使用都是非法的情况下，才会构成"以资讯方法作侵入罪"，这是构成本罪最本质的客观要件；如果行为人是依照法律去设立、保存或使用有关个人资料自动资料库的，就不会构成"以资讯方法作侵入罪"。比如，根据《个人资料保护法》第7条规定，在一般情况下，禁止处理与世界观或政治信仰、政治社团或工会关系、宗教信仰、私人生活、种族和民族本源以及与健康和性生活有关的个人资料，包括遗传资料；但是在保障非歧视原则以及符合该法律所规定的安全措施的前提下，也可以在法定情况下对这些个人资料进行处理。举例来说，在法律规定或具组织性质的规章性规定明确许可的情况下，或者在基于重大公共利益且资料的处理对负责处理的实体行使职责及权限所必须，并已获公共当局许可的情况下，或者在资料当事人对处理资料给予明确许可的情况下，就可以对上述与个人信仰或私人生活有关的个人资料进行处理。可见，对这些个人资料只要是依法处理，包括设立、保存或使用自动资料库，就不会构成"以资讯方法作侵入罪"。

值得一提的是，设立、保存或使用是三种不同的行为，它们彼此之间既有密切的联系，也具有相对的独立性。比如，一旦设立是非法的，保存和使用当然也是非法的；但这并不排除设立是合法的，而保存是非法的情况，比如，依法过了期限不能再保存的，继续保存就是非法的；此外，也可能发生设立、保存都是合法的，但使用是非法的，比如，允许依法不得使用此类信息的人使用，或超越法律规定的范围使用此类信息的，就属于非法的使用。无论是哪一种非法，只要在设立、保存或使用三个方面有一个方面是非法的，都可以构成"以资讯方法作侵入罪"。

（4）主观罪过的故意性。所谓主观罪过的故意性，就是指从行为的主观要素来看，"以资讯方法作侵入罪"只能由故意构成，至于行为人是出于何种动机实施犯罪，不影响故意的成立。关于"以资讯方法作侵入罪"的故意，应当注意将不法性的错误认识和构成要件事实的错误认识加以严格区分。比如，行为人在设立、保存或使用有关个人资料自动资料库的过程中，因不知道相关法律规定，自以为是法律所允许的，但实际上是非法的，在这种情况下，行为人对其行为的事实过程是非常清楚的，他知道自己在干什么，他所不知道的仅仅是其行为的性质是否违法，这种错误认识属于典型的违法性认识错误，不能阻却"以资讯方法作侵入罪"故意的成立，依照《澳门刑法典》总则第16条规定，只要行为人欠缺违法性认识是可以谴责的，就构成"以资讯方法作侵入罪"。

(三) 违反保密罪

根据《澳门刑法典》分则第 189 条规定，所谓"违反保密罪"，就是指"未经同意，泄漏因自己之身份、工作、受雇、职业或技艺而知悉之他人秘密"的行为。构成"违反保密罪"的，法定刑为 1 年以下徒刑，或科 240 日以下罚金。关于本罪的定罪与量刑，须注意以下几个问题。

(1) 他人秘密的范围。关于他人秘密的内容和性质，由于立法上缺乏明确的规定，因此在理论上就可能会产生两种不同的观点。第一种观点认为，这里讲的他人秘密，只能是涉及他人私生活的秘密，不包括其他方面如企业或商业方面的秘密。第二种观点认为，这里讲的他人秘密，主要是指涉及个人的私生活秘密，但并不能排除其他方面的秘密，如与企业或商业有关的秘密。对此，本文同意第二种观点，即"违反保密罪"所指的他人秘密，主要是指涉及他人私生活的秘密，但也包括了与工业、商业、职业或艺术等活动有关的秘密，主要理由是要从罪与罪的相互关系方面进行考察，具体来说，对"违反保密罪"中他人秘密的理解，应当与"不当利用秘密罪"（第 190 条）结合起来考察。总之，对泄露行为来说，将工业、商业、职业或艺术等活动之秘密包括在他人秘密之中，既符合立法原意，也可以充分体现刑法对个人秘密的积极保护。

(2) 犯罪主体。"违反保密罪"的行为主体是特殊主体，即行为人必须具有法律所规定的某种特定身份，正是由于这种特定身份，行为人才可以获悉他人的秘密，故有学者将此类犯罪称为身份犯。关于"违反保密罪"行为主体身份的范围，从各国或各地区的刑法典规定来看，不完全一致，有的比较原则，有的比较详细、具体。《澳门刑法典》分则关于"违反保密罪"的规定，在行为主体身份的立法上与《意大利刑法典》《法国刑法典》的立法模式基本上是一致的，即对他人秘密的获知只是笼统地规定"因自己之身份、工作、受雇、职业或技艺"而知悉他人秘密。

(3) 他人秘密的获知。行为人之所以能够获知他人秘密，必须是借助于自己的身份、工作、受雇、职业或技艺，而且这种获知与行为人特定的身份、工作、受雇、职业或技艺之间要具有直接的联系。比如，医生在给病人治疗的过程中了解的病人秘密，律师在为被告辩护时了解的被告秘密，心理学专家在提供心理咨询时了解的他人秘密，侦查人员在审讯犯罪嫌疑人时了解的他人秘密，等等，都属于借助于特定身份获知的他人秘密。若行为人获知他人秘密与行为人特定的身份、工作、受雇、职业或技艺无直接的联系，超出了正常范围，或根本就与此无关，那么即使行为人泄露了他人秘密，也不构成"违反保密罪"。比如，保姆利用其在雇主家从事保姆工作的便利，窃取了雇主的私人信件而获知雇主私生活方面的秘密，该保姆的窃取行为因超出了受雇关系的正常工作范围，故并非属于通过受雇关系来获知他人秘密；若保姆将此窃取到的他人私生活秘密泄露的，其行为仅构成"侵入私人生活罪"（第186条）。

（4）他人秘密的泄露。这里讲的泄露，是指行为人将自己直接通过特定的身份、工作、受雇、职业或技艺而获知的他人秘密，告诉尚不知道此秘密的人。行为人将该等秘密无论是向一个人告知还是向多个人告知，都构成泄露，至于被告知的人会否再将秘密扩散，这与泄露行为无关，只要告知，就是泄露；唯一般认为，向已经知道秘密的人告知，不构成泄露。此外，这里讲的泄露，在泄露方式上是没有限制的，可以是口头泄露，也可以是书面泄露。顺便指出，从"违反保密罪"的构成要件行为即泄露行为来看，此罪的罪名若改为"泄漏秘密罪"就显得更为合理，因为叫"违反保密罪"不仅在罪名上会和《澳门刑法典》分则第348条规定的"违反保密罪"[①]混在一起无法区分，而且也无法突出泄露这一构成要件行为。

（5）主观罪过的故意性。所谓主观罪过的故意性，就是指从行为的主观要素来看，"违反保密罪"只能由故意构成，且作为行为犯，只要行为人认识到自己是在未经同意的情况下将他人秘密告知另一个人，不管出于何种动机或目的，都成立泄露的故意。从这一意义上说，"违反保密罪"的故意即泄露的故意，可以是直接故意，也可以是间接故意。

（6）法条竞合关系。所谓法条竞合关系，就是指在一定情况下，"违反保密罪"会与"侵入私人生活罪"产生交叉性质的法条竞合关系。比如，当一个人是通过特定身份而获知他人隐私秘密并予以泄露时，就会同时构成"违反保密罪"与"侵入私人生活罪"（第186条），在此情况下，应当按照交叉性质的法条竞合关系的处理原则，按重法条"侵入私人生活罪"定罪处罚。

---

① 《澳门刑法典》分则第348条所规定的罪名，实应改为"公务员违反保密罪"。本文认为，将来《澳门刑法典》进行修改时，这些关于罪名表述的问题也应当引起重视。

三　侵犯个人资料的犯罪

《个人资料保护法》虽非属专门的单行刑事法律，但按照澳门在非刑事法律中可以设置独立罪名的立法惯例，立法者在该法律第八章第三节中，专门规定了与侵犯个人资料相关的独立罪名。这些罪名包括"未履行资料保护的义务罪"（第37条）、"不当查阅罪"（第38条）、"个人资料的更改或毁坏罪"（第39条）、"加重违令罪"（第40条）和"违反保密义务罪"（第41条）。

（一）未履行资料保护的义务罪

根据《个人资料保护法》第37条第1款规定，所谓"未履行资料保护的义务罪"，就是指意图实施法律所禁止的六种行为的行为。关于本罪的定罪与量刑，须注意以下几个问题。

（1）行为方式的多样性。所谓行为方式的多样性，就是指当行为人开始着手实施以下六种行为时，其行为就可以构成"未履行资料保护的义务罪"。这六种行为如下所述。

①行为人"未作出第二十一条和第二十二条所指的通知或许可请求"。比如，根据《个人资料保护法》第21条规定，在未获得公共当局豁免通知或未出现法定的豁免通知的情况下，"负责处理个人资料的实体或如有代表人时其代表人，应从处理开始起八日期限内以书面形式，将为了实现一个或多个相互关联的目的而进行的一个或一系列全部或部分自动化处理，通知公共当局"；此外，当根据《个人资料保护法》第7条第3款第1项规定处理个人资料时①，对该法律第7条第1款规定的个人资料的非自动化处理也须做出通知。在这两种情况下，如果行为人在法定期限内无正当理由而没有向公共当局做出通知，就会构成"未履行资料保护的义务罪"。又比如，根据《个人资料保护法》第22条规定，除非是"透过法律规定或具有组织性质

---

① 根据《个人资料保护法》第7条第3款第1项规定，在"保护资料当事人或其他人重大利益所必需，且资料当事人在身体上或法律上无能力作出同意"的情况下，有关行为主体也可以处理第7条第1款所规定的"与世界观或政治信仰、政治社团或工会关系、宗教信仰、私人生活、种族和民族本源以及与健康和性生活有关的个人资料，包括遗传资料"。

的规章性规定予以许可"而处理个人资料,否则,在对《个人资料保护法》第 7 条第 2 款所指个人资料进行处理时①,或在对关于资料当事人信用和偿付能力资料进行处理时,或在对该法律第 9 条所规定的个人资料进行互联时②,或在与收集资料的目的不同的情况下使用个人资料时,相关行为主体都必须经公共当局许可方可进行个人资料的处理、互联或使用。在这四种情况下,如果行为人未经公共当局许可而进行个人资料的处理、互联或使用的,就会构成"未履行资料保护的义务罪"。

②行为人"在通知或请求许可处理个人资料时提供虚假资讯,或在处理个人资料时实施了未经使其合法化的文书允许的修改"。这一规定表明,负责处理个人资料的行为主体在处理个人资料时,无论是向公共当局做出通知,还是为获得许可而向公共当局提出请求,都必须确保个人资料的真实性,不允许弄虚作假、提供虚假的个人资料,对故意提供虚假个人资料的行为,可按"未履行资料保护的义务罪"论处。此外,在对个人资料进行修改时,也应当事先取得使其修改得以合法化的相关文书的授权,包括法律文件的授权,禁止在未获得合法授权的情况下擅自对个人资料进行修改,否则就会构成"未履行资料保护的义务罪"。

③行为人在"与收集个人资料的目的不相符或在不符合使其合法化的文书的情况下移走或使用个人资料"。这一规定表明,无论是移走还是使用个人资料,都不能离开原来既定的收集个人资料的目的,都必须严格遵守相关的法律规定,必要时,还应当事先取得使其移走或使用得以合法化的相关文书,包括法律文件的授权,否则行为人移走或使用个人资料的行为就会构成"未履行资料保护的义务罪"。比如,地产商收集客户的资料是为了掌握信息、便于管理,如果地产商擅自将客户资料提供给装修公司,这就与原来

---

① 根据《个人资料保护法》第 7 条第 2 款规定,在保障非歧视原则以及该法律第 16 条所规定的安全措施的前提下,可以对该法律第 7 条第 1 款所规定的"与世界观或政治信仰、政治社团或工会关系、宗教信仰、私人生活、种族和民族本源以及与健康和性生活有关的个人资料,包括遗传资料"在以下三种情况下进行处理:一是法律规定或具组织性质的规章性规定明确许可处理上述个人资料的情况;二是当基于重大公共利益且资料的处理对负责处理的实体行使职责及权限所必需时,经公共当局许可的情况;三是资料当事人对处理给予明确许可的。
② 根据《个人资料保护法》第 9 条第 1 款规定,法律规定或具组织性质的规章性规定未规定的个人资料的互联,须由负责处理个人资料的实体或与其共同负责的实体根据该法律第 22 条第 1 款的规定向公共当局提出请求并取得其许可。

收集个人资料的目的不相符合，此类侵犯客户个人资料的行为如果发生在澳门，从法律上分析就可以构成"未履行资料保护的义务罪"。又如，根据《个人资料保护法》第19条规定，将个人资料转移到澳门以外的地方时，要确保该澳门以外地方的法律体系能对个人资料提供适当的保护，而能否确保应由澳门公共当局做出决定，因此，如果在未取得澳门公共当局允许转移的文书的情况下，擅自将个人资料转移到澳门以外地方的行为，就会构成"未履行资料保护的义务罪"。

④行为人"促使或实行个人资料的不法互联"。根据《个人资料保护法》第9条规定，在对"法律规定或具组织性质的规章性规定未规定的个人资料"实行互联时，不仅在程序上必须提出请求并取得公共当局的许可，而且实行个人资料互联还必须符合四项标准：一是符合法律或章程规定的目的和负责处理个人资料的实体的正当利益；二是不得导致歧视或削减资料当事人的权利、自由和保障；三是须有适当的安全措施；四是考虑需互联的资料的种类。因此，这里讲的"不法互联"，就是指违反上述四项标准的互联[①]，凡促使或实行不符合上述四项标准的互联，都属于不法互联，因而就会构成"未履行资料保护的义务罪"。

⑤行为人"在公共当局为履行本法律或其他保护个人资料法例规定的义务而订定的期间完结后，仍不履行义务"。根据《个人资料保护法》及其他相关法律规定，基于特定目的处理个人资料的行为主体在一定期间既享有合法收集或使用个人资料的权利，同时也负有必须履行的法定义务，如向资料当事人提供资讯的义务，损害赔偿的义务，采取必要的安全和保密措施的义务，等等。因此，这一规定表明，当公共当局明确行为人必须履行某种义务并确定履行的期限后，如果期限届满后行为人仍不履行义务的，就会构成"未履行资料保护的义务罪"。

⑥行为人"在公共当局通知不得再让没有遵守本法规定者查阅之后，负责处理个人资料的实体继续让有关人士查阅其传送资料的公开网络"。很明显，这属于一种明知故犯的渎职行为，由此构成的"未履行资料保护的义务罪"，其行为主体严格地说应当是负责处理个人资料的实体。但必须注

[①] 因为如果行为人是没有取得许可而进行互联，其行为也会构成"未履行资料保护的义务罪"，但应当属于本条第1项所规定的"未履行资料保护的义务罪"。

意的是，在《个人资料保护法》中并没有关于法人犯罪的规定，因此对此类因负责处理个人资料的实体渎职而构成的"未履行资料保护的义务罪"来说，只能依照《澳门刑法典》总则第 11 条关于"以他人名义行为"的规定，来追究该等实体中的相关责任人员的刑事责任。

（2）刑罚的加重性。所谓刑罚的加重性，就是指当行为人的行为符合上述六种行为中的一种行为，且相关个人资料又是涉及《个人资料保护法》第 7 条和第 8 条所指的个人资料时①，其法定刑的上、下限就要在原来的基础上分别加重一倍，即由原来的 1 年以下徒刑或科 120 日以下罚金，加重为 2 个月至 2 年徒刑或科 20 日至 240 日罚金。

（3）主观罪过的故意性。所谓主观罪过的故意性，就是指从行为的主观要素来看，"未履行资料保护的义务罪"只能由故意构成，为此，立法者在罪状表述中特别注明是"意图实施"，其言外之意是过失不能构成本罪。但必须注意的是，这里讲的"意图实施"与意图本身不能混为一谈，光有意图而还没有开始实行构成要件行为的，不会构成"未履行资料保护的义务罪"。比如，尽管甲明知需要经过公共当局许可方可进行相关个人资料的互联，但甲意图不经许可就进行互联，在此情况下，只有当甲开始实施互联行为时，方能构成"未履行资料保护的义务罪"②，否则，甲仅有不法互联的意图而未有互联的行为，不构成犯罪。

（二）不当查阅罪

根据《个人资料保护法》第 38 条第 1 款规定，所谓"不当查阅罪"，就是指"未经适当的许可，透过任何方法查阅被禁止查阅的个人资料"的行为，对该等行为只要按特别法不科处更重刑罚的，就以"不当查阅罪"论处。关于本罪的定罪与量刑，须注意以下几个问题。

（1）查阅的禁止性。所谓查阅的禁止性，就是指行为人所意图查阅的个人资料属于"被禁止查阅的个人资料"。应当指出，根据《个人资料保护

---

① 《个人资料保护法》第 7 条涉及的个人资料是指"与世界观或政治信仰、政治社团或工会关系、宗教信仰、私人生活、种族和民族本源以及与健康和性生活有关的个人资料，包括遗传资料"。该法律第 8 条涉及的个人资料是指"关于怀疑某人从事不法行为、刑事或行政违法行为，以及判处刑罚、保安处分、罚金或附加刑决定的集中登记"的个人资料。
② 不法互联已形成的为犯罪既遂，尚未形成的为犯罪的障碍未遂。

法》第11条规定，在一般情况下，资料当事人都有"在不得拖延的合理期限内及无需支付过高费用的情况下"，享有自由地、不受限制地从负责处理个人资料的实体获知法定事项的权利，除非出现法律规定的不得由资料当事人查阅的情况，如当处理与安全、预防犯罪或刑事侦查有关的个人资料时，查阅权则由"通过该情形下"[①]有权限的公共当局行使。由此可见，行为人查阅"被禁止查阅的个人资料"可以发生在两种情况之下：一种情况是资料当事人意图查阅法律特别规定不得由资料当事人查阅的与其个人有关的资料；另一种情况是非资料当事人意图查阅不能由其查阅的个人资料。在现实生活中，第二种情况应当是一种比较常见的侵犯个人资料的不法行为。

（2）方法的不当性。所谓方法的不当性，就是指"未经适当的许可，透过任何方法"去查阅被禁止查阅的个人资料。从这一规定可以看出，认定方法是否具有不当性，不在于行为人使用何种方法去查阅被禁止查阅的个人资料，而在于是否经过适当的许可，因为无论是对资料当事人还是对非资料当事人来说，被禁止查阅的个人资料只是针对未经许可而言的，如果经过许可而查阅，其查阅自然会具有正当性。当然，这种许可必须是适当的许可，而判断许可是否适当，应当以法律所规定的权限为标准，只有取得有权限做出许可的主体的同意，方能认为是适当的许可，私人之间的"暗箱操作"不能认为是适当的许可。比如，非资料当事人甲为了查阅其不得查阅的由某机构负责处理的个人资料，买通该机构工作人员乙，并在乙的帮助下查阅了个人资料，甲的行为就不能被视为已经"适当的许可"，其行为仍然会构成"不当查阅罪"。

（3）法律适用的选择性。所谓法律适用的选择性，就是指在行为人的行为已经足以构成"不当查阅罪"的情况下，如果按照其他相关的法律规定可对该等不当查阅行为科处更重刑罚的，就应当按相关的法律定罪量刑，不再以"不当查阅罪"论处。本文认为，对"不当查阅罪"来说，这种法律适用的选择性主要是针对不当查阅的方法而言的，实际上也就是通过立法规定，将原本可以构成牵连犯并按数罪实行并罚的犯罪情况[②]按"从一而终"的一罪原则处理。比如，甲为了查阅其不得查阅的由某机构负责处理

---

① "通过该情形下"这样的表述实在是有违中文使用的常规，可见澳门法律翻译之拙劣。
② 在澳门，对牵连犯应当实行并罚。

的个人资料，对该机构工作人员乙以重大恶害相威胁，胁迫乙帮助其查阅个人资料，在这种情况下，甲的手段行为即胁迫行为可构成"胁迫罪"（第148条），目的行为即查阅个人资料的行为可构成"不当查阅罪"，两种行为构成牵连犯，但基于立法规定，对甲只能按重罪即"胁迫罪"论处，"不当查阅罪"被"胁迫罪"所吸收，不再另行定罪。

（4）刑罚的加重性。所谓刑罚的加重性，就是指当不当查阅行为具有《个人资料保护法》第38条第2款所规定的三种情况时，其法定刑的上、下限就要在原来的基础上分别加重一倍，即由原来的1年以下徒刑或科120日以下罚金加重为2个月至2年徒刑或科20日至240日罚金。这三种法定的刑罚加重情况包括：一是"透过违反技术安全规则查阅资料"，如使用"黑客"的方法不当查阅个人资料；二是"使行为人或第三人知悉个人资料"，如将通过不当查阅的个人资料告知第三人；三是"给予行为人或第三人财产利益"，如行为人是为了获取财产性利益而实施不当查阅行为。值得注意的是，这三种加重刑罚的情况虽然是独立的，即只要符合其中一种情况就可加重刑罚，但有时也可以是同时出现在一个行为人身上，如行为人是收取他人金钱后使用"黑客"手段不当查阅个人资料，并将查阅到的个人资料告知第三人的，就同时符合三种加重情况，对此，在具体量刑时，原来的法定刑也只能加重一倍，唯法官可在加重后的法定刑幅度内从重处罚。

（5）有限度的半公罪性。所谓有限度的半公罪性，就是指根据《个人资料保护法》第38条第3款规定，构成"不当查阅罪"的，只要没有出现应当加重刑罚的情况的，就按半公罪处理，即"非经告诉不得进行刑事程序"。

（6）主观罪过的故意性。所谓主观罪过的故意性，就是指从行为的主观要素来看，"不当查阅罪"只能由故意构成，而要构成不当查阅的故意，必须要求行为人对查阅的禁止性和方法的不当性都要有所认识，至于行为人是出于何种动机或目的进行不当查阅，在所不问。

（三）个人资料的更改或毁坏罪

根据《个人资料保护法》第39条第1款规定，所谓"个人资料的更改或毁坏罪"，就是指"未经适当许可删除、毁坏、损坏、消除或修改个人资料，使资料不能使用或影响其用途"的行为，对该等行为只要按特别法不科处更重刑罚的,就以"个人资料的更改或毁坏罪"论处。关于本罪的定罪与量刑,须注意以下几个问题。

(1) 行为方式的多样性。所谓行为方式的多样性,就是指"个人资料的更改或毁坏罪"在手段方面可以表现为以下五种行为方式。

①删除。删除的本意是删去,故删除个人资料就是指行为人将全部个人资料或部分个人资料予以删去,使其不复存在。

②毁坏。毁坏的本意是破坏,故毁坏个人资料就是指行为人故意地实施了破坏相关个人资料的行为。

③损坏。在中文中,一般认为损坏是指不小心造成的毁坏,但由于《个人资料保护法》第39条第1款所规定的"个人资料的更改或毁坏罪"在主观上只能由故意构成,因此这里讲的损坏当然也可以说是破坏,即行为人具有损坏的故意。由此可见,这里讲的损坏在主观方面与毁坏无区别,它们的区别仅在于破坏的程度不同而已。不过,本文认为,鉴于这种破坏程度的轻重标准在司法实务中是很难认定的,因而人为地将故意破坏行为分为毁坏和损坏两种方式是否科学,颇值得研究,因为这与《澳门刑法典》分则第206条规定的"毁损罪"所指的毁灭与损坏毕竟不同。比如,将汽车发动机全部砸坏,这叫毁灭(财物基本功能的丧失);将汽车玻璃砸坏,这叫损坏(不影响财物的基本功能)。但是,对破坏个人资料来说,删除属于毁灭,在此前提下,毁坏和损坏又有什么区别呢?看来,澳门确实应使用中文来立法,不能像以前那样受葡文制约,然后再来做不符合中文基本规则的翻译了。

④消除。消除的本意就是除去,使某种东西不存在,这种东西可以是有形的,如中国古文中所讲"此辈不消除,我辈难安放",其消除的对象是有形的人,而诸如消除影响、消除心中的阴云,其消除的对象就是无形的。正是从这一意义上说,本文认为,这里讲的消除,只能是从无形的角度来解释消除的概念,即行为人是意图通过某种方法来消除个人资料所产生的影响或作用,因为从有形的角度来看,消除个人资料就是删除个人资料,两者不存在区别。然而,本文认为,从司法实务的角度考察,行为人究竟通过什么样的方法才能消除个人资料的影响或作用,颇值得研究。举例来说,如果行为人是通过删除或修改个人资料中的某部分内容来消除该部分个人资料可能产生的影响或作用的话,那么这样的消除与删除或下面所讲的修改之间又有什

么区别呢？看来，立法者也有必要对"消除"一词的概念加以明示。

⑤修改。修改的本意就是改动，故这里讲的修改，就是指行为人对个人资料中的某部分或全部内容进行改动。但值得注意的是，在有的情况下，修改和删除是很难区分的，比如，行为人将个人资料中的某部分内容予以删除，此行为也可以理解为是对个人资料做出了修改。

综上所述，行为的多样性虽然可以包括五种行为，但这五种行为并非是决然分立的，它们可以是你中有我、我中有你，尤其是对毁坏和损坏、删除和消除来说，其概念之间的差别更值得立法者反思。

（2）行为的不当性。所谓行为的不当性，就是指"未经适当许可"而对个人资料实施了删除、毁坏、损坏、消除或修改的行为。在内涵上，这里讲的"未经适当许可"与"不当查阅罪"中所指的"未经适当许可"是一致的，即判断许可是否适当，应当以法律所规定的权限为标准，只有取得有权限做出许可的主体的同意，方能认为是适当的许可。

（3）行为的后果性。所谓行为的后果性，就是指行为人实施的删除、毁坏、损坏、消除或修改个人资料的行为，客观上必须足以达到"使资料不能使用或影响其用途"的后果。因此，这里讲的行为后果作为一种客观要素，对于定罪是至关重要的，换句话说，如果行为人尽管实施了删除、毁坏、损坏、消除或修改个人资料的行为，但该等行为在客观上根本不足以产生"使资料不能使用或影响其用途"后果的，其行为仍然不构成"个人资料的更改或毁坏罪"。当然，如果行为人实施的该等行为客观上足以产生"使资料不能使用或影响其用途"的后果，只是由于某种意外原因而没有产生此类后果的，则构成犯罪的障碍未遂。

（4）法律适用的选择性。同"不当查阅罪"一样，这里讲的法律适用的选择性，就是指在行为人的行为已经足以构成"个人资料的更改或毁坏罪"的情况下，如果按照其他相关的法律规定可对该等更改或毁坏行为科处更重刑罚的，就应当按相关的法律定罪量刑，不再以"个人资料的更改或毁坏罪"论处。但有一点值得注意，即如上所述，对"不当查阅罪"来说，法律适用的选择性主要是通过立法规定，将本来属于手段行为和目的行为的牵连犯按一罪处理，但对"个人资料的更改或毁坏罪"来说，法律适用的选择性则主要是针对交叉关系的法条竞合犯而言的。比如，甲未经许可而将他人储存在电脑中的个人资料全部删除，此行为就会同时构成

"个人资料的更改或毁坏罪"和"损害电脑数据资料罪"(《打击电脑犯罪法》第7条),因两罪侵犯的法益具有同一性①,故属于交叉性质的法条竞合犯,自然应按重法条优于轻法条的法律适用原则,定"损害电脑数据资料罪"②;又如,若甲在毁坏个人资料时使用了暴力,则其行为就会同时构成"个人资料的更改或毁坏罪"和"暴力毁损罪"(第208条)③,两罪关系仍属交叉性质的法条竞合关系,自然也应按重法条,即"暴力毁损罪"论处。

(5) 刑罚的加重性。所谓刑罚的加重性,就是指根据《个人资料保护法》第39条第2款规定,当足以构成"个人资料的更改或毁坏罪"的行为"引致的损害特别严重"时,其法定刑的上、下限就要在原来的基础上分别加重一倍,即由原来的2年以下徒刑或科240日以下罚金加重为2个月至4年徒刑或科20日至480日罚金。至于在司法实务中如何来判断行为人的行为引致的损害是否特别严重,就要从实际案情出发,作具体考虑。举例来说,如果行为导致的损害可以用金钱来衡量的话,那么只要被害人的经济损失超逾15万元澳门币即达到数额相当巨额程度的,就可视为损害特别严重。

(6) 过失的可罚性。所谓过失的可罚性,就是指根据《个人资料保护法》第39条第3款规定,"如行为人过失实施以上两款所规定的行为"的,处1年以下徒刑或科120日以下罚金。这一规定表明,"个人资料的更改或毁坏罪"既可以由故意构成,也可以由过失构成。在司法实务中,过失构成的"个人资料的更改或毁坏罪"通常都属于无认识的过失,比如,甲在删除相关个人资料时并不知道需要经过适当的许可,但从甲本身的实际情况来分析,甲是应当知道的,在此情况下,甲的行为就属于由过失构成的

---

① 在一个行为同时触犯两个罪名,且两个罪名具有交叉重合关系时,判断该等犯罪情况究竟是想象竞合犯还是交叉性质的法条竞合犯,关键是看该等行为侵犯的法益是否具有同一性,没有同一性的属于想象竞合犯,有同一性的属于交叉性质的法条竞合犯(具体理由请参阅赵国强:《澳门刑法概说(犯罪通论)》,社会科学文献出版社,2012,第488~491页)。
② 由此表明,在法条竞合犯情况下,即便立法者不做出"如按特别法不科处更重刑罚"的法律选择适用的规定,也一样会按重罪即"损害电脑资料资料罪"论处,而不会再定"个人资料的更改或毁坏罪"。
③ 对于毁损行为来说,其行为客体是指"他人之物",这里的"物"是一种广义的"物",包括动产和不动产,也包括文件、资料。

"个人资料的更改或毁坏罪"。值得注意的是,《个人资料保护法》第39条第3款关于"过失实施以上两款所规定的行为"的表述是不是科学颇值得研究,因为真正规定行为方式的只有第39条第1款,第39条第2款只是规定行为所造成的损害程度特别严重,不涉及行为方式问题,既然如此,"过失实施以上两款所规定的行为"怎么会包括第2款呢?难道立法者真正想表达的意思是指在过失情况下,过失行为还必须是"引致的损害特别严重"时方能构成过失犯罪吗?由此,《个人资料保护法》的起草者其立法态度之不严谨及立法素质之不高可略窥一斑。

(四) 加重违令罪

根据《个人资料保护法》第40条第1款规定,"行为人被通知后仍不中断、停止或封存个人资料的处理"的,"处相当于加重违令罪的刑罚"。可见,"加重违令罪"并非是《个人资料保护法》所规定的一种独立的罪名,而是《澳门刑法典》分则第312条所规定的罪名。因为根据该条规定,"违令罪"可以分为"普通违令罪"和"加重违令罪",而"加重违令罪"就是指行为人"不服从由有权限之当局或公务员依规则通知及发出之应当服从之正当命令或命令状",且"有法律规定,告诫在该情况下系以加重违令罪予以处罚"的行为。所以,根据《个人资料保护法》第40条第1款规定,如果行为人在处理个人资料时,不服从有权限的公共当局关于中断、停止或封存个人资料的通知,就会构成《澳门刑法典》分则第312条所规定的"加重违令罪",其法定刑为2年以下徒刑或科240日以下罚金。

此外,根据《个人资料保护法》第40条第2款规定,行为人被通知后仍然具有以下三种情况的,也会构成"加重违令罪",并处以"加重违令罪"的刑罚。这三种情况包括:一是行为人"无合理理由拒绝对公共当局提出的具体要求给予合作",此情况属拒绝合作型的"加重违令罪";二是行为人"没有进行删除、全部或部分销毁个人资料",此情况属于消极对抗型的"加重违令罪";三是行为人"在第五条①规定的保存期完结后未销毁有关个人资料",此情况属于未按时销毁型的"加重违令罪"。

---

① 根据《个人资料保护法》第5条第1款第5项规定,"仅在为实现收集或之后处理资料的目的所需期间内,以可认别资料当事人身份的方式被保存"。

（五）违反保密义务罪

根据《个人资料保护法》第41条第1款规定，所谓"违反保密义务罪"，就是指"根据法律规定，负有职业保密义务者，在没有合理理由和未经适当同意情况下，披露或传播全部或部分个人资料"的行为，对该等行为只要按特别法不科处更重刑罚的，就以"违反保密义务罪"论处。关于本罪的定罪与量刑，须注意以下几个问题。

（1）行为人的职业性。所谓行为人的职业性，就是指"违反保密义务罪"的行为主体只能是"负有职业保密义务"的人，由此表明，本罪的行为主体是一种特殊主体。这里讲的职业，应当作广义的解释，即只要是能够接触到他人个人资料的职业，都可以包括在内，比如，公共当局中的公务员，从事金融活动的银行、证券公司、保险公司或信托投资公司中的工作人员，从事旅客和货物运输的各类运输公司中的工作人员，从事教育活动的各类学校或培训机构中的教师及其他工作人员，从事电信、邮政活动的各类营业机构中的工作人员，从事医疗活动的各类医院及医疗机构中的医生、护士及其他工作人员，律师事务所中的律师及其他工作人员，都属于"负有职业保密义务"的人。

（2）行为的方式性。所谓行为的方式性，就是指上述相关行为主体将其在从事职业活动过程中所获知的他人的个人资料，作不当的披露或传播。这里讲的披露相当于泄露，如电信机构的工作人员将其掌握的客户的个人资料非法提供给第三者，就属于不当披露；而传播则相当于散布，如医生将其掌握的病人资料放到网上到处散布。无论是披露还是传播，都属于违反职业保密义务的行为，唯在司法实务中，披露和传播并不是绝对分立的，从某种意义上说，披露也带有传播的成分，同样，传播也具有披露的含义，只不过行为人的主要目的不同罢了。

（3）行为的不当性。所谓行为的不当性，就是指行为人"在没有合理理由和未经过适当同意情况下"，擅自披露或传播全部或部分通过其职业活动而获取的他人个人资料。言外之意，如果行为人有合理理由或经过适当同意后再实施披露或传播行为，其行为就不会构成"违反保密义务罪"。当然，判断行为人是否具有合理理由，首先应当以相关法律规定为依据，比如，警察当局出于侦查犯罪的需要并依照法定程序向电信部门调阅相关的个人资料，电信部门就应当予以配合，在此情况下，电信部门向警察当局提供其掌握的个人资料的行为就不属于违反职业保密义务，具有正当性；又如，医疗机构依照法律规定，将其掌握的有关传染病的病人资料报告给政府职能部门，其行为也不属于违反职业保密义务，同样具有正当性。至于判断行为人是否取得资料当事人的适当同意，就要严格遵守《澳门刑法典》总则第37条关于"被害人同意"所规定的各项条件，尤其应当注意该等同意必须是一种真实意思的表示，如果行为人使用欺骗手段取得资料当事人同意的，仍应视为未经适当同意。

（4）刑罚的加重性。所谓刑罚的加重性，就是指根据《个人资料保护法》第41条第2款规定，当足以构成"违反保密义务罪"的行为具有下列三种情况的，其法定刑的上、下限就要在原来的基础上分别加重一半，即由原来的2年以下徒刑或科240日以下罚金加重为45天至3年徒刑或科15日至360日罚金。这三种加重刑罚的情况包括：一是行为人"根据刑法规定属公务员或等同公务员者"，如政府职能部门的工作人员披露或传播其在职务活动中获知的个人资料；二是行为"被定为有意图取得任何财产利益或其他不法利益者"，如电信部门的工作人员将其掌握的个人资料非法出售给第三者；三是行为"对他人的名声、名誉、别人对他人的观感或私人生活的隐私造成危险者"，如披露或传播涉及他人私生活的个人资料。

（5）法律适用的选择性。同"不当查阅罪"和"个人资料的更改或毁坏罪"一样，这里讲的法律适用的选择性，就是指在行为人的行为已经足以构成"违反保密义务罪"的情况下，如果按照其他相关的法律规定可对该等违反保密义务的行为科处更重刑罚的，就应当按相关的法律定罪量刑，不再以"违反保密义务罪"论处。对"违反保密义务罪"来说，这种法律适用的选择性情况与"个人资料的更改或毁坏罪"相同，也表现为一种法条竞合关系，因此，即便立法者不作"如按特别法不科处更重刑罚"的法律选择适用的规定，具体定罪时也会按一罪论处。唯不同的是，对"个人资料的更改或毁坏罪"来说，其法律选择适用只涉及交叉性质的法条竞合关系，而对"违反保密义务罪"来说，则会涉及包容性质和交叉性质的法条竞合关系。比如，公务员甲将其因职务活动而获知的涉及他人私生活等方面的个人资料非法提供给第三者，其泄露具有隐私性质的个人资料的行为就会同时构成四个罪，即"违反保密义务罪"以及《澳门刑法典》分则

第186条第1款d项规定的"侵入私人生活罪"、第189条规定的"违反保密罪"和第348条规定的"违反保密罪";其中,"违反保密义务罪"和《澳门刑法典》分则第189条规定的"违反保密罪"属于包容性质的法条竞合关系,而"违反保密义务罪"与"侵入私人生活罪"及《澳门刑法典》分则第348条规定的"违反保密罪"则属于交叉性质的法条竞合关系。在此情况下,本文认为,最后应当按《个人资料保护法》规定的"违反保密义务罪"定罪。因为将"违反保密义务罪"与"侵入私人生活罪"相比,"违反保密义务罪"若行为人属公务员且对他人私生活的隐私造成危险的,法定最高刑为3年徒刑,高于"侵入私人生活罪",故属重罪;若将"违反保密义务罪"与《澳门刑法典》分则第348条规定的"违反保密罪"相比,虽然两罪的法定最高刑都是3年徒刑或科360日罚金,但"违反保密义务罪"在性质上属于公罪,最低刑为45日徒刑或科15日罚金,而《澳门刑法典》分则第348条规定的"违反保密罪"在性质上属于半公罪,最低刑为1个月徒刑或科10日罚金,所以仍然应将"违反保密义务罪"视为重罪。

关于"违反保密义务罪"的法律适用的选择性规定,有一个问题值得研究,即在澳门刑法所规定的涉及泄露因职业而获知的秘密的犯罪以及侵犯他人隐私的犯罪中,似乎找不到比"违反保密义务罪"更重的相关犯罪。比如,在上述所举公务员甲泄露具有隐私性质的个人资料一例中,将"违反保密义务罪"与《澳门刑法典》分则第186条第1款d项规定的"侵入私人生活罪"和第189条规定的"违反保密罪"相比,"违反保密罪"都属于重罪,既然如此,立法者再做出法律适用的选择性规定又有什么实际意义呢?本文认为,如果说有意义,那只有一种情况,即行为人披露或传播因其职业活动获知的个人秘密涉及国家机密,其行为同时构成"窃取国家机密罪"(《维护国家安全法》第5条第4款第1项),因"窃取国家机密罪"的法定刑为2年至8年徒刑,明显重于"违反保密义务罪",故会按"窃取国家机密罪"论处,不再定"违反保密义务罪"。

(6)过失的可罚性。所谓过失的可罚性,就是指根据《个人资料保护法》第41条第3款规定,"对过失行为处最高六个月徒刑或一百二十日罚金"。这一规定表明,"违反保密义务罪"既可以由故意构成,也可以由过失构成。在司法实务中,如同过失构成的"个人资料的更改或毁坏罪"一样，由过失构成的"违反保密义务罪"通常也属于无认识的过失，比如，行为人在建立个人资料库时，应当设置必要的安全措施而没有设置，致使个人资料泄露的；或者行为人在披露个人资料时自以为已经取得资料当事人的同意，但实际上并没有取得同意[1]，这些情况都可以视为行为人主观上具有过失，故理论上就可以构成过失的"违反保密义务罪"。

(7) 有限度的半公罪性。所谓有限度的半公罪性，就是指根据《个人资料保护法》第41条第4款规定，构成"违反保密义务罪"的，只要没有出现第41条第2款规定的加重刑罚情况的，包括第41条第1款规定的由故意构成的"违反保密义务罪"和第41条第3款规定的由过失构成的"违反保密义务罪"，其性质都属于半公罪，即"非经告诉不得进行刑事程序"。

(六) 共同性规定

对上述五种侵犯个人资料的犯罪，《个人资料保护法》还做出了以下两个方面的共同性规定。

(1) 关于处罚犯罪未遂的规定。根据《澳门刑法典》总则第22条第1款规定，只要具体的故意犯罪的法定最高刑是3年徒刑或不超逾3年徒刑的，就不处罚犯罪的障碍未遂，除非法律有特别规定。为此，考虑到个人资料在现代生活中的重要性，为了切实保障居民的基本权利，《个人资料保护法》第42条特别规定，"本节所规定犯罪之未遂须受处罚"。但本文认为，在上述五种犯罪中，"加重违令罪"应当是不存在未遂问题的，其他四种犯罪，有的情况下也不存在未遂问题，比如，对"未履行资料保护的义务罪"的第一种行为即未做出通知或未得到许可的行为来说，理论上不存在未遂问题。

(2) 关于附加刑的规定。在澳门刑罚体系中，附加刑的立法特点就是大部分的附加刑都是由特别刑法来自行规定的。正因为如此，根据《个人资料保护法》第43条规定，在对上述五种犯罪科处罚金或刑罚时，可一并科处以下三种附加刑：一是"临时或确定性禁止处理、封存、删除、全部或部分销毁资料"的附加刑；二是"公开有罪判决"的附加刑；三是"由公共当局对负责处理个人资料的实体提出警告或公开且谴责"的附加刑。

---

[1] 因为对"违反保密义务罪"来说，"未经适当同意"是一种构成要件的客观要素，行为人对构成要件的客观要素即罪状无认识，阻却故意。因此，对此情况不能按不法性错误处理。

值得注意的是，关于《个人资料保护法》第43条的规定，本文认为其适用范围的表述是有问题的。因为该条关于附加刑适用范围的表述是"根据本章第二节和第三节科处罚金或刑罚时，可一并科处以下附加刑"，而第八章第二节的标题是"行政上之违法行为"，里面规定的所有行政违法行为的处罚都是罚款，并无罚金和徒刑，既然如此，"根据本章第二节……科处罚金或刑罚时"又是怎么产生的？难道对该章第二节规定的行政违法行为也可以科处附加刑？

应当指出，在澳门似乎存在着一种认为对行政违法行为也可以科处附加刑的不伦不类的看法。本文认为，之所以会产生这种不伦不类的看法，主要有两个方面的原因：一是对刑罚的理解问题，即刑罚与行政处罚不应当混为一谈；二是在澳门刑法中，附加刑本身的立法是相当混乱的，不少附加刑本身就带有行政处罚的成分，如撤销职务、剥夺参加展销会的资格或剥夺补贴，故极容易使人认为附加刑也可以适用于行政违法行为。但本文认为，这种情况必须坚决予以纠正，这就不仅仅是一个观念的问题，而且涉及对澳门刑法中附加刑的大幅度改革问题，故本文不加以详细论述。事实上，《个人资料保护法》的立法者在这里又犯了一个老毛病，即将罚款与罚金相提并论，因为立法者在做出"根据本章第二节……科处罚金或刑罚"这一表述时，其主观上不就是将第二节对行政违法行为科处的罚款也视为"罚金"吗？否则，在第二节中又哪来的罚金或刑罚？

四 侵犯电脑数据资料的犯罪

《打击电脑犯罪法》作为单行刑事法律，旨在专门订定与电脑相关的犯罪，而这些与电脑相关的犯罪大多会与电脑数据资料发生关系。如前所述，电脑数据资料是一个内涵相当广泛的概念，它既可以包括个人资料，也可以包括与个人资料无关的其他资料，当相关电脑犯罪涉及的电脑数据资料属于个人信息资料时，这样的电脑犯罪实际上也就是侵犯居民个人信息的犯罪。据此，从《打击电脑犯罪法》的有关规定来看，侵犯居民个人信息的电脑犯罪主要包括"不当获取、使用或提供电脑数据资料罪"（第5条）、"不当截取电脑数据资料罪"（第6条）和"损害电脑数据资料罪"（第7条）。

（一）不当获取、使用或提供电脑数据资料罪

根据《打击电脑犯罪法》第 5 条第 1 款规定，所谓"不当获取、使用或提供电脑数据资料罪"，就是指"存有任何不当意图，而未经许可获取、使用或向他人提供载于电脑系统内或电脑数据资料储存载体内的电脑数据资料，即使是正当进入该电脑系统或电脑数据资料储存载体，但并非该等电脑数据资料的接收者"的行为。构成"不当获取、使用或提供电脑数据资料罪"的，法定刑为 1 年以下徒刑，或科 120 日以下罚金。关于本罪的定罪与量刑，须注意以下几个问题。

（1）行为方式的多样性。所谓行为方式的多样性，就是指"不当获取、使用或提供电脑数据资料罪"的构成要件行为可以包括三种：一是未经许可获取载于电脑系统内或电脑数据资料储存载体内的电脑数据资料；二是未经许可使用载于电脑系统内或电脑数据资料储存载体内的电脑数据资料；三是未经许可向他人提供载于电脑系统内或电脑数据资料储存载体内的电脑数据资料。由此可见，"不当获取、使用或提供电脑数据资料罪"实际上可包含三个罪名，即"不当获取电脑数据资料罪""不当使用电脑数据资料罪"和"不当提供电脑数据资料罪"，但当行为人同时实施了其中两个或三个不法行为时，其行为不会构成数罪，唯罪名就会变为"不当获取、使用或提供电脑数据资料罪"。从构成要件的客观要素分析，不管是不当获取还是不当使用抑或是不当提供，其行为的不法性关键在于"未经许可"，而对于个人资料来说，这里讲的"未经许可"与《个人资料保护法》所指的"未经许可"是一致的，即是否取得适当许可，应以法律规定为标准。

在中国内地，曾经发生过这样一个案例：行为人甲在 2009 年 3 月至 2013 年 1 月期间，利用电脑在互联网上建立了十几个非法调查公司网站，为自己贩卖公民个人信息打广告，并留下手机号码，当有人需要信息时可用此电话号码与甲联系，等谈好价格后，甲即通过自己的 QQ 群寻找能帮他查到信息的人，再以低价将信息买进，而后以高价出售给需要信息的人。截至 2013 年 1 月案发，甲通过出售从电脑中获取的涉及公民个人的户籍、住所、手机号码、手机定位等信息，共获利数万元。本文认为，像这种情况如果发生在澳门，因相关信息很难界定为私生活秘密，且甲也不是通过职业关系来获得这些信息，所以客观上很难用《澳门刑法典》分则规定的"侵入私人

生活罪"（第186条）或《个人资料保护法》第41条规定的"违反保密义务罪"来追究甲的刑事责任，但是甲的行为显然符合"不当获取、使用或提供电脑数据资料罪"的构成要件，故可按本罪论处。

（2）刑罚的加重性。所谓刑罚的加重性，就是指根据《打击电脑犯罪法》第5条第2款规定，"如上款所指的电脑数据资料涉及个人的私人生活，尤其是家庭生活或性生活的隐私，或与健康、种族或民族本源、政治信仰、宗教信仰或世界观的信仰有关，又或与依法受保护的保密事项有关"的，则法定刑加重为2年以下徒刑，或科240日以下罚金。这一加重刑罚的规定主要是突出对居民个人隐私的保护。

（3）犯罪的半公罪性。所谓犯罪的半公罪性，就是指根据《打击电脑犯罪法》第5条第3款规定，"不当获取、使用或提供电脑数据资料罪"属于半公罪，"非经告诉不得进行刑事程序"。

（4）主观罪过的故意性。所谓主观罪过的故意性，就是指从行为的主观要素来看，"不当获取、使用或提供电脑数据资料罪"只能由故意构成，即行为人主观上必须"存有任何不正当意图"，如牟利、损害他人名誉等意图，但如同"侵入私人生活罪"（第186条）一样，这里讲的意图不等于行为的动机或目的，只要行为人知道自己是在不当获取、使用或提供电脑数据资料，就应视为具有不正当意图，从这一意义上说，"不当获取、使用或提供电脑数据资料罪"既可以由直接故意构成，也可以由间接故意构成。

除此之外，由于立法者对"不当获取、使用或提供电脑数据资料罪"并无设置处罚犯罪未遂的特别规定，因此，对本罪的性质究竟是属于行为犯还是属于结果犯，理论上可能会产生分歧。本文认为，"不当获取、使用或提供电脑数据资料罪"无疑会涉及对他人名誉权、隐私权的侵犯，基于此，应当将其同"诽谤罪"（第174条）和"侵入私人生活罪"（第186条）一样视为行为犯，即只要行为人主观上具有不正当意图，客观上实施了未经许可而获取、使用或向他人提供电脑数据资料的行为，就构成犯罪既遂。

（5）法条竞合关系。所谓法条竞合关系，就是指在一定情况下，"不当获取、使用或提供电脑数据资料罪"与《澳门刑法典》分则所规定的"公开及诋毁罪"（第177条）及"侵入私人生活罪"（第186条）等犯罪会发生交叉性质的法条竞合关系。比如，甲将其正当进入某电脑数据资料储存载体而获取的涉及乙私生活秘密的电脑数据资料通过互联网不当提供给众多与乙有关的人士，此行为不仅构成了"不当提供电脑数据资料罪"，而且也会同时构成"公开及诋毁罪"① 和"侵入私人生活罪"。在此情况下，应按重法条优于轻法条的处理原则定一罪，也就是应按"侵入私人生活罪"论处②。

（二）不当截取电脑数据资料罪

根据《打击电脑犯罪法》第 6 条第 1 款规定，所谓"不当截取电脑数据资料罪"，就是指"未经许可而藉技术方法截取电脑系统内的非公开传送的电脑数据资料、电脑系统所接收或发送的非公开传送的电脑数据资料，包括由传送该等电脑数据资料的电脑系统所发射的电磁"的行为。构成"不当截取电脑数据资料罪"的，法定刑为 3 年以下徒刑或科罚金。关于本罪的定罪与量刑，须注意以下几个问题。

（1）行为的技术性。所谓行为的技术性，就是指行为人在未经许可的情况下，必须是凭借某种技术来窃取他人电脑系统内的电脑数据资料，比如，行为人使用"黑客"技术侵入他人电脑系统，以此来截取电脑系统中涉及居民个人信息的电脑数据资料，这就会构成"不当截取电脑数据资料罪"。由此可见，行为的技术性乃是区分不当截取与不当获取的标准，若行为人虽未经许可，但并无使用技术方法来取得他人电脑系统内涉及居民个人信息的电脑数据资料的，就只能构成"不当获取电脑数据资料罪"。

（2）资料的非公开性。所谓资料的非公开性，就是指行为人凭借技术方法截取的他人电脑系统内的电脑数据资料必须具有非公开传送性，比如，银行所储存的客户信息资料就具有非公开传送性，要进入该等信息资料系统，必须使用技术的方法，因而会构成"不当截取电脑数据资料罪"。但对具有公开传送性的电脑数据资料来说，自然不存在以技术方法截取的问题。比如，相关机构的官方网站将其工作人员的姓名、邮址都公开予以刊登，此

---

① 根据《澳门刑法典》分则第 174 条规定，即使是向第三人归责真实的侵犯他人名誉的事实，也可以构成诽谤行为。
② 在此情况下，"侵入私人生活罪"和涉及私生活隐私的"不当提供电脑数据资料罪"的法定刑虽然都是 2 年以下徒刑或科 240 日以下罚金，而且根据《澳门刑法典》分则 192 条 b 项规定和《打击电脑犯罪法》第 12 条第 2 款规定，两罪的法定刑的上、下限都可以分别提高三分之一，但"侵入私人生活罪"的性质毕竟属于公罪，故应视其为重罪。

类电脑数据资料就具有公开传送性，不可能成为"不当截取电脑数据资料罪"的行为客体。

（3）未遂的可处罚性。所谓未遂的可处罚性，就是指根据《打击电脑犯罪法》第 6 条第 2 款规定，"犯罪未遂，处罚之"，这是处罚犯罪障碍未遂的特别规定。可见，就犯罪形态而言，"不当截取电脑数据资料罪"属于结果犯，而非行为犯，当行为人开始实施截取行为，但截取未成功的，构成"不当截取电脑数据资料罪"的障碍未遂，应予以处罚。

（4）主观罪过的故意性。所谓主观罪过的故意性，就是指从行为的主观要素来看，"不当截取电脑数据资料罪"只能由故意构成。具体来说，行为人明知未经许可，但为了截取其想要的相关电脑数据资料，有意使用技术方法意图截取。从这一意义上说，"不当截取电脑数据资料罪"的故意只能是明知故犯、有意为之的直接故意。

（三）损害电脑数据资料罪

根据《打击电脑犯罪法》第 7 条第 1 款规定，所谓"损害电脑数据资料罪"，就是指"未经许可损坏、破坏、更改、删除、消除或增加电脑数据资料，又或以任何方式影响其效用"的行为。构成"损害电脑数据资料罪"的，法定刑为 3 年以下徒刑或科罚金。关于本罪的定罪与量刑，须注意以下几个问题。

（1）行为方式的多样性。所谓行为方式的多样性，就是指作为"损害电脑数据资料罪"的构成要件行为即损害行为，其行为方式可以表现为损坏、破坏、更改、删除、消除或增加电脑数据资料六种行为方式，这六种行为方式如同《个人资料保护法》第 39 条所规定的"个人资料的更改或毁坏罪"的行为方式一样，并非是绝对分立的，它们往往是你中有我、我中有你。比如，更改、删除电脑数据资料，也可以说是破坏电脑数据资料，而消除电脑数据资料，也只能是指无形的消除，若属有形的消除，就是删除。除此之外，作为损害的行为方式，还可以包括以任何方式影响电脑数据资料的效用。

（2）未遂的可处罚性。所谓未遂的可处罚性，就是指根据《打击电脑犯罪法》第 7 条第 2 款规定，"犯罪未遂，处罚之"，如同"不当截取电脑数据资料罪"一样，这一款也是处罚犯罪障碍未遂的特别规定。

论澳门地区对居民个人信息资料的刑法保护

（3）刑罚的加重性。这里讲的刑罚加重性可以包括以下两种加重情况。

①根据《打击电脑犯罪法》第 7 条第 3 款规定，如果行为人的损害行为所造成的财产损失属巨额①的，则法定刑加重为 5 年以下徒刑或科 600 日以下罚金。

②根据《打击电脑犯罪法》第 7 条第 4 款规定，如果行为人的损害行为所造成的财产损失属相当巨额②，或被损害的电脑数据资料具重要学术、艺术或历史价值，又或对科技发展或经济发展具有重大意义的，则法定刑加重为 2 年至 10 年徒刑。比如，将他人花费数十万元建立起来的个人资料信息库全部毁坏的，就可视为所造成的财产损失属相当巨额，应在 2 年至 10 年徒刑的法定刑幅度内量刑。

（4）有限度的半公罪性。所谓有限度的半公罪性，就是指根据《打击电脑犯罪法》第 7 条第 5 款规定，构成"损害电脑数据资料罪"的，只要没有出现第 3 款和第 4 款规定的加重刑罚情况的，其性质属于半公罪，即"非经告诉不得进行刑事程序"。

（5）主观罪过的故意性。所谓主观罪过的故意性，就是指从行为的主观要素来看，"损害电脑数据资料罪"只能由故意构成，过失不能构成"损害电脑数据资料罪"。而且，从立法者特别设置处罚犯罪未遂的条款来看，"损害电脑数据资料罪"还只能是一种直接故意性质的犯罪。

（6）法条竞合关系。所谓法条竞合关系，就是指在一定情况下，"损害电脑数据资料罪"与《个人资料保护法》第 39 条所规定的"个人资料的更改或毁坏罪"及《澳门刑法典》分则所规定的毁损类犯罪③会发生交叉性质或包容性质的法条竞合关系。比如，由于现实生活中储存、处理个人资料基本上都是在电脑系统中进行，个人资料库实际上就会形成一种电脑数据资

---

① 根据《澳门刑法典》分则第 196 条 a 项规定，超逾澳门币三万元的视为巨额。
② 根据《澳门刑法典》分则第 196 条 b 项规定，超逾澳门币十五万元的视为相当巨额。
③ 《澳门刑法典》分则所规定毁损类犯罪可包括"毁损罪"（第 206 条）、"加重毁损罪"（第 207 条）和"暴力毁损罪"（第 208 条）。但本文认为，可以与"损害电脑数据资料罪"构成包容性质的法条竞合关系的，只包括"毁损罪"和"加重毁损罪"，不能包括"暴力毁损罪"。如果行为人是使用暴力或用对生命、健康有迫在眉睫之危险的威胁方法来毁损电脑数据资料的，就只构成"暴力毁损罪"，不构成"损害电脑数据资料罪"，因"损害电脑数据资料罪"在行为方法上只包括损坏、破坏、更改、删除、消除或增加电脑数据资料这六种行为，不包括对人的暴力及对生命、健康造成威胁的方法。

料，因此，损害涉及个人信息的电脑数据资料的行为，当然也是更改或毁坏个人资料的行为，在这种情况下，损害行为就会同时构成"损害电脑数据资料罪"与"个人资料的更改或毁坏罪"，唯两罪属于交叉性质的法条竞合关系，应当按重法条即"损害电脑数据资料罪"定罪量刑。又如，由于《澳门刑法典》分则所规定的毁损类犯罪，其行为客体既可包括动产和不动产，也可包括各种文件或电脑数据资料，因此损害涉及个人信息的电脑数据资料的行为，实际上也属于《澳门刑法典》分则所指的毁损行为，当然可以构成毁损类犯罪，但因为立法者将毁损电脑数据资料单独做了规定，所以在这种情况下，损害涉及个人信息的电脑数据资料的行为虽然可同时构成"损害电脑数据资料罪"和《澳门刑法典》分则所规定的毁损类犯罪，但它们属于包容性质的法条竞合关系，《澳门刑法典》分则规定的毁损类犯罪是一般法条，而"损害电脑数据资料罪"是特别法条，应按特别法条即"损害电脑数据资料罪"定罪量刑。

（四）共同性规定

对于《打击电脑犯罪法》所规定的各种具体犯罪，包括以上三种犯罪，该法律还做出了以下两个方面的共同性规定。

（1）关于刑法加重的规定。根据《打击电脑犯罪法》第12条第1款规定，如果该法律所规定的各种具体犯罪涉及澳门的行政机关、立法机关、司法机关或其他公共实体的电脑数据资料或电脑系统的，则所有具体犯罪的基本法定刑和因符合刑罚加重情况而被加重的法定刑的上、下限均分别再加重三分之一。

除此之外，根据《打击电脑犯罪法》第12条第2款规定，《澳门刑法典》分则第177条第2款[①]及第192条b项[②]的规定，也适用于以互联网作为广泛传播工具而实施的该等条文所指的犯罪。这一款规定实际上就是明确

[①] 根据《澳门刑法典》分则第177条第2款规定，如诽谤行为是透过社会传播媒介作出的，就会构成"公开及诋毁罪"，其法定刑为2年以下徒刑，或科120日以下罚金。

[②] 根据《澳门刑法典》分则第192条b项规定，如果行为是透过社会传播媒介而作出的，则"侵犯住所罪"（第184条）、"侵入限制公众进入之地方罪"（第185条）、"侵入私人生活罪"（第186条）、"以资讯方法作侵入罪"（第187条）、"侵犯函件或电讯罪"（第188条）、"违反保密罪"（第189条）及"不法之录制品及照片罪"（第191条）的法定刑的上、下限均分别提高三分之一。

表明，互联网属于社会传播媒介工具，利用互联网这一社会传播媒介工具来实施《打击电脑犯罪法》所规定的相关犯罪的，其法定刑的上、下限也要加重三分之一。比如，利用互联网来不当提供电脑数据资料或不当截取电脑数据资料的，其法定刑的上、下限就应当分别加重三分之一。

（2）关于法人刑事责任的规定。根据《打击电脑犯罪法》第13条规定，法人组织，即使该等法人组织属不合规范而设立或者无法律人格的社团，都可以成为《打击电脑犯罪法》所规定的各种具体犯罪的行为主体。在追究法人刑事责任的同时，也不排除采用"双罚制"，对相关责任人员追究个人的刑事责任。

关于法人的刑事责任，《打击电脑犯罪法》第13条主要规定了两个方面的内容：一是法人犯罪的定义，如只有当机关或代表人是以该等机关实体的名义及为其利益而实施相关犯罪的，才会构成法人犯罪。二是对法人犯罪可适用的刑罚，即在法人犯罪情况下，对构成犯罪的法人组织除可科处罚金和法院命令解散这两种主刑外，还可科处禁止从事某些业务（1～10年）、剥夺获公共部门或实体给予津贴或补贴的权利、受法院强制命令的约束及公开有罪裁判四种附加刑。

五　立法反思

综上所述，在居民个人信息的刑法保护方面，澳门刑法的保护是相当充分的，不同的刑法渊源各自从隐私、个人资料及电脑数据资料的角度，对居民的个人信息提供了必要的刑法保护。本文认为，这种以普通刑法与特别刑法相结合的刑法保护模式是值得肯定的，它们可以相互补充，相互弥补，从而达到有效保护居民个人信息的目的。但是必须看到，从刑事立法科学性的角度考察，上述三种刑法渊源仍有值得改进并加以完善的地方。为此，本文提出以下三点立法意见，供澳门地区立法者参考。

（一）具体罪名位置的调整

在特别刑法中大量规定《澳门刑法典》分则所没有的罪名，似乎已成为澳门刑事立法的一种主要模式。比如，在单行刑事法律《妨害公共卫生及经济之违法行为之法律制度》（第6/96/M号法律）及《有组织犯罪法》

（第6/97/M号法律）中，专门规定了经济犯罪及有组织犯罪；在非刑事法律如《立法会选举法》《行政长官选举法》及《选民登记法》中，则专门规定了选举方面的犯罪。正因为如此，本文认为，考虑到罪名体系的科学性及完整性，有必要将《澳门刑法典》分则第187条所规定的"以资讯方法作侵入罪"移入《个人资料保护法》，与该法律所规定的其他侵犯个人资料的犯罪放在一起规定。

本文之所以提出这样的建议，主要理由如下：第一，从法益及行为客体来看，"以资讯方法作侵入罪"虽然涉及个人隐私，但如前所述，个人隐私也属于个人资料，故将"以信息方法作侵入罪"放到《个人资料保护法》中规定，在法益及行为客体方面不存在任何障碍。第二，从个人资料的内容来看，《个人资料保护法》第7条所规定的"敏感资料"，其实就是"以资讯方法作侵入罪"所涉及的隐私资料，因此，将"以资讯方法作侵入罪"放在《个人资料保护法》中规定，不仅更能体现《个人资料保护法》对该等"敏感资料"的特别保护，而且也可以将"以资讯方法作侵入罪"与该等"敏感资料"的处理结合起来，使人产生"水到渠成"的感觉，不像现在这样显得唐突，好像突然冒出这样一个罪名。第三，从立法技术来看，澳门立法者其实已经有过这样的立法先例。比如，立法者在制定《预防及遏止恐怖主义犯罪》（第3/2006号法律）时，为了使与恐怖主义有关的犯罪集中在该单行刑事法律中，就将《澳门刑法典》分则第289条规定的"恐怖组织罪"和第290条规定的"恐怖主义罪"移入《预防及遏止恐怖主义犯罪》中与其他涉及恐怖主义的犯罪放在一起规定。

（二）在《个人资料保护法》中增设法人犯罪的规定

如上所述，在澳门刑法体系中，涉及对居民个人信息资料的刑法保护包括了《澳门刑法典》分则关于侵犯隐私犯罪的规定、《个人资料保护法》和《打击电脑犯罪法》三种刑法渊源。在这三种刑法渊源中，只有《打击电脑犯罪法》规定了法人犯罪，另外两个刑法渊源无法人犯罪的规定。本文认为，在现实生活中，侵犯个人资料包括侵犯居民个人隐私的行为，实际上都会涉及法人犯罪，比如，对"以资讯方法作侵入罪"来说，非法设立、保存或使用自动资料库的行为人很可能就是相关的机构或实体；至于对《个人资料保护法》所规定的犯罪来说，更容易产生法人犯罪问题，如因不依法向公共当局做出通知或未获公共当局许可而构成的"未履行资料保护义务罪",其行为主体往往都是机构或相关实体。因此,本文认为,在《个人资料保护法》中没有规定法人犯罪可以被认为是立法者的一种严重失误,不能再掩盖下去,必须做出修正。

(三)注意单行法之间的立法协调

这里讲的单行法当然是指《个人资料保护法》和《打击电脑犯罪法》。毋庸置疑,在现实生活中,个人资料的处理离不开电脑,凡是储存在电脑中的个人资料,实际上都属于电脑数据资料。正因为如此,立法者在对个人资料和电脑数据资料进行立法保护包括刑法保护时,就必须充分考虑到这两者之间相互融合的情况,以防出现不协调、不合理的现象。遗憾的是,本文认为,这种不协调、不合理的现象恰恰已经体现在《个人资料保护法》和《打击电脑犯罪法》的立法之中。

例如,在犯罪的主观罪过方面,《个人资料保护法》第 39 条规定的"个人资料的更改或毁坏罪"不仅可以由故意构成,而且也可以由过失构成;但是《打击电脑犯罪法》第 7 条规定的"损害电脑数据资料罪"则只能由故意构成,不能由过失构成。本文认为,这两种犯罪在主观罪过上的不一致是不协调、也是不合理的。举例来说,甲因为过失而不小心将储存在电脑中的个人资料也就是电脑数据资料全部毁坏,在这种情况下,甲的过失行为按照《个人资料保护法》第 39 条第 3 款规定,可以构成"个人资料的毁坏罪",但是按照《打击电脑犯罪法》第 7 条规定就不能构成"损害电脑数据资料罪"。试问,如果发生这种情况,法官究竟是按《个人资料保护法》定罪呢,还是按《打击电脑犯罪法》不予定罪?事实上,定罪与不定罪都会产生疑问,这样的问题不知立法者作何考虑?当初立法时,为什么对这两种犯罪的主观罪过要作不同的规定,理据何在?

又如,同样是针对《个人资料保护法》第 39 条规定的"个人资料的更改或毁坏罪"和《打击电脑犯罪法》第 7 条规定的"损害电脑数据资料罪"来说,前者即便是在不发生可加重刑罚的情况下也是公罪,而后者在不发生加重刑罚的情况下则属于半公罪。这样的规定确实令人费解,因为在不发生加重刑罚的情况下,后者即"损害电脑数据资料罪"的法定刑为 3 年以下徒刑,还可处罚犯罪未遂,但前者即"个人资料的更改或毁坏罪"的法定刑只是 2 年以下徒刑，并无处罚犯罪未遂的规定，既然后者的犯罪性质要重于前者，为什么作为重罪的后者是半公罪，而作为轻罪的前者却是公罪？举例来说，甲故意毁坏了储存在电脑中的个人资料数据库，在这种情况下，甲的故意毁坏行为自然同时会构成"个人资料的更改或毁坏罪"和"损害电脑数据资料罪"，唯两罪属交叉性质的法条竞合关系，应按重法条"损害电脑数据资料罪"定罪量刑。但我们假设甲的毁坏行为不具有加重刑罚的情况，被害人又没有提出告诉，这样的话，对甲的行为就无法按重法条"损害电脑数据资料罪"来定罪处罚。试问，遇到这种情况，司法实务部门还可不可以返回去按轻法条"个人资料的更改或毁坏罪"定罪量刑呢？因为"个人资料的更改或毁坏罪"是公罪，无须告诉。如果可以返回去定罪，那么返回去的理据何在？这些问题立法者考虑过没有？

当然，以上三点立法意见只是作为学者的一种看法。但不管如何，澳门立法者都应当与时俱进，对已经制定的法律要结合司法实务不断跟进，要根据法学理论不断反思，唯此，才能使澳门法律改革取得实效，才能建立起真正具有澳门特色的先进的澳门法律体系。

中国内地对公民个人信息之刑法保护问题研究

赵秉志 黄晓亮[*]

一 前言

现代社会是信息社会。离开各种信息，人们甚至无法在现代社会中生存，更遑论发展。更重要的是，现代社会中每个成员自身的情况也已经是社会信息中不可分割的部分。中国内地近年来开始注意积极保护社会成员的个人信息，尽管至今尚未制定完整、统一的个人信息保护法律，但在宪法暨民法、行政法等法律中都有一定的涉及，尤其是中国内地立法机关于2009年2月28日通过的《刑法修正案（七）》，首次在刑法规范中增设了侵犯公民个人信息的犯罪，确立了对公民个人信息给予全面保护的立法精神，并为公民个人信息提供了最严厉的法律保护，从而在社会成员个人信息的法律保护上迈进了一大步，体现出对民生的重视和保护，有助于加强对公民人权的全面保障[①]。不过，由于种种原因，"个人信息保护法"在中国内地至今仍迟迟难以出台，这不仅妨碍对公民个人信息给予全面的法律保护，而且也严重影响了对《刑法》中侵犯公民个人信息犯罪之法条的理解、适用和完善。而且，《刑法修正案（七）》在公民个人信息的全面保护上也还有所欠缺，留下了较大的改进和完善空间。深入研究中国内地对公民个人信息之刑法保护的司法适用和立法完善问题，仍是中国内地刑事法治乃至社会文明进步方面的一个重要课题。这里需要专门指出的是，相比之下，我国澳门特别行政区在居民个人信息和资料的保护方面有较为成熟的立法规定和法律适用经

---

[*] 赵秉志，北京师范大学刑事法律科学研究院暨法学院院长、教授、法学博士；黄晓亮，北京师范大学刑事法律科学研究院暨法学院副教授、法学博士，中国刑法研究会副秘书长。

[①] 赵秉志：《〈刑法修正案（七）〉的宏观问题研讨》，《华东政法大学学报》2009年第2期。

验，在一定程度上能为中国内地公民个人信息之法律保护（尤其是刑法保护）的改进提供重要的借鉴和参考。

二 刑法保护之立法评价

（一）立法概况

中国内地自1949年新中国成立以来到两部刑法即1979年《刑法》与1997年《刑法》中，均未对个人信息的保护直接、明确地规定专门的罪刑条文。直到2009年2月，中国内地的国家立法机关才在通过的《刑法修正案（七）》中增设了出售、非法提供公民个人信息罪和非法获取公民个人信息罪这两种侵犯公民个人信息的犯罪，开始以刑法手段对公民个人信息予以全面的保护。具体而言，《刑法修正案（七）》第7条所增设的《刑法》第253条之一分三款对侵犯公民个人信息的犯罪做出了规定。第1款表述为："国家机关或者金融、电信、交通、教育、医疗等单位的工作人员，违反国家规定，将本单位在履行职责或者提供服务过程中获得的公民个人信息，出售或者非法提供给他人，情节严重的，处三年以下有期徒刑或者拘役，并处或者单处罚金。"第2款表述为："窃取或者以其他方法非法获取上述信息，情节严重的，依照前款的规定处罚。"第3款表述为："单位犯该罪的，对单位判处罚金，并对其直接负责的主管人员和其他直接责任人员，依照各该款的规定处罚。"根据最高人民法院、最高人民检察院于2009年10月16日颁布的《关于执行〈中华人民共和国刑法〉确定罪名的补充规定（四）》的规定，上述第1款规定之犯罪的罪名为"出售、非法提供公民个人信息罪"；第2款规定之犯罪的罪名为"非法获取公民个人信息罪"。

根据上述第1款和第3款的规定，出售、非法提供公民个人信息罪是指国家机关或者金融、电信、交通、教育、医疗等单位或者其单位的工作人员，违反国家规定，将本单位在履行职责或者提供服务过程中获得的公民个人信息，出售或者非法提供给他人，情节严重的行为。该犯罪的构成特征表现为以下几点：①犯罪主体是特定的单位或者自然人。可以构成本罪的单位是国家机关或者金融、电信、交通、教育、医疗等依其单位性质能够获取公民个人信息的单位；而可以构成本罪的自然人是上述单位的工作人员。②犯罪主观方面是故意。③犯罪客观方面表现为国家机关或者金融、电信、交通、教育、医疗等单位或者其工作人员，违反国家规定，将本单位在履行职责或者提供服务过程中获得的公民个人信息，出售或者非法提供给他人，情节严重的情形。④犯罪客体表现为公民个人的信息自由和安全。根据上述第2款和第3款的规定，非法获取公民个人信息罪是指窃取或者以其他方法非法获取公民个人信息，情节严重的行为。该犯罪的构成特征具体包括：①犯罪主体是一般主体，既可以是单位，又可以是自然人，单位的性质和自然人的身份没有特别的限制。②犯罪主观方面表现为故意。③犯罪客观方面表现为窃取或者以其他方法非法获取公民个人信息，情节严重的情形。④犯罪客体也表现为公民个人的信息自由和安全[1]。

对《刑法修正案（七）》的上述立法规定，我们可以从进步和不足两个方面予以评价。

（二）进步之处

1. 对公民个人信息率先确立全面保护的立法精神

近年来，中国内地对公民个人信息的保护逐渐引起重视，并陆续在相关法律中做出了规定，如《护照法》《身份证法》《统计法》等[2]。有关部门在所发布的相关规定中也对某个方面个人信息的保护有所规定，如信息产业部于2000年11月6日发布了《互联网电子公告服务管理规定》，要求电子公告服务提供商对上网用户的个人信息保密。最高司法机关也曾发布司法文件，强调对个人信息的保护[3]。但是，这些法律法规、规范性文件或者规定对特定人群的信息保护，如《未成年人保护法》《妇女权益保障法》，或者规定对特定领域的个人信息保护，如《执业医师法》《律师法》《传染病防治法》。相比之下，《刑法修正案（七）》则突破性地确立了对公民个人信息给予毫无例外之全面刑法保护的原则，因为其第7条所增加的《刑法》第253条之一将"公民个人信息"作为该罪刑条文所规定之危害行为的对象，而并未对"公民个人信息"的范围做出任何限制和例外性规

---

[1] 赵秉志主编《刑法修正案最新理解适用》，中国法制出版社，2009，第114~126页。
[2] 赵秉志主编《刑法修正案（七）专题研究》，北京师范大学出版社，2011，第142页。
[3] 参见最高人民法院、最高人民检察院《关于切实保障司法人员依法履行职务的紧急通知》（法〔2005〕173号）（2005年8月25日颁布，同日起施行）。

定，因而可以确定，中国内地《刑法》载明对每个公民的所有个人信息均予以刑法的保护。

2. 以叙明罪状详尽规定犯罪成立的全部要素

《刑法修正案（七）》第7条对《刑法》增加之第253条之一，分三款比较详尽地规定了侵犯公民个人信息的犯罪。其中，第253条之一第1款规定的是"出售、非法提供公民个人信息罪"，对该犯罪的行为主体、主观罪过、客观行为以及构成犯罪的危害程度都做了详尽的描述，如该犯罪的主体是"国家机关或者金融、电信、交通、教育、医疗等单位的工作人员"；根据该条第3款的规定，还包括"国家机关或者金融、电信、交通、教育、医疗等单位"本身。因而该条款对"出售、非法提供公民个人信息罪"规定的罪状属于刑法上所说的叙明罪状。比较而言，第2款对"非法获取公民个人信息罪"仅简要地规定了客观实行行为，但是，根据第1款和第3款的规定，其实比较容易确定该罪的犯罪构成要件。显然，叙明罪状的立法模式在一定程度上增强了司法实践中认定和处理侵犯公民个人信息犯罪行为的可操作性。如果分析近年来刑法修正案对刑法所新增的具体犯罪，我们不难发现，越是新型的犯罪，刑法修正案越是尽可能地以叙明罪状的形式详尽地对其规定犯罪构成的各种要件和要素，如《刑法修正案（六）》新增加之《刑法》第162条之二规定的"虚假破产罪"[①]，《刑法修正案（八）》新增加之《刑法》第133条之一规定的"危险驾驶罪"[②] 等，都是如此。

3. 灵活处理成立犯罪之侵犯行为的危害程度问题

时至今日，中国内地对公民个人信息的保护尚未建立全面和完备的法律机制，因而对于侵犯公民个人信息的行为，哪些属于行政违法行为而需要受

[①] 第十届全国人民代表大会常务委员会第二十二次会议于2006年6月29日通过的《刑法修正案（六）》第6条中规定，在《刑法》第162条之一后增加一条，作为第162条之二："公司、企业通过隐匿财产、承担虚构的债务或者以其他方法转移、处分财产，实施虚假破产，严重损害债权人或者其他人利益的，对其直接负责的主管人员和其他直接责任人员，处五年以下有期徒刑或者拘役，并处或者单处二万元以上二十万元以下罚金。"

[②] 第十一届全国人民代表大会常务委员会第十九次会议于2011年2月25日通过的《刑法修正案（八）》第22条中规定，在《刑法》第133条后增加一条，作为第133条之一："在道路上驾驶机动车追逐竞驶，情节恶劣的，或者在道路上醉酒驾驶机动车的，处拘役，并处罚金。""有前款行为，同时构成其他犯罪的，依照处罚较重的规定定罪处罚"。

到行政处罚，哪些具备刑事违法性而需要受到刑事制裁，不能不说是对公民个人信息给予刑法保护时必须面对和处理的一个难题。而事实上，该问题在一定程度上也曾造成了立法的困扰，引起了一定的争论①。显然，在对侵犯公民个人信息之行为尚未确立完备的法律制裁体系的情况下，若纠缠于对这些行为构成犯罪之危害程度的争论，那就不可能顺利地在中国内地的刑法中规定侵犯公民个人信息的具体犯罪。中国内地的立法机关比较明智地跳出了上述争论，以"情节严重"的概括性表述予以应对，在不违背罪刑法定原则的情况下，较为灵活地对上述难题做出了处理。

（三）不足之处

1. 缺乏完备的行政法律制裁前提

根据中国内地《刑法》第253条之一第1款的规定，出售、非法提供公民个人信息罪的成立，以行为"违反国家规定"为前提。尽管根据《刑法》第96条的规定，"国家规定"包括"全国人民代表大会及其常务委员会制定的法律和决定，国务院制定的行政法规、规定的行政措施、发布的决定和命令"，但是就个人信息保护而言，中国内地针对个人信息保护并没有颁行统一的法律。有研究认为，中国内地目前有24个法律或者规范性文件各自从某方面涉及对公民个人信息的保护，且均具有行政法律法规的性质②。因而可以确定，侵犯公民个人信息的危害行为从产生之时起就具备行政违法的性质，其所成立的犯罪就符合行政犯的特征③。然而，对侵犯公民个人信息之行为，中国内地尚未确立统一、完备的行政法律制裁体系与刑事制裁相衔接。连全国人民代表大会常务委员会于2005年8月28日通过的

---

① 朗胜：《〈刑法修正案（七）〉立法背景与理解适用》，京师刑事法治网，http://www.criminallawbnu.cn/criminal/info/showpage.asp? ProgramID = &pkID = 22113&keyword = % D0% CC% B7% A8% D0% DE% D5% FD% B0% B8% A3% A8% C6% DF% A3% A9（最后访问日期：2013年5月2日）。

② 卢建平：《我国侵犯公民个人信息犯罪的治理》，《法律适用》2013年第4期。也有资料显示，中国内地目前有近40部法律、30余部法规，以及近200部规章涉及个人信息保护，其中包括规范互联网信息规定、医疗信息规定、个人信用管理办法等。参见《个人信息保护将出台国标　明确使用后立即删除》，《新京报》2012年4月5日。

③ 关于行政犯的特征，有论者认为主要是"对行政法上之义务的违反"，参见刘军《刑法与行政法的一体化建构——兼论行政刑法理论的解释功能》，《当代法学》2008年第4期。

《治安管理处罚法》，都没有将侵犯公民个人信息的行为作为一种行政违法行为规定处罚的措施。这就使得中国内地《刑法》第 253 条之一所规定的两种犯罪成为非典型的行政犯，也使得《刑法修正案（七）》第 7 条的规定成为一种法定犯时代之下颇为尴尬的立法①。

2. 尚未彻底贯彻罪刑法定原则

虽然中国内地《刑法》第 253 条之一第 1 款和第 2 款中"情节严重"的表述本身并不违背罪刑法定原则的要求，但是，这并不是说第 253 条之一的规定就较好地贯彻了罪刑法定原则。中国内地尚未制定和颁布"公民个人信息保护法"，对公民、个人、信息等词语尚无确定和明确的定义，引起了刑事法律界的争议。例如，关于"个人信息"，中国内地立法机关的有关专家认为是"可以实现对公民个人情况识别"的信息②；而有学者则认为是"体现个人隐私权"的信息③。另外，对于第 253 条之一第 2 款规定的"非法获取公民个人信息罪"，在主体、行为方式等要素的内涵上，同样存在相当大的分歧。而且，因为中国内地对侵犯公民个人信息的各种行为还没有建立统一和完备的行政法律制裁体系，应该如何协调《刑法》第 253 条之一所确立的刑事制裁与有关行政法律法规规定之行政法律制裁的关系，也是亟待解决的重要问题。因此，《刑法修正案（七）》第 7 条的突破性规定在一定程度上存在着有关要素之内涵并不清晰、明确的先天性不足等问题，该罪刑条文由于自身功能有限而无法弥补这些不足，没有很好地实现罪刑法定原则之明确性的要求。

3. 对网络世界危害行为的防治力不从心

关于公民个人信息的统一法律保护问题，尽管早在 2003 年 4 月，国务院信息化办公室对个人信息立法研究活动就进行了部署，有关专家在 2005

---

① 有论者认为，在中国，法定犯（行政犯）时代已经到来，其标志是"犯罪形态在数量变化上由传统的自然犯占绝对优势演变为法定犯占绝对比重"。参见储槐植《要正视法定犯时代的到来》，《检察日报》2007 年 6 月 1 日，第 2 版。

② 朗胜：《〈刑法修正案（七）〉立法背景与理解适用》，京师刑事法治网，http：//www.criminallawbnu.cn/criminal/info/showpage.asp? ProgramID = &pkID = 22113&keyword = % D0% CC% B7% A8% D0% DE% D5% FD% B0% B8% A3% A8% C6% DF% A3% A9（最后访问日期：2013 年 5 月 2 日）。

③ 蔡军：《侵犯公民个人信息犯罪立法的理性反思》，《现代法学》2010 年第 4 期。

年年初就提交了《个人信息保护法（草案）》①，但是，这并不意味着对个人信息法律保护的问题进行了全面和系统的研究。其实，就在《刑法修正案（七）》制定和颁布的前后，围绕网络上比较常见的"人肉搜索"是否入罪的问题，理论界就展开了比较激烈的争论②。而且，对于中国内地《刑法》第253条之一第2款的规定，在理解和适用上也存在争议，如关于该款中的"上述信息"，有论者认为，应当"尽量限定在公权力范围内，或者是提供垄断性、强制性的公共服务的领域"③。但对于从网络上搜集、整理他人信息予以出卖或者非法利用，情节严重的情形，上述规定就完全无法予以应对，成为《刑法》第253条之一第2款在罪刑法定原则之下的一种自我束缚，放纵了一部分侵犯公民个人信息的违法行为。而这在一定意义上也表明，中国内地立法机关对侵犯公民个人信息之网络行为的普遍危害性及其严重程度显然缺乏充分的重视和足够的前瞻性认识，造成了现行规定对日益加剧的网络上严重侵犯公民个人信息之危害行为难以予以刑事制裁的窘迫。

三 相关犯罪之司法认定

《刑法修正案（七）》将侵犯公民个人信息的危害行为纳入刑法的调整范围，但由于相关具体罪刑条文的规定比较原则和概括，加之以中国内地现在并无个人信息保护的专门法律，且最高司法机关也未出台规范性文件对如何理解和适用该罪刑条文做出解释，因而司法实践中出现了较多的法律适用难题④。为了准确地认定和处理此类犯罪，有必要对这些疑难问题进行深入的研究。笔者曾经在2010年10月接受中国内地最高人民法院研究室的委托，组成课题组对侵犯公民个人信息犯罪的法律适用问题进行了较为全面的研讨，并向最高人民法院提交了《关于办理侵犯公民个人信息刑事案件具

---

① 《个人信息保护将出台国标 明确使用后立即删除》，《新京报》2012年4月5日。
② 刘宪权、方晋晔：《个人信息刑法保护的立法及完善》，《华东政法大学学报》2009年第3期。
③ 雷建斌：《〈刑法修正案（七）〉的法条争议及解析》，转引自赵秉志主编《刑法修正案（七）专题研究》，北京师范大学出版社，2011，第163页。
④ 上海市虹口区人民检察院课题组：《论侵犯公民个人信息犯罪的司法认定》，《政治与法律》2012年第11期。

体应用法律若干问题的解释（征求意见稿）》，但因故最高人民法院迄今仍未发布正式的相关司法解释文件①。时至今日，客观而言，对于侵犯公民个人信息犯罪之司法处理的很多疑难问题，中国内地刑事法律界并未达成一致的意见，仍有深入分析和研讨之必要。

（一）公民个人信息范围的认定难题

《刑法修正案（七）》第 7 条没有对公民个人信息的概念和范围做出具体的界定，因而对于"公民""个人信息"都存在理解和适用上的问题。

1. 关于"公民"的界定

"公民"是一个法律概念，是指具有某个国家国籍或者某个地区居民资格的人。《中华人民共和国宪法》第 33 条规定，凡具有中华人民共和国国籍的人都是中华人民共和国公民。对于国籍的取得，中国内地《国籍法》第 4~6 条做出了具体的规定，主要采取的是血统主义为主、出生地为辅的原则。那么，侵犯公民个人信息犯罪中的"公民"是否局限于具有中华人民共和国国籍的人呢？笔者认为，此处的公民不应当仅仅局限于中国公民，事实上任何人的个人信息都可以成为该罪的犯罪对象。

第一，对侵犯中国公民个人信息的犯罪行为以及侵犯外国人、无国籍人个人信息的中国内地有刑事管辖权的行为，都要按照中国内地《刑法》的规定追究刑事责任。也就是说，中国内地对处在中国境内的外国人、无国籍人，像对待中国公民一样，提供平等的刑法保护，对虽不在中国境内但遭受发生于中国境内之危害行为侵犯的外国人、无国籍人，也提供刑法的保护。因而在个人信息的刑法保护上，中国内地对中国公民、处在中国境内的外国人和无国籍人以及遭受中国领域内危害行为侵犯的外国人和无国籍人，一视同仁地提供刑法的保护，不主张有例外②。

---

① 最高人民法院研究室经有关领导批准，按照特定程序，于 2010 年 3 月发函委托北京师范大学刑事法律科学研究院，对办理侵犯公民个人信息刑事案件具体应用法律问题展开研究，并代拟解释草案。笔者作为课题负责人邀请黄晓亮副教授、张磊副教授、王东阳博士组成课题组，对有关问题进行调研，展开研究工作，并撰写调研报告，形成司法解释征求意见稿并如期提交给委托单位。参见赵秉志主编《北京师范大学刑事法律科学研究院刑事法治发展研究报告（39）：关于办理侵犯公民个人信息刑事案件具体应用法律若干问题的解释》（2010 年 11 月 8 日）。

② 赵秉志主编《刑法修正案（七）专题研究》，北京师范大学出版社，2011，第 150 页。

第二，对非中国公民的个人信息不提供刑法保护也是与现实情况不符合的。中国内地的国家机关或者金融、电信、交通、教育、医疗等单位及其工作人员，在履行职责或者提供服务过程中不仅有可能获得中国公民的个人信息，也完全有可能获得境内外外国人、无国籍人的个人信息。不法分子也完全有可能出售、非法提供其所获得的处在境外之外国人、无国籍人的个人信息。中国内地的司法机关不可能放纵这部分犯罪行为人。

2. 关于个人信息的范围

关于个人信息有哪些，理论和实务界有着很大的争论，主要有如下几种认识：①个人信息是指能实现对公民个人情况的识别，被非法利用时可能对公民个人生活和安宁构成损害和威胁的信息[①]。②个人信息是指本人不希望扩散，具有保护价值，一旦扩散，将可能对公民权利造成损害的信息[②]。有论者也从《刑法》第253条之一侵犯之法益的角度认为，个人信息具有个人隐私的特征[③]。③个人信息是指以任何形式存在的、与公民个人存在关联并可以识别特定个人的信息[④]。分析上述不同认识，可以看到，个人信息具有如下两个基本特征：①个人的专属性，即其与公民的个人身份紧密相关，既包括其生理特征的信息，也包括其本人在社会上从事各种活动所具备的社会特征的信息。由此可将国家秘密、情报或者商业秘密、交易信息排除在外。②信息的重要性，即公民的诸个人信息关乎公民的人格、尊严，甚至影响到其财产权利、人身安全。这一点也可以认为是个人信息的保护价值。但是，对于个人信息是否等同于个人隐私，则没有统一的看法。笔者对此持否定性的看法，即个人信息并不等同于个人隐私，即便个人信息已经公开，仍有可能成为《刑法》第253条之一所规定之犯罪侵犯的对象。例如，有关国家机关或者部门为救济、救助或者奖励而公示了公民个人信息，若其工作人员将在工作中收集的这些公示信息出售或者非法提供给他人，情节严重

[①] 朗胜：《〈刑法修正案（七）〉立法背景与理解适用》，京师刑事法治网，http://www.criminallawbnu.cn/criminal/info/showpage.asp?ProgramID=&pkID=22113&keyword=%D0%CC%B7%A8%D0%DE%D5%FD%B0%B8%A3%A8C6%DF%A3%A9（最后访问日期：2013年5月2日）。

[②] 张磊：《司法实践中侵犯公民个人信息犯罪的疑难问题及其对策》，《当代法学》2011年第1期。

[③] 赵军：《侵犯公民个人信息犯罪法益研究》，《江西财经大学学报》2011年第2期。

[④] 张玉华、温春玲：《侵犯公民个人信息安全犯罪解读》，《中国检察官》2009年第8期。

的，就构成出售、非法提供公民个人信息罪。

另外，还需要注意的是，《刑法》第253条之一第1款与第2款在犯罪对象上是否完全一致，法律界对此有肯定和否定的两种看法。肯定说认为，第2款中的"上述信息"指的就是第1款中"国家机关或者金融、电信、交通、教育、医疗等单位及其工作人员，在履行职责或者提供服务过程中获得的公民个人信息"[1]；否定说则认为，第2款中的"信息"不限于第1款中所说的个人信息，还包括其他符合条件的各种信息[2]。在笔者看来，从立法本意来看，肯定说是合适的，但以对公民个人信息不断加强法律保护的长远眼光来看，否定说又是符合社会发展的实际情况的。笔者趋向于赞同否定说的看法，但同时也认为，不能将所有信息都视为第2款所述之信息，毕竟，第2款将该条款中危害行为的对象表述为"上述信息"，因而即便不将二者完全等同，也要注意第2款所指的信息与第1款所述的信息有共通之处；根据第1款的表述，这里的个人信息是指"国家机关或者金融、电信、交通、教育、医疗等单位及其工作人员，在履行职责或者提供服务过程中获得的公民个人信息"，即他人为了获得公共服务而按照要求必须提供给公共服务单位或者其工作人员的个人信息，国家机关或者其他单位及其工作人员是通过公共服务管道获得的；第2款所指的信息与第1款所述的信息一样，也具有这种特征，即属于各种公共服务单位所收集或者发布的个人信息，从而将行为人直接从公民个人那里刺探或者收集信息的情形排除在本款处罚之外。对于隐秘或者公开地从公民个人那里直接刺探或者收集个人信息的行为，可根据手段行为的性质以及后续利用行为的性质来追究法律责任。

（二）出售、非法提供公民个人信息罪的主体问题

根据《刑法》第253条之一的规定，出售、非法提供公民个人信息罪的犯罪主体有两类：①国家机关或者金融、电信、交通、教育、医疗等单位；②国家机关或者金融、电信、交通、教育、医疗等单位的工作人员。对于这里所说的单位的范围，有国家立法工作机关的专家指出，"考虑到本条

---

[1] 赵秉志主编《刑法修正案（七）专题研究》，北京师范大学出版社，2011，第150页。
[2] 张磊：《司法实践中侵犯公民个人信息犯罪的疑难问题及其对策》，《当代法学》2011年第1期。

主要是对在履行职责或提供公共服务过程中利用某种程度的'公权力'采集到的公民个人信息的国家机关或者单位，违反法律规定的保密义务的应负的刑事责任，……不宜将公民个人信息的刑事保护范围扩大到没有利用'公权力'采集的一切单位和个人"①。有学者也支持该观点，主张应当明确本罪的主体为国家机关或者金融、电信、交通、教育、医疗等利用公权力获取公民个人信息的单位及其工作人员。对于非利用公权力获取公民个人信息的单位及个人，暂时不宜将其作为本罪主体。其他单位必须也具有和金融、电信等单位类似的国家所赋予的采集公民个人信息的公权力，如电力公司、自来水公司、煤气公司等单位②。对此，笔者认为，具有公权力并非本罪之单位主体的基本特征。理由如下：第一，除了国家机关之外，从事金融、电信、交通、教育、医疗的单位既有国有的，又有非国有的，《刑法》第253条之一第1款本身没有限定单位的国有性质；第二，非国有的金融、电信、交通、教育、医疗单位（如非国有的保险公司、快递公司）同样有可能在工作过程中获取公民的个人信息，在出售、非法提供的情况下也会严重地侵犯他人的合法权益；第三，在《刑法修正案（七）》起草过程中，对于构成侵犯公民个人信息罪的单位，国家立法机构并未对其限定特定性质，《刑法》第253条之一第3款在规定单位可构成前两款犯罪时并未指出哪些单位构成第1款之罪，哪些单位构成第2款之罪③。

（三）侵犯公民个人信息犯罪的主观罪过问题

对于《刑法》第253条之一所规定之两种犯罪的主观罪过，有学者界定为"直接犯罪故意和间接犯罪故意"④。现在来看，这种界定并不是很严谨。根据中国内地的刑法理论，间接犯罪故意是指行为人明知自己的行为可能发生危害社会的结果，并且放任这种结果发生的心理态度；行为人对危害社会的结果在主观上既有较为明确的认识，又有听任其发生的意志。

---

① 黄太云：《〈刑法修正案（七）〉解读》，《人民检察》2009年第6期。
② 张磊：《司法实践中侵犯公民个人信息犯罪的疑难问题及其对策》，《当代法学》2011年第1期。
③ 参见《全国人民代表大会法律委员会关于〈中华人民共和国刑法修正案（七）〉（草案二次审议稿）重要问题修改情况的汇报》（2009年2月17日）。
④ 在笔者所主编的教材中，对该罪进行分析的参编者李韧夫教授持这种观点，参见赵秉志主编《刑法新教程》（第3版），中国人民大学出版社，2009，第541页。

对于间接故意的犯罪，特定危害结果的发生与否，具有决定性的意义，即只有特定危害结果发生，才能认定间接故意犯罪的成立①。但是，根据《刑法》第253条之一第1款的规定，出售、非法提供公民个人信息的危害行为只有在"情节严重"时才成立犯罪；而"情节严重"并不必然包括给他人造成危害结果的情形。换言之，行为人认识到出售、非法提供公民个人信息的危害行为可能给他人造成危害结果，且不顾该结果仍然实施该行为，造成危害结果，才成立间接故意的犯罪。不过，这种情况往往是不存在的，因为"出售、非法提供"公民个人信息的行为人在主观上往往具有牟取经济利益或者其他好处的动机或者意图，其实是追究"公民个人信息被不应当知道的人知道"这种后果状态，即符合直接故意的态度。因此，严格地讲，应将出售、非法提供公民个人信息罪的犯罪主观方面确定为"直接故意"。

（四）非法获取公民个人信息行为的司法认定问题

《刑法》第253条之一第2款将非法获取公民个人信息罪的实行行为规定为"窃取或者以其他方法非法获取上述信息"。如何理解该规定中的"非法获取"，不无问题，主要表现为两个：①"非法"性质是否来源于手段的非法性？②"获取"的管道和来源究竟是什么？

对于第一个问题，有论者指出，窃取，即秘密取走，其本身就是一种非法手段，无论是道德上还是法律上都不具有正当性②。那么，能否根据窃取手段本身的非法性质而认为"非法获取"是指采用非法手段获取他人信息呢？如果对此给予肯定的回答，那就意味着，"其他方法"必须自身就具有非法的性质，如诈骗、胁迫或者暴力侵害等；那些自身不具有非法性质或者比较中性的方法，就不会使得获取行为具备非法的性质，如购买、获赠等。如此一来，对后者就无法给予刑事处罚，显然不符合对公民的个人信息给予刑法保护的刑法精神。因而这里的"非法"并非指获取手段或者方法行为的性质，而是指行为人的获取行为在本质上是非法的，即行为人不符合获取

---

① 高铭暄、马克昌主编《刑法学》（第5版），北京大学出版社、高等教育出版社，2011，第111页。
② 赵秉志主编《刑法修正案（七）专题研究》，北京师范大学出版社，2011，第150页。该观点是参与该著作的一位年轻学者的观点。

公民个人信息的法律或者法规的规定。因而笔者在此也不同意有论者所提出的"获取行为违背法律禁止性规定"的看法①，即笔者认为，行为人只要没有获取公民个人信息的法律依据或者资格而获取相关个人信息的，就可能构成犯罪。

对于第二个问题，就目前来看，法律界的关注似乎并不多。笔者认为，研究该问题的目的在于否定对某些人直接从他人处获得个人信息以及收集分散的公民个人信息的行为按照本罪处罚。如前所述，《刑法》第253条之一第2款中"上述信息"是指公共服务提供商在服务过程中收集接受服务的公民个人信息。因而"非法获取"其实是指没有获得资格或者根据的人以窃取或者其他方法获取公共服务提供商在服务过程中收集或者发布的公民个人信息。换言之，《刑法》既要制裁公共服务提供商将自己保有的公民个人信息非法提供给他人的行为，又要处罚他人侵犯公共服务提供商对公民个人信息之保有状态的行为②。从这个层面上看，侵犯公民个人信息的行为其实是侵犯了公民在接受公共服务时所享有的个人信息保密权利。所以，某些人直接从他人处获得个人信息，不管方法是否非法，都没有直接侵犯公民在接受公共服务时所享有的信息保密权利，例如，通过钓鱼软件从他人计算机里获取他人的身份证号码、血型、婚姻状况、受教育状况、兴趣爱好、电话号码等。而行为人自行从网络、书报刊物、电视电影广告等公开的信息发布管道收集他人的个人信息，尽管可能侵犯他人的隐私权利或者信息安全，但同样与公民在接受公共服务时要求服务提供单位保密的权利没有直接的联系。

四　刑法保护之立法改进

尽管有论者鲜明地认为"法律不是嘲笑的对象"③，但是，在《刑法修正案（七）》通过并颁行之始，就有论者分析该修正案第7条的不足，提出对侵犯公民个人信息犯罪之立法完善的建议。有意思的是，直到如今，中国内地学者对《刑法》第253条之一的立法完善和改进的研究就没有中

---

① 王昭武、肖凯：《侵犯公民个人信息犯罪认定中的若干问题》，《法学》2009年第12期。
② 赵军：《侵犯公民个人信息犯罪法益研究》，《江西财经大学学报》2011年第2期。
③ 张明楷：《刑法格言的展开》，法律出版社，1998，第158页。

断,表明中国内地《刑法》第253条之一确实有着较大的改进空间。笔者在这里主要对"个人信息"之刑法保护的如下四个改进和完善问题予以简要的探讨。

(一) 建议删去"公民"一词

如前所述,尽管对"公民"可以通过扩张解释的方法解释为包括外国人、无国籍人在内的任何人,但是,"公民"毕竟是一个严格的法律概念,也有着固定的内涵和外延,通过解释将外国人、无国籍人概括到《刑法》第253条之一第1款所述的"公民"中,就严重地扭曲了"公民"的本来概念,未对"公民"这一法律术语给予应有的严肃对待。而且,其他国家和地区在规定个人信息保护时,并未在"个人信息"之前加上"公民"来修饰,如《澳门刑法典》第189条规定之违反保密罪,第190条规定之不当利用秘密罪,均没有在"他人秘密"前加"居民"之类的修饰性的语词。所以,既为了简洁,也为了避免解释上的麻烦,完全可以将中国内地《刑法》第253条之一第1款中的"公民"一词予以删除。

(二) 建议明确规定"个人信息"的概念

很多国家和地区在刑法中规定侵犯个人信息或者秘密的犯罪时,确实没有对个人信息或者秘密的概念和范围做出规定,如《澳门刑法典》第189、190条就是如此[①]。但不同于其他国家和地区的是,中国内地至今没有颁布"个人信息保护法"。因而如何确定个人信息的概念和范围,是《刑法修正案(七)》颁行以来的一个重要问题,引起了相当多的争论。而解决该问题并消除争论的最佳途径,无疑是在中国内地《刑法》关于侵犯个人信息犯罪的罪刑条文中以单独的一款规定个人信息的概念。这种立法模式在《刑法》中多处出现,比较典型且与《刑法》第253条之一比较接近的莫过于第219条关于侵犯商业秘密罪的规定。中国内地《刑法》第219条不仅

---

① 《澳门刑法典》第189条"违反保密"规定,未经同意,泄露因自己之身份、工作、受雇、职业或技艺而知悉之他人秘密者,处最高一年徒刑,或科最高二百四十日罚金。第190条"不当利用秘密"规定,未经同意,利用因自己之身份、工作、受雇、职业或技艺而知悉之有关他人之商业、工业、职业或艺术等活动之秘密,而造成他人或本地区有所损失者,处最高一年徒刑,或科最高二百四十日罚金。

规定了侵犯商业秘密罪的罪状和法定刑,而且以独立的两款对该罪涉及的商业秘密、权利人这两个概念做出了明确的规定。其实,中国内地《商业秘密法》对这两个概念已做出了规定。既然对于其他部门法已经明确规定概念的法律术语,《刑法》仍然可以对其概念做出规定,那么,对于其他部门法没有明确规定的法律术语或者尚无部门法涉及的法律术语,《刑法》更应该对其概念作出明确的规定。

(三) 建议对两种侵犯个人信息犯罪规定不同的犯罪对象

对于中国内地《刑法》第 253 条之一前两款的规定,如前所述,笔者认为,第 2 款所指的"信息"与第 1 款所述的"信息"具有相同之处。尽管这种分析符合立法本意,也符合对非法获取公民个人信息活动的惩治,但是,随着社会的发展,这种分析并不能适应司法实务与侵犯个人信息非法活动作斗争的现实需要。因为按照中国内地《刑法》第 253 条之一第 2 款的规定,无法对下述两种有危害性的行为做出合理的处理:①直接从他人处非法获取个人信息或者从公开管道收集整理个人信息的行为(如"人肉搜索");②从非公共服务单位的个人或者其他单位那里窃取、购买、骗取个人信息的行为。关于第一种行为,其实,在《刑法修正案(七)》颁行之前,将"人肉搜索"行为予以犯罪化的呼声就很高。但这种行为随着行为主体的主观意图和对信息的使用方法在危害性上有不同的表现,因而可能不宜直接以刑罚手段来处置[①]。关于第二种行为,从司法实践的情况看,有些司法机关其实也已经悄然改变《刑法》第 253 条之一第 2 款所规定之"信息"的范围,对利用公开管道收集他人信息并予以出卖的行为追究刑事责任,如《刑法修正案(七)》颁行之后的全国首例侵犯公民信息犯罪案,司法机关对向诈骗案被告人非法出售个人信息资料的被告人周某按照非法获取公民个人信息罪定罪处罚[②]。而且,其他国家或者地区的刑法也没有对个人秘密或者信息在获取单位是否有公权力的问题上做太多的规定,如 1998 年《德国刑法典》第 15 章关于侵害私人生活和秘密的规定,《澳门刑法

[①] 赵秉志主编《刑法修正案(七)专题研究》,北京师范大学出版社,2011,第 169 页。

[②] http://tech.163.com/10/0104/06/5S5PMK4F000915BE.html(最后访问日期:2013 年 5 月 2 日)。

典》第189条也只是将个人秘密规定为"因自己之身份、工作、受雇、职业或者技艺而知悉之他人秘密"。当然，考虑到中国内地的实际情况，对公共服务单位及其工作人员在履行职责或者提供服务过程中获得的个人信息还是应给予必要的保障，但同时，也要对非公共服务单位的个人或者单位获取的个人信息也应给予刑法保护，即对《刑法》第253条之一第1款中的个人信息与第2款中的个人信息做区别性的规定，将第1款的个人信息仍限定于公共服务单位及其工作人员在履行职责、提供服务过程中收集的他人个人信息，将第2款的个人信息界定为有关单位或者个人因工作、职业而获得的个人信息。

（四）建议将非法利用个人信息的行为犯罪化

根据中国内地《刑法》第253条之一的规定，对于合法或者非法获取公民个人信息的单位和个人非法利用个人信息的行为，目前还不能追究刑事责任。但是，这种情况在现实生活中却变得愈来愈严重。2009年3月，在中国内地中央电视台的"3·15"晚会上，山东省移动通信公司滥发垃圾短信的情况遭到曝光。据报道，该公司利用短信群发器和基站向用户发送短信来牟利。平时，社会大众也经常收到各种骚扰性的电话或者信息，正常的生活受到干扰。这些行为活动不是出售、非法提供而是非法使用公民个人信息。对于这种滥用个人信息或者秘密的情形，很多国家或者地区在刑法中规定专门的罪名予以应对，如《德国刑法典》第204条就规定了"利用他人秘密罪"，《澳门刑法典》第190条规定了"不当利用秘密罪"。当然，上述立法例所规定的具体犯罪成立条件还是比较严格的，如《澳门刑法典》第190条对不当利用秘密罪规定了"未经同意""造成他人或者本地区损失"两个要件，以避免不当地扩大处罚。这值得中国内地立法机关借鉴。笔者建议，可在中国内地《刑法》第253条之一第2款中规定"非法利用"的行为，即该款可表述为"非法获取、利用他人个人信息，情节严重的，依照前款的规定处罚"。

五　结语

中国内地立法机关2009年所颁行的《刑法修正案（七）》在《刑法》

中增设了侵犯公民个人信息犯罪的罪刑条文，尽管还有很多不足，在司法实践中产生了很多争议，理论上也对其提出了不少的立法完善建议，但是仍可以说，这一立法进展反映出中国内地立法机关在科技发展和网络信息技术普及的现实状况下关注民生和反映社会发展的正确导向，通过刑罚手段对涉及民众人身、财产安全和隐私权利的新型危害行为予以惩治和防范，符合中国内地刑事法治发展的现实需要，进一步完善了对公民人权的刑事法保护措施。当然，这并不是说中国内地关于个人信息之刑法保护立法就可以止步不前，相反，如前所述，中国内地的刑事法治还有必要根据时代发展的实际情况，参考和借鉴其他国家和地区（如我国港澳台地区）刑事法的规定，对个人信息规定更加全面和完备的刑法保护措施。

第四编　附录

澳门特别行政区
第 8/2005 号法律

个人资料保护法

立法会根据《澳门特别行政区基本法》第七十一条（一）项的规定，为实施《澳门特别行政区基本法》第三十条、第三十二条和第四十三条所订定的基本制度，制定本法律。

第一章
一般规定

第一条
标的

本法律订定个人资料处理及保护的法律制度。

第二条
一般原则

个人资料的处理应以透明的方式进行，并应尊重私人生活的隐私和《澳门特别行政区基本法》、国际法文书和现行法律订定的基本权利、自由和保障。

第三条
适用范围

一、本法律适用于全部或部分以自动化方法对个人资料的处理，以及以非自动化方法对存于或将存于人手操作的资料库内的个人资料的处理。

二、本法律不适用于自然人在从事专属个人或家庭活动时对个人资料的处理，但用作系统通讯或传播者除外。

三、本法律适用于对可以认别身份的人的声音和影像进行的录像监视，以及以其他方式对这些声音和影像的取得、处理和传播，只要负责处理资料的实体的住所在澳门特别行政区（以下简称特区），或者通过在特区设立的提供资讯和电信资讯网络服务的供货商而实施。

四、本法律适用于以公共安全为目的对个人资料的处理，但不妨碍适用于特区的国际法文书以及区际协议的特别规定、与公共安全有关的专门法律和其他相关的规定。

第四条
定义

一、为本法律的效力，下列用词之定义为：

（一）"个人资料"：与某个身份已确定或身份可确定的自然人（"资料当事人"）有关的任何资讯，包括声音和影像，不管其性质如何以及是否拥有载体。所谓身份可确定的人是指直接或间接地，尤其透过参考一个认别编号或者身体、生理、心理、经济、文化或社会方面的一个或多个特征，可以被确定身份的人；

（二）"资料当事人"：其资料被处理的自然人；

（三）"个人资料的处理"（"处理"）：有关个人资料的任何或者一系列的操作，不管该操作是否通过自动化的方法进行，诸如资料的收集、登记、编排、保存、改编或修改、复原、查询、使用，或者以传送、传播或其他透过比较或互联的方式向他人通告，以及资料的封存、删除或者销毁；

（四）"个人资料的资料库"（"资料库"）：任何有组织结构并可按特定标准查阅的个人资料的集合体，而不论资料库的建立、储存以及组织的形式或方式如何；

（五）"负责处理个人资料的实体"：就个人资料处理的目的和方法，单独或与他人共同作出决定的自然人或法人，公共实体、部门或任何其他机构；

（六）"次合同人"：受负责处理个人资料的实体的委托而处理个人资料

的自然人或法人，公共实体、部门或任何其他机构；

（七）"第三人"：除资料当事人、负责处理个人资料的实体、次合同人或其他直接隶属于负责处理个人资料的实体或次合同人之外的、有资格处理资料的自然人或法人，公共实体、部门或任何其他机构；

（八）"资料的接收者"：被告知个人资料的自然人或法人，公共实体、部门或任何其他机构，不论其是否第三人，但不妨碍在某个法律规定或具组织性质的规章性规定中订定被告知资料的当局不被视为资料的接收者；

（九）"资料当事人的同意"：任何自由、特定且在知悉的情况下作出的意思表示，该表示表明当事人接受对其个人资料的处理；

（十）"资料的互联"：一个资料库的资料与其他一个或多个负责实体的一个或多个资料库的资料的联系、或同一负责实体但目的不同的资料库的资料联系的处理方式；

（十一）"公共当局"：《民法典》第七十九条第三款所指的实体；

（十二）"具组织性质的规章性规定"：规范有权限作出本法所指资料处理行为或其他行为的实体，其组织或运作的法规或章程中所载的规定。

二、为上款（五）项的效力，如法律规定或具组织性质的规章性规定订定了处理的目的和方法，则在其中应指定负责处理有关个人资料的实体。

第二章
个人资料的处理和性质以及对其处理的正当性

第五条
资料的性质

一、个人资料应：

（一）以合法的方式并在遵守善意原则和第二条所指的一般原则下处理；

（二）为了特定、明确、正当和与负责处理实体的活动直接有关的目的而收集，之后对资料的处理亦不得偏离有关目的；

（三）适合、适当及不超越收集和之后处理资料的目的；

（四）准确，当有需要时作出更新，并应基于收集和之后处理的目的，采取适当措施确保对不准确或不完整的资料进行删除或更正；

（五）仅在为实现收集或之后处理资料的目的所需期间内，以可认别资料当事人身份的方式被保存。

二、经负责处理个人资料的实体要求以及当存有正当利益时，公共当局得许可为历史、统计或科学之目的，将上款（五）项所规定的保存期限延长。

第六条
个人资料处理的正当性条件

个人资料的处理仅得在资料当事人明确同意或在以下必要的情况下方可进行：

（一）执行资料当事人作为合同一方的合同，或应当事人要求执行订立合同或法律行为意思表示的预先措施；

（二）负责处理个人资料的实体须履行法定义务；

（三）为保障资料当事人的重大利益，而资料当事人在身体上或法律上无能力作出同意；

（四）负责处理个人资料的实体或被告知资料的第三人在执行一具公共利益的任务，或者在行使公共当局权力时；

（五）为实现负责处理个人资料的实体或被告知资料的第三人的正当利益，只要资料当事人的利益或权利、自由和保障不优于这些正当利益。

第七条
敏感资料的处理

一、禁止处理与世界观或政治信仰、政治社团或工会关系、宗教信仰、私人生活、种族和民族本源以及与健康和性生活有关的个人资料，包括遗传资料。

二、在保障非歧视原则以及第十六条所规定的安全措施的前提下，得对上款所指的资料在下列任一情况下进行处理：

（一）法律规定或具组织性质的规章性规定明确许可处理上款所指的资料；

（二）当基于重大公共利益且资料的处理对负责处理的实体行使职责及权限所必需时，经公共当局许可；

（三）资料当事人对处理给予明确许可。

三、当出现下列任一情况时，亦得处理第一款所指的资料：

（一）保护资料当事人或其他人重大利益所必需，且资料当事人在身体上或法律上无能力作出同意；

（二）经资料当事人同意，由具有政治、哲学、宗教或工会性质的非牟利法人或机构在其正当活动范围内处理资料，只要该处理仅涉及这些机构的成员或基于有关实体的宗旨与他们有定期接触的人士，且有关数据未经资料当事人同意不得告知第三人；

（三）要处理的资料明显已被资料当事人公开，只要从其声明可依法推断出资料当事人同意处理有关资料；

（四）处理资料是在司法诉讼中宣告、行使或维护一权利所必需的，且只为该目的而处理资料。

四、如处理与健康、性生活和遗传有关的资料是医学上的预防、诊断、医疗护理、治疗或卫生部门管理所必需的，只要由负有保密义务的医务专业人员或其他同样受职业保密义务约束的人进行，并根据第二十一条规定通知公共当局和采取适当措施确保资讯安全，得处理有关资料。

第八条
怀疑从事不法活动、刑事违法行为或行政违法行为

一、只有法律规定或具组织性质的规章性规定赋予特定权限的公共部门，在遵守现行资料保护程序和规定的情况下，可设立和保持关于怀疑某人从事不法行为、刑事或行政违法行为，以及判处刑罚、保安处分、罚金或附加刑决定的集中登记。

二、如处理是负责实体实现其正当目的所必需，且资料当事人的权利、自由和保障不优先，在遵守资料保护和资讯安全规定的情况下，得对关于怀疑某人从事不法行为、刑事或行政违法行为，以及判处刑罚、保安处分、罚金或附加刑决定的个人资料进行处理。

三、基于刑事侦查目的而处理个人资料，应仅限于预防一具体的危险或阻止一特定违法行为，以及行使法律规定或具组织性质的规章性规定所赋予的权限而必需的，并应遵守适用于特区的国际法文书或区际协议的规定。

第九条
个人资料的互联

一、法律规定或具组织性质的规章性规定未规定的个人资料的互联,须由负责处理个人资料的实体或与其共同负责的实体根据第二十二条第一款的规定向公共当局提出请求并取得其许可。

二、个人资料的互联应:

(一) 符合法律或章程规定的目的和负责处理个人资料的实体的正当利益;

(二) 不得导致歧视或削减资料当事人的权利、自由和保障;

(三) 须有适当的安全措施;

(四) 考虑需互联的资料的种类。

第三章
资料当事人的权利

第十条
资讯权

一、当直接向资料当事人收集个人资料时,除非资料当事人已经知悉,负责处理个人资料的实体或其代表人应向资料当事人提供如下资讯:

(一) 负责处理个人资料的实体的身份及如有代表人时其代表人的身份;

(二) 处理的目的;

(三) 其他资讯,如:

(1) 资料的接收者或接收者的类别;

(2) 当事人回复的强制性或任意性,以及不回复可能产生的后果;

(3) 考虑到资料收集的特殊情况,为确保资料当事人的资料得到如实处理,在必要的情况下享有查阅权、更正权和行使这些权利的条件。

二、作为收集个人资料的基础文件应包括上款所指的资讯。

三、当资料并非向资料当事人收集时,负责处理个人资料的实体或其代表,在对资料进行登记时,应向当事人提供第一款规定的资讯,但当事人已知悉者除外;或当规定需将资料向第三人通告时,应最迟在第一次通告前,向当事人提供第一款规定的信息。

四、当在公开的网络上收集资料时，应该告知资料当事人，其个人资料在网络上的流通可能缺乏安全保障，有被未经许可的第三人看到和使用的风险，但当事人已知悉者除外。

五、在下列任一情况下，可免除本条所规定的提供资讯的义务：

（一）经法律规定；

（二）基于安全、预防犯罪或刑事侦查的理由；

（三）尤其是当以统计、历史或科学研究为目的处理资料时，在不可能告知资料当事人或作出告知的成本过高，又或当法律或行政法规明确规定了资料的登记或公开时，但在该等情形下应通知公共当局。

六、在根据下条第三款规定尊重资料当事人基本权利的前提下，本条所规定的提供资讯的义务，不适用于专为新闻、艺术或文学表达目的而对资料的处理。

第十一条

查阅权

一、在不得拖延的合理期限内及无需支付过高费用的情况下，资料当事人享有自由地、不受限制地从负责处理个人资料的实体获知以下事项的权利：

（一）确认与当事人有关的资料是否被处理、处理目的、被处理资料的类别、资料接收者或接收者的类别；

（二）被清楚地告知需要处理的资料及有关资料的来源；

（三）了解对与其有关的资料的自动化处理原因；

（四）对未依据本法律规定处理的资料，尤其是对不完整或不准确的资料的更正、删除或封存；

（五）将根据上项规定对资料进行的更正、删除或封存，通知曾知悉有关资料的第三人，第三人亦应同样对资料进行更正、删除、销毁或封存，但证实不可能通知或作出通知的成本过高者除外。

二、当处理与安全、预防犯罪或刑事侦查有关的个人资料时，查阅权通过在该情形下有权限的当局行使。

三、在上条第六款规定的情况下，查阅权通过公共当局行使，以确保现行适用的规定，主要是确保言论和资讯自由、出版自由、新闻工作者的职业独立和保密规定的实施。

四、在第二款和第三款规定的情况下，如告知资料当事人可能妨害安全、预防犯罪或刑事侦查、或者妨害言论和资讯自由或出版自由时，分别由在该情形下有权限的当局或公共当局，在不损害本款所拟保护价值的限度内，将所采取的措施告知资料当事人。

五、关于健康资料，包括遗传资料的查阅权由资料当事人选择的医生行使。

六、当资料不被用作对特定的人采取措施或作出决定之用时，在明显没有侵犯资料当事人的权利、自由和保障，尤其是私人生活权利危险的情况下，以及当上述资料专用于科学研究，或专为统计所必须的时间内以个人资料形式储存时，法律得限制查阅权。

第十二条
反对权

一、除法律有相反规定者外，资料当事人有权在任何时候，以与其私人情况有关的正当和重大的理由反对处理与其有关的个人资料。当反对理由合理时，负责实体不得再对该等资料进行处理。

二、资料当事人亦有权在无须费用的情况下，反对负责处理资料的实体以直接促销或其他方式的商业考察为目的而对与其有关的个人资料进行处理；或免费要求负责处理资料的实体，在基于直接促销目的或为第三人利益使用有关资料而第一次向第三人通告前，向其作出告知，且在无须费用的情况下，明确反对负责处理资料的实体通告或使用有关资料。

第十三条
不受自动化决定约束的权利

一、任何人有权不受对其权利义务范围产生效力或对其有明显影响并仅基于对资料的自动化处理而作出的决定的约束，且有关资料仅用作对该人人格某些方面，尤其是专业能力、信誉、应有的信任或其行为方面的评定。

二、在不妨碍遵守本法律其他规定的情况下，个人得受根据第一款作出决定的约束，只要有关决定：

（一）是在订定或执行一合同范围内，以订定或执行该合同的要求得到满足为条件，或已有适当的措施保障其正当利益尤其是其申述权和表达权时；

（二）经订明保护资料当事人权利及正当利益的保障措施的法律许可。

第十四条

损害赔偿权

一、任何因资料的不法处理或其他任何违反个人资料保护范畴的法律规定或规章性规定的行为而受损害的人均有权向负责处理资料的实体要求获得所受损失的赔偿。

二、如负责处理资料的实体证实其并非引致损害事实的归责者，得部分或全部免除责任。

三、如有次合同，适用《民法典》第四百九十二条及随后数条关于委托关系的规定。

第四章

处理的安全性和保密性

第十五条

处理的安全性

一、负责处理个人资料的实体应采取适当的技术和组织措施保护个人资料，避免资料的意外或不法损坏、意外遗失、未经许可的更改、传播或查阅，尤其是有关处理使资料经网络传送时，以及任何其他方式的不法处理；在考虑到已有的技术知识和因采用该技术所需成本的情况下，上述措施应确保具有与资料处理所带来的风险及所保护资料的性质相适应的安全程度。

二、负责处理个人资料的实体，在委托他人处理时，应选择一个在资料处理的技术安全和组织上能提供足够保障措施的次合同人，并应监察有关措施的执行。

三、以次合同进行的处理，应由约束次合同人和负责处理资料实体的合同或法律行为规范，并应特别规定次合同人只可按照负责处理资料的实体的指引行动，并须履行第一款所指的义务。

四、与资料保护有关的法律行为之意思表示、合同或法律行为的证据资料，以及第一款所指措施的要求，应由法律认可的具有证明效力的书面文件载明。

第十六条
特别的安全措施

一、第七条第二款和第八条第一款所指的负责处理资料的实体应采取适当的措施，以便：

（一）控制进入设施：阻止未经许可的人进入处理上述资料的设施；

（二）控制资料载体：阻止未经许可的人阅读、复制、修改或取走资料的载体；

（三）控制输入：阻止未经许可而对已记载的个人资料加入其他资料，以及未经资料记载人许可的知悉、修改或删除；

（四）控制使用：阻止未经许可的人透过资料传送设施使用资料的自动化处理系统；

（五）控制查阅：确保经许可的人只可以查阅许可范围内的资料；

（六）控制传送：确保透过资料传送设施可以查证传送个人资料的实体；

（七）控制引入：确保可以在随后查证引入了哪些个人资料、何时和由谁引入，该查证须在每一领域的适用规章所定的、与资料处理的性质相符的期间内进行；

（八）控制运输：在个人资料的传送和其载体的运输过程中，阻止以未经许可的方式阅读、复制、修改或删除资料。

二、考虑到各负责处理资料的实体的性质和进行处理的设施的种类，公共当局在确保尊重资料当事人的权利、自由和保障的情况下得免除某些安全措施。

三、有关系统应确保将与健康和性生活有关的个人资料，包括遗传资料，同其他个人资料分开。

四、当第七条所指的个人资料在网络上流通可能对有关当事人的权利、自由和保障构成危险时，公共当局得决定以密码进行传送。

第十七条
由次合同人处理资料

次合同人和任何隶属于负责处理资料的实体或次合同人的人在查阅资料

时，如没有负责处理资料的实体的指引则不得对资料进行处理，但履行法定义务者除外。

第十八条
职业保密

一、负责处理个人资料的实体和在履行职务过程中知悉所处理个人资料的所有人士，均负有职业保密义务，即使相应职务终止亦然。

二、为公共当局从事顾问或咨询工作的公务员、服务人员或技术员均负有相同的职业保密义务。

三、上述各款的规定不排除依法提供必要资讯的义务，但载于为统计用途所组织的资料库者除外。

第五章
将个人资料转移到特区以外的地方

第十九条
原则

一、仅得在遵守本法律规定，且接收转移资料当地的法律体系能确保适当的保护程度的情况下，方可将个人资料转移到特区以外的地方。

二、上款所指的适当的保护程度应根据转移的所有情况或转移资料的整体进行审议，尤其应考虑资料的性质、处理资料的目的、期间或处理计划、资料源地和最终目的地，以及有关法律体系现行的一般或特定的法律规则及所遵守的专业规则和安全措施。

三、由公共当局决定某一法律体系是否能确保上款规定的适当保护程度。

第二十条
排除适用

一、当资料当事人明确同意转移或转移符合下列任一情况时，经对公共当局作出通知后，得将个人资料转移到一个法律体系不能确保上条第二款规定的适当保护程度的地方：

（一）转移是执行资料当事人和负责处理个人资料的实体间的合同所必

需，或是应资料当事人要求执行订定合同的预先措施所必需者；

（二）转移是执行或订定一合同所必需，而该合同是为了资料当事人的利益由负责处理个人资料的实体和第三人之间所订立或将要订立者；

（三）转移是保护一重要的公共利益，或是在司法诉讼中宣告、行使或维护一权利所必需的或法律所要求者；

（四）转移是保护资料当事人的重大利益所必需者；

（五）转移自作出公开登记后进行。根据法律或行政法规，该登记是为着公众资讯和可供一般公众或证明有正当利益的人公开查询之用者，只要在具体情况下遵守上述法律或行政法规订定的查询条件。

二、在不妨碍第一款规定的情况下，只要负责处理资料的实体确保有足够的保障他人的私人生活、基本权利和自由的机制，尤其透过适当的合同条款确保这些权利的行使，公共当局得许可将个人资料转移到一个法律体系不能确保上条第二款规定的适当保护程度的地方。

三、当个人资料的转移成为维护公共安全、预防犯罪、刑事侦查和制止刑事违法行为以及保障公共卫生所必需的措施时，个人资料的转移由专门法律或适用于特区的国际法文书以及区际协议规范。

第六章
通知和许可

第二十一条
通知的义务

一、负责处理个人资料的实体或如有代表人时其代表人，应从处理开始起八日期限内以书面形式，将为了实现一个或多个相互关联的目的而进行的一个或一系列、全部或部分自动化处理，通知公共当局。

二、当公共当局认为资料的处理不会对资料当事人的权利和自由构成影响，并基于快速、经济和有效的原则，得许可对特定种类资料处理简化或豁免通知。

三、许可须在《澳门特别行政区公报》上公布，并应列明处理资料的目的、所处理的资料或其种类、资料当事人或当事人的类别、可被告知资料的接收者或接收者的类别，以及资料的保存期限。

四、当根据法律或行政法规，处理资料的唯一目的是为了维持资料的登记，而该登记是为着公众资讯和可供一般公众或证明有正当利益的人查询之用时，则可豁免通知。

五、当根据第七条第三款（一）项处理个人资料时，对第七条第一款规定的个人资料的非自动化处理须作出通知。

第二十二条
预先监控

一、除第二款之规定外，以下情况须经公共当局许可：
（一）第七条第二款所指个人资料的处理；
（二）关于资料当事人信用和偿付能力资料的处理；
（三）第九条所规定的个人资料的互联；
（四）在与收集资料的目的不同的情况下使用个人资料。

二、上款所指的处理得透过法律规定或具组织性质的规章性规定予以许可，在此情况下无需公共当局的许可。

第二十三条
意见书或许可的申请及通知的内容

向公共当局递交的请求发出意见书或许可的申请和作出的通知应包括如下资讯：
（一）负责处理资料的实体的姓名和地址，以及如有代表人时其代表人的姓名和地址；
（二）处理的目的；
（三）资料当事人类别及与其有关的个人资料或资料种类的描述；
（四）可被告知资料的接收者或接收者的类别，以及告知资料的条件；
（五）当不是负责处理资料的实体本身处理时，承担处理资讯的实体；
（六）个人资料处理中或有的互联；
（七）个人资料的保存时间；
（八）资料当事人知悉或更正与其有关的个人资料的方式和条件；
（九）拟向第三国家或地区所作的资料转移；

（十）容许初步评估适用第十五条和第十六条确保资料处理的安全而采取的措施是否适合的一般描述。

第二十四条
强制性指示

一、第七条第二款和第八条第一款所提到的法律规定或具组织性质的规章性规定、公共当局的许可和个人资料处理的登记至少应指出：
（一）资料库负责人和如有代表人时其代表人；
（二）所处理个人资料的种类；
（三）处理资料的目的和接收资料实体的类别；
（四）行使查阅权和更正权的方式；
（五）个人资料处理中或有的互联；
（六）拟向第三国家或地区所作的资料转移。

二、对第一款所规定指示的任何修改须根据第二十一条和第二十二条规定的程序进行。

第二十五条
资料处理的公开性

一、当个人资料的处理不受法律规定或具组织性质的规章性规定规范但应得到许可或作出通知时，有关处理须载于公共当局的登记内，公开让任何人士查询。

二、上述登记包括第二十三条（一）至（四）项和（九）项所列的资料。

三、当资料的处理无须作出通知时，负责处理资料的实体有义务以适当的方式向对其提出要求的任何人最低限度提供上条第一款所指的资料。

四、当根据法律或行政法规，处理资料的唯一目的是为了维持资料的登记，而该登记是为着公众资讯和可供一般公众或证明有正当利益的人公开查询之用时，则不适用本条的规定。

五、公共当局在其年度报告中公布所有依本法律规定编制的意见书和发出的许可，尤其是第七条第二款和第九条第一款规定的许可。

第七章
行为守则

第二十六条
行为守则

公共当局鼓励和支持制订行为守则，以便按不同界别的特点更好地执行本法律的规定，及从整体上更有效地自我规范及实现和保护与隐私有关的基本权利。

第二十七条
行为守则草案的提交

一、代表负责处理资料实体的专业团体和其他组织，如制订行为守则草案并认为有必要，得为登记的目的将行为守则草案送交公共当局。

二、如公共当局认为草案符合个人资料保护范畴的现行法律规定和规章性规定，应作出登记。

三、行为守则的登记具有单纯宣告合法性的后果，但该守则并不具有法律规范或规章规范的性质。

第八章
行政和司法保护

第一节
行政和司法保护

第二十八条
一般原则

任何人得依法采用行政或司法途径以确保个人资料保护范畴的法律规定和规章性规定得以遵守，但不妨碍向公共当局提出告诉的权利。

第二十九条
特别司法保护

一、对法院的裁决得以违反本法律确保的基本权利为由向终审法院提出上诉，该上诉得直接提出并仅针对违反基本权利的问题，上诉具有紧急性。

二、在不妨碍上款规定的情况下，对行政行为或公权单纯事实，得以违反本法律确保的基本权利为由向行政法院提出上诉，上诉具有紧急性。

三、在遵守上两款规定的前提下，《民事诉讼法典》第七条之规定，经作出适当配合后，适用于上两款所规定特别司法保护中的上诉程序，并分别补充适用经作出必要配合后的民事诉讼法律和行政程序法律的规定。

第二节
行政上之违法行为

第三十条
补充法例

行政上之违法行为的一般制度，经如下条文配合后，补充适用于本节规定的违法行为。

第三十一条
履行未履行的义务

当因不履行义务而构成行政违法行为时，如该履行仍属可能，执行处罚和支付罚款并不免除违法者履行该义务。

第三十二条
履行义务的不作为或有瑕疵的履行

一、基于过失，实体未履行第二十一条第一款和第五款规定的将个人资料的处理通知公共当局的义务、提供虚假资讯或履行通知义务时未遵守第二十三条的规定，或者经公共当局通知之后，负责处理个人资料的实体继续让没有遵守本法规定者查阅其传送资料的公开网络，属行政违法行为并处以如下罚款：

（一）对自然人科处澳门币 2000 至 20000 元罚款；

（二）对法人或无法律人格的实体，科处澳门币 10000 至 100000 元罚款。

二、当处理的资料根据第二十二条规定受预先监控约束时，罚款的上下限各加重一倍。

第三十三条
其他行政违法行为

一、对处理个人资料的实体不履行第五条、第十条、第十一条、第十二条、第十三条、第十六条、第十七条和第二十五条第三款规定所规定义务的行政违法行为，科处澳门币 4000 至 40000 元罚款。

二、对处理个人资料的实体不履行第六条、第七条、第八条、第九条、第十九条和第二十条所规定义务的行政违法行为，科处澳门币 8000 至 80000 元罚款。

第三十四条
违法行为的竞合

一、如一事实同时构成犯罪和行政违法行为，则仅以犯罪处罚。

二、如行政违法行为竞合，则各项处罚一并科处。

第三十五条
过失和未遂的处罚

一、因过失实施第三十三条规定的行政违法行为者须受处罚。

二、第三十二条和第三十三条规定的行政违法行为的未遂须受处罚。

第三十六条
科处罚款

一、公共当局有权科处本法律规定的罚款。

二、如未在法定期限内并根据法律规定提出争执，则公共当局的决定构成执行名义。

第三节
犯罪

第三十七条
未履行资料保护的义务

一、意图实施下列行为者，处最高一年徒刑或一百二十日罚金：

（一）未作出第二十一条和第二十二条所指的通知或许可请求；

（二）在通知或请求许可处理个人资料时提供虚假资讯，或在处理个人资料时实施了未经使其合法化的文书允许的修改；

（三）与收集个人资料的目的不相符或在不符合使其合法化的文书的情况下移走或使用个人资料；

（四）促使或实行个人资料的不法互联；

（五）在公共当局为履行本法律或其他保护个人资料法例规定的义务而订定的期间完结后，仍不履行义务者；

（六）在公共当局通知不得再让没有遵守本法规定者查阅之后，负责处理个人资料的实体继续让有关人士查阅其传送资料的公开网络。

二、当涉及第七条和第八条所指的个人资料时，刑罚的上下限各加重一倍。

第三十八条
不当查阅

一、未经适当的许可，透过任何方法查阅被禁止查阅的个人资料者，如按特别法不科处更重刑罚，则处最高一年徒刑或一百二十日罚金。

二、在下列情况下查阅个人资料，刑罚的上下限各加重一倍：

（一）透过违反技术安全规则查阅资料；

（二）使行为人或第三人知悉个人资料；

（三）给予行为人或第三人财产利益。

三、第一款规定的情况，非经告诉不得进行刑事程序。

第三十九条
个人资料的更改或毁坏

一、未经适当许可删除、毁坏、损坏、消除或修改个人资料，使资料不能使用或影响其用途者，如按特别法不科处更重刑罚，则处最高二年徒刑或二百四十日罚金。

二、如引致的损害特别严重，刑罚上下限各加重一倍。

三、如行为人过失实施以上两款所规定的行为，处最高一年徒刑或一百二十日罚金。

第四十条
加重违令罪

一、行为人被通知后仍不中断、停止或封存个人资料的处理，处相当于加重违令罪的刑罚。

二、行为人被通知后仍有下列情况之一者，科处相同刑罚：

（一）无合理理由拒绝对公共当局提出的具体要求给予合作；

（二）没有进行删除、全部或部分销毁个人资料；

（三）第五条规定的保存期完结后未销毁有关个人资料。

第四十一条
违反保密义务

一、根据法律规定，负有职业保密义务者，在没有合理理由和未经适当同意情况下，披露或传播全部或部分个人资料，如按特别法不科处更重刑罚，则处最高二年徒刑或二百四十日罚金。

二、如行为人属下列情况，刑罚上下限各加重一半：

（一）根据刑法规定属公务员或等同公务员者；

（二）被定为有意图取得任何财产利益或其他不法利益者；

（三）对他人的名声、名誉、别人对他人的观感或私人生活的隐私造成危险者。

三、对过失行为处最高六个月徒刑或一百二十日罚金。

四、第二款规定以外的情况，非经告诉不得进行刑事程序。

第四十二条
犯罪未遂的处罚

本节所规定犯罪之未遂须受处罚。

第四节
附加刑

第四十三条
附加刑

根据本章第二节和第三节科处罚金或刑罚时，可一并科处以下附加刑：

（一）临时或确定性禁止处理、封存、删除、全部或部分销毁资料；
（二）公开有罪判决；
（三）由公共当局对负责处理个人资料的实体提出警告或公开且谴责。

第四十四条
有罪判决的公布

一、有罪判决的公布是透过中文和葡文发行量较大的定期刊物为之，以及在适当地方和不少于三十日的期限内透过张贴告示为之，有关费用由被判罚者负担。

二、该公布以摘录为之，其中载有违法行为、科处的处罚和行为人的身份。

第九章
最后及过渡规定

第四十五条
过渡规定

一、在本法律生效日前，已存于人手操作的资料库的资料的处理应在两年内履行第七条、第八条、第十条和第十一条的规定。

二、在任何情况下，尤其是在行使查阅权时，资料当事人得要求更正、删除或封存不完整、不准确或以与负责处理个人资料的实体实现其正当目的不相符的方式而储存的资料。

三、只要有关资料不会以其他目的被再次使用，公共当局得许可已存在于人手操作的资料库的资料和仅为历史研究目的而保存的资料无须履行第七条、第八条和第九条的规定。

第四十六条

生效

本法律于公布后一百八十日起生效。

二零零五年八月四日通过。

立法会主席　曹其真

二零零五年八月十日签署。

命令公布。

行政长官　何厚铧

香港《个人资料（私隐）条例》

章：	486	《个人资料(私隐)条例》	宪报编号	版本日期
		详题	E. R. 1 of 2013	25/04/2013

本条例旨在在个人资料方面保障个人的私隐，并就附带事宜及相关事宜订定条文。

(1995 年制定)

[第 2 部、第 71 条（以涉及附表 2 为限）及附表 2 〕1996 年 8 月 1 日　1996 年第 343 号法律公告

其他条文，但第 30 及 33 条除外 〕1996 年 12 月 20 日　1996 年第 514 号法律公告

第 30 条 〕1997 年 8 月 1 日　1997 年第 409 号法律公告〕

(略去制定语式条文—2013 年第 1 号编辑修订纪录)（本为 1995 年第 81 号）

(*格式变更—2013 年第 1 号编辑修订纪录)

部：	1	导言	E. R. 1 of 2013	25/04/2013

(1995 年制定)

条：	1	简称及生效日期	E. R. 1 of 2013	25/04/2013

---

* 整条条例的格式已按现行法例样式更新。

附注：

有关《立法会决议》（2007年第130号法律公告）所作之修订的保留及过渡性条文，见载于该决议第（12）段。

（1）本条例可引称为《个人资料（私隐）条例》。

（2）本条例自政制及内地事务局局长以宪报公告指定的日期起实施。（由1997年第362号法律公告修订；由2007年第130号法律公告修订）

（1995年制定）

| 条： | 2 | 释义 | E. R. 1 of 2013 | 25/04/2013 |

（1）在本条例中，除文意另有所指外—

不利行动（adverse action），就个人而言，指可对该人的权利、利益、特权、责任或权益（包括合法期望）有不利影响的任何行动；

不准确（inaccurate），就个人资料而言，指资料是不正确的、有误导性的、不完全的或过时的；

切实可行（practicable）指合理地切实可行；

文件（document）除包括书面文件外，包括—

（a）包含视觉影像以外的资料的纪录碟、纪录带或其他器件，而所包含的资料能够在有或没有其他设备的辅助下，从该纪录碟、纪录带或器件重现；及

（b）包含视觉影像的胶卷、纪录带或其他器件，而所包含的影像能够在有或没有其他设备的辅助下，从该胶卷、纪录带或器件重现；

有关人士（relevant person），就个人（不论如何描述该名个人）而言—

（a）如该名个人是未成年人，指对该未成年人负有作为父母亲的责任的人；

（b）如该名个人无能力处理其本身事务，指由法庭委任以处理该等事务的人；

（c）如该名个人属《精神健康条例》（第136章）第2条所指的精神上无行为能力—

（i）根据该条例第44A、59O或59Q条获委任担任该名个人的监护人的人；或

（ii）（如根据该条例第44B（2A）或（2B）或59T（1）或（2）条，

该名个人的监护转归社会福利署署长或任何其他人，或该监护人的职能由社会福利署署长或任何其他人执行）社会福利署署长或该其他人；（由2012年第18号第3条代替）

有关资料使用者（relevant data user）—

(a) 就一项视察而言，指使用某个人资料系统的资料使用者，而该系统是该项视察的对象；

(b) 就一项投诉而言，指该项投诉所指明的资料使用者；

(c) 就—

(i) 由一项投诉引发的调查而言，指该项投诉所指明的资料使用者；

(ii) 其他调查而言，指属该项调查的对象的资料使用者；

(d) 就执行通知而言，指获送达该通知的资料使用者；

作为（act）包括故意的不作为；

投诉（complaint）指根据第37条作出的投诉；

投诉人（complainant）指已作出投诉的个人或已代表一名个人作出投诉的有关人士；

改正（correction），就个人资料而言，指更正、删除或填备；

改正资料要求（data correction request）指根据第22（1）条提出的要求；

每日罚款（daily penalty）指就在定罪后该罪行持续的每一日所处的罚款；

使用（use），就个人资料而言，包括披露或移转该资料；（由2012年第18号第2条修订）

披露（disclosing），就个人资料而言，包括披露自资料推断所得的资讯；

法律规则（rule of law）指—

(a) 普通法规则或衡平法规则；或

(b) 习惯法；（由2012年第18号第3条增补）

保障资料原则（data protection principle）指在附表1列明的任何保障资料原则；

指明（specified），就格式而言，指根据第67条指明；

指定日（appointed day）指根据第1（2）条指定的日子；

查阅资料要求（data access request）指根据第 18 条提出的要求；

相当可能损害（would be likely to prejudice）包括可能会损害；

记录簿（log book），就资料使用者而言，指由资料使用者根据第 27 (1) 条备存及维持的记录簿；

订明人员（prescribed officer）指根据第 9 (1) 条获雇用或聘用的人；

订明资讯（prescribed information）指附表 3 指明的任何资讯；（由 2012 年第 18 号第 3 条增补）

个人身份标识符（personal identifier）指——

(a) 由资料使用者为其作业而编配予一名个人；及

(b) 就该资料使用者而言，能识辨该名个人的身份而不虞混淆，的标识符，但用以识辨该名个人的该人的姓名，则不包括在内；

个人资料（personal data）指符合以下说明的任何资料——

(a) 直接或间接与一名在世的个人有关的；

(b) 从该资料直接或间接地确定有关的个人的身份是切实可行的；及

(c) 该资料的存在形式令予以查阅及处理均是切实可行的；（由 2012 年第 18 号第 2 条修订）

个人资料系统（personal data system）指全部或部分由资料使用者用作收集、持有、处理或使用个人资料的任何系统（不论该系统是否自动化的），并包括组成该系统一部分的任何文件及设备；

核准实务守则（approved code of practice）指根据第 12 条核准的实务守则；

核对程序（matching procedure）指将为 1 个或 1 个以上的目的而取自 10 个或 10 个以上的资料当事人的个人资料与为其他目的而自该等资料当事人收集的个人资料比较的程序（用人手方法的除外），而——

(a) 所作比较（不论是全部的还是部分的）是为了产生和核实可（实时或于其后任何时间）用作对任何该等资料当事人采取不利行动的资料的；或

(b) 所作比较产生和核实资料，而就该资料而言可合理地相信将该资料（实时或于其后任何时间）用作对任何该等资料当事人采取不利行动是切实可行的；（由 2012 年第 18 号第 2 条修订）

核对程序要求（matching procedure request）指根据第 31 (1) 条提出的要求；

财经规管者（financial regulator）指任何以下人士或机构—

（a）根据《外汇基金条例》（第66章）第5A条委任的金融管理专员；

（b）《证券及期货条例》（第571章）第3（1）条提述的证券及期货事务监察委员会；（由2002年第5号第407条代替）

（c）《证券及期货条例》（第571章）附表1第1部第1条所指的认可结算所、认可交易所、认可控制人或认可投资者赔偿公司；（由2002年第5号第407条代替）

（d）根据《证券及期货条例》（第571章）第Ⅲ部获认可提供该条例附表5所界定的自动化交易服务的人；（由2002年第5号第407条代替）

（e）－（ea）（由2002年第5号第407条废除）

（f）根据《保险公司条例》（第41章）第4条委任的保险业监督；

（g）根据《职业退休计划条例》（第426章）第5条委任的职业退休计划注册处处长；

（ga）由《强制性公积金计划条例》（第485章）第6条设立的强制性公积金计划管理局；（由1998年第4号第14条增补）

（gb）由《财务汇报局条例》（第588章）第6（1）条设立的财务汇报局；（由2006年第18号第84条增补）

（h）属根据第（7）款刊登的公告为本定义的目的所指明为规管者的人；

执行通知（enforcement notice）指第50（1）条下的通知；

专员（commissioner）指根据第5（1）条设立的个人资料私隐专员；

视察（inspection）指根据第36条进行的视察；

第三者（third party），就个人资料而言，指除以下人士外的任何人—

（a）资料当事人；

（b）就资料当事人而属有关人士的人；

（c）资料使用者；或

（d）获资料使用者为以下事情以书面授权的人—

（i）在资料使用者的直接控制下收集、持有、处理或使用有关的资料；或

（ii）代资料使用者收集、持有、处理或使用有关的资料；

处理（processing），就个人资料而言，包括将数据修订、扩增、删去或

重新排列（不论是否藉自动化方法或其他方法）；

提出要求者（requestor），就—

（a）查阅资料要求或改正资料要求而言，指已提出该项要求的个人或代该名个人提出该项要求的有关人士；

（b）核对程序要求而言，指已提出该项要求的资料使用者；

登记册（register）指专员根据第15（1）条备存及维持的资料使用者登记册；

资料（data）指在任何文件中资讯的任何陈述（包括意见表达），并包括个人身份标识符；

资料使用者（data user），就个人资料而言，指独自或联同其他人或与其他人共同控制该资料的收集、持有、处理或使用的人；（由2012年第18号第2条修订）

资料使用者申报表（data user return）指根据第14（4）条呈交予专员并（如适用的话）根据第14A（5）条更正的申报表；（由2012年第18号第3条代替）

资料当事人（data subject），就个人资料而言，指属该资料的当事人的个人；（由2012年第18号第2条修订）

雇用（employment）指在以下合约下的雇用—

（a）雇佣合约或学徒训练合约；或

（b）由个人亲自进行某工作或劳动的合约，而相关词句均须据此解释；

实务守则（code of practice）包括—

（a）标准；

（b）规格；及

（c）其他文件形式的实务性的指引；

调查（investigation）指根据第38条进行的调查；

咨询委员会（committee）指根据第11（1）条设立的个人资料（私隐）咨询委员会；（由2012年第18号第3条修订）

变更通知（change notice）指根据第14（8）条送达专员并（如适用的话）根据第14A（5）条更正的通知。（由2012年第18号第3条增补）

（2）（由2012年第18号第3条废除）

（3）凡根据本条例任何作为可经某人（不论如何描述该人）的订明同

意而作出，该同意—

（a）指该人自愿给予的明示同意；

（b）不包括已藉向获给予同意的人送达书面通知而予以撤回的任何同意（但不损害在该通知送达前的任何时间依据该同意所作出的所有作为）。

（4）在不抵触第64条的条文下，现声明：在本条例中的任何提述，凡其意思是指某资料使用者（不论如何描述该人）—（由2012年第18号第3条修订）

（a）已违反本条例下的规定；或

（b）正在违反本条例下的规定，均—

（i）（如（a）段适用）包括指有关的资料使用者已作出某作为或已从事某行为，而该作为或行为是违反保障资料原则的；

（ii）（如（b）段适用）包括指有关的资料使用者正在作出某作为或正在从事某行为，而该作为或行为是违反保障资料原则的。

（5）即使本条例有任何其他规定，投诉可就已不再是资料使用者的人提出，而由该项投诉引发的调查（如有的话）亦可就该人进行；但如该人在紧接专员接获该项投诉的日期前2年期间内任何时间不曾是资料使用者，则属例外；而凡有投诉就任何人提出，该人亦据此须就该项投诉及由该项投诉引发的调查（如有的话）被当作为资料使用者；而本条例其他条文须据此解释。

（6）在本条例中，凡提述带有编号的保障资料原则之处，均为提述附表1内所列明的有该编号的原则。

（7）行政长官可藉宪报公告指明某人为财经规管者的定义所指的规管者。（由1999年第34号第3条修订；由2002年第23号第126条修订）

（8）现声明：第（7）款下的公告是附属法例。

（9）凡任何人—

（a）担任任何职位、从事任何职业或进行任何行业；及

（b）按任何法律或根据或凭借任何法律订立的任何规则规定须属担任该职位、从事该职业或进行该行业的适当人选（或相似意思的字眼），而该人因任何行为而令他不再是上述适当人选或该行为会令他不再是上述适当人选，则就本条例而言，该行为须视为严重不当的行为。

（10）第（9）款的施行不阻止作出严重不当的行为（就本条例而言，包括令任何人不再是适当人选或会令任何人不再是适当人选的行为，即使该行为并非该款所适用的行为）。

（11）就资料使用者而言，凡不指明属男性或女性的字及词句，亦指男性及女性。

（12）如某人纯粹代另一人持有、处理或使用的任何个人资料，而该首述的人并非为其任何本身目的而持有、处理或使用（视属何情况而定）该资料，则（但亦只有在此情况下）该首述的人就该个人资料而言不算是资料使用者。（由2012年第18号第2条修订）

（13）为免生疑问，现声明：就本条例而言，如一个人的行为已使他或可以使他根据不时生效的香港赛马会赛事规例及董事局指示成为被吊销资格的人或被暂时吊销资格的人，则该等行为属严重不当的行为。（由1999年第34号第3条修订）

（1995年制定。编辑修订—2013年第1号编辑修订记录）

| 条： | 3 | 适用范围 | E. R. 1 of 2013 | 25/04/2013 |

（1）本条例对政府具约束力。

（2）（*不采用为香港特别行政区法律）

（1995年制定）

| 条： | 4 | 保障资料原则 | E. R. 1 of 2013 | 25/04/2013 |

资料使用者不得作出违反任何保障资料原则的作为或从事违反任何该等原则的行为，但如该作为或行为（视属何情况而定）是根据本条例规定须作出或进行或准许作出或进行的，则属例外。

（1995年制定）

| 部： | 2 | 执行 | E. R. 1 of 2013 | 25/04/2013 |

---

* 见《全国人民代表大会常务委员会关于根据〈中华人民共和国香港特别行政区基本法〉第一百六十条处理香港原有法律的决定》。该决定刊载于第1册，第13/1页。

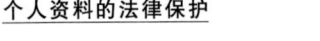

(1995年制定)

| 条： | 5 | 个人资料私隐专员职位的设立等 | E. R. 1 of 2013 | 25/04/2013 |

（1）为本条例的施行，现设立一名为"个人资料私隐专员"的职位。

（2）专员为永久延续的单一法团及—

（a）须具有并可使用印章；及

（b）须可起诉及可被起诉。

（3）行政长官须藉宪报公告委任一人为专员。（由1999年第34号第3条修订）

（4）除第（5）款另有规定外，获委任为专员的人的任期为5年，并有资格再获委任，但再获委任的任期只可为多1个5年任期。

（5）获委任为专员的人可—

（a）随时藉书面通知向行政长官辞职；或

（b）基于以下理由，被行政长官经立法会藉决议批准免任—

（i）无能力执行其职位的职能；或

（ii）行为不当。（由1999年第34号第3条修订）

（6）行政长官须—（由1999年第34号第3条修订）

（a）厘定获委任为专员的人的薪酬；及

（b）决定获委任为专员的人的委任的条款与条件。

（7）附表2的条文就专员具有效力。

（8）除第（9）款另有规定外，专员不得视为政府的雇员或代理人，亦不得视为享有政府的地位、豁免权及特权。

（9）获委任为专员的人须—

（a）当作为《防止贿赂条例》（第201章）第2条所指的公职人员；及

（b）为该条例的施行而当作为公职人员。

(1995年制定)

| 条： | 6 | 专员不得担任其他职位 | E. R. 1 of 2013 | 25/04/2013 |

获委任为专员的人不得在没有行政长官明确的批准下—（由1999年第34号第3条修订）

（a）担任其专员职位以外的任何有酬职位；或

（b）为报酬而从事其职位的职能以外的任何职业。

（1995 年制定）

条：	7	临时空缺的填补	E. R. 1 of 2013	25/04/2013

（1）如获委任为专员的人—

（a）去世；

（b）辞职；

（c）被免任；

（d）不在香港；或

（e）因其他理由不能执行其职位的职能，则行政长官可藉书面通知委任一人署理专员职位，直至（视情况所需）—（由 1999 年第 34 号第 3 条修订）

（i）新的专员根据第 5（3）条获委任为止；或

（ii）专员回任为止。

（2）根据第（1）款获委任署理专员职位的人，在他获委任的期间—

（a）须执行专员在本条例下的职能；及

（b）可行使专员在本条例下的权力。

（3）第 6 条须适用于根据第（1）款获委任署理专员职位的人，犹如该人是专员一样。

（1995 年制定）

条：	8	专员的职能及权力	E. R. 1 of 2013	25/04/2013

（1）专员须—

（a）就遵守本条例条文作出监察及监管；

（b）促进及协助代表资料使用者的团体为第 12 条的施行拟备实务守则，以在遵守本条例条文（尤是各保障资料原则）方面提供指引；

（c）促进对本条例的条文（尤其是各保障资料原则）的认识及理解以及遵守；

（d）对他认为可影响在个人资料方面的个人私隐的建议制定的法例（包括附属法例）加以审核，并向建议制定该法例的人报告其审核结果；

（e）进行视察，包括对属政府部门或法定法团的资料使用者所使用的任何个人资料系统的视察；

（f）为更佳地执行他的其他职能而对资料处理及资讯科技进行研究及监察其发展，以顾及该等发展在个人资料方面对个人私隐相当可能有的不利影响；（由2012年第18号第4条修订）

（g）与—

（i）在香港以外任何地方执行专员认为与其在本条例下的任何职能相似（不论全部或部分相似）的职能的人，进行联络及合作；及

（ii）该等人士在某些相互关注的并涉及在个人资料方面的个人私隐的事项方面进行联络及合作；及

（h）执行根据本条例或其他成文法则委予他的其他职能。

（2）专员可作出所有为更佳地执行其职能而需要作出的或对此有助的所有事情，或为更佳地执行其职能而连带须作出的所有事情，而在不影响前文的概括性原则下，专员尤可—

（a）在认为任何类别的财产对—

（i）为专员或任何订明人员供给地方；或

（ii）专员可执行的任何职能的执行，属必要时，取得及持有该财产，并可在持有该财产所按的条款及条件的规限下，处置该财产；

（b）订立、履行、转让、更改或撤销任何合约、协议或其他义务，或接受他人所转让的合约、协议或其他义务；

（c）承办或执行合法信托，但限于以推动专员在本条例下须予执行或准予执行的职能为宗旨的信托及具有其他类似宗旨的信托；

（d）接受馈赠及捐赠，不论是否受信托所规限的馈赠或捐赠；

（e）在获得行政长官事先批准下，成为任何关注（不论是完全或部分）在个人资料方面的个人私隐的国际组织的正式成员或附属成员；（由1999年第34号第3条修订）

（ea）进行推广或教育活动或服务；及（由2012年第18号第4条增补）

（f）行使本条例或其他成文法则赋予他的其他权力。

（2A）凡专员在执行其在本条例之下的职能的过程中，进行任何推广或教育活动或服务，或提供任何推广或教育刊物或材料，专员可为之征收合理收费。（由2012年第18号第4条增补）

（3）专员在执行其职能或行使其权力时，可制备及签立任何文件；凡

任何与他执行职能或行使权力所合理附带或相应引起的事宜，专员亦可在与该等事宜有关连的情况下，制备及签立任何文件。

（4）任何文件如看来是以专员的印章签立的，须予接纳为证据，在没有相反证据的情况下须当作已妥为签立。

（5）为向资料使用者及资料当事人提供指引，专员可不时安排拟备不抵触本条例的指引以显示他拟执行其在本条例下任何职能或行使其在本条例下任何权力的方式，并安排将该指引藉宪报公告刊登。（由2012年第18号第4条修订）

（1995年制定）

| 条： | 9 | 专员的职员等 | E. R. 1 of 2013 | 25/04/2013 |

（1）专员可—

（a）雇用他认为合适的人士（包括从事技术工作的人士及专业人士）；及

（b）以雇用以外的方法聘用他认为合适的从事技术工作的人士或专业人士，以协助他执行其在本条例下的职能及行使其在本条例下的权力。

（2）专员须—

（a）厘定可根据第（1）(a)款雇用的任何人或任何属于可根据该款雇用的某类别人士的人的薪酬及决定雇用该人的条款及条件；

（b）厘定可根据第（1）(b)款聘用的任何人或任何属于可根据该款雇用的某类别人士的人的薪酬及决定聘用该人的条款及条件。

（3）专员可—

（a）发放或提供资金以备发放退休金、酬金及退休利益予雇员；

（b）为雇员及其受养的人的福利，提供其他利益；

（c）批准付款予已去世的雇员的遗产代理人，或在该雇员去世时倚靠他供养的任何人，不论付款是否在法律上应付的。

（4）为提供资金作发放第（3）款所指的退休金、酬金、利益及付款之用，专员可—

（a）设立、管理及掌管任何基金或计划；或

（b）与任何公司或组织作出安排，由该公司或组织单独或联同专员设立、管理及掌管任何基金或计划。

（5）专员可向第（4）款所提述的基金或计划供款，并可要求雇员向该

基金或计划供款。

（6）在本条例中，雇员（employees）包括专员指明的任何类别的雇员，而在第（3）款中，包括前度雇员。

（1995年制定）

| 条： | 10 | 专员作出转授 | E. R. 1 of 2013 | 25/04/2013 |

（1）在不抵触第（2）款的条文下，专员可在他认为合适的规限条款及条件（如有的话）下，将他在本条例下的任何职能或权力，转授予任何订明人员，规限条款及条件（如有的话）须在授权书中指明。

（2）专员不得转授他在以下条文下的职能或权力—

（a）第（1）款；

（b）在根据本条例订立的规例中指明为不受第（1）款规限的该等规例的条文；

（c）在附表2中指明为不受第（1）款规限的该附表的条文。

（3）获专员转授职能或权力的人—

（a）须执行该等职能及可行使该等权力，犹如该人是专员一样；及

（b）在没有相反证据的情况下，须推定为按照有关的转授行事。

（1995年制定）

| 条： | 11 | 个人资料（私隐）咨询委员会的设立 | E. R. 1 of 2013 | 25/04/2013 |

附注：

有关《立法会决议》（2007年第130号法律公告）所作之修订的保留及过渡性条文，见载于该决议第（12）段。

（1）现设立一个委员会，名为"个人资料（私隐）咨询委员会"，咨询委员会的设立目的为就任何与在个人资料方面的私隐有关的事宜，或在其他方面与本条例的施行有关的事宜，向专员提供意见。

（2）咨询委员会由以下人士组成—

（a）专员，他须担任主席；及

（b）由政制及内地事务局局长委任的4名至8名其他人士，其中—

（i）最少须有1名具备5年或5年以上处理资料的经验；及

（ii）公职人员不得多于1名。

（3）根据第（2）（b）款委任的咨询委员会成员，须按政制及内地事务局局长在他们各自的委任书中指明的或不时指明的任期及任职条款，担任成员职位。

（4）根据第（2）（b）款委任的咨询委员会成员可随时藉向政制及内地事务局局长递交书面通知而辞去成员职位。

（5）咨询委员会可规管其程序。

(1995 年制定。由 1997 年第 362 号法律公告修订；
由 2007 年第 130 号法律公告修订）

| 条： | 11A | 豁免 | 18 of 2012 | 01/10/2012 |

（1）凡根据第 5（3）条获委任为专员的人或订明人员在真诚执行（或本意是真诚执行）根据本条例委予专员或该人员的职能的过程中，或在真诚行使（或本意是真诚行使）根据本条例赋予专员或该人员的权力的过程中，作出或没有作出任何事情，该人或该人员无须就该事情而招致民事法律责任。

（2）根据第（1）款就已作出的或没有作出的事情而赋予任何人的保障，在任何方面均不影响专员作为单一法团而须为该事情负上的民事法律责任。

（由 2012 年第 18 号第 5 条增补）

| 部： | 3 | 实务守则 | E. R. 1 of 2013 | 25/04/2013 |

(1995 年制定）

| 条： | 12 | 实务守则由专员核准 | E. R. 1 of 2013 | 25/04/2013 |

（1）在符合第（8）及（9）款的规定下，专员可为就施加予资料使用者的本条例下的规定提供实务性指引，而—

（a）核准及发出他认为对该目的属适合的实务守则（不论是否由他拟备的）；及

（b）核准他认为对该目的属适合并由其他人或拟由其他人发出的实务守则。

(2) 凡专员根据第（1）款核准任何实务守则，他须藉宪报公告—

(a) 示明有关的守则，并指明对其的核准的生效日期；及

(b) 指明是为了本条例下的哪一或哪些规定而如此核准该守则。

(3) 专员可—

(a) 不时修订他根据本条拟备的实务守则的全部或其任何部分；及

(b) 核准对或拟对在当其时已根据本条核准的实务守则的全部或任何部分作出的修订，而第（2）款的条文在经必要的变通后，须就根据本款核准修订而适用，如同它们适用于根据第（1）款核准实务守则。

(4) 专员可在任何时间，撤回他给予任何已根据本条核准的实务守则的核准。

(5) 凡专员根据第（4）款撤回他给予任何已根据本条核准的实务守则的核准，他须藉宪报公告，示明有关的守则及指明他给予该守则的核准自何日起停止有效。

(6) 本条例中提述核准实务守则之处，为提述该守则凭借根据本条核准的对该守则的全部或其任何部分的修订而在当其时具有效力的版本。

(7) 专员根据第（1）（b）款核准由或拟由专员以外的人发出的实务守则的权力包括核准该等守则的一部分的权力，而在本条例中实务守则（code of practice）据此可理解为包括该等守则的一部分。

(8) 在本条开始实施的日期后的6个月内或在民政事务局局长容许的不超过该限期之后6个月的较后期间内，专员须就第（1）款所提述的所有或任何规定（只要该等规定是关乎属个人身份标识符的个人资料）根据第（1）款核准实务守则。（由1997年第362号法律公告修订）

(9) 专员在根据第（1）款核准实务守则或核准根据第（3）款对该守则作出的任何修订或建议如此作出的修订前—

(a) 如该守则或经如此修订的守则（视属何情况而定）将会适用（不论是完全适用或部分适用）于某些资料使用者，他须咨询他认为合适的并代表该等资料使用者的团体；及

(b) 他须咨询他认为合适的其他有利害关系的人。

(10) 为免生疑问，现声明：专员可为不同类别的资料使用者，及为第（1）款所提述的相同或不同的规定，根据第（1）款核准不同的实务守则（包括第（8）款所提述的任何实务守则）。

(1995 年制定)

| 条： | 13 | 在根据本条例进行的法律程序中使用核准实务守则 | E. R. 1 of 2013 | 25/04/2013 |

（1）凡任何资料使用者不依循核准实务守则的条文，此事本身不令他可在民事或刑事法律程序中被起诉，但如在根据本条例进行的法律程序中，资料使用者被指称为违反本条例下的规定，而在指称中的违反行为发生时，已有关于该项规定的核准实务守则，则第（2）款须就该等法律程序在该等守则方面具有效力。

（2）凡有人指称本条例下的某规定遭违反，指明当局觉得与该规定有关的实务守则的条文，可在有关的根据本条例进行的法律程序中获接纳为证据；如证明在关键时间有不依循该守则任何条文的情况，而该指明当局觉得该守则的任何条文与它为确证违反该规定的情况须予证明的事项有关，则在没有证据证明该规定就该事项而言已以依循该条文以外的方式获遵守的情况下，该事项须视为已获证明。

（3）在根据本条例进行的法律程序中，指明当局觉得属第 12 条下的通知的标的之实务守则，在没有相反证据的情况下，须视为该通知的标的。

（4）在本条中—

指明当局（specified body）指—

（a）裁判官；

（b）法庭；（由 2012 年第 18 号第 6 条修订）

（c）行政上诉委员会；或（由 2012 年第 18 号第 6 条修订）

（d）行政上诉委员会主席；（由 2012 年第 18 号第 6 条增补）

根据本条例进行的法律程序（proceedings under this Ordinance）在有资料使用者被指称为因为违反本条例下的规定而犯罪行的情况下，包括刑事法律程序。

(1995 年制定)

| 部： | 4 | 资料使用者申报表及资料使用者登记册 | E. R. 1 of 2013 | 25/04/2013 |

(1995 年制定)

| 条： | 14 | 资料使用者申报表 | E. R. 1 of 2013 | 25/04/2013 |

附注：

有关《立法会决议》（2007 年第 130 号法律公告）所作之修订的保留及过渡性条文，见载于该决议第（12）段。

（1）在符合第（2）款的规定下，专员可藉宪报公告指明本条所适用的某类别的资料使用者。

（2）专员在根据第（1）款以公告指明某类别的资料使用者之前，须——

（a）咨询他认为合适的并代表属于该类别的资料使用者的团体；及

（b）咨询他认为合适的其他有利害关系的人。

（3）除非资料使用者属正在生效的在第（1）款下的公告中指明某类别的资料使用者，否则本条不适用于该资料使用者。

（4）资料使用者须向专员呈交一份申报表，该份申报表——（由 2012 年第 18 号第 7 条修订）

（a）须符合指明格式；

（b）须载有由该申报表就该资料使用者规定须有的订明资讯；

（c）如是由——

（i）在指明有关类别的资料使用者的第（1）款下的公告开始生效当日即属于该类别的资料使用者呈交的，须于该日后的每年同月同日当日或之前的 3 个月内呈交；

（ii）在指明有关类别的资料使用者的第（1）款下的公告开始生效日期之后的某日才首次属于该类别的资料使用者呈交的，须于该某日之后的每年同月同日当日或之前的 3 个月内呈交；及

（d）须附同订明费用。

（5）专员须安排在每段 6 个月期间内最少刊登一次公告，该公告——

（a）须——

（i）在宪报刊登；及

（ii）在 1 份或 1 份以上的中文报章以中文刊登及在 1 份或多于 1 份的英文报章以英文刊登，该等报章须是每日在香港营销的；及

（b）在不抵触第（6）款的规定下，须为本条的施行而指明资料使用者申报表在何处及哪些时间内可供资料使用者领取。

（6）专员不得行使他在第（5）（b）款下的权力而指明属政府办公室的地方，除非及直至他已获政制及内地事务局局长的书面批准。（由 1997 年

第362号法律公告修订;由2007年第130号法律公告修订)

(7)专员须安排资料使用者申报表可供资料使用者—

(a)免费领取;及

(b)在根据第(5)款刊登的最近一份公告所指明的地方及时间内领取。

(8)凡根据第(4)款由资料使用者呈交予专员的资料使用者申报表中所载的订明资讯,在申报表呈交后有所变更—

(a)如(但只有在以下情况下)—

(i)该等资讯在该申报表中指明为本款所适用的资讯;及

(ii)该申报表载有或附有—

(A)本款的文本一份;或

(B)一项摘要说明本款施加予资料使用者的规定的陈述,该数据用户须向专员送达指明该等变更的书面通知;及

(b)该资料使用者须在该等变更发生后的30日内向专员送达上述通知。

(9)现声明—

(a)第(1)款下的公告是附属法例;及(由2012年第18号第7条修订)

(b)凡某资料使用者属于在正生效的2份或2份以上的第(1)款下的公告中指明的2个或2个以上的资料使用者类别,则就本条而言,该资料使用者须当作属于在宪报刊登的该等公告之中的第一份所指明的资料使用者类别。(由2012年第18号第7条修订)

(c)(由2012年第18号第7条废除)

(10)(由2012年第18号第7条废除)

(11)任何资料使用者明知或罔顾实情地在资料使用者申报表中,或在变更通知中,提供任何在要项上属虚假或具误导性的资讯,充作遵守第(4)或(8)款,即属犯罪,一经定罪,可处第3级罚款及监禁6个月。(由2012年第18号第7条增补)

(1995年制定)

| 条: | 14A | 资料使用者申报表的核实 | 18 of 2012 | 01/10/2012 |

(1)为核实资料使用者申报表或变更通知中的资讯的准确性,专员可向第(2)款指明的任何人送达书面通知,合理地要求该人—

（a）提供该书面通知指明的任何文件、纪录、资讯或物品；及

（b）以书面响应该书面通知指明的任何问题。

（2）有关人士是—

（a）有关资料使用者；及

（b）专员有合理理由相信也许能够在核实有关资料使用者申报表或变更通知中的任何资讯方面提供协助的人。

（3）任何根据第（1）款获送达通知的人，如根据任何其他条例有权或有责任拒绝提供该通知指明的任何文件、纪录、资讯或物品，或拒绝响应该通知指明的任何问题，则可如此拒绝提供或拒绝回应。

（4）如在顾及根据第（1）款提供的文件、纪录、资讯或物品或对问题的响应后，专员有合理理由相信某份资料使用者申报表或变更通知中的任何资讯属不准确，专员可藉书面通知，要求有关资料使用者在该申报表或变更通知中更正该资讯。

（5）除第（3）款另有规定外，根据第（1）或（4）款获送达通知的人须在该通知指明的合理限期内，遵从有关要求。

（6）任何人违反第（5）款，即属犯罪，一经定罪，可处第3级罚款。

（7）任何人明知或罔顾实情地提供任何在要项上属虚假或具误导性的文件、纪录、资讯、物品或对问题的响应，充作遵从第（1）款所指的通知，即属犯罪，一经定罪，可处第3级罚款及监禁6个月。

（8）任何资料使用者明知或罔顾实情地在资料使用者申报表中，或在变更通知中，提供任何在要项上属虚假或具误导性的资讯，充作遵从第（4）款所指的通知，即属犯罪，一经定罪，可处第3级罚款及监禁6个月。

（由2012年第18号第8条增补）

条：	15	资料使用者登记册	E. R. 1 of 2013	25/04/2013

（1）专员须使用资料使用者申报表及变更通知的资讯，以备存及维持一份已呈交该等申报表的资料使用者的登记册。（由2012年第18号第9条代替）

（2）登记册须—

（a）采用数据库的形式；及

（b）就每一名已呈交资料使用者申报表的资料使用者，载有在该申报

表及任何变更通知中提供并且是专员认为合适的资讯的详情。(由 2012 年第 18 号第 9 条修订)

(3) 凡专员为在登记册与某资料使用者有关的范围内备存及维持登记册而合理地需要关于该资料使用者的订明资讯,专员可藉送达予该资料使用者的书面通知,要求该资料使用者呈交载有该等资讯并符合指明格式的通知,而该资料使用者须在专员所送达的通知中规定的期间(该期间不得迟于通知送达后的 30 日)内,以专员在通知中规定的方式,呈交该符合指明格式的通知。(由 2012 年第 18 号第 9 条修订)

(4) 凡根据第(3)款由某资料使用者呈交予专员的订明资讯在呈交后有所变更—

(a) 如(但只有在以下情况下)—

(i) 该等资讯在该款下的有关的通知中指明为本款所适用的资讯,及

(ii) 第(i)节所提述的通知载有或附有—

(A) 本款的文本一份;或

(B) 一项摘要说明本款施加予资料使用者的规定的陈述,该资料使用者须向专员送达指明该等变更的书面通知;及

(b) 该资料使用者须在该变更发生后的 30 日内向专员送达上述通知。

(4A) 任何资料使用者明知或罔顾实情地在呈交予或送达专员的通知中,提供任何在要项上属虚假或具误导性的资讯,充作遵守第(3)或(4)款,即属犯罪,一经定罪,可处第 3 级罚款及监禁 6 个月。(由 2012 年第 18 号第 9 条增补)

(5) 如专员信纳某人已不再是资料使用者,他可从登记册中,删去其中所载的基于该人的资料使用者的身份而与他有关的任何详情。

(6) 已不再是资料使用者的人,可藉向专员送达符合订明格式的通知,要求专员从登记册中,删去其中所载的基于该人的资料使用者的身份而与他有关的详情,而除非该人已撤回该项要求,专员须在收到该通知当日后的 3 个月内,依从该项要求。

(7) 任何人在根据第(6)款送达专员的通知中,为了登记册所载的基于该人的资料使用者身份而与该人有关的详情得以删除,而提供任何在要项上属虚假或具误导性的资讯,即属犯罪,一经定罪,可处第 3 级罚款及监禁 6 个月。(由 2012 年第 18 号第 9 条增补)

(1995年制定)

条：	16	登记册的查阅	E. R. 1 of 2013	25/04/2013

（1）专员须提供设施以令登记册中所载详情—

（a）可供任何人查阅；

（b）可藉可观看及可阅读的形式供查阅；

（c）可在一般办公时间内供查阅；及

（d）可免费供查阅。

（2）如专员—

（a）收到由某人提出的符合指明格式的申请；及

（b）收到订明费用，他须以书面提供登记册所载的关于该申请所指明的某资料使用者（或某类别的资料使用者）详情的复本。

(1995年制定)

条：	17	登记册不得对本条例的施行做成局限等	E. R. 1 of 2013	25/04/2013

（1）为免生疑问，现声明—

（a）登记册是否载有关于某资料使用者的详情此事；

（b）登记册中载有的关于某资料使用者的详情，本身不得—

（i）局限、限制或规限本条例任何条文（包括第2（5）条及各保障资料原则）就该资料使用者的施行；

（ii）豁免该资料使用者使其不受本条例任何条文的施行所管限。

（2）第（1）款不得损害在本条例其他条文中有所规定的任何局限、限制、规限或豁免的施行。

(1995年制定)

部：	5	个人资料的查阅及更正	E. R. 1 of 2013	25/04/2013

(1995年制定)

部： 分部：	5 1	查阅个人资料	E. R. 1 of 2013	25/04/2013

(由 2012 年第 18 号第 10 条增补）

| 条： | 17A | 第 5 部的释义* | E. R. 1 of 2013 | 25/04/2013 |

在不局限第 2（1）条中有关人士的定义的原则下，在本部中—

有关人士（relevant person）就个人而言，亦包括获该名个人以书面授权代表该名个人提出以下要求的人—

（a）查阅资料要求；或

（b）改正资料要求。

(由 2012 年第 18 号第 10 条增补）

| 条： | 18 | 查阅资料要求 | E. R. 1 of 2013 | 25/04/2013 |

（1）任何个人或代表一名个人的有关人士可提出内容如下的要求—

（a）要求资料使用者告知他该用户是否持有该名个人属其资料当事人的个人资料；

（b）如该资料使用者持有该资料，要求该使用者提供一份该资料的复本。（由 2012 年第 18 号第 2 条修订）

（2）在第（1）款（a）及（b）段下的查阅资料要求，须视为单一项要求，而本条例的条文须据此解释。

（3）在没有相反证据的情况下，第（1）款（a）段下的查阅资料要求须视为该款（a）及（b）段下的查阅资料要求，而本条例的条文（包括第（2）款）须据此解释。

（4）就个人资料而言，如某资料使用者—（由 2012 年第 18 号第 2 条修订）

（a）不是持有该资料的；但

（b）控制该资料的使用，而控制的方式禁止实际持有该资料的另一资料使用者依从（不论是完全依从或部分依从）关乎该资料的查阅资料要求，（由 2012 年第 18 号第 2 条修订）则他须当作持有该资料，而本条例的条文（包括本条）须据此解释。（由 2012 年第 18 号第 2 条修订）

（5）任何人在查阅资料要求中，为了令有关资料使用者—

---

* 编辑修订—2013 年第 1 号编辑修订纪录。

（a）告知该人该资料使用者是否持有属该要求的标的之个人资料；及

（b）（如适用）提供一份该资料的复本，而提供在要项上属虚假或具误导性的资讯，即属犯罪。（由 2012 年第 18 号第 11 条增补）

（6）任何人犯第（5）款所订罪行，一经定罪，可处第 3 级罚款及监禁 6 个月。（由 2012 年第 18 号第 11 条增补）

（1995 年制定）

| 条： | 19 | 依从查阅资料要求 | E. R. 1 of 2013 | 25/04/2013 |

（1）在符合第（2）款及第 20 及 28（5）条的规定下，资料使用者须在收到由某人提出的查阅资料要求后的 40 日内，以下列方式，依从该项要求—

（a）如该资料使用者持有属该项要求的标的之个人资料—

（Ⅰ）以书面告知提出要求者该资料使用者持有该资料；及

（Ⅱ）提供一份该资料的复本；或

（b）如该资料使用者并无持有属该项要求的标的之个人资料，以书面告知提出要求者该资料使用者并无持有该资料。（由 2012 年第 18 号第 12 条代替）

（1A）尽管有第（1）（b）款的规定—

（a）有人就香港警务处是否持有某名个人的任何刑事犯罪纪录，向香港警务处提出查阅资料要求；而

（b）香港警务处并无持有该项纪录，香港警务处须以下述方式依从该项要求：在接获该要求后的 40 日内，以口头告知提出要求者香港警务处并无持有该项纪录。（由 2012 年第 18 号第 12 条增补）

（2）凡资料使用者不能在第（1）或（1A）款指明的期间内依从查阅资料要求，他—（由 2012 年第 18 号第 12 条修订）

（a）须在该期间届满前—

（i）藉书面通知告知提出要求者他不能如此依从该项要求，以及其理由；及

（ii）在他能依从该项要求的范围（如有的话）内，依从该项要求；及

（b）须在该期间届满后，在切实可行的范围内尽快依从或尽快完全依从（视属何情况而定）该项要求。

（3）依从某项查阅资料要求而由资料使用者提供的个人资料复本—

（a）须以收到该项要求时的该资料为准而提供，但该复本可—（由2012年第18号第2条修订）

（i）参照—

（A）在收到该项要求的时间至供应该复本之时之间作出的；及

（B）不论有否收到该项要求亦会作出的，对该资料的处理；及

（ii）在符合第（5）款的规定下，参照在收到该项要求的时间至供应该复本之时之间对该资料作出的改正；

（b）在已对该资料作出（a）（ii）段所提述的任何改正的情况下，须附同一份通知，说明该资料已依据该段予以改正（或相似意思的字眼）；及

（c）在切实可行范围内—

（i）须是清楚易明的，但如该复本是一份文件的真实复本，而该份文件—

（A）载有该资料；而

（B）在表面上不是清楚易明的，则属例外；

（ii）在该资料使用者所使用的编码已获充分解说的情况下，须是容易理解的；及

（iii）（A）除（B）分节另有规定外，须采用该项要求所指明的语文（可为中文或英文）；如无如此指明语文，则可采用提出该项要求所采用的语文（可为中文或英文）；

（B）如（但只有在以下情况下）—

（I）持有该资料所采用的语文，不是在该项要求所指明的语文或（如没有如此指明语文）提出该项要求所采用的语文（视属何情况而定）；而

（II）（在符合第20（2）（b）条的规定下）该复本是载有该资料的文件的真实复本，须采用该项要求所指明的语文以外的语文或（如没有如此指明语文）提出该项要求所采用的语文（视属何情况而定）以外的语文；

（iv）在不损害第（iii）节的概括性原则下但在不抵触第（4）款的条文下，须采用该项要求所指明（如有指明的话）的形式或（如指明一种形式以上）其中一种形式；

（v）（如第（iv）节不适用）须采用该资料使用者认为合适的形式。

(由2012年第18号第2条修订)

(4) 凡—

(a) 查阅资料要求指明所寻求采用的为依从该项要求而提供的个人资料的复本而须采用的一种或多于一种形式；及

(b) 有关的资料使用者不能提供采用该种形式或该等形式中的一种（视属何情况而定）的复本，而理由是该资料使用者如此行事并不切实可行，则—

(i) 如该资料使用者提供该复本能采用的切实可行形式只有一种，该资料使用者须以该种形式提供该复本，并附同一份书面通知，告知有关的提出要求者该种形式是提供该复本可采用的唯一切实可行形式；

(ii) 在其他情况下，该资料使用者须—

(A) 在切实可行范围内，尽快以书面通知告知该提出要求者—

(Ⅰ) 该资料使用者提供采用该项要求所指明的一种形式或（如指明一种形式以上）其中任何一种形式（视属何情况而定）的复本，并不切实可行；

(Ⅱ) 该资料使用者提供该复本可采用的切实可行形式为何种形式；及

(Ⅲ) 提出要求者可在收到该通知后的14日内，用书面指明该复本须以第（Ⅱ）分节中指明的形式中的哪一种形式提供；及

(B) 在切实可行范围内，尽快—

(Ⅰ) 采用对（A）节所提述的通知书的回复（如有的话）所指明的形式提供复本；

(Ⅱ)（如在（A）（Ⅲ）节所指明的期间内没有该等回复）采用（A）（Ⅱ）节所提述的形式中该资料使用者认为合适的一种，提供复本。

第(3)款(a)段第(ii)节及(b)段在指定日的1周年当日停止有效。

(1995年制定)

| 条：| 20 | 资料使用者须在或可在何种情况下拒绝依从查阅资料要求 | E. R. 1 of 2013 | 25/04/2013 |

(1) 在以下情况，资料使用者须拒绝依从查阅资料要求—

(a) 该资料使用者不获提供他合理地要求—

（i）以令他信纳提出要求者的身份的资讯；

（ii）（如提出要求者看来是就另一名个人而属有关人士）以令他—

（A）信纳该另一名个人的身份；及

（B）信纳提出要求者确是就该另一名个人而属有关人士的资讯；

（b）（在符合第（2）款的规定下）该资料使用者不能在不披露另一名个人属其资料当事人的个人资料的情况下依从该项要求；但如该资料使用者信纳该另一名个人已同意向该提出要求者披露该资料，则属例外；或（由 2012 年第 18 号第 2 条修订）

（c）（在其他情况下）在当其时，依从该要求根据本条例或任何其他条例是被禁止的。（由 2012 年第 18 号第 13 条修订）

（2）第（1）（b）款的施行不得—

（a）令该款提述另一名个人属其资料当事人的个人资料之处，包括提述识辨该名个人为有关的查阅资料要求所关乎的个人资料的来源的资讯（但如该名个人在该等资讯被点名或该等资讯以其他方式明确识辨该名个人的身份则除外）；

（b）令资料使用者无须在不披露该另一名个人的身份（不论是借着略去姓名或其他能识辨身份的详情或以其他方法）的情况下，在有关的查阅资料要求是可予依从的范围内依从该项要求。

（3）在以下情况，资料使用者可拒绝依从查阅资料要求—

（a）该项要求既不是采用中文而以书面作出，亦不是采用英文而以书面作出；

（b）该资料使用者不获提供他为找出该项要求所关乎的个人资料而合理地要求的资讯；

（c）该项要求关乎个人资料，并是在由—（由 2012 年第 18 号第 2 条修订）

（i）就该资料属资料当事人的个人；（由 2012 年第 18 号第 2 条修订）

（ii）一名或一名以上代表该名个人的有关人士；或

（iii）该名个人及该等有关人士的任何组合，所提出的 2 项或 2 项以上的类似要求之后提出，而在所有有关情况下，要该资料使用者依从该项要求是不合理的；（由 2012 年第 18 号第 2 条修订）

(d)（在符合第（4）款的规定下）有另一资料使用者控制该资料的使用，而控制的方式禁止本款所述的第一位资料使用者依从（不论是完全依从或部分依从）该项要求；（由 2012 年第 18 号第 2 条修订）

(e) 提出该项要求须采用的格式已根据第 67 条指明，而该项要求并非采用该种格式；（由 2012 年第 18 号第 13 条修订）

(ea) 根据本条例或任何其他条例，该资料使用者有权不依从该项要求；或（由 2012 年第 18 号第 13 条增补）

(f)（在其他情况下）在当其时可根据本条例拒绝依从该项要求，不论是凭借第Ⅷ部下的豁免或其他规定而拒绝。

(4) 如——

(a) 查阅资料要求与第 18（1）（a）条有关，第（3）（d）款的施行不得令有关的资料使用者在任何范围内无须依从该项要求；

(b) 查阅资料要求与第 18（1）（b）条有关，第（3）（d）款的施行，不得令有关的资料使用者无须在能不违反有关禁制而依从该项要求的范围内依从该项要求。

(5) 尽管任何有关条例或其附属法例中有任何关于文件透露及查阅的条文，在根据本条例进行的法律程序中，指明当局——

(a) 可为裁断关于某资料使用者是否根据本条必须或有权拒绝依从某项查阅资料要求的争议点，或为裁断关乎该争议点的任何问题，要求提供属该项查阅资料要求的标的之个人资料供该当局审视；及

(b) 除非决定该资料使用者须依从该项查阅资料要求，否则不得要求将该资料向该法律程序的任何一方披露（不论是藉文件透露或其他方式披露）。（由 2012 年第 18 号第 13 条增补）

(6) 在第（5）款中——

有关条例（relevant Ordinance）指——

(a)《高等法院条例》（第 4 章）；

(b)《区域法院条例》（第 336 章）；或

(c)《行政上诉委员会条例》（第 442 章）；

指明当局（specified body）具有第 13（4）条给予该词的涵义；

根据本条例进行的法律程序（proceedings under this Ordinance）具有第 13(4)条给予该词的涵义。（由 2012 年第 18 号第 13 条增补）

(1995年制定。编辑修订—2013年第1号编辑修订纪录)

| 条： | 21 | 拒绝依从查阅资料要求的通知 | E.R.1 of 2013 | 25/04/2013 |

（1）在不抵触第（2）款的条文下，依据第20条拒绝依从某项查阅资料要求的资料使用者，须在收到该项要求后的40日内，于切实可行范围内尽快以书面通知告知提出要求者—

（a）拒绝该项要求一事；

（b）（在不抵触第（2）款的条文下）拒绝的理由；及

（c）（如第20（3）（d）条适用）有关的另一资料使用者的地址及姓名或名称。

（2）如—

（a）资料使用者已依据第20条拒绝依从查阅资料要求；而

（b）该项要求凭借第63条亦是与第18（1）（a）条有关，则该资料使用者可在根据第（1）款发出的有关通知中，告知有关的提出要求者该资料使用者并没有他须向该提出要求者披露其是否存在的个人资料（或相似意思的字眼），而不是告知该资料使用者须根据第（1）款告知该提出要求者的事宜。

(1995年制定)

| 部： | 5 | 更正个人资料 | E.R.1 of 2013 | 25/04/2013 |
| 分部： | 2 | | | |

（由2012年第18号第14条增补）

| 条： | 22 | 改正资料要求 | E.R.1 of 2013 | 25/04/2013 |

（1）在不抵触第（1A）及（2）款的条文下，如—（由2012年第18号第15条修订）

（a）资料使用者已依从查阅资料要求而提供个人资料的复本；及

（b）属有关的资料当事人的个人或代表该名个人的有关人士认为该资料不准确，则该名个人或有关人士（视属何情况而定）可提出要该资料使用者对该资料作出所需的改正的要求。（由2012年第18号第2条修订）

（1A）如某名个人以书面授权某人代表该名个人作出查阅资料要求，而

该人仅因为该项授权而属该名个人的有关人士，该人无权提出改正资料要求。（由 2012 年第 18 号第 15 条增补）

（2）就个人资料而言，如某资料使用者－（由 2012 年第 18 号第 2 条修订）

（a）不是持有该资料的；但

（b）控制该资料的处理，而控制的方式，禁止实际持有该资料的另一资料用户就关乎该资料的改正资料要求遵守（不论是完全遵守或部分遵守）第 23（1）条，则他须当作可向其提出该项要求的资料使用者，而本条例的条文（包括第（1）款）须据此解释。（由 2012 年第 18 号第 2 条修订）

（3）在不损害第 23(1)（c）及 25(2)条的概括性原则下，任何资料使用者如在接获一项改正资料要求后但在依据第 24 条依从该要求前或在依据第 25 条拒绝依从该项要求前，向第三者披露该项要求所关乎的个人资料，则该使用者须采取所有切实可行的步骤，以告知该第三者该资料为该使用者仍在考虑中的改正资料要求的标的（或相似意思的字眼）。（由 2012 年第 18 号第 15 条修订）

（4）任何人在改正资料要求中，为了令有关的个人资料得以按该要求所示的方式改正，而提供在要项上属虚假或具误导性的资讯，即属犯罪，一经定罪，可处第 3 级罚款及监禁 6 个月。（由 2012 年第 18 号第 15 条增补）

（1995 年制定）

条：	23	依从改正资料要求	E. R. 1 of 2013	25/04/2013

（1）除第（2）款及第 24 条另有规定外，如资料使用者信纳改正资料要求所关乎的个人资料属不准确，在收到该项要求后的 40 日内－

（a）他须对该资料作出所需的改正；

（b）他须向提出要求者提供经如此改正的该资料的复本一份；及

（c）除第（3）款另有规定外，如－

（i）在紧接作出有关改正之前的 12 个月内该资料曾披露予第三者；及

（ii）该资料是为某目的（包括任何直接有关的目的）披露予该第三者，而该资料使用者没有理由相信该第三者已停止将该资料用于该目的，他须采取所有切实可行的步骤,向该第三者提供经如此改正的该资料的复本一份,并附同一份述明改正理由的书面通知。

(2) 如资料使用者不能在第(1)款指明的期间内就某项改正资料要求遵守该款,他—

(a) 须在该期间届满前—

(i) 藉书面通知告知提出要求者他不能如此遵守该款,以及其理由;及

(ii) 在他能遵守该款的范围(如有的话)内,遵守该款;及

(b) 须在该期间届满后,在切实可行的范围内尽快遵守或尽快完全遵守(视属何情况而定)该款。

(3) 凡将个人资料向第三者作有关的披露,包含由该第三者查阅—

(a) 记入或以其他方式记录该资料的;及

(b) 可供公众查阅的,登记册或其他相似文件,有关的资料使用者无须遵守第(1)(c)款,但如该第三者已获供应该资料的由该使用者核证或根据该使用者授权而核证为正确的复本,则本款不适用。

(1995年制定。由2012年第18号第2条修订)

| 条: | 24 | 资料使用者须在或可在何种情况下拒绝依从改正资料要求 | E. R. 1 of 2013 | 25/04/2013 |

(1) 除第(2)款另有规定外,如资料使用者不获提供他合理地要求—

(a) 以令他信纳提出有关的改正资料要求的人的身份的资讯;

(b) (如提出要求者看来是就另一人而属有关人士)以令他—

(i) 信纳该另一人的身份;及

(ii) 信纳提出要求者确是就该另一人而属有关人士的资讯,他须拒绝就该项要求遵守第23(1)条。

(2) 如改正资料要求是因为查阅资料要求而产生,而两项要求是由同一人提出的,则第(1)款不适用于该项改正资料要求。

(3) 在以下情况,资料使用者可拒绝就某项改正资料要求遵守第23(1)条—

(a) 该项要求既不是采用中文而以书面作出,亦不是采用英文而以书面作出;

(b) 该资料使用者不信纳该项要求所关乎的个人资料属不准确;

(c) 该资料使用者合理地要求某些资讯,以确定该项要求所关乎的个

人资料在哪些方面不准确，但是他不获提供该等资讯；

(d) 资料使用者不信纳属该项要求的标的之改正是准确的；或

(e) （在符合第（4）款的规定下）有另一资料使用者控制该资料的处理，而控制的方式禁止本款所述的第一位资料使用者遵守（不论是完全遵守或部分遵守）该条。（由 2012 年第 18 号第 2 条修订）

(4) 第(3)(e) 款的施行，不得令资料使用者在能不违反有关禁制而遵守第 23（1）条的范围内，无须遵守该条。

(1995 年制定)

| 条： | 25 | 拒绝依从改正资料要求等的通知 | E. R. 1 of 2013 | 25/04/2013 |

(1) 依据第 24 条拒绝就某项改正资料要求遵守第 23（1）条的资料使用者，须在收到该项要求后的 40 日内，于切实可行范围内尽快以书面通知告知提出要求者——

(a) 拒绝该项要求一事及拒绝的理由；及

(b) （如第 24（3）(e) 条适用）有关的另一资料使用者的地址及姓名或名称。

(2) 在不损害第（1）款的概括性原则下，凡——

(a) 改正资料要求所关乎的个人资料是一项意见表达；而

(b) 有关的资料使用者不信纳该项意见属不准确，则——

(i) （A）如提出要求者就某些事宜认为该意见属不准确，该资料使用者须作一项关于该等事宜的附注（不论是附于该资料或附于别处）；而

(B) 作出该项附注的方式，须令任何人（包括该资料使用者及第三者）不能在该人不会注意到该项附注的情况下及不能在该项附注不能供该人查阅的情况下，使用该资料；及（由 2012 年第 18 号第 2 条修订）

(ii) 该资料使用者须将该项附注的复本一份，附于第（1）款所提述的关乎该项要求的通知书上。

(3) 在本条中——

意见表达（expression of opinion）包括断言一项——

(a) 不能核实的事实；或

(b) 在有关个案的所有情况下，予以核实不是切实可行的事实。

(1995 年制定)

部：	5	杂项条文	E. R. 1 of 2013	25/04/2013
分部：	3			

（由 2012 年第 18 号第 16 条增补）

条：	26	删除不再需要的个人资料	E. R. 1 of 2013	25/04/2013

（1）凡资料使用者持有的个人资料是用于某目的（包括与该目的有直接关系的目的），但已不再为该等目的而属有需要的，则除在以下情况外，该资料使用者须采取所有切实可行步骤删除该资料—（由 2012 年第 18 号第 2 及 17 条修订）

（a）该等删除根据任何法律是被禁止的；或

（b）不删除该资料是符合公众利益（包括历史方面的利益）的。（由 2012 年第 18 号第 2 条修订）

（2）为免生疑问，现声明—

（a）即使任何其他资料使用者（前者）控制（不论是完全控制或部分控制）该资料的处理，持有有关资料的资料使用者（后者）须按照第（1）款，采取所有切实可行步骤删除个人资料；（由 2012 年第 18 号第 2 及 17 条修订）

（b）后者不得就该等删除而在前者为损害赔偿而提出的诉讼中负法律责任。

（1995 年制定）

条：	27	资料使用者须备存纪录簿	E. R. 1 of 2013	25/04/2013

（1）资料使用者须备存及维持符合以下说明的纪录簿—

（a）为本部的施行而备存及维持的；

（b）采用中文或英文的；及

（c）备存及维持方式令依据本条记入该纪录簿的详情在以下限期届满前不被删除—

（i）（除第（ii）节另有规定外），该资料如此记入的日期之后的 4 年；（由 2012 年第 18 号第 2 条修订）

（ii）根据第 70 条订立的规例就一般情况或个别个案订明的较长或较短限期。

377

(2) 资料使用者—

(a) 如依据第 20 条拒绝依从查阅资料要求，他须在纪录簿内按照第(3) 款记入拒绝理由的详情；

(b) 如依据第 21 (2) 条不遵守第 21 (1) 条，他须在纪录簿内，按照第 (3) 款记入如有关的查阅资料要求所关乎的个人资料的存在与否被披露，将会对受在第Ⅷ部下的有关豁免所保障的利益做成的损害的详情；

(c) 如依据第 24 条拒绝就某项改正资料要求遵守第 23 (1) 条，他须在纪录簿内，按照第 (3) 款记入拒绝理由的详情；

(d) 须在纪录簿内，按照第 (3) 款记入根据第 70 条订立的规例所规定须记入纪录簿内的任何其他详情。

(3) 第(2)款规定须由资料使用者记入纪录簿的—

(a) 该款（a）段所提述的详情，须在第 21(1)条下的通知就该等详情所关乎的拒绝而送达之时或之前记入纪录簿；

(b) 该款（b）段所提述的详情，须在第 21(1)条下的通知就该等详情所关乎的拒绝而送达之时或之前记入纪录簿；

(c) 该款（c）段所提述的详情，须在第 25(1)条下的通知就该等详情所关乎的拒绝而送达之时或之前记入纪录簿；

(d) 该款（d）段所提述的详情，须在根据第 70 条订立的规例就该等详情所指明的期间内记入纪录簿。

(4) 资料使用者须—

(a) 准许专员在任何合理时间查阅及抄录或复制纪录簿（或其任何部分）；及

(b) 免费向专员提供专员为该等查阅及抄录或复制的目的而合理地要求的设施及协助。

（1995 年制定）

| 条： | 28 | 资料使用者征收费用 | E. R. 1 of 2013 | 25/04/2013 |

(1) 除获本条明文准许外，资料使用者不得为依从或拒绝依从查阅资料要求或改正资料要求而征收费用。

(2) 在符合第(3)及(4)款的规定下，资料使用者可为依从查阅资料要求而征收费用。

（3）为依从查阅资料要求而征收的费用不得超乎适度。

（4）如依据第19(3)(c)(iv)或(v)或(4)(ii)(B)(II)条，资料使用者可藉提供查阅资料要求所关乎的个人资料的复本，依从该项要求，而复本是采用2种或以上的形式中的一种的，则无论该资料使用者依从该项要求是采用何种形式，他为依从该项要求而征收的费用，不得高于他为采用任何形式依从该项要求而征收的最低费用。

（5）资料使用者可拒绝依从该项要求，除非及直至资料使用者为依从要求而征收的费用已获缴付。

（6）如——

（a）资料使用者已藉提供查阅资料要求所关乎的个人资料的复本，依从该项要求；而

（b）有关的资料当事人或代表他的有关人士，要求资料使用者提供该资料的另一份复本，（由2012年第18号第2条修订）则即使有该资料使用者为依从该项要求而征收的费用，该资料使用者可为提供该另一份复本征收费用，但该费用不得多于他为提供该另一份复本而招致的行政成本或其他成本。

（1995年制定）

| 条： | 29 | 某些通知的送达及语文 | E. R. 1 of 2013 | 25/04/2013 |

在不损害第68条的概括性原则下，凡依据查阅资料要求或改正资料要求，资料使用者须藉或可藉书面通知告知提出要求者任何事宜，而提出要求者须当作没有被如上述般通知，除非及直至——

（a）采用该项要求所采用的语文（如该语文是中文或英文）；

（b）（在其他情况下）按该资料使用者视乎合适而采用中文或英文，的通知送达提出要求者。

（1995年制定）

| 部： | 6 | 个人资料等的核对程序及转移 | E. R. 1 of 2013 | 25/04/2013 |

（1995年制定）

| 条： | 30 | 如无数据当事人同意等不得进行核对程序 | E. R. 1 of 2013 | 25/04/2013 |

（1）资料使用者不得进行（不论是完全进行或部分进行）核对程序—

（a）除非及直至属核对程序的标的之个人资料的资料当事人已就进行该核对程序给予订明同意；

（b）除非及直至专员已根据第 32 条就进行该核对程序给予同意；

（c）除非核对程序—

（i）属于第（2）款下的公告所指明的核对程序类别；及

（ii）是按照该公告所指明的条件（如有的话）进行的；或

（d）除非核对程序是根据附表 4 所指明的任何条例的条文规定须进行的或准许进行的。

（2）专员可为本条的施行，藉宪报公告指明—

（a）某类别的核对程序；

（b）在符合第（3）款的规定下，属于该类别的核对程序须在其规限下进行的条件（如有的话）。

（3）专员在根据第（2）款于公告中指明任何条件前，须咨询专员认为合适的—

（a）该等条件将（不论是完全或部分）对其适用的资料使用者的代表团体；及

（b）其他有利害关系的人。

（4）现声明：第（2）款下的公告是附属法例。

（5）除第（6）款另有规定外—

（a）除非资料使用者已向有关的个人送达书面通知—

（i）指明该资料使用者拟向该名个人采取的不利行动及其理由；及

（ii）述明该名个人可在收到该通知后 7 日内提出不应该采取该行动的因由；及

（b）在该 7 日限期届满前，该资料使用者不得因应（不论是完全或部分）核对程序而对该名个人采取该不利行动。

（6）如遵守第（5）款的规定，会损害对犯罪行为或可能有的犯罪行为的调查，则第（5）款的施行不得阻止资料使用者对个人采取不利行动。

（由 2002 年第 23 号第 126 条修订）

| 条： | 31 | 核对程序要求 | E. R. 1 of 2013 | 25/04/2013 |

（1）拟进行（不论是完全进行或部分进行）核对程序的资料使用者可作出符合以下说明的要求—

（a）符合订明格式的；

（b）向专员作出的；及

（c）寻求专员就该核对程序的进行根据第 32 条给予同意的。

（2）如 2 名或 2 名以上的资料使用者可就同一核对程序各自提出一项核对程序要求，则任何该等资料使用者可代表所有该等资料使用者提出该项要求，而本条例的条文（包括第（1）款）须据此解释。

（3）在不损害第（2）款的概括性原则下，现声明：一项核对程序要求可就 2 项或 2 项以上的核对程序提出，或就一系列的核对程序提出，而本条例其他条文（包括第 32 条）须据此解释。

（4）任何资料使用者在根据第（1）款提出的核对程序要求中，为了取得专员对进行该项要求所关乎的核对程序的同意，而提供在要项上属虚假或具误导性的资讯，即属犯罪，一经定罪，可处第 3 级罚款及监禁 6 个月。（由 2012 年第 18 号第 18 条增补）

（1995 年制定）

| 条： | 32 | 核对程序要求的决定 | E. R. 1 of 2013 | 25/04/2013 |

（1）专员须—

（a）在收到核对程序要求后的 45 日内就该项要求作出决定；

（b）藉考虑适用于该项要求的订明事宜，并—

（i）（在专员信纳该等事宜时）向提出要求者送达书面通知，述明他同意该项要求所关乎的核对程序在该通知所指明的条件（如有的话）的规限下进行；

（ii）（在专员不信纳该等事宜时）向提出要求者送达书面通知，述明—

（A）他拒绝同意该项要求所关乎的核对程序的进行；及

（B）他不信纳哪些事宜及不信纳的理由，而就该项要求作出决定。

（2）为免生疑问，现声明：凡核对程序要求关乎某项核对程序，在第（1）（b）（i）款下的通知中所示的同意，不得阻止既不是有关的提出要求者亦（如第 31（2）条适用于该项要求）不是有人代其提出该项要求的任何资料使用者进行该项程序，不论是完全进行或部分进行。

（3）反对—

（a）在—

（i）第（1）(b)(i)款下的通知所指明的条件；或

（ii）第（1）(b)(ii)款下的通知所指明的拒绝，的上诉，可向行政上诉委员会提出；

（b）上述事项的上诉，可由获送达有关通知的提出要求者提出，或由有人代其提出有关的核对程序要求的资料使用者提出。

（4）在本条中，订明事宜（prescribed matter）指附表5所指明的事宜。

（5）任何提出要求者违反第（1）(b)(i)款所指的通知指明的任何条件，即属犯罪，一经定罪，可处第3级罚款。（由2012年第18号第19条增补）

（1995年制定）

| 条： | 33 | 禁止除在指明情况外将个人资料移转至香港以外地方 | |

（1）除—

（a）其收集、持有、处理或使用是在香港进行的个人资料；或

（b）其收集、持有、处理或使用是由主要业务地点是在香港的人所控制的个人资料，外，本条不适用于任何个人资料。

（2）除非符合以下条件，否则资料使用者不得将个人资料移转至香港以外的地方—

（a）该地方是为本条的施行而在第（3）款下的公告中指明的；

（b）该使用者有合理理由相信在该地方有与本条例大体上相似或达致与本条例的目的相同的目的之法律正在生效；

（c）有关的资料当事人已以书面同意该项移转；

（d）该使用者有合理理由相信在有关个案的所有情况下—

（i）该项移转是为避免针对资料当事人的不利行动或减轻该等行动的影响而作出的；

（ii）获取资料当事人对该项移转的书面同意不是切实可行的；及

（iii）如获取书面同意是切实可行的，则资料当事人是会给予上述同意的；

（e）该资料凭借第8部下的豁免获豁免而不受第3保障资料原则所管

限；或（由 2012 年第 18 号第 2 条修订）

（f）凡假使该资料在香港以某方式收集、持有、处理或使用，便会属违反本条例下的规定，该使用者已采取所有合理的预防措施及已作出所有应作出的努力，以确保该资料不会在该地方以该方式收集、持有、处理或使用。（由 2012 年第 18 号第 2 条修订）

（3）凡专员有合理理由相信在香港以外的某地方有与本条例大体上相似或达致与本条例的目的相同的目的之法律正在生效，他可藉宪报公告，为本条的施行指明该地方。

（4）凡专员有合理理由相信在第（3）款下的公告所指明的某地方，已不再有与本条例大体上相似或达致与本条例的目的相同的目的之法律正在生效，他须藉废除或修订该公告，令该地方停止被为本条的施行而指明。

（5）为免生疑问，现声明—

（a）就第（1）（b）款而言，资料使用者如属在香港成立为法团的公司，即为主要业务地点是在香港的资料使用者；

（b）第（3）款下的公告是附属法例；及

（c）本条的施行不损害第 50 条的概括性。

（1995 年制定）

（格式变更—2013 年第 1 号编辑修订纪录）

条：	34	（由 2012 年第 18 号第 20 条废除）	L. N. 5 of 2013	01/04/2013
条：	35	在相同情况下重复收集个人资料	E. R. 1 of 2013	25/04/2013

（1）凡资料使用者—

（a）已就从有关的资料当事人收集任何个人资料（首度收集），遵守第 1(3) 保障资料原则的条文；及

（b）在其后再次从该资料当事人收集个人资料（继后收集），则在以下情况下（但只有在以下情况下），他无须就继后收集遵守该等条文—

（i）就该次继后收集遵守该等条文，将会是在没有重要分别的情况下，重复已为就首度收集遵守该等条文而作出的事情；及

（ii）首度收集与该次继后收集之间的相隔时间不超过 12 个月。

（2）为免生疑问，现声明：如（但只有在以下情况下）有关的资料使用者已就某次继后收集遵守第 1(3) 保障资料原则，第(1)款的施行不得阻止该次继后收集变为首度收集。

（1995 年制定）

| 部： | 6A | 在直接促销中使用个人资料及提供个人资料以供用于直接促销 | E. R. 1 of 2013 | 25/04/2013 |

（第 6A 部由 2012 年第 18 号第 21 条增补）

| 部：分部： | 6A 1 | 释义 | E. R. 1 of 2013 | 25/04/2013 |

| 条： | 35A | 第 6A 部的释义* | E. R. 1 of 2013 | 25/04/2013 |

（1）在本部中—

同意（consent）就在直接促销中使用个人资料而言，或就提供个人资料以供在直接促销中使用而言，包括表示不反对该项使用或提供；

响应途径（response channel）指由资料用户根据第 35C(2)(c) 或 35J(2)(c) 条向数据当事人提供的途径；直接促销（direct marketing）指透过直接促销方法—

（a）要约提供货品、设施或服务，或为该等货品、设施或服务可予提供而进行广告宣传；或

（b）为慈善、文化、公益、康体、政治或其他目的索求捐赠或贡献；

直接促销方法（direct marketing means）指—

（a）藉邮件、图文传真、电子邮件或其他形式的传讯，向指名特定人士送交资讯或货品；或

（b）以特定人士为致电对象的电话通话；

促销标的（marketing subject）就直接促销而言，指—

（a）被要约提供或就其可予提供而进行广告宣传的任何货品、设施或服务；或

---

* 编辑修订—2013 年第 1 号编辑修订纪录。

(b) 任何索求捐赠或贡献的目的；

许可种类个人资料（permitted kind of personal data）就资料当事人对某项拟进行的个人资料使用或提供的同意而言，指符合以下条件的种类的个人资料—

(a) 该种类的个人资料是在该当事人根据第35C(2)(b)(i)或35J(2)(b)(ii)条获提供的资讯中指明的；及

(b) 该同意是就该种类的个人资料给予的；

许可类别人士（permitted class of persons）就资料当事人对某项拟进行的个人资料提供的同意而言，指符合以下条件的类别的人士—

(a) 该类别的人士是在该当事人根据第35J(2)(b)(iii)条获提供的资讯中指明的；及

(b) 该同意是就该类别的人士给予的；

许可类别促销标的（permitted class of marketing subjects）就资料当事人对某项拟进行的个人资料使用或提供的同意而言，指符合以下条件的类别的促销标的—

(a) 该类别的促销标的是在该当事人根据第35C(2)(b)(ii)或35J(2)(b)(iv)条获提供的资讯中指明的；及

(b) 该同意是就该类别的促销标的给予的。

(2) 如某人提供个人资料，以获得金钱或其他财产的回报，则不论—

(a) 该项回报是否以某条件获符合为前提；或

(b) 该人是否维持对该资料的使用的任何控制，就本部而言，该人即属为得益而提供个人资料。

（编辑修订—2013年第1号编辑修订纪录）

部：分部：	6A 2	在直接促销中使用个人资料	E. R. 1 of 2013	25/04/2013
条：	35B	适用范围	L. N. 5 of 2013	01/04/2013

本分部并不就要约提供以下服务或就有以下服务可予提供而进行广告宣传而适用—

(a) 由社会福利署营办、资助或津贴的社会服务；

(b) 由医院管理局或卫生署提供的医护服务；或

(c) 符合以下说明的任何其他社会或医护服务：该项服务拟向某名个人提供，而如不向该名个人提供该项服务，便相当可能会对以下人士的身体或精神健康造成严重损害—

(i) 该名个人；或

(ii) 任何其他个人。

| 条： | 35C | 数据用户将个人资料用于直接促销前,须采取指明行动 | L. N. 5 of 2013 | 01/04/2013 |

(1) 除第35D条另有规定外，资料使用者如拟在直接促销中，使用某资料当事人的个人资料，须采取第(2)款指明的每一项行动。

(2) 资料使用者须—

(a) 告知有关资料当事人—

(i) 该资料使用者拟如此使用有关个人资料；及

(ii) 该资料使用者须收到该当事人对该拟进行的使用的同意，否则不得如此使用该资料；

(b) 向该当事人提供关于该拟进行的使用的以下资讯—

(i) 拟使用的个人资料的种类；及

(ii) 该资料拟就什么类别的促销标的而使用；及

(c) 向该当事人提供一个途径，让该当事人可在无需向该资料使用者缴费的情况下，透过该途径，传达该当事人对上述的拟进行的使用的同意。

(3) 不论个人资料是否由有关资料使用者从有关资料当事人收集的，第（1）款均适用。

(4) 根据第(2)(a)及(b)款提供的资讯，须以易于理解的方式呈示，如属书面资讯，则亦须以易于阅读的方式呈示。

(5) 除第35D条另有规定外，资料使用者未经采取第（2）款指明的每一项行动，而在直接促销中，使用某资料当事人的个人资料，即属犯罪，一经定罪，可处罚款＄500000及监禁3年。

(6) 在为第（5）款所订罪行而提起的法律程序中，被控告的资料使用者如证明自己已采取所有合理预防措施，并已作出一切应作出的努力，以避免犯该罪行，即可以此作为免责辩护。

（7）凡有法律程序为第（5）款所订罪行而提起，在该程序之中，有关资料使用者负有举证责任，证明由于第35D条，本条并不适用。

| 条： | 35D | 在何种情况下第35C条不适用 | L. N. 5 of 2013 | 01/04/2013 |

（1）如在本部生效日期之前—

（a）某资料当事人已获某资料使用者以易于理解和（如以书面方式告知）阅读的方式明确告知，其个人资料拟在或在直接促销中，就某类别的促销标的而被使用；

（b）该资料使用者已如此使用该当事人的任何资料；

（c）该当事人没有要求该资料使用者停止如此使用该当事人的任何资料；及

（d）该资料使用者没有就该项使用而违反于该项使用时有效的本条例的任何条文，而该资料使用者在本部生效日期*当日或之后，拟在或在直接促销中，就该类别的促销标的而使用该当事人的不时更新的有关个人资料，则第35C条并不就该项拟进行的使用或使用而适用。

（2）如—

（a）某资料当事人的个人资料是由该当事人以外的另一人（第三者）提供予某资料使用者的；及

（b）该第三者已书面通知该资料使用者—

（i）就提供该资料而言，第35J及35K条已获遵守；及

（ii）该资料使用者可在直接促销中，就何种类别的促销标的（该当事人已同意者）使用该资料，而该资料使用者拟在或在直接促销中，就该类别的促销标的而使用该资料，则第35C条并不就该项拟进行的使用或使用而适用。

（3）在本条中—

本部生效日期（commencement date）指本部开始实施的日期；

---

* 生效日期：2013年4月1日。

有关个人资料（relevant personal data）就资料当事人而言，指该当事人的符合以下说明的个人资料：在紧接本部生效日期前，该资料的使用，受某资料使用者控制。

| 条： | 35E | 如无资料当事人同意，资料使用者不得将个人资料用于直接促销 | L. N. 5 of 2013 | 01/04/2013 |

（1）已遵守第35C条的资料使用者不得在直接促销中，使用有关资料当事人的个人资料，但如以下条件获符合，则不在此限——

（a）该资料使用者已收到该当事人对拟如此使用（如该资料使用者根据第35C(2)(b)条提供的资讯所描述者）该个人资料的同意，不论是一般的同意或是选择性的同意；

（b）（如该项同意属口头同意）该资料使用者已自收到该项同意起计的14日内，向该当事人发出确认以下事宜的书面确认——

（i）收到该项同意的日期；

（ii）有关许可种类个人资料；及

（iii）有关许可类别促销标的；及

（c）该项使用符合该当事人的同意。

（2）就第(1)(c)款而言，如——

（a）有关个人资料属某许可种类个人资料；及

（b）该资料是就某促销标的而使用，而该促销标的属某许可类别促销标的，则该项使用即属符合该当事人的同意。

（3）资料当事人可透过响应途径或其他方法，向资料使用者传达对使用个人资料的同意。

（4）资料使用者违反第（1）款，即属犯罪，一经定罪，可处罚款$500000及监禁3年。

（5）在为第（4）款所订罪行而提起的法律程序中，被控告的资料使用者如证明自己已采取所有合理预防措施，并已作出一切应作出的努力，以避免犯该罪行，即可以此作为免责辩护。

| 条： | 35F | 资料使用者首次将个人资料用于直接促销时须通知资料当事人 | L. N. 5 of 2013 | 01/04/2013 |

（1）在将某资料当事人的个人资料首次在直接促销中使用时，资料使用者须告知该当事人，如该当事人要求该资料使用者停止在直接促销中使用该资料，该资料使用者须在不向该当事人收费的情况下，停止在直接促销中使用该资料。

（2）不论个人资料是否由有关资料使用者从有关资料当事人收集的，第(1)款均适用。

（3）资料使用者违反第(1)款，即属犯罪，一经定罪，可处罚款$500000及监禁3年。

（4）在为第(3)款所订罪行而提起的法律程序中，被控告的资料使用者如证明自己已采取所有合理预防措施，并已作出一切应作出的努力，以避免犯该罪行，即可以此作为免责辩护。

| 条： | 35G | 资料当事人可要求资料使用者停止将个人资料用于直接促销 | L. N. 5 of 2013 | 01/04/2013 |

（1）资料当事人可随时要求资料使用者停止在直接促销中使用该当事人的个人资料。

（2）不论有关资料当事人—

（a）是否已自有关资料使用者，收到第35C（2）条规定须就使用有关个人资料提供的资讯；或

（b）有否在较早前，向该资料使用者或第三者给予对该项使用的同意，第（1）款均适用。

（3）资料使用者如收到资料当事人根据第(1)款作出的要求，须在不向该当事人收费的情况下，依从该项要求。

（4）资料使用者违反第（3）款，即属犯罪，一经定罪，可处罚款$500000及监禁3年。

（5）在为第（4）款所订罪行而提起的法律程序中，被控告的资料使用者如证明自己已采取所有合理预防措施，并已作出一切应作出的努力，以避免犯该罪行，即可以此作为免责辩护。

（6）本条不影响第26条的施行。

条：	35H	第3保障资料原则规定的对在直接促销中使用个人资料的订明同意	L. N. 5 of 2013	01/04/2013

尽管有第2（3）条的规定，凡根据第3保障资料原则，资料使用者在直接促销中使用某资料当事人的任何个人资料，须获该当事人的订明同意，该资料使用者如没有违反第35C、35E或35G条，即视为已取得该项同意。

部： 分部：	6A 3	提供个人资料以供用于直接促销	E. R. 1 of 2013	25/04/2013

条：	35I	适用范围	L. N. 5 of 2013	01/04/2013

（1）如资料使用者并非为得益而将某资料当事人的个人资料，提供予另一人，以供该人用于要约提供以下服务或就以下服务可予提供而进行广告宣传——

（a）由社会福利署营办、资助或津贴的社会服务；

（b）由医院管理局或卫生署提供的医护服务；或

（c）符合以下说明的任何其他社会或医护服务：该项服务拟向某名个人提供，而如不向该名个人提供该项服务，便相当可能会对以下人士的身体或精神健康造成严重损害——

（i）该名个人；或

（ii）任何其他个人，则本分部不适用。

（2）如资料使用者将某资料当事人的个人资料，提供予该资料使用者的代理人，以供该代理人在代表该资料使用者进行直接促销的过程中使用，则本分部不适用。

条：	35J	资料使用者在提供个人资料前，须采取指明行动	L. N. 5 of 2013	01/04/2013

（1）资料使用者如拟将某资料当事人的个人资料提供予另一人，以供该人在直接促销中使用，该资料使用者须采取第（2）款指明的每一项行动。

（2）资料使用者须—

（a）以书面告知有关资料当事人—

（i）该资料使用者拟如此提供有关个人资料；及

（ii）该资料使用者须收到该当事人对该拟进行的提供的书面同意，否则不得如此提供该资料；

（b）向该当事人提供关于该拟进行的提供的以下书面资讯—

（i）（如该资料是拟为得益而提供的）该资料是拟如此提供的；

（ii）拟提供的个人资料的种类；

（iii）该资料拟提供予什么类别的人士；及

（iv）该资料拟就什么类别的促销标的而使用；及

（c）向该当事人提供一个途径，让该当事人可在无需向该资料使用者缴费的情况下，透过该途径，以书面传达该当事人对上述的拟进行的提供的同意。

（3）不论个人资料是否由有关资料使用者从有关资料当事人收集的，第（1）款均适用。

（4）根据第（2）（a）及（b）款提供的资讯，须以易于理解和阅读的方式呈示。

（5）资料使用者未经采取第（2）款指明的每一项行动，而将某资料当事人的个人资料提供予另一人，以供该人在直接促销中使用，即属犯罪，一经定罪—

（a）在该资料是为得益而提供的情况下，可处罚款$1000000及监禁5年；或

（b）在该资料并非是为得益而提供的情况下，可处罚款$500000及监禁3年。

（6）在为第（5）款所订罪行而提起的法律程序中，被控告的资料使用者如证明自己已采取所有合理预防措施，并已作出一切应作出的努力，以避免犯该罪行，即可以此作为免责辩护。

条：	35K	如无资料当事人同意,资料使用者不得提供个人资料以供使用于直接促销	L. N. 5 of 2013	01/04/2013

（1）已遵守第35J条的资料使用者，不得将有关资料当事人的个人资料提供予另一人，以供该人在直接促销中使用，但如以下条件获符合，则不在此限—

（a）该资料使用者已收到该当事人对拟如此提供（如该资料使用者根据第35J(2)(b)条提供的资讯所描述者）该个人资料的书面同意，不论是一般的同意或是选择性的同意；

（b）（如该当事人是为得益而提供该资料的）拟如此提供该资料的意向，已在第35J(2)(b)(i)条所指的资讯中指明；及

（c）该项提供符合该当事人的同意。

（2）就第(1)(c)款而言，如—

（a）有关个人资料属某许可种类个人资料；

（b）获提供该资料的人属某许可类别人士；及

（c）该资料是就某促销标的而使用，而该促销标的属某许可类别促销标的，则该项提供即属符合该当事人的同意。

（3）资料当事人可透过响应途径或其他书面方法，向资料使用者传达对提供个人资料的同意。

（4）资料使用者违反第（1）款，即属犯罪，一经定罪—

（a）在该资料使用者是为得益而提供有关个人资料的情况下，可处罚款$1000000及监禁5年；或

（b）在该资料使用者并非是为得益而提供有关个人资料的情况下，可处罚款$500000及监禁3年。

（5）在为第（4）款所订罪行而提起的法律程序中，被控告的资料使用者如证明自己已采取所有合理预防措施，并已作出一切应作出的努力，以避免犯该罪行，即可以此作为免责辩护。

条：	35L	资料当事人可要求资料使用者停止提供个人资料以供用于直接促销	L. N. 5 of 2013	01/04/2013

（1）获资料使用者根据第35J（2）（b）条提供资讯的资料当事人可随时要求该资料使用者—

（a）停止将该当事人的个人资料提供予任何其他人，以供该人在直接

促销中使用；及

（b）通知获得如此提供该资料的任何人，停止在直接促销中使用该资料。

（2）不论有关资料当事人有否在较早前，同意有关个人资料的提供，第(1)款均适用。

（3）资料使用者如收到资料当事人根据第(1)款作出的要求，须在不向该当事人收费的情况下，依从该项要求。

（4）如资料使用者须按第(1)(b)款提述的要求，通知某人停止在直接促销中使用有关资料当事人的个人资料，该资料使用者须将该事宜以书面通知该人。

（5）某人如收到资料使用者根据第(4)款发出的书面通知，须按照该通知，停止在直接促销中使用有关个人资料。

（6）资料使用者违反第(3)款，即属犯罪，一经定罪——

（a）在该项违反涉及为得益而提供某资料当事人的个人资料的情况下，可处罚款＄1000000及监禁5年；或

（b）在其他情况下，可处罚款＄500000及监禁3年。

（7）任何人违反第(5)款，即属犯罪，一经定罪，可处罚款＄500000及监禁3年。

（8）在为第(6)或(7)款所订罪行而提起的法律程序中，被控告的资料使用者或人士如证明自己已采取所有合理预防措施，并已作出一切应作出的努力，以避免犯该罪行，即可以此作为免责辩护。

（9）本条不影响第26条的施行。

| 条： | 35M | 第3保障资料原则规定的对提供个人资料以供用于直接促销的订明同意 | L. N. 5 of 2013 | 01/04/2013 |

尽管有第2(3)条的规定，凡根据第3保障资料原则，资料使用者将某资料当事人的个人资料提供予另一人，以供在直接促销中使用，须获该资料当事人的订明同意，该资料使用者如没有违反第35J、35K或35L条，即视为已取得该项同意。

| 部： | 7 | 视察、投诉及调查 | E. R. 1 of 2013 | 25/04/2013 |

（1995年制定）

| 条： | 36 | 个人资料系统的视察 | E. R. 1 of 2013 | 25/04/2013 |

在不损害第38条的概括性原则下，专员可对—

（a）资料使用者所使用的任何个人资料系统；或

（b）属于某资料使用者类别的资料使用者所使用的任何个人资料系统，进行视察，目的在确定资讯以协助专员—

（i）在—

（A）（a）段适用时，向有关的资料使用者；

（B）（b）段适用时，向有关的资料使用者所属于的一个类别的资料使用者，作出建议；及

（ii）作出关于促进有关的资料使用者或有关的资料使用者所属于的一个类别的资料使用者（视属何情况而定）遵守本条例的条文（尤其是各保障资料原则）的建议。

（1995年制定）

| 条： | 37 | 投诉 | E. R. 1 of 2013 | 25/04/2013 |

（1）任何个人或代表个人的任何有关人士可就符合以下说明的作为或行为向专员作出投诉—

（a）在该项投诉中指明的；及

（b）是—

（i）已经或正在（视属何情况而定）由在该项投诉中指明的资料使用者作出或从事的；

（ii）关乎该名个人的个人资料的，而该人是或（如在有关个案中该资料使用者倚赖在第Ⅷ部下的豁免）可能是有关的资料当事人；及

（iii）可能属违反本条例（包括第28(4)条）下的规定的。

（2）凡2名或2名以上的个人可就同一作为或行为各自作出一项投诉，则任何该等个人或代表他们的任何有关人士，可代表所有该等个人作出该项

投诉,而本条例的条文(包括第(1)款)须据此解释。

(3) 投诉—

(a) 须用中文或英文以书面作出;或

(b) 须采用专员所接受的其他形式而作出。

(4) 凡任何个人或代表个人的有关人士欲作出投诉并要求协助以拟订该项投诉,专员及根据第9(1)(a)条雇用的每名订明人员均有责任向他提供适当协助。

(1995 年制定。编辑修订—2013 年第 1 号编辑修订纪录)

| 条: | 38 | 由专员进行的调查 | E. R. 1 of 2013 | 25/04/2013 |

凡专员—

(a) 收到一项投诉;或

(b) 有合理理由相信有符合以下说明的作为或行为—

(i) 已经或正在(视属何情况而定)由资料使用者作出或从事的;

(ii) 关乎个人资料的;及

(iii) 可能属违反本条例下的规定的,则—

(i) 如(a)段适用,除第 39 条另有规定外,专员须就有关的资料使用者进行调查,以确定在有关的投诉中指明的作为或行为是否属违反本条例下的规定;

(ii) 如(b)段适用,专员可就有关的资料使用者进行调查,以确定该段所提述的作为或行为是否属违反本条例下的规定。

(1995 年制定)

| 条: | 39 | 对由投诉引发的调查的限制 | E. R. 1 of 2013 | 25/04/2013 |

(1) 即使由本条例赋予专员的权力有其概括性,在以下情况下,专员可拒绝进行或决定终止由投诉引发的调查—(由 2012 年第 18 号第 22 条修订)

(a) 投诉人(如投诉人是就某名个人而属有关人士的有关人士,则指该名个人)在超过紧接专员收到该项投诉当日之前的 2 年的时间内,已实际知悉有在该投诉中指明的作为或行为,但如专员信纳在该个案的所有情况下,进行或不终止(视属何情况而定)该项调查是恰当的,则属例外;

(b) 该项投诉是匿名者作出的；
(c) 投诉人的身份无法识辨或无法寻获投诉人；
(d) 就该项投诉所指明的作为或行为而言，以下所有条件均不获符合——
(i) 在有人作出或从事有关作为或行为（视属何情况而定）的任何时间——
(A) 投诉人（如投诉人是就某名个人而属有关人士的有关人士，则指该名个人）是居于香港的；或
(B) 有关的资料使用者能够在香港控制有关的个人资料的收集、持有、处理或使用或能够从香港行使该项控制的；
(ii) 在有人作出或从事有关作为或行为（视属何情况而定）的任何时间，投诉人（如投诉人是就某名个人而属有关人士的有关人士，则指该名个人）是在香港的；
(iii) 专员认为有关的作为或行为（视属何情况而定）可能损害投诉人（如投诉人是就某名个人而属有关人士的有关人士，则指该名个人）强制执行在香港获取或产生的权利或行使在香港获取或产生的特权；或
(e) 专员信纳有关的资料使用者在不少于紧接专员收到该项投诉当日之前的2年的期间内，不曾是资料使用者。
(2) 如专员在顾及有关个案的所有情况后，信纳有以下情况，他可拒绝进行或决定终止由投诉引发的调查——（由2012年第18号第22条修订）
(a) 该项投诉或一项在性质上大体与其相似的投诉已在先前引发一项调查，而专员在进行该项先前的调查后信纳没有违反本条例下的规定的情况；
(b) 在该项投诉中指明的作为或行为微不足道；
(c) 该项投诉属琐屑无聊或无理取闹，或不是真诚作出的；
(ca) 该项投诉所指明的作为或行为显示，该项投诉的主要标的事宜，与关乎个人资料的个人私隐无关；或（由2012年第18号第22条增补）
(d) 因为任何其他理由，调查或进一步调查是不必要的。
(3) 凡专员根据本条拒绝进行一项由投诉引发的调查，他须于收到该项投诉后的45日内，在切实可行范围内，尽快藉向投诉人送达一份附同第(4)款的文本的书面通知，告知该投诉人——（由2012年第18号第22条

修订）

(a) 该项拒绝一事；及

(b) 拒绝的理由。

(3A) 如在一项由投诉引发的调查完成之前，专员决定终止该项调查，专员须在切实可行范围内，尽快向有关投诉人送达附有第（4）款的文本的书面通知，将以下事宜告知该投诉人—

(a) 该项决定；及

(b) 该项决定的理由。（由 2012 年第 18 号第 22 条增补）

(4) 反对—

(a) 第（3）款下的通知所指明的拒绝或第（3A）款下的通知所指明的终止而提出的上诉，可向行政上诉委员会提出；及

(b) 上述拒绝或终止而提出的上诉，可由获送达该项通知的投诉人提出；如投诉人是就某名个人而属有关人士的有关人士，则可由该投诉人或该名个人提出。

（1995 年制定。由 2012 年第 18 号第 22 条修订）

| 条： | 40 | 即使投诉被撤回专员仍可进行或继续进行由投诉引发的调查 | E. R. 1 of 2013 | 25/04/2013 |

即使有投诉引发调查而投诉人撤回该项投诉，如专员认为进行或继续进行该项调查是符合公众利益的，他可进行或继续进行该项调查，而在此情况下，本条例的条文须适用于该项投诉及该投诉人，犹如该项投诉没有被撤回一样。

（1995 年制定）

| 条： | 41 | 专员须将视察或调查告知有关的资料使用者 | E. R. 1 of 2013 | 25/04/2013 |

（1）在进行视察前，或（除第（2）款另有规定外）在进行调查前，专员须藉送达有关的资料使用者的书面通知，将专员进行视察或调查（视属何情况而定）的意向，告知有关的资料使用者。

（2）如就任何调查而言，专员有合理理由相信遵守第(1)款可能损害该项调查的目的，则专员无须遵守第(1)款。

个人资料的法律保护

（1995年制定）

| 条： | 42 | 为视察或调查而进入处所的权力 | E. R. 1 of 2013 | 25/04/2013 |

（1）在符合第(3)及(8)款的规定下，专员可为视察的目的—

（a）在以下情况下进入在其内有属于该项视察对象的个人资料系统或个人资料系统的任何部分的处所—

（i）如属非住宅处所，可在任何合理时间进入该处所；

（ii）如属住宅处所，须在于该处居住的任何人（未成年人除外）的同意下进入该处所；

（b）在该处所内进行该项视察。

（2）在符合第(3)及(8)款的规定下，专员可为调查的目的—

（a）进入—

（i）由有关的资料使用者占用的；或

（ii）在其内有有关的资料使用者所使用的个人资料系统或个人资料系统的任何部分的，的任何处所；

（b）在该处所内进行该项调查。

（3）除第(4)及(5)款另有规定外，专员在就任何处所行使他在第(1)或(2)款下的权力的至少14日以前，藉送达有关的资料使用者的书面通知，告知该资料使用者—

（a）他拟就什么处所行使该权力；及

（b）在该通知送达后的14日届满前，该权力将不会如此行使。

（4）在不损害第(5)款的概括性原则下，凡专员拟就第(3)款所指的通知中所指明的任何住宅处所行使他在第(2)款下的权力，除非专员在送达该通知后的14日内获得于该处居住的人（未成年人除外）的同意，否则在未获得同意前不得就该处所行使该项权力。

（5）专员可依据根据第(6)款发出的手令，在不遵守第(3)款的情况下就该手令所指明的处所行使他在第(2)款下的权力。

（6）裁判官如因专员或任何订明人员所作的经宣誓的告发，信纳有合理理由相信如专员在就任何处所行使他在第(2)款下的权力前，须遵守第(3)款，便可能对任何调查的目的造成重大损害，该裁判官可—

（a）发出符合附表6第1部所指明的格式的手令；及

398

(b) 就该处所发出该手令。

(7) 裁判官如因专员或任何订明人员经宣誓而作的告发，信纳有合理理由相信如专员因第(4)款的实施而不能就任何住宅处所行使他在第(2)款下的权力，便可能对某项调查的目的造成重大损害，则该裁判官可—

(a) 发出符合附表6第2部所指明的格式的手令；及

(b) 以该手令批准专员就该处所行使该项权力。

(8) 如专员就某处所以某方式行使他在第(1)或(2)款下的权力，便会对该处所内正进行的作业（不论是由有关的资料使用者或其他人进行的）做成不当打扰，则专员不得以该种方式就该处所行使该权力。

(9) 凡专员行使他在第(1)或(2)款下的权力，有关的资料使用者须免费向专员提供专员可为有关视察或调查而合理地要求的设施及协助。

(10) 凡专员依据根据第(6)款发出的手令，就该手令所指明的处所行使他在第(2)款下的权力，如在该处所内的任何人质疑专员就该处所行使该权力的权限，专员须出示该手令以供该人查阅。

(11) 在本条及附表6中—

住宅处所（domestic premises）指兴建作或拟作居住用途的任何处所；

非任宅处所（non-domestic premises）指不属住宅处所的任何处所；

处所（premises）—

(a) 指其中并无任何部分被分开占用的建筑物，并包括任何附属于该建筑物的土地；

(b) 在任何其他情况下，指建筑物中任何被分开占用的部分，并包括任何附属于该部分的土地。

(1995年制定)

条：	43	专员的处事程序	E. R. 1 of 2013	25/04/2013

(1) 在符合本条例的规定下，专员可为任何调查的目的而—

(a) 自他认为合适的人处获提供他认为合适的资讯、文件或物品，及作出他认为合适的查讯；及

(b) 以他认为合适的方式规管本身的程序。

(2) 除在以下情况外，为调查的目的而进行的聆讯须公开进行—

(a) 专员认为在有关个案的所有情况下，调查应在不公开情况下进

行；或

(b)（如调查是由投诉引发的）投诉人以书面要求调查不在公开情况下进行。

(3) 在为调查的目的而进行的聆讯中，大律师及律师在专员席前没有发言的权利，但如专员认为合适，大律师及律师可到其席前。

(4) 专员不一定要为调查的目的而进行聆讯，而没有人有向专员发言的当然权利。

(5) 如在某项调查的进行过程中的任何时间，专员觉得可能会有充分理由支持他作出可能会批评某人或对某人有不利影响的报告或建议，专员须给予该人发言的机会。

（1995年制定）

| 条： | 44 | 证据 | E. R. 1 of 2013 | 25/04/2013 |

(1) 在不抵触第（2）款及第45条的条文下，专员可为调查的目的—

(a) 传召他认为能够提供任何关于该等目的的资讯的人到他席前；

(b) 在该项调查是由投诉引发的情况下，传召有关的投诉人或（如投诉人是就某名个人而属有关人士的有关人士）有关的个人或该两人到其席前，并可讯问该人及规定他向专员提交任何资讯，或向专员出示专员认为是与该等目的有关并由该人所管有或控制的文件或物品。

(2) 凡—

(a) 有任何调查已由投诉引发；

(b) 该项投诉的全部或部分是关乎第61（1）条所提述的个人资料的；

(c) 专员为该项调查的目的已根据第(1)(a)款传召任何人到他席前；及

(d) 该人在响应专员根据第（1）款作出的须向专员提供资料或出示文件或对象的规定时，声言—

(i) 遵从该项规定会直接或间接将有关的个人（该资料的全部或部分是收集自该名个人的）的身份披露；或（由2012年第18号第2条修订）

(ii) 他凭借任何普通法特权而不须遵从该项规定，则—

(i) 即使本条例有任何其他规定，专员不得就该规定向该人送达执行通知；

(ii) 专员可在获悉该声言的28日内，向原讼法庭作出申请，要求一项

指示该人须遵从该规定的命令；（由 1998 年第 25 号第 2 条修订）

（iii）原讼法庭只有在顾及所有情况（包括投诉人的情况）后，才可作出命令—（由 1998 年第 25 号第 2 条修订）

（A）如有关投诉所指明的作为或行为证实是本条例下某项规定的违反，则该项违反的严重性足以构成该人须遵从（d）段所提述规定的理由；

（B）如（d）段所提述的规定不获遵从，会对该项调查造成重大损害；

（C）在顾及相当可能会对该项调查所产生的利益后，遵从（d）段所提述的规定是符合公众利益的；及

（D）在(d)(ii)段所适用的任何个案中，所声言的普通法特权并不适用；及

（iv）在聆讯申请时，专员、该人及投诉人各须有权就申请发言及传召任何证人，并向其讯问及盘问。

（3）凡—

（a）任何人已遵从第(2)(d)款所提述的规定，即该款所提述的声言的标的；及

（b）关乎该项规定的调查的（全部或部分）结果，是专员认为第(2)(d)(i)款所提述的有关个人并无就引发该项调查的投诉标的所关乎的事宜违反在本条例下的规定，则即使本条例的任何其他条文有所规定，专员及订明人员均不得向投诉人披露该名个人的身份。

（4）原讼法庭可藉本身的意愿或就该目的向其作出的申请，以命令推翻、更改或撤销一项根据第(2)(iii)款作出的命令或暂缓该项命令的施行。（由 1998 年第 25 号第 2 条修订）

（5）法院可—

（a）就根据第(2)(iii)或(4)款向原讼法庭作出的申请；

（b）就一般任何与该申请有关的原讼法庭程序，订立法院规则。（由 1998 年第 25 号第 2 条修订）

（6）第(5)款并不损害一般任何现有订立规则的权力。

（7）如专员认为合适，他可为根据第（1）款进行讯问的目的而监督。

（8）现声明—

（a）就正在或曾经由第（1）款所提述的人所管有或控制的资讯、文件或其他物品保密的责任，以及由法律施加的对该等资讯、文件或物品的披露

的其他限制，均不适用于将该等资讯、文件或物品为一项调查的目的而披露；及

（b）由专员作出的须将（a）段所提述的该等资讯、文件或物品为一项调查的目的而披露或出示的规定，即为将它向专员披露或出示的充分权限。

（9）专员可支付投诉人（如投诉人是就某名个人而属有关人士的有关人士，包括该名个人）及证人在一项调查的进行过程中所招致的合理支出。

（10）任何人违反第（3）款，即属犯罪，一经定罪，可处第3级罚款及监禁6个月。（由2012年第18号第23条增补）

（1995年制定）

| 条： | 45 | 证人等的保障 | E. R. 1 of 2013 | 25/04/2013 |

（1）就为一项调查的目的而提供资讯、回答问题及出示文件或物品而言，任何人均享有与高等法院民事法律程序中的证人所享有的特权相同的特权，但如任何成文法则或法律规则准许或规定以披露有关文件或物品或回答有关问题会损害公众利益为理由而不提供该文件或物品或不回答该问题（视属何情况而定），该成文法则或法律规则不得就任何调查而适用。（由1998年第25号第2条修订；由2012年第18号第24条修订）

（2）除在就某人的经宣誓而作的证供而对他控以作伪证罪的审讯，及在对他控以本条例所订罪行的审讯外，该人或任何其他人在调查进行过程中所作的陈述或所给予的答案，不得在任何裁判官席前或在任何法庭、任何研讯或任何其他法律程序中获接纳为针对该人的证据，而关于调查的证据亦不得针对任何人而提出。

（3）凡任何资讯的提供、任何问题的回答或任何文件或物品的出示将会涉及在没有行政长官的同意下披露行政会议的商议内容，专员不得规定须提供该等资讯或答案或出示该等文件或物品（视属何情况而定）。（由1999年第34号第3条修订）

（1995年制定）

| 条： | 46 | 专员等须保密 | E. R. 1 of 2013 | 25/04/2013 |

（1）除第(2)、(3)、(7)及(8)款另有规定外，专员及每一订明人员均须将他们在执行在本部下的职能或行使其在本部下的权力的过程中实际得知的所有事宜保密。（由 2012 年第 18 号第 25 条修订）

（2）第(1)款的施行不得阻止专员或任何订明人员—

（a）除第(8)款另有规定外，在披露任何事宜是对妥善执行专员在本条例之下的职能或妥善行使专员在本条例之下的权力属必要的情况下，披露该事宜；（由 2012 年第 18 号第 25 条增补）

（b）在—

（i）为本条例所订罪行而进行的；及

（ii）在任何法庭或裁判官席前进行的，法律程序过程中，披露与该等程序有关的事宜；

（c）向他认为适当的有关当局报告任何罪行的证据；

（d）将专员或订明人员认为可能是某人作出投诉的理由的第(1)款所提述的任何事宜，向该人披露。（由 2012 年第 18 号第 25 条修订）

（3）在符合第(4)款的规定下，除专员认为若被披露便会涉及披露凭借第 8 部下的豁免而不受第 6 保障资料原则所管限的个人资料的事宜外，专员可在其根据本条例作出的报告中，披露他认为为确立他的裁断或建议所基于的理由而应披露的事宜。

（4）如专员在进行视察或调查后作出报告，而该报告载有个人资料，则除非以下条件获符合，否则专员不得发表该报告—（由 2012 年第 18 号第 25 条修订）

（a）符合在其发表时将会采用的格式的该报告文本一份，已提供予有关资料使用者；

（b）该文本附同一项书面通知，该通知邀请该资料使用者在获送达该文本后的 28 日内，以书面向专员说明—

（i）该资料使用者认为在该文本内是否有任何若被披露便会涉及披露凭借第 8 部下的豁免而不受第 6 保障资料原则的条文所管限的个人资料的事宜；及

（ii）该资料使用者是否反对披露该事宜；及

（c）（i）(b)段所提述的期间已届满而专员没有收到任何该等说明；或

（ii）专员收到该等说明，并—

（A）从该报告中删去属该项说明的标的之事宜；或

（B）决定不从该报告中删去属该项说明的标的之事宜，而—

（Ⅰ）第（6）款所提述的期间届满，而该资料使用者没有根据该款提出上诉反对该决定；或

（Ⅱ）该上诉不成功或被撤回。

（5）凡专员作出第（4）（c）（ii）（B）款所提述的决定，他须向作出有关的说明的有关资料使用者送达—

（a）述明其决定；

（b）告知该资料使用者他可根据第（6）款提出上诉反对该决定；及

（c）附同本条的文本一份，的书面通知。

（6）在第（5）款下的述明第（4）（c）（ii）（B）款所提述的专员的决定的通知送达有关资料使用者后的14日内，该资料使用者可向行政上诉委员会提出上诉，反对该决定。

（7）如以下条件获符合，专员可为令香港以外地方的主管当局能够执行该主管当局的有关职能，或协助该主管当局执行该主管当局的有关职能，向该主管当局披露事宜—

（a）该主管当局已承诺受专员所施加的保密规定所约束；及

（b）专员认为在该地方，有与本条例大体上相似的法律正在生效，或有与本条例达致相同目的之法律正在生效。（由2012年第18号第25条增补）

（8）如以下条件获符合，专员可为妥善执行专员在本条例之下的职能或妥善行使专员在本条例之下的权力，向在香港以外地方执行有关职能的主管当局披露事宜—

（a）该主管当局已承诺受专员所施加的保密规定所约束；及

（b）第（10）款指明的任何条件获符合。（由2012年第18号第25条增补）

（9）在第（7）及（8）款中—

有关职能（relevant function）就香港以外地方的主管当局而言，指关乎以下事宜的职能：对怀疑违反该地方在个人资料方面保障个人私隐的法律规定或规管性质规定，进行调查，以及执行该等规定。（由2012年第18号第25条增补）

（10）有关条件如下—

（a）专员认为在有关地方，有与本条例大体上相似的法律正在生效，或有与本条例达致相同目的之法律正在生效；

（b）有关事宜所关乎的资料当事人已以书面同意有关披露；

（c）专员有合理理由相信，在有关个案的整体情况下—

（i）有关披露是避免针对有关资料当事人的不利行动，或减轻该等不利行动的影响而作出的；

（ii）获取该当事人对该项披露的书面同意，并非切实可行；及

（iii）假使寻求该项同意属切实可行，该当事人便会给予该项同意；

（d）由于一项第8部所规定的豁免，有关事宜所关乎的个人资料获豁免而不受第3保障资料原则的条文所管限；或

（e）专员已采取所有合理预防措施，并已作出一切应作出的努力，确保有关事宜所关乎的个人资料不会在有关地方被人以某种形式收集、持有、处理或使用，而假使该地方是香港，以该种形式收集、持有、处理或使用该个人资料便会是违反本条例之下的规定的。（由2012年第18号第25条增补）

（11）任何人违反第(1)款，即属犯罪，一经定罪，可处第3级罚款及监禁6个月。（由2012年第18号第25条增补）

（1995年制定。编辑修订—2013年第1号编辑修订纪录）

条：	47	须获告知视察或调查结果的人	E. R. 1 of 2013	25/04/2013

（1）凡专员已完成一项视察，他须以他认为合适的方式及在他认为合适的时间，将以下事宜告知有关资料使用者—

（a）该项视察的结果；

（b）由该项视察引致的、专员认为是适合作出的关乎促进该资料使用者遵守本条例条文（尤其是各保障资料原则）的任何建议；

（c）由该项视察引致的、专员拟根据第48条发表的任何报告；及

（d）由该项视察引致的、专员认为适合作出的任何其他评论。

（2）凡专员已完成一项调查，他须以他认为合适的方式及在他认为合适的时间，将以下事宜告知有关资料使用者—

（a）该项调查的结果；

（b）由该项调查引致的、专员认为是适合作出的关乎促进该资料使用

者遵守本条例条文（尤其是各保障资料原则）的任何建议；

（c）由该项调查引致的、专员拟根据第48条发表的任何报告；

（d）他是否已决定因应该项调查向该资料使用者送达执行通知；及

（e）由该项调查引致的、专员认为适合作出的任何其他评论。

（2A）如专员决定因应一项调查，向资料使用者送达执行通知，专员可在根据第（2）款将关乎该项调查的资讯告知该资料使用者的同一时间，送达该通知。（由2012年第18号第26条增补）

（3）凡专员已完成一项由投诉引发的调查，他须以他认为合适的方式及在他认为合适的时间，将以下事宜告知有关的投诉人——

（a）该项调查的结果；

（b）根据第（2）（b）款向有关资料使用者作出的任何建议；

（c）由该项调查引致的、专员拟根据第48条发表的任何报告；

（d）有关资料使用者或其代表对该等建议或报告作出的任何评论；

（e）专员有否或是否已决定因应该项调查向有关资料使用者送达执行通知；

（f）（如专员没有如此送达执行通知，并已决定不如此送达该通知）投诉人根据第(4)款对此提出反对的权利；及

（g）由该项调查引致的、专员认为适合作出的任何其他评论。

（3A）如投诉人已撤回其投诉，第(3)款不适用。（由2012年第18号第26条增补）

（4）投诉人可向行政上诉委员会提出上诉（如投诉人是就某名个人而属有关人士的有关人士，则上诉可由该名个人提出或由投诉人及该名个人其中一人提出），反对符合以下说明的由专员作出的决定——

（a）决定的效果是专员没有因应有关的调查而向有关资料使用者送达执行通知，并已决定不会如此行事；及

（b）该投诉人是因根据第(3)款送达予他的通知而获告知该项决定的。

（1995年制定。由2012年第18号第26条修订）

| 条： | 48 | 专员作出的报告 | E. R. 1 of 2013 | 25/04/2013 |

（1）在符合第（3）款的规定下，专员在第36（b）条适用的情况下完成一项视察后，可——

（a）发表列明由该项视察引致的、专员认为是适合作出的关乎促进有关资料使用者所属的某类别资料使用者遵守本条例条文（尤其是各保障资料原则）的任何建议的报告；及

（b）以他认为合适的方式发表该报告。

（2）在符合第(3)款的规定下，专员在完成一项调查后，如认为如此行事是符合公众利益的，可——

（a）发表列明以下事项的报告——

（i）该项调查的结果；

（ii）由该项调查引致的、专员认为是适合作出的关乎促进有关资料使用者所属的某类别的资料使用者遵守本条例条文（尤其是各保障资料原则）的任何建议；及

（iii）由该项调查引致的、专员认为适合作出的任何其他评论；及

（b）以他认为合适的方式发表该报告。

（3）除第（4）款另有规定外，根据第（1）或（2）款发表的报告的拟订形式，须以防止可从报告中确定任何个人的身份为准。

（4）第（3）款不适用于属以下人士的个人——

（a）专员或订明人员；

（b）有关资料使用者。

（1995年制定）

| 条： | 49 | 第47及48条不适用的情况 | E. R. 1 of 2013 | 25/04/2013 |

凡——

（a）专员已完成一项调查（不论是否由投诉引发的调查）；

（b）调查的结果是：属调查对象的作为或行为因为第Ⅷ部下的豁免，而不属违反本条例下的规定；及

（c）第47及48条如就该项调查而适用，便相当可能会损害受该项豁免所保障的利益，则——

（i）为47及48条不得就该项调查而适用；而

（ii）专员须以他认为合适的方式及在他认为合适的时间——

（A）将该项调查的结果及该项调查引致的、他认为合适的其他评论，告知有关数据使用者；

（B）（如该项调查是由投诉引发的）告知有关的投诉人谓该项调查的结果是：专员信纳属调查对象的作为或行为不属违反本条例下的规定（或相似意思的字眼）。

（1995年制定。编辑修订—2013年第1号编辑修订纪录）

| 条： | 50 | 执行通知 | E. R. 1 of 2013 | 25/04/2013 |

（1）如专员在完成一项调查后，认为有关资料使用者正在或已经违反本条例之下的规定，专员可向该资料使用者送达书面通知，指示该资料使用者纠正该项违反，以及（如适当的话）防止该项违反再发生。（由2012年第18号第28条代替）

（1A）第（1）款所指的执行通知须—

（a）述明专员持有第（1）款提述的意见，以及专员持有该意见的理由；

（b）指明—

（i）专员认为正在或已遭违反的规定；及

（ii）构成该项违反的作为或不作为；

（c）指明有关资料使用者须采取什么步骤（包括停止任何作为或行为）以纠正该项违反，以及（如适当的话）防止该项违反再发生；

（d）指明须于何日或之前采取该等步骤；及

（e）附有本条的文本。（由2012年第18号第28条增补）

（1B）第（1A）（d）款指明的日期，不得早于第（7）款指明的可针对有关通知提出上诉的限期届满之时。（由2012年第18号第28条增补）

（2）在决定是否送达执行通知时，专员须考虑该通知所关乎的违反，是否已对或是否相当可能会对属该违反所关乎的个人资料的资料当事人的个人，做成损害或困扰。（由2012年第18号第28条修订）

（3）执行通知所指明的纠正该通知所关乎的违反的步骤，以及（如适当的话）防止该项违反再发生的步骤，可—

（a）在任何程度上，藉提述任何核准实务守则而拟订；及

（b）按所需形式拟订，以让有关资料使用者可从不同的纠正方式中，以及（如适当的话）防止方式中，作出选择。（由2012年第18号第28条代替）

（4）除第（5）款另有规定外，执行通知所指明的采取该通知所指明的

步骤的限期不得在第（7）款所指明的上诉限期完结前届满，而如有该等上诉提出，在该上诉有决定或被撤回前不需采取该等步骤。

（5）如专员认为因为特殊情况，执行通知所指明的步骤因事态紧急而应即采取—

（a）他可在该通知中加入一项有该意思的陈述及他持该意见的理由；

（b）凡专员如此加入该项陈述，第（4）款即不适用，但该通知不得规定须在该通知送达当日起计的7日期间届满前采取该等步骤。

（6）专员可藉送达有关资料使用者的书面通知，撤销执行通知。

（7）有关资料使用者可在执行通知送达后14日内，向行政上诉委员会提出上诉反对该通知。

（8）凡专员—

（a）在调查完成前的任何时间就有关资料使用者持第（1）款所提述的意见；并

（b）同时认为因为特殊情况，执行通知因事态紧急而应即送达有关资料使用者，则即使该项调查未完成，他可如此送达该通知，而在该等情况下—

（i）专员须在不损害须加入该通知任何其他事宜的原则下，在该通知中指明他持（b）段所提述的意见的理由；而

（ii）本条例其他条文（包括本条）须据此解释。

（1995年制定）

条：	50A	关乎执行通知的罪行	18 of 2012	01/10/2012

（1）资料使用者违反执行通知，即属犯罪—

（a）一经首次定罪—

（i）可处第5级罚款及监禁2年；及

（ii）如罪行在定罪后持续，可处每日罚款$1000；及

（b）一经再次定罪—

（i）可处第6级罚款及监禁2年；及

（ii）如罪行在定罪后持续，可处每日罚款$2000。

（2）在为第（1）款所订罪行而提起的法律程序中，被控告的资料使用者如证明自己已作出一切应作出的努力，以遵从有关执行通知，即可以此作

为免责辩护。

（3）如资料使用者在遵从某执行通知之后，故意作出某作为或有某不作为，违反本条例下的规定，而该作为或不作为与根据第50（1A）（b）条在该执行通知中指明者相同，该资料使用者即属犯罪，一经定罪—

(a) 可处第5级罚款及监禁2年；及

(b) 如罪行在定罪后持续，可处每日罚款＄1000。

（由2012年第18号第29条增补）

| 条： | 50B | 关乎没有遵从专员的要求等的罪行 | 18 of 2012 | 01/10/2012 |

（1）任何人如有以下情况，即属犯罪—

(a) 该人无合法辩解而妨碍、阻挠或抗拒专员或任何订明人员执行其在本部之下的职能（或行使其在本部之下的权力）；

(b) 该人无合法辩解而没有遵从专员或任何订明人员根据本部作出的合法要求；或

(c) 该人在专员或在任何订明人员执行本部之下的职能或行使本部之下的权力的过程中—

(i) 向专员或该人员作出该人知道属虚假或不相信属真实的陈述；或

(ii) 以其他方式在知情下误导专员或该人员。

（2）任何人犯第（1）款所订罪行，一经定罪，可处第3级罚款及监禁6个月。

（由2012年第18号第29条增补）

| 部： | 8 | 豁免 | E. R. 1 of 2013 | 25/04/2013 |

（1995年制定）

| 条： | 51 | 释义 | E. R. 1 of 2013 | 25/04/2013 |

凡任何个人资料凭借本部获豁免而不受本条例任何条文管限，则就该资料而言及在该项豁免范围内，该条文既不对任何人赋予任何权利，亦不对其施加任何规定，而与该条文有关（不论是直接有关或间接有关）的本条例其他条文须据此解释。

(1995年制定)

| 条： | 51A | 执行司法职能 | E. R. 1 of 2013 | 25/04/2013 |

（1）由法院、裁判官或司法人员在执行司法职能的过程中持有的个人资料，获豁免而不受各保障资料原则、第4及5部及第36及38（b）条的条文所管限。

（2）在本条中—

司法人员（judicial officer）具有《司法人员推荐委员会条例》（第92章）第2条给予该词的涵义。

（由2012年第18号第30条增补。编辑修订—2013年第1号编辑修订纪录）

| 条： | 52 | 家居用途 | E. R. 1 of 2013 | 25/04/2013 |

由个人持有并—

（a）只与其私人事务、家庭事务或家居事务有关的个人资料；或

（b）只是为消闲目的而如此持有的个人资料，获豁免而不受各保障资料原则、第4和5部及第36和38(b)条的条文所管限。

(1995年制定)

| 条： | 53 | 雇佣—职工策划 | E. R. 1 of 2013 | 25/04/2013 |

包含与—

（a）填补任何系列的现正出缺或可能会出缺的雇佣职位；或

（b）终止任何组别的个人的雇用的职工策划建议有关的资讯的个人资料获豁免而不受第6保障资料原则及第18(1)(b)条的条文所管限。

(1995年制定)

| 条： | 54 | 雇佣—过渡性条文 | E. R. 1 of 2013 | 25/04/2013 |

（1）凡个人资料—

（a）是—

（i）在紧接指定日之前被持有；

(ii) 由属有关的资料当事人的雇主的资料使用者持有；及

(iii) 与该当事人的雇用有关；及

(b) 是由一名个人提供，并是在该当事人不会有途径接触该资料的暗喻或明示条件的规限下提供的，该资料获豁免而不受第 6 保障资料原则及第 18(1)(b)条的条文所管限，直至紧接本条例制定之后的 7 年届满为止。

(2) 凡个人资料—

(a) 属第(1)(a)款所适用的个人资料；或

(b) 是—

(i) 在指定日当日或以后才被持有；

(ii) 由属有关的资料当事人的雇主的资料使用者持有；及

(iii) 与该当事人的雇用有关，该资料获豁免而不受第 6 保障资料原则及第 18（1）（b）条的条文所管限，直至 1996 年 7 月 1 日为止。

（1995 年制定。由 2012 年第 18 号第 2 条修订）

条：	55	有关程序	E. R. 1 of 2013	25/04/2013

(1) 属有关程序的标的之个人资料获豁免而不受第 6 保障资料原则及第 18(1)(b)条的条文所管限，直至该程序完成为止。

(2) 在本条中—

有关程序（relevant process）—

(a) 除（b）段另有规定外，指任何程序，而个人资料是在该程序下由一个或多于一个的人为决定以下事宜（或为使以下事宜得予决定）予以考虑的—

(i) 就—

(A) 雇用或委任以担任职位；

(B) 在雇用或职位方面的晋升或继续留任；

(C) 解雇或免除职位；或

(D) 授予任何合约、名衔（包括学术及专业资格）、奖学金、荣誉或其他利益，而言，有关的资料当事人的合适程度、是否合乎资格或具资历；

(ii) 与有关的资料当事人有关的任何合约、名衔（包括学术及专业资格）、奖学金、荣誉或利益应否予以延续、修改或撤销；或

（iii）应否为有关的资料当事人违反其雇用条款或委任以担任职位的条款而对他采取纪律行动；

（b）如在某程序中，针对该等决定提出上诉（不论是根据条例或其他依据提出）是不获容许的，则不包括该等程序；

完成（completion），就有关程序而言，指有关程序的定义（a）段所提述的有关决定的作出。

（1995 年制定）

| 条： | 56 | 个人评介 | E. R. 1 of 2013 | 25/04/2013 |

由资料使用者持有并包含符合以下说明的个人评介的个人资料—

（a）由一名个人在其职业的正常过程以外作出的；及

（b）与就现正出缺或可能会出缺的雇佣职位或其他职位的填补而言另一名个人的合适程度或其他条件有关的，获豁免，而—

（i）在任何情况下，不受第 6 保障资料原则及第 18（1）（b）条的条文所管限，但如（a）段所提述的个人已以书面告知该资料使用者他不反对该评介被（b）段所提述的个人阅览（或用相似意思的字句），则属例外；或

（ii）在该评介是在本条开始实施之日或以后作出的情况下，不受第 6 保障资料原则及第 18（1）（b）条的条文所管限，直至（b）段所提述的个人已获书面告知他已被接纳或已被拒绝以填补该雇佣职位或其他职位（或用相似意思的字句）为止，以先发生者为准。

（1995 年制定）

| 条： | 57 | 关于香港的保安等 | E. R. 1 of 2013 | 25/04/2013 |

凡个人资料是为保障关于香港的保安、防卫或国际关系的目的而由政府或代政府持有，则如第 6 保障资料原则及第 18（1）（b）条的条文适用于该资料，便相当可能会损害本款所述的任何事宜的话，该资料获豁免而不受该等条文所管限。（由 2012 年第 18 号第 2 条修订）

（2）凡—

（a）个人资料是为第（1）款所提述的目的而使用（不论该资料是否为该等目的而持有）；及

(b) 第 3 保障资料原则的条文就该等使用而适用便相当可能会损害该款所提述的任何事宜，该资料获豁免而不受第 3 保障资料原则的条文所管限，而在为任何人违反任何该等条文而针对他进行的法律程序中，如该人证明他当时有合理理由相信不如此使用该资料便相当可能会损害任何该等事宜，即为免责辩护。（由 2012 年第 18 号第 2 条修订）

(3) 就任何个人资料是否需有第（1）款下的豁免或曾否在任何时间需有第（1）款下的豁免的问题，可由行政长官或政务司司长决定，而一份由行政长官或政务司司长签署并证明需有或曾在任何时间需有该项豁免的证明书，即为该事实的证据。（由 1997 年第 362 号法律公告修订；由 1999 年第 34 号第 3 条修订）

(4) 就第(2)款而言，一份由行政长官或政务司司长签署的证明个人资料是为或曾为第(1)款所提述的任何目的而使用的证明书，即为该事实的证据。（由 1997 年第 362 号法律公告修订；由 1999 年第 34 号第 3 条修订）

(5) 行政长官或政务司司长可在第(3)或(4)款所提述的证明书中，就该证明书所关乎的个人资料及为该证明书所指明的理由，指示专员不得进行视察或调查，而在此情况下，专员须遵从该项指示。（由 1997 年第 362 号法律公告修订；由 1999 年第 34 号第 3 条修订）

(6) 看来是第(3)或(4)款所提述的证明书的文件，须获收取为证据，而在没有相反证据的情况下，该文件须当作为该等证明书。

(7) 在本条中—

保安（security）包括防止或排拒无权进入香港及留在香港的人（包括按照《入境条例》（第 115 章）的条文被扣留的人）进入香港及留在香港；（由 1997 年第 80 号第 103(1)条修订）

国际关系（international relations）包括与任何国际组织的关系。

（1995 年制定）

| 条： | 58 | 罪行等 | E. R. 1 of 2013 | 25/04/2013 |

(1) 为—

(a) 罪行的防止或侦测；

(b) 犯罪者的拘捕、检控或拘留；

(c) 任何税项的评定或收取；

（d）任何人所作的不合法或严重不当的行为、或不诚实的行为或舞弊行为的防止、排除或纠正（包括惩处）；

（e）防止或排除因—

（i）任何人轻率的业务经营手法或活动；或

（ii）任何人所作的不合法或严重不当的行为、或不诚实的行为或舞弊行为，而引致的重大经济损失；

（f）确定有关的资料当事人的品格或活动是否相当可能对以下事情有重大不利影响—

（i）由该资料使用者执行法定职能所关乎的事情；或

（ii）与本段凭借第（3）款而适用的职能的执行有关的事情；或

（g）本段凭借第（3）款而适用的职能的执行，而持有的个人资料，在以下情况下获豁免而不受第6保障资料原则及第18(1)(b)条的条文所管限—

（i）该等条文适用于该资料便相当可能会损害本款所提述的任何事宜；或

（ii）该等条文适用于该资料便相当可能会直接或间接识辨属该资料源的人的身份。（由2012年第18号第2条修订）

（1A）如—

（a）与香港以外某地区的政府有订立根据《税务条例》（第112章）第49（1A）条有效的安排；而

（b）该地区的某税项属该等安排中某条文之标的，而该条文是规定须披露关乎该地区的税项资料的，则在第(1)(c)款中，税项（tax）包括该税项。（由2010年第1号第9条增补）

（2）凡—

（a）个人资料是为第（1）款所提述的目的而使用（不论该资料是否为该等目的而持有）；及

（b）第3保障资料原则的条文就该等使用而适用便相当可能会损害该款所提述的任何事宜，则该资料获豁免而不受第3保障资料原则的条文所管限，而在为任何人违反任何该等条文而针对他进行的法律程序中，如该人证明他当时有合理理由相信不如此使用该资料便相当可能会损害任何该等事宜，即为免责辩护。（由2012年第18号第2条修订）

(3) 第(1)款(f)(ii)及(g)段适用于财经规管者的以下职能—

(a) 保障公众免受因以下事情导致的财政损失的职能—

(i) 属—

(A) 从事银行、保险、投资或其他财经服务的提供；

(B) 从事公司的管理；

(BA) 从事已根据《强制性公积金计划条例》（第485章）注册的公积金计划的管理；（由1998年第4号第14条增补）

(C) 从事《职业退休计划条例》（第426章）所指的职业退休计划的管理；或

(D) 公司股东的人的不诚实行为、不胜任、不良行为或严重不当的行为；或

(ii) 已获或未获解除破产令的破产人的行为；

(b) 维持或促进提供(a)(i)(A)段所提述的任何服务的任何体系的一般稳定性或有效运作的职能；或

(c) 为本款的施行而在第(4)款下的公告中指明的职能。

(4) 行政长官可为第(3)款的施行藉宪报公告指明财经规管者的职能。（由1999年第34号第3条修订）

(5) 现声明—

(a) 第(3)款的施行不得损害第(1)款(a)、(b)、(c)、(d)及(f)(i)段就财经规管者而施行的概括性；

(b) 第(4)款下的公告是附属法例。

(6) 在本条中—

犯罪者（offender）指干犯罪行的人；

罪行（crime）指—

(a) 香港法律所订的罪行；或

(b)（如个人资料是在与香港和香港以外地方的法律合作或执法合作有关联的情况下持有或使用的）该地方的法律所订的罪行。（由2012年第18号第31条增补）

（1995年制定）

条：	58A	《截取通讯及监察条例》所指的受保护成果及有关纪录	E. R. 1 of 2013	25/04/2013

（1） 如个人资料系统是由资料使用者为收集、持有、处理或使用属受保护成果或有关纪录的个人资料或包含于受保护成果或有关纪录内的个人资料的目的而使用的，则该个人资料系统在它被如此使用的范围内获豁免，不受本条例的条文管限。

（2） 属受保护成果或有关纪录的个人资料或包含于受保护成果或有关纪录内的个人资料获豁免，不受本条例的条文管限。

（3） 在本条中—

有关纪录（relevant records）指—

(a) 关乎根据《截取通讯及监察条例》（第589章）为寻求发出订明授权或器材取出手令或将订明授权续期而提出的申请的文件及纪录；或

(b) 关乎根据该条例发出或续期的任何订明授权或器材取出手令（包括依据该授权或手令作出或就该授权或手令而作出的任何事宜）的文件及纪录；受保护成果（protected product）具有《截取通讯及监察条例》（第589章）第2(1)条给予该词的涵义；订明授权（prescribed authorization）具有《截取通讯及监察条例》（第589章）第2(1)条给予该词的涵义；器材取出手令（device retrieval warrant）具有《截取通讯及监察条例》（第589章）第2(1)条给予该词的涵义。

（由2006年第20号第68条增补）

| 条： | 59 | 健康 | E. R. 1 of 2013 | 25/04/2013 |

（1） 与有关的资料当事人的身体健康或精神健康有关的个人资料，获豁免而不受以下任何或所有条文所管限—（由2012年第18号第32条修订）

(a) 第6保障资料原则及第18(1)(b)条的条文；

(b) 第3保障资料原则的条文，但上述豁免仅在以下情况适用—

(i) 该等条文适用于该资料便相当可能会对该资料当事人的身体健康或精神健康造成严重损害；或（由2012年第18号第2条修订）

(ii) 该等条文适用于该资料便相当可能会对任何其他个人的身体健康或精神健康造成严重损害。（由2012年第18号第2条修订）

（2） 如第3保障资料原则的条文适用于关乎某资料当事人的身份或所在的个人资料，便相当可能会对—

(a) 该资料当事人的身体或精神健康造成严重损害；或

(b) 任何其他个人的身体或精神健康造成严重损害,则该资料获豁免而不受该等条文所管限。(由 2012 年第 18 号第 32 条增补)

(1995 年制定)

| 条: | 59A | 未成年人的照顾及监护 | 18 of 2012 | 01/10/2012 |

凡香港警务处或香港海关向未成年人的有关人士转移或披露该未成年人的个人资料,如以下条件获符合,该资料获豁免而不受第 3 保障资料原则的条文所管限——

(a) 该项转移或披露的目的,是利便该有关人士对该未成年人行使妥善照顾及监护;

(b) 该项转移或披露符合该未成年人的利益;及

(c) 该等条文就该项转移或披露而适用,便相当可能会损害该有关人士对该未成年人行使妥善照顾及监护,或相当可能会损害该未成年人的利益。

(由 2012 年第 18 号第 33 条增补)

| 条: | 60 | 法律专业保密权 | E. R. 1 of 2013 | 25/04/2013 |

假如在法律上就某些资讯而享有法律专业保密权的声称是能够成立的,包含该等资讯的个人资料获豁免而不受第 6 保障资料原则及第 18(1)(b) 条的条文所管限。

(1995 年制定)

| 条: | 60A | 导致自己入罪 | 18 of 2012 | 01/10/2012 |

(1) 如资料使用者就任何个人资料依从根据第 6 保障资料原则的条文或第 18(1)(b) 条提出的要求的后果,是该资料使用者可能会在任何法律程序中就并非由本条例订定的罪行而入罪,该资料获豁免而不受该条文或该条所管限。

(2) 如资料使用者依从根据第 6 保障资料原则的条文或第 18(1)(b) 条提出的要求而披露某项资料,则在就本条例所订罪行而提起的法律程序中,该项资料不得获接纳为对该资料使用者不利的证据。

香港《个人资料（私隐）条例》

（由 2012 年第 18 号第 34 条增补）

| 条： | 60B | 法律程序等 | 18 of 2012 | 01/10/2012 |

如个人资料是—

(a) 由任何成文法则、法律规则或香港法院的命令所规定或授权使用的，或是根据任何成文法则而规定或授权使用的；

(b) 在与香港进行的法律程序有关连的情况下被规定而使用的；或

(c) 为确立、行使或维护在香港的法律权利所需要而使用的，该资料获豁免而不受第 3 保障资料原则的条文所管限。

（由 2012 年第 18 号第 34 条增补）

| 条： | 61 | 新闻 | E. R. 1 of 2013 | 25/04/2013 |

(1) 由—

(a) 其业务或部分业务包含新闻活动的资料使用者持有；及

(b) 该使用者纯粹为该活动（及任何直接有关的活动）的目的而持有，

的个人资料，获豁免而—

(i) 不受第 6 保障资料原则及第 18(1)(b) 及 38(i) 条的条文所管限，除非及直至该资料已发表或播放（不论在何处或藉何方法）；

(ii) 不受第 36 及 38(b) 条的条文所管限。

(2) 在以下情况，个人资料获豁免而不受第 3 保障资料原则的条文所管限—

(a) 该资料的使用包含向第(1)款所提述的资料使用者披露该资料；及

(b) 作出该项披露的人有合理理由相信（并合理地相信）发表及播放（不论在何处及藉何方法）该资料（不论是否实际有发表或播放该资料）是符合公众利益的。

(3) 在本条中—

新闻活动（news activity）指任何新闻工作活动，并包括—

(a) 为向公众发布的目的而进行—

(i) 新闻的搜集；

(ii) 关于新闻的文章或节目的制备或编纂；或

(iii) 对新闻或时事所作的评析；或

(b) 向公众发布——

(i) 属新闻的或关于新闻的文章或节目；或

(ii) 对新闻或时事所作的评析。

(1995年制定。由2012年第18号第2条修订)

| 条： | 62 | 统计及研究 | E. R. 1 of 2013 | 25/04/2013 |

在以下情况，个人资料获豁免而不受第3保障资料原则的条文所管限——

(a) 该资料将会用于制备统计数字或进行研究；

(b) 该资料不会用于任何其他目的；及

(c) 所得的统计数字或研究成果不会以识辨各有关的资料当事人或其中任何人的身份的形式提供。

(1995年制定。由2012年第18号第2条修订)

| 条： | 63 | 第18(1)(a)条的豁免 | E. R. 1 of 2013 | 25/04/2013 |

凡查阅资料要求关乎获豁免而凭借第57或58条不受第18(1)(b)条所管限的个人资料（或如该资料曾存在，则本会获该项豁免），则如披露该资料的存在或不存在此事相当可能会损害受该项豁免保障的利益，该资料亦获豁免而不受第18(1)(a)条所管限。

(1995年制定。由2012年第18号第2条修订)

| 条： | 63A | 人类胚胎等 | E. R. 1 of 2013 | 25/04/2013 |

(1) 包含显示某名身份可被辨别的个人是或可能是经由《人类生殖科技条例》（第561章）所指的生殖科技程序而诞生的资讯的个人资料，获豁免而不受第6保障资料原则及第18(1)(b)条的条文所管限，但如根据该等条文而按照该条例第33条披露该资料，则属例外。

(2) 凡查阅资料要求是关乎凭借第(1)款获豁免而不受第18(1)(b)条所管限的个人资料的，或是关乎假如存在便会获该项豁免的个人资料的，则在披露该资料的存在或不存在相当可能会损害受该项豁免保障的利益的情况下，该资料亦获豁免而不受第18(1)(a)条所管限。

（由 2000 年第 47 号第 48 条增补。由 2012 年第 18 号第 2 条修订）

| 条： | 63B | 尽职审查 | 18 of 2012 | 01/10/2012 |

（1）凡一项建议商业交易涉及—

（a）属于资料使用者的业务或财产的转移，或资料使用者股本的股份的转移；

（b）资料使用者的股权的变动；或

（c）资料使用者与另一团体合并，如该资料使用者在与该项建议交易有关连的情况下，为进行一项尽职审查而转移或披露个人资料，而第（2）款指明的每项条件均获符合，该项转移或披露获豁免而不受第 3 保障资料原则的条文所管限。

（2）有关条件如下—

（a）被转移或披露的个人资料不超过进行该项尽职审查所需者；

（b）在该项建议交易完成时，将会由该项交易的一方或因为该项交易而组织的新团体提供予有关资料当事人的货品、设施或服务，与该资料使用者提供予该当事人者相同或类似；

（c）取得有关资料当事人对该项转移或披露的订明同意，并非切实可行。

（3）如建议商业交易的主要目的，是转移、披露或为得益而提供有关个人资料，第（1）款不适用。

（4）如资料使用者为一项就第（1）款描述的建议商业交易而进行的尽职审查的目的，而转移或披露个人资料予某人，该人—

（a）须只为该目的而使用该资料；及

（b）须在该项尽职审查完成后，在切实可行范围内，尽快—

（i）将该资料归还该资料使用者；及

（ii）销毁该人所保存的该资料的纪录。

（5）任何人违反第（4）款，即属犯罪，一经定罪，可处第 5 级罚款及监禁 2 年。

（6）在本条中—

为得益而提供（provision for gain）就个人资料而言，指提供该资料，以获得金钱或其他财产的回报，而不论—

（a）该项回报是否以某条件获符合为前提；或

(b) 提供该资料的人，是否维持对该资料的使用的任何控制；

尽职审查（due diligence exercise）就建议商业交易而言，指审视该项交易的标的，以令交易一方能够决定是否进行该项交易。

（由 2012 年第 18 号第 35 条增补）

| 条： | 63C | 危急处境 | 18 of 2012 | 01/10/2012 |

（1）如第 1（3）保障资料原则及第 3 保障资料原则的条文适用于个人资料，便相当可能会损害以下任何事宜—

（a）识辨某名个人的身份，而该人合理地被怀疑处于或该人正处于一个危及生命的处境之中；

（b）将该名个人处于该处境一事，告知该人的家人或有关人士；

（c）进行紧急拯救行动或提供紧急救助服务，则该项个人资料获豁免而不受该等条文所管限。

（2）在本条中—

家人（immediate family member）就某人而言，指藉血缘、婚姻、领养或姻亲关系而与该人有关系的另一人。

（由 2012 年第 18 号第 35 条增补）

| 条： | 63D | 转移纪录予政府档案处 | 18 of 2012 | 01/10/2012 |

转移予政府档案处的纪录所载的个人资料，在政府档案处仅为以下目的而使用该等纪录的情况下，获豁免而不受第 3 保障资料原则的条文所管限—

（a）评核该等纪录，以决定它们是否须予保存；或

（b）整理及保存该等纪录。

（由 2012 年第 18 号第 35 条增补）

| 部： | 9 | 罪行及补偿 | E. R. 1 of 2013 | 25/04/2013 |

（1995 年制定）

| 条： | 64 | 披露未经资料使用者同意而取得的个人资料属罪行 | 18 of 2012 | 01/10/2012 |

（1）任何人披露未经资料使用者同意而取自该资料使用者的某资料当事人的任何个人资料，而该项披露是出于以下意图的，该人即属犯罪—

（a）获取金钱得益或其他财产得益，不论是为了令该人或另一人受惠而获取；或

（b）导致该当事人蒙受金钱损失或其他财产损失。

（2）如—

（a）任何人披露未经资料使用者同意而取自该资料使用者的某资料当事人的任何个人资料；而

（b）该项披露导致该当事人蒙受心理伤害，该人即属犯罪。

（3）任何人犯第（1）或（2）款所订罪行，一经定罪，可处罚款$1000000及监禁5年。

（4）在为第（1）或（2）款所订罪行而提起的法律程序中，被控告的人如证明任何以下事宜，即可以此作为免责辩护—

（a）该人合理地相信，有关披露对防止或侦测罪行属必要；

（b）任何成文法则、法律规则或法院命令规定作出或授权作出有关披露，或根据任何成文法则而规定作出或授权作出有关披露；

（c）该人合理地相信有关资料用户已同意有关披露；或

（d）该人—

（i）是为第61（3）条所界定的新闻活动的目的，或是为与该新闻活动直接相关的活动的目的，而披露该个人资料；而

（ii）有合理理由相信，发表或播放该个人资料，是符合公众利益的。

（1995年制定。由2012年第18号第36条代替）

| 条： | 64A | 杂项罪行 | 18 of 2012 | 01/10/2012 |

（1）任何资料使用者无合理辩解而违反本条例下任何规定，即属犯罪，一经定罪，可处第3级罚款。

（2）第（1）款并不就以下违反而适用—

（a）违反保障资料原则；

（b）根据第14(11)、14A(6)、(7)或(8)、15(4A)或(7)、18(5)、22(4)、31(4)、32(5)、44(10)、46(11)、50A(1)或(3)、50B(1)、63B(5)或64(1)或(2)条属罪行的违反；或

(c) 违反第ⅥA部下的规定。

(由2012年第18号第37条增补)

| 条： | 64B | 提出告发等的时限 | 18 of 2012 | 01/10/2012 |

（1）尽管有《裁判官条例》（第227章）第26条的规定，针对本条例所订罪行的申诉或告发，可在该罪行发生当日后起计的2年内，向裁判官作出或提出。

（2）凡违反本条例所订罪行是在《2012年个人资料（私隐）（修订）条例》（2012年第18号）第37条[*]生效日期之前发生的，第（1）款并不适用于就该罪行作出申诉或提出告发。

(由2012年第18号第37条增补)

| 条： | 65 | 雇主及主事人的法律责任 | E. R. 1 of 2013 | 25/04/2013 |

（1）任何人在其受雇用中所作出的任何作为或所从事的任何行为，就本条例而言须视为亦是由其雇主所作出或从事的，不论其雇主是否知悉或批准他作出该作为或从事该行为。

（2）任何作为另一人的代理人并获该另一人授权（不论是明示或默示，亦不论是事前或事后授权）的人所作出的任何作为或所从事的任何行为，就本条例而言须视为亦是由该另一人作出或从事的。

（3）在根据本条例对任何人就其雇员被指称作出的作为或从事的行为（视属何情况而定）而提出的法律程序中，该人如证明他已采取切实可行的步骤，以防止该雇员作出该作为或从事该行为或在其受雇用过程中作出该类作为或从事该类行为，即为免责辩护。

（4）为免生疑问，现声明：本条不就刑事法律程序而适用。

(1995年制定)

| 条： | 66 | 补偿 | E. R. 1 of 2013 | 25/04/2013 |

（1）除第（4）款另有规定外，任何个人如因符合以下说明的违反事项而蒙受损害，则该名个人有权就该损害向有关的资料使用者申索补偿—

---

[*] 生效日期：2012年10月1日。

（a）遭违反的是本条例下的规定；

（b）违反规定者是资料使用者；及

（c）该违反规定事项全部或部分关乎个人资料而该名个人是资料当事人。

（2）为免生疑问，现声明：第（1）款所提述的损害可以是或可包括对感情的伤害。

（3）在凭借本条针对任何人提出的法律程序中，如证明以下事项，即为免责辩护—

（a）该人已采取在所有情况下属合理所需的谨慎措施，以避免有关的违反规定事项发生；或

（b）在因有关的个人资料不准确而发生的有关违反规定事项的个案中，该个人资料准确地记录有关的资料使用者从资料当事人或第三者处所收到或取得的资料。

（4）凡因有关的个人资料不准确而发生第（1）款所提述的违反规定事项，并因此而导致有关的个人蒙受该款所提述的损害，则不得就紧接本条开始实施后1年期届满前的任何时间所发生的损害，根据该款获支付补偿。

（5）由某名个人倚赖第（1）款提起的法律程序须在区域法院提起，但可在原讼法庭取得的所有补救，均可在该等法律程序中取得。（由2012年第18号第38条增补）

（1995年制定）

条：	66A	协助受屈人士取得资料等	L. N. 5 of 2013	01/04/2013

（1）以帮助某人（受屈人士）决定是否根据第66条提起法律程序及（如该人如此行事）以最有效的方式拟订及展呈其论点为出发点，专员可订明—

（a）受屈人士用以就以下事宜诘问答辩人的格式：答辩人作出任何有关作为的理由，以及属或可能属有关的任何其他事宜；及

（b）答辩人如意欲的话可用以答复任何诘问的格式。

（2）如受屈人士诘问（不论是否按照第（1）款提述的格式作出的）答辩人—

（a）有关的问题及答辩人的任何答复（不论是否按照该等表格作出的）在第（3）、（4）及（5）款的规限下，可在有关法律程序中获接纳为证

据；及

（b）如区域法院觉得答辩人故意地在无合理辩解的情况下，没有在一段合理期间内作出答复，或觉得答辩人的答复言词闪烁或含糊不清，区域法院可从此事中作出它认为公正及公平的推论。

（3）专员可——

（a）订明诘问须于什么期间内送达，方可根据第（2）（a）款获接纳为证据；及

（b）订明诘问及答辩人的答复可用何种方式送达。

（4）根据《区域法院条例》（第336章）订立的规则，可赋权予受理第66条所指的申索的区域法院在该项申索的择定聆讯日期之前，裁定一项诘问或答复是否根据本条而属可获接纳的证据。

（5）本条不损害规管区域法院所审理的法律程序中的非正审或初步事宜的任何其他成文法则或法律规则，并在规管证据可否在该等程序中获接纳的成文法则或法律规则的规限下，具有效力。

（6）在本条中——

答辩人（respondent）包括将会成为答辩人的人。

（由2012年第18号第39条增补）

| 条： | 66B | 专员可就法律程序给予协助 | L. N. 5 of 2013 | 01/04/2013 |

（1）根据第66条可提起法律程序以寻求补偿的人可向专员提出申请，要求就该程序给予协助。

（2）专员可考虑第（1）款所指的申请，如专员认为合适，可批准申请，在以下情况下，专员尤其可批准申请——

（a）有关个案带出一个原则性问题；或

（b）在顾及有关个案的复杂性、申请人相对于答辩人或受牵涉的另一人的位置或任何其他事宜下，期望申请人在没有协助下处理有关个案，是不合理的。

（3）专员根据本条给予的协助可包括——

（a）提供意见；

（b）安排由律师或大律师提供意见或协助；

（c）安排由任何人代表行事，包括通常由律师或大律师在法律程序的

初步步骤或附带步骤中给予的协助,或在达致或执行和解以避免或结束法律程序中给予的协助;及

(d) 专员认为适当的其他形式的协助。

(4) 除了在根据按照《区域法院条例》(第336章)第73F条订立的规则准许的范围内,第(3)(c)款不影响规管什么种类的人可在法律程序中出庭、进行法律程序、抗辩及向法庭陈词的法律及常规。

(5) 如专员因根据本条向申请人提供协助而招致开支,该等开支(以《法院规则》所订明的方式评定或评核者)的追讨构成使专员受益的对以下项目的第一押记—

(a) 须由任何其他人(不须凭借区域法院的判决或命令、协议或其他依据)就该项协助所关乎的事宜而付予该申请人的任何讼费或费用;及

(b) 在就该事宜达致避免或结束任何法律程序的妥协或和解安排之下,该申请人所具有的权利(在该等权利关乎任何讼费或费用的范围内)。

(6) 第(5)款所设定的押记,受《法律援助条例》(第91章)下的押记所规限,亦受该条例中关乎将任何款项付入根据该条例设立的法律援助辅助计划基金的条文所规限。

(7) 在本条中—

《法院规则》(relevant rules) 指根据《区域法院条例》(第336章)订立的规则;

答辩人(respondent)包括将会成为答辩人的人。

(由2012年第18号第39条增补)

| 部: | 10 | 杂项条文 | E. R. 1 of 2013 | 25/04/2013 |

(1995年制定)

| 条: | 67 | 专员指明格式的权力 | E. R. 1 of 2013 | 25/04/2013 |

(1) 在符合第(2)款的规定下,专员可就本条例规定须符合指明格式的任何文件,及就为本条例的施行而须有的其他文件,订明他认为合适的格式。

(2) 第(1)款赋予专员的权力,须受本条例下任何指明格式或其他格式的内容须予遵从的任何明文规定所规限,但专员如认为他就有关格式行使该权力并不违反该明文规定,则该规定不得限制他就有关格式行使该权力。

(3) 专员可行使第(1)款赋予他的权力,以——

(a) 在第(1)款所提述的任何文件的指明格式内加入一项——

(i) 须由以该格式填备表格的人作出;及

(ii) 须表明该格式内所载详情是否尽该人所知所信属真实及正确,的法定声明;

(b) 按他认为合适的情况,为第(1)款所提述的任何文件指明2款或2款以上的格式,以供选择,或供在某些情况下或在某些个案中使用。

(4) 根据本条指明格式的表格——

(a) 须按照表格中指明的指引或指示填写;

(b) 须附同表格中指明的文件;及

(c) 若需在填妥后交予——

(i) 专员;

(ii) 代专员行事的另一人;或

(iii) 任何其他人,须以在该表格中指明的方式（如有的话）如此提交。

(1995年制定)

| 条: | 68 | 通知的送达 | E. R. 1 of 2013 | 25/04/2013 |

根据本条例须向或可向某人（不论如何描述该人）送达的通知（不论如何描述该通知）,在以下情况,在没有相反证据的情况下即须当作已经送达——

(a) 就个人而言,该通知已——

(i) 递交予他;

(ii) 留在他在香港最后为人所知的供送达用途的地址,或他在香港最后为人所知的居住地点或营业地点;

(iii) 以邮递方式寄往他在香港最后为人所知的供送达用途的地址,或他在香港最后为人所知的邮递地址;或

(iv) 以电传、图文传真或其他相似方法传送到他在香港最后为人所知的供送达用途的地址,或他在香港最后为人所知的邮递地址,或他在香港最后为人所知的居住地点或营业地点;

(b) 就公司而言,该通知已——

(i) 交予或送达该公司的高级人员;

（ⅱ）留在该公司在香港最后为人所知的供送达用途的地址，或该公司在香港最后为人所知的营业地点；

（ⅲ）以邮递方式寄往该公司在香港最后为人所知的供送达用途的地址，或该公司在香港最后为人所知的邮递地址；或

（ⅳ）以电传、图文传真或其他相似方法传送到该公司在香港最后为人所知的供送达用途的地址，或该公司在香港最后为人所知的邮递地址，或该公司在香港最后为人所知的营业地点；

（c）就合伙而言—

（ⅰ）该通知按照（a）段递交予、留给、寄予或传送予属个人的任何合伙人；或

（ⅱ）该通知按照（b）段交予、送达、留给、寄予或传送予属公司的任何合伙人；

（d）就持有授权书而根据该授权书获授权代另一人接受所送达的文件的人（获授权人）而言—

（ⅰ）若获授权人属个人，指该通知已按照（a）段递交、留下、寄出或传送；

（ⅱ）若获授权人属公司，指该通知已按照（b）段交付、送达、留下、寄出或传送；

（ⅲ）若获授权人属合伙，指该通知已按照（a）段递交予、留给、寄予或传送予属个人的任何合伙人；或

（ⅳ）若获授权人属合伙，指该通知已按照（b）段交予、送达、留给、寄予或传送予属公司的任何合伙人。

（1995年制定）

条：	69	规例—费用	E. R. 1 of 2013	25/04/2013

（1）专员可订立规例订明须就任何事项、服务或设施（根据本条例是须就该事项、服务或设施缴付订明费用予专员的）付给专员的费用。

（2）根据第（1）款订立的规例所订明的任何费用款额，不须受以参照有关的行政成本或其他成本的方式的限制（该等行政成本及其他成本是指就提供有关费用所关乎的事项、服务或设施而招致或相当可能招致的）；专员亦可就规例中指明的某些情况或某些个案而为相同的事项、服务或设施订明不同的费用。

(1995年制定)

| 条： | 70 | 规例——一般条文 | E. R. 1 of 2013 | 25/04/2013 |

附注：

有关《立法会决议》（2007年第130号法律公告）所作之修订的保留及过渡性条文，见载于该决议第(12)段。

(1) 政制及内地事务局局长可就以下所有或任何事项订立规例—（由1997年第362号法律公告修订；由2007年第130号法律公告修订）

（a）在资料使用者纪录簿内所须记入的详情，包括第27(2)(a)、（b）及（c）条所提述的详情；

（b）订明任何根据本条例须予订明或可予订明的事情。

(2) 根据本条订立的任何规例可—

（a）授权专员就一般情况或就某个案豁免任何人使其无须遵守有关规例；

（b）就不同的情况订定不同的条文，及为某个案或某类个案订定条文；

（c）限于只适用于其本身所订明的情况。

(3) 根据本条订立的任何规例，可就违反规例订明罪行，并可规定就任何该等罪行可处不超逾第3级的罚款及监禁不超逾2年；如属持续罪行，可处每日罚款不超逾$1000。

(1995年制定)

| 条： | 71 | 附表2、4及6的修订 | E. R. 1 of 2013 | 25/04/2013 |

行政长官会同行政会议可藉宪报公告修订附表2、4及6。

(1995年制定。由1999年第34号第3条修订)

条：	72	（已失时效而略去—2013年第1号编辑修订纪录）	E. R. 1 of 2013	25/04/2013
条：	73	（已失时效而略去—2013年第1号编辑修订纪录）	E. R. 1 of 2013	25/04/2013
附表	1	保障资料原则	E. R. 1 of 2013	25/04/2013

[第2(1)及(6)条]

1. 第 1 原则—收集个人资料的目的及方式

（1）除非—

（a）个人资料是为了直接与将会使用该资料的资料使用者的职能或活动有关的合法目的而收集；

（b）在符合（c）段的规定下，资料的收集对该目的是必需的或直接与该目的有关的；及

（c）就该目的而言，资料属足够但不超乎适度，否则不得收集资料。

（2）个人资料须以—

（a）合法；及

（b）在有关个案的所有情况下属公平，的方法收集。

（3）凡从或将会从某人收集个人资料，而该人是资料当事人，须采取所有切实可行的步骤，以确保—

（a）他在收集该资料之时或之前，以明确或暗喻方式而获告知—（由 2012 年第 18 号第 2 条修订）

（i）他有责任提供该资料抑或是可自愿提供该资料；及

（ii）（如他有责任提供该资料）他若不提供该资料便会承受的后果；及

（b）他—

（i）在该资料被收集之时或之前，获明确告知—（由 2012 年第 18 号第 2 条修订）

（A）该资料将会用于什么目的（须一般地或具体地说明该等目的）；及

（B）该资料可能移转予什么类别的人；及

（ii）在该资料首次用于它们被收集的目的之时或之前，获明确告知—（由 2012 年第 18 号第 2 条修订）

（A）他要求查阅该资料及要求改正该资料的权利；

（B）处理向有关资料使用者提出的该等要求的个人的姓名（或职衔）及其地址，（由 2012 年第 18 号第 40 条代替）

但在以下情况属例外：该资料是为了在本条例第Ⅷ部中指明为个人资料就其而获豁免而不受第 6 保障资料原则的条文所管限的目的而收集，而遵守本款条文相当可能会损害该目的。（由 2012 年第 18 号第 2 条修订）。

2. 第 2 原则—个人资料的准确性及保留期间

（1）须采取所有切实可行的步骤，以—

（a）确保在顾及有关的个人资料被使用于或会被使用于的目的（包括任何直接有关的目的）下，该个人资料是准确的；

（b）若有合理理由相信在顾及有关的个人资料被使用于或会被使用于的目的（包括任何直接有关的目的）下，该个人资料是不准确时，确保—（由2012年第18号第2条修订）

（i）除非该等理由不再适用于该资料（不论是藉着更正该资料或其他方式）及在此之前，该资料不得使用于该目的；或

（ii）该资料被删除；

（c）在于有关个案的整体情况下知悉以下事项属切实可行时—

（i）在指定日当日或之后向第三者披露的个人资料，在顾及该资料被使用于或会被使用于的目的（包括任何直接有关的目的）下，在要项上是不准确的；及

（ii）该资料在如此披露时是不准确的，确保第三者—

（A）获告知该资料是不准确的；及

（B）获提供所需详情，以令他能在顾及该目的下更正该资料。（由2012年第18号第2条修订）

（2）须采取所有切实可行的步骤，以确保个人资料的保存时间不超过将其保存以贯彻该资料被使用于或会被使用于的目的（包括任何直接有关的目的）所需的时间。（由2012年第18号第2及40条修订）

（3）在不局限第（2）款的原则下，如资料使用者聘用（不论是在香港或香港以外聘用）资料处理者，以代该资料使用者处理个人资料，该资料使用者须采取合约规范方法或其他方法，以防止转移予该资料处理者的个人资料的保存时间超过处理该资料所需的时间。（由2012年第18号第40条增补）

（4）在第（3）款中—

资料处理者（data processor）指符合以下两项说明的人—

（a）代另一人处理个人资料；及

（b）并不为该人本身目的而处理该资料。（由2012年第18号第40条增补）

3. 第3原则—个人资料的使用

（1）如无有关的资料当事人的订明同意，个人资料不得用于新目的。

（由 2012 年第 18 号第 40 条修订）

（2）资料当事人的有关人士可在以下条件获符合的情况下，代该当事人给予为新目的而使用其个人资料所规定的订明同意—

（a）该资料当事人—

（i）是未成年人；

（ii）无能力处理本身的事务；或

（iii）属《精神健康条例》（第 136 章）第 2 条所指的精神上无行为能力；

（b）该资料当事人无能力理解该新目的，亦无能力决定是否给予该项订明同意；及

（c）该有关人士有合理理由相信，为该新目的而使用该资料明显是符合该资料当事人的利益。（由 2012 年第 18 号第 40 条增补）

（3）即使资料使用者为新目的而使用资料当事人的个人资料一事，已得到根据第（2）款给予的订明同意，除非该资料使用者有合理理由相信，如此使用该资料明显是符合该当事人的利益，否则该资料使用者不得如此使用该资料。（由 2012 年第 18 号第 40 条增补）

（4）在本条中—

新目的（new purpose）就使用个人资料而言，指下列目的以外的任何目的—

（a）在收集该资料时拟将该资料用于的目的；或

（b）直接与（a）段提述的目的有关的目的。（由 2012 年第 18 号第 40 条增补）

4. 第 4 原则—个人资料的保安

（1）须采取所有切实可行的步骤，以确保由资料使用者持有的个人资料（包括采用不能切实可行地予以查阅或处理的形式的资料）受保障而不受未获准许的或意外的查阅、处理、删除、丧失或使用所影响，尤其须考虑—（由 2012 年第 18 号第 40 条修订）

（a）该资料的种类及如该等事情发生便能做成的损害；

（b）储存该资料的地点；

（c）储存该资料的设备所包含（不论是藉自动化方法或其他方法）的保安措施；

（d）为确保能查阅该资料的人的良好操守、审慎态度及办事能力而采取的措施；及

（e）为确保在保安良好的情况下传送该资料而采取的措施。（由2012年第18号第2条修订）

（2）在不局限第（1）款的原则下，如资料使用者聘用（不论是在香港或香港以外聘用）资料处理者，以代该资料使用者处理个人资料，该资料使用者须采取合约规范方法或其他方法，以防止转移予该资料处理者作处理的个人资料未获准许或意外地被查阅、处理、删除、丧失或使用。（由2012年第18号第40条增补）

（3）在第（2）款中—

资料处理者（data processor）具有第2保障资料原则第（4）款给予该词的涵义。（由2012年第18号第40条增补）

5. 第5原则—资讯须在一般情况下可提供

须采取所有切实可行的步骤，以确保任何人—

（a）能确定资料使用者在个人资料方面的政策及实务；

（b）能获告知资料使用者所持有的个人资料的种类；

（c）能获告知资料使用者持有的个人资料是为或将会为什么主要目的而使用的。

6. 第6原则—查阅个人资料

资料当事人有权—

（a）确定资料使用者是否持有他属其资料当事人的个人资料；

（b）要求—

（i）在合理时间内查阅；

（ii）在支付并非超乎适度的费用（如有的话）下查阅；

（iii）以合理方式查阅；及

（iv）查阅采用清楚易明的形式的，个人资料；

（c）在（b）段所提述的要求被拒绝时获提供理由；

（d）反对（c）段所提述的拒绝；

（e）要求改正个人资料；

（f）在（e）段所提述的要求被拒绝时获提供理由；及

（g）反对（f）段所提述的拒绝。

香港《个人资料（私隐）条例》

（1995 年制定）

| 附表： | 2 | 专员的财务事宜等 | E. R. 1 of 2013 | 25/04/2013 |

附注：

有关《立法会决议》（2007 年第 130 号法律公告）所作之修订的保留及过渡性条文，见载于该决议第（12）段。

［第 5（7）、10（2）（c）及 71 条］

1. 专员的资源等

（1）专员的资源计有—

（a）以下一切款项—

（i）经立法会拨作委员会用途并由政府付予专员的款项；及（由 1999 年第 34 号第 3 条修订）

（ii）由政府以其他方式提供予专员的款项；及

（b）所有其他款项及财产，包括专员所收的馈赠、捐赠、费用、租金、利息及累积的收益。

（2）财经事务及库务局局长可就专员在任何财政年度内可支出的款额，向专员发出一般性或具体的书面指示，而专员须予遵从。（由 1997 年第 362 号法律公告修订；由 2002 年第 106 号法律公告修订）

（3）为免生疑问，现声明：须付予—

（a）专员；或

（b）根据本条例第 9（1）条雇用或聘用的人的薪酬或其他利益及其开销费须自专员的资源拨付。

2. 借款权力

（1）在符合第（2）款的规定下，专员为履行其在本条例下的责任或执行其在本条例下的职能，可以透支方式借入所需款项。

（2）政制及内地事务局局长经咨询财经事务及库务局局长后可就专员根据第（1）款可借入的款额，向专员发出一般性或具体的书面指示，而专员须予遵从。

（3）专员为履行其在本条例下的责任或执行其在本条例下的职能，可藉透支以外的方式借入所需款项，但须得到政制及内地事务局局长经咨询财经事务及库务局局长后给予的批准。

(4) 贷款给专员的人无须查究专员借款是否合法或合乎规定，或所筹集的款项是否妥为运用，亦无须因为有任何不合法或不合乎规定的事，或有关款项运用不当或不予运用而蒙受不利。

（由1997年第362号法律公告修订；由2002年第106号法律公告修订；由2007年第130号法律公告修订）

3. 盈余资金的投资

(1) 在符合第(2)款的规定下，专员可将非实时需支用的款项投资。

(2) 专员依据第(1)款将其款项投资的方式，必须得到政制及内地事务局局长经咨询财经事务及库务局局长后给予的批准。（由1997年第362号法律公告修订；由2002年第106号法律公告修订；由2007年第130号法律公告修订）

(3) 第(1)款不受本条例第10(1)条规限。

4. 专员的账目、审计及年报

(1) 专员须就其所有财务往来安排备存妥善的账目。

(2) 在财政年度届满后，专员须在切实可行范围内尽快拟备专员账目的报表，其中须包括收支结算表及资产负债表。

(3) 专员须委任一名核数师，该核数师须在切实可行范围内尽快审计第(1)款规定须备存的账目及第(2)款规定须拟备的账目报表，并就该报表向专员提交报告。

(4) 在财政年度届满后9个月内（或在政务司司长准许的较长期间内），专员须在切实可行范围内尽快将以下文件提交政务司司长，而政务司司长则须安排将之提交立法会省览——（由1997年第362号法律公告修订；由1999年第34号第3条修订）

(a) 一份专员在该年度内的事务的报告，报告须包括一项纵览，内容是在专员职能范围之内的事宜，在该年度内的发展；

(b) 第(2)款规定的该年度账目报表一份；及

(c) 核数师就该账目报表所作的报告。

(5) 本条不受本条例第10(1)条规限。

5. 审计署署长的审核

(1) 审计署署长可就任何财政年度，对专员在执行其职能及行使其权力时使用其资源是否合乎经济原则及讲求效率及效验的情况，进行审核。

（2）在符合第(3)款的规定下，审计署署长有权在任何合理时间，查阅他为进行本条下的审核而可能合理地需要的一切文件，并有权向持有该等文件的人或对该等文件负责的人，要求提交他认为为该目的而合理地需要的资料及解释。

（3）第(2)款只适用于由专员保管及控制的文件。

（4）审计署署长可向立法会主席提交关于他根据本条进行的审核的结果的报告。（由1999年第34号第3条修订）

（5）第(1)款的施行不得令审计署署长有权质疑专员的政策目的是否可取。

（由1997年第362号法律公告修订）

6. 豁免征税

（1）专员豁免缴交《税务条例》（第112章）下的征税。

（2）为免生疑问，现声明：第（1）款不适用于第1（3）条所提述的由专员的资源拨付予专员的薪酬、利益或开销费，亦不就该等薪酬，利益或支出而适用。

（1995年制定）

附表：	3	订明资讯	E. R. 1 of 2013	25/04/2013

[第2条]
（由2012年第18号第41条修订）

1. 资料使用者的地址及姓名或名称。

2. 凡资料使用者就个人资料而属资料使用者，一项对该资料所属的种类的描述。（由2012年第18号第2条修订）

3. 凡第2项所提述的个人资料是或将会是由资料使用者为某目的或某些目的而收集、持有、处理或使用的，一项对该目的或该等目的的描述。

4. 凡资料使用者向或拟向或可能欲向某类别的人披露第2项所提述的个人资料，一项对该类别的描述。

5. 凡资料使用者将或拟将或可能欲将第2项所提述的个人的资料移转至香港以外的某些地方，该等地方的名称或一项对该等地方的描述。

6. 处理向资料使用者作出的查阅资料要求的个人的姓名（或职衔）及其地址。（由2012年第18号第41条代替）

(1995年制定)

| 附表： | 4 | 规定须进行或准许进行的核对程序所根据的各条例的条文 | E. R. 1 of 2013 | 25/04/2013 |

[第30（1）（d）及71条]

(1995年制定)

| 附表： | 5 | 订明事宜 | E. R. 1 of 2013 | 25/04/2013 |

[第32（4）条]

1. 进行有关的核对程序是否符合公众利益。

2. 将成为有关的核对程序的标的之个人资料的种类。

3. 假使有关的核对程序导致对有关的资料当事人采取不利行动，便相当可能对该人做成的后果。

4. 将会予以依循以令资料当事人能够—（由2002年第23号第126条修订）

（a）就由有关的核对程序所产生或核实的个人资料；（由2012年第18号第42条修订）

（b）在有任何不利行动对资料当事人采取前，作出改正资料要求的实务及程序（如有的话）。（由2002年第23号第126条修订）

5. 将会予以依循以在切实可行范围内确保由有关的核对程序所产生或核实的任何个人资料的准确性的实务及程序（如有的话）。

6. 任何该等资料当事人是否会在有关的程序首次进行前获告知该项程序。

7. 有关的核对程序是否有切实可行的交替性措施。

8. 进行有关的核对程序将会带来的利益。

(1995年制定)

| 附表： | 6 | | E. R. 1 of 2013 | 25/04/2013 |

[第42（6）、（7）及（11）及71条]

第 1 部
授权个人资料私隐专员在不告知有关资料使用者的情况下进入指明处所的手令

致：个人资料私隐专员

　　鉴于本席已因经宣誓/声明*而作的告发而信纳有合理理由相信如你在根据《个人资料（私隐）条例》（第 486 章）就位于_____〔有关资料使用者所占用的处所的地址/有关资料使用者所使用的个人资料系统或其部分所处的处所的地址*〕的处所行使你在该条例第 42（2）条下的权力前，须遵守该条例第 42（3）条的话，便可能对一项根据该条例就_____〔有关资料使用者的姓名或名称〕进行的调查的目的造成重大损害：

　　现授权你在无须遵守该条例第 42（3）条的情况下就上述处所行使你在该条例第 42（2）条下的权力，并可带同所需的助理人员，但本手令只授权在本手令发出日期后的 14 日内行使该权力。

19_____年_____月_____日

（签署）裁判官

第 2 部
授权个人资料私隐专员进入指明住宅处所的手令

致：个人资料私隐专员

　　鉴于本席已因经宣誓/声明**而作的告发而信纳有合理理由相信如你因《个人资料（私隐）条例》（第 486 章）第 42（4）条的实施而不能就位于_____〔有关资料使用者所占用的住宅处所的地址/有关资料使用者所使用的个人资料系统或其部分所处的处所的地址*〕的处所行使你在该条例第 42（2）条下的权力的话，便可能对一项就_____〔有关资料使用者的

---

*　删去不适用者。
**　删去不适用者。

姓名或名称〕进行的调查的目的造成重大损害：

现授权你就上述处所行使该权力，并可带同所需的助理人员，但本手令只授权在本手令发出日期后的 14 日内行使该权力。

19_____年_____月_____日
（签署）裁判官
（1995 年制定）

台湾《法令》个资法及施行细则修正条文对照

个人资料保护法	个人资料保护法施行细则
第五十五条　本法施行细则,由法务部定之。	第一条　本细则依个人资料保护法(以下简称本法)第五十五条规定订定之。
第一条　为规范个人资料之搜集、处理及利用,以避免人格权受侵害,并促进个人资料之合理利用,特制定本法。	第二条　本法所称个人,指现生存之自然人。
第二条　本法用词,定义如下: 一、个人资料:指自然人之姓名、出生年月日、国民身份证统一编号、护照号码、特征、指纹、婚姻、家庭、教育、职业、病历、医疗、基因、性生活、健康检查、犯罪前科、联络方式、财务情况、社会活动及其他得以直接或间接方式识别该个人之资料。 二、个人资料档案:指依系统建立而得以自动化机器或其他非自动化方式检索、整理之个人资料之集合。 三、搜集:指以任何方式取得个人资料。 四、处理:指为建立或利用个人资料档案所为资料之记录、输入、储存、编辑、更正、复制、检索、删除、输出、连结或内部传送。 五、利用:指将搜集之个人资料为处理以外之使用。 六、国际传输:指将个人资料作跨国(境)之处理或利用。 七、公务机关:指依法行使公权力之中央或地方机关或行政法人。 八、非公务机关:指前款以外之自然人、法人或其他团体。 九、当事人:指个人资料之本人。	第三条　本法第二条第一款所称得以间接方式识别,指保有该资料之公务或非公务机关仅以该资料不能直接识别,须与其他资料对照、组合、连结等,始能识别该特定之个人。 第四条　本法第二条第一款所称病历之个人资料,指医疗法第六十七条第二项所列之各款资料。 本法第二条第一款所称医疗之个人资料,指病历及其他由医师或其他之医事人员,以治疗、矫正、预防人体疾病、伤害、残缺为目的,或其他医学上之正当理由,所为之诊察及治疗;或基于以上之诊察结果,所为处方、用药、施术或处置所产生之个人资料。 本法第二条第一款所称基因之个人资料,指由人体一段去氧核糖核酸构成,为人体控制特定功能之遗传单位讯息。 本法第二条第一款所称性生活之个人资料,指性取向或性惯行之个人资料。 本法第二条第一款所称健康检查之个人资料,指非针对特定疾病进行诊断或治疗之目的,而以医疗行为施以检查所产生之资料。 本法第二条第一款所称犯罪前科之个人资料,指经缓起诉、职权不起诉或法院判决有罪确定、执行之纪录。 第五条　本法第二条第二款所称个人资料档案,包括备份档案。 第六条　本法第二条第四款所称删除,指使已储存之个人资料自个人资料档案中消失。 本法第二条第四款所称内部传送,系指公务机关或非公务机关本身内部之资料传送。

续表

个人资料保护法	个人资料保护法施行细则
第三条 当事人就其个人资料依本法规定行使之下列权利，不得预先抛弃或以特约限制之： 一、查询或请求阅览。 二、请求制给复制本。 三、请求补充或更正。 四、请求停止搜集、处理或利用。 五、请求删除。	
第四条 受公务机关或非公务机关委托搜集、处理或利用个人资料者，于本法适用范围内，视同委托机关。	第七条 受委托搜集、处理或利用个人资料之法人、团体或自然人，依委托机关应适用之规定为之。 第八条 委托他人搜集、处理或利用个人资料时，委托机关应对受托者为适当之监督。 前项监督至少应包含下列事项： 一、预定搜集、处理或利用个人资料之范围、类别、特定目的及其期间。 二、受托者就第十二条第二项采取之措施。 三、有复委托者，其约定之受托者。 四、受托者或其受雇人违反本法、其他个人资料保护法律或其法规命令时，应向委托机关通知之事项及采行之补救措施。 五、委托机关如对受托者有保留指示者，其保留指示之事项。 六、委托关系终止或解除时，个人资料载体之返还，及受托者履行委托契约以储存方式而持有之个人资料之删除。 第一项之监督，委托机关应定期确认受托者执行之状况，并将确认结果记录之。 受托者仅得于委托机关指示之范围内，搜集、处理或利用个人资料。受托者认委托机关之指示有违反本法、其他个人资料保护法律或其法规命令者，应立即通知委托机关。
第五条 个人资料之搜集、处理或利用，应尊重当事人之权益，依诚实及信用方法为之，不得逾越特定目的之必要范围，并应与搜集之目的具有正当合理之关联。	
第六条 有关医疗、基因、性生活、健康检查及犯罪前科之个人资料，不得搜集、处理或利用。但有下列情形之一者，不在此限： 一、法律明文规定。	第九条 本法第六条第一项第一款、第八条第二项第一款、第十六条第一项第一款、第十九条第一项第一款、第二十条第一项第一款所称法律，指法律或法律具体明确授权之法规命令。 第十条 本法第六条第一项第二款、第八条第二项第二款

续表

个人资料保护法	个人资料保护法施行细则
二、公务机关执行法定职务或非公务机关履行法定义务所必要,且有适当安全维护措施。 三、当事人自行公开或其他已合法公开之个人资料。 四、公务机关或学术研究机构基于医疗、卫生或犯罪预防之目的,为统计或学术研究而有必要,且经一定程序所为搜集、处理或利用之个人资料。 前项第四款个人资料搜集、处理或利用之范围、程序及其他应遵行事项之办法,由中央目的事业主管机关会同法务部定之。	及第三款、第十条第二款、第十五条第一款、第十六条所称法定职务,指于下列法规中所定公务机关之职务: 一、法律、法律授权之命令。 二、自治条例。 三、法律或自治条例授权之自治规则。 四、法律或中央法规授权之委办规则。
	第十一条　本法第六条第一项第二款、第八条第二项第二款所称法定义务,指非公务机关依法律或法律具体明确授权之法规命令所定之义务。
	第十二条　本法第六条第一项第二款所称适当安全维护措施、第十八条所称安全维护事项、第二十七条第一项所称适当之安全措施,指公务机关或非公务机关为防止个人资料被窃取、窜改、毁损、灭失或泄漏,采取技术上及组织上之措施。 前项措施,得包括下列事项,并以与所欲达成之个人资料保护目的间,具有适当比例为原则: 一、配置管理之人员及相当资源。 二、界定个人资料之范围。 三、个人资料之风险评估及管理机制。 四、事故之预防、通报及应变机制。 五、个人资料搜集、处理及利用之内部管理程序。 六、资料安全管理及人员管理。 七、认知宣道及教育训练。 八、设备安全管理。 九、资料安全稽核机制。 十、使用纪录、轨迹资料及证据保存。 十一、个人资料安全维护之整体持续改善。
	第十三条　本法第六条第一项第三款、第九条第二项第二款、第十九条第一项第三款所称当事人自行公开之个人资料,指当事人自行对不特定人或特定多数人揭露其个人资料。 本法第六条第一项第三款、第九条第二项第二款、第十九条第一项第三款所称已合法公开之个人资料,指依法律或法律具体明确授权之法规命令所公示、公告或以其他合法方式公开之个人资料。
第七条　第十五条第二款及第十九条第五款所称书面同意,指当事人经搜集者告知本法所定应告知事项后,所为允许之书面意思表示。	第十四条　本法第七条所定书面意思表示之方式,依电子签章法之规定,得以电子文件为之。

续表

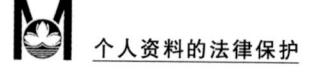

个人资料保护法	个人资料保护法施行细则
第十六条第七款、第二十条第一项第五款所称书面同意，指当事人经搜集者明确告知特定目的外之其他利用目的、范围及同意与否对其权益之影响后，单独所为之书面意思表示。	第十五条　本法第七条第二项所定单独所为之书面意思表示，如系与其他意思表示于同一书面为之者，搜集者应于适当位置使当事人得以知悉其内容并确认同意。
第八条　公务机关或非公务机关依第十五条或第十九条规定向当事人搜集个人资料时，应明确告知当事人下列事项： 一、公务机关或非公务机关名称。 二、搜集之目的。 三、个人资料之类别。 四、个人资料利用之期间、地区、对象及方式。 五、当事人依第三条规定得行使之权利及方式。 六、当事人得自由选择提供个人资料时，不提供将对其权益之影响。 有下列情形之一者，得免为前项之告知： 一、依法律规定得免告知。 二、个人资料之搜集系公务机关执行法定职务或非公务机关履行法定义务所必要。 三、告知将妨害公务机关执行法定职务。 四、告知将妨害第三人之重大利益。 五、当事人明知应告知之内容。	第九条　本法第六条第一项第一款、第八条第二项第一款、第十六条第一项第一款、第十九条第一项第一款、第二十条第一项第一款所称法律，指法律或法律具体明确授权之法规命令。 第十条　本法第六条第一项第二款、第八条第二项第二款及第三款、第十条第二款、第十五条第一款、第十六条所称法定职务，指于下列法规中所定公务机关之职务： 一、法律、法律授权之命令。 二、自治条例。 三、法律或自治条例授权之自治规则。 四、法律或中央法规授权之委办规则。 第十一条　本法第六条第一项第二款、第八条第二项第二款所称法定义务，指非公务机关依法律或法律具体明确授权之法规命令所定之义务。 第十六条　依本法第八条、第九条及第五十四条所定告知之方式，得以言词、书面、电话、简讯、电子邮件、传真、电子文件或其他足以使当事人知悉或可得知悉之方式为之。
第九条　公务机关或非公务机关依第十五条或第十九条规定搜集非由当事人提供之个人资料，应于处理或利用前，向当事人告知个人资料来源及前条第一项第一款至第五款所列事项。 有下列情形之一者，得免为前项之告知： 一、有前条第二项所列各款情形之一。 二、当事人自行公开或其他已合法公开之个人资料。 三、不能向当事人或其法定代理人为告知。 四、基于公共利益为统计或学术研究之目的而有必要，且该资料须经提供者处理后或搜集者依其揭露方式，无从识别特定当事人者为限。	第十三条　本法第六条第一项第三款、第九条第二项第二款、第十九条第一项第三款所称当事人自行公开之个人资料，指当事人自行对不特定人或特定多数人揭露其个人资料。 本法第六条第一项第三款、第九条第二项第二款、第十九条第一项第三款所称已合法公开之个人资料，指依法律或法律具体明确授权之法规命令所公示、公告或以其他合法方式公开之个人资料。 第十六条　依本法第八条、第九条及第五十四条所定告知之方式，得以言词、书面、电话、简讯、电子邮件、传真、电子文件或其他足以使当事人知悉或可得知悉之方式为之。 第十七条　本法第九条第二项第四款、第十六条但书第五款、第十九条第一项第四款及第二十条第一项但书第五款所称资料经过处理后或依其揭露方式无从识别特定当事

个人资料保护法	个人资料保护法施行细则
五、大众传播业者基于新闻报道之公益目的而搜集个人资料。 第一项之告知,得于首次对当事人为利用时并同为之。	人,指个人资料以代码、匿名、隐藏部分资料或其他方式,无从辨识该特定个人者。
第十条 公务机关或非公务机关应依当事人之请求,就其搜集之个人资料,答覆查询、提供阅览或制给复制本。但有下列情形之一者,不在此限: 一、妨害国家安全、外交及军事机密、整体经济利益或其他国家重大利益。 二、妨害公务机关执行法定职务。 三、妨害该搜集机关或第三人之重大利益。	第十条 本法第六条第一项第二款、第八条第二项第二款及第三款、第十条第二款、第十五条第一款、第十六条所称法定职务,指于下列法规中所定公务机关之职务: 一、法律、法律授权之命令。 二、自治条例。 三、法律或自治条例授权之自治规则。 四、法律或中央法规授权之委办规则。 第十八条 本法第十条第三款所称妨害第三人之重大利益,指有害于第三人个人之生命、身体、自由、财产或其他重大利益。
第十一条 公务机关或非公务机关应维护个人资料之正确,并应主动或依当事人之请求更正或补充之。 个人资料正确性有争议者,应主动或依当事人之请求停止处理或利用。但因执行职务或业务所必须并注明其争议或经当事人书面同意者,不在此限。 个人资料搜集之特定目的消失或期限届满时,应主动或依当事人之请求,删除、停止处理或利用该个人资料。但因执行职务或业务所必须或经当事人书面同意者,不在此限。 违反本法规定搜集、处理或利用个人资料者,应主动或依当事人之请求,删除、停止搜集、处理或利用该个人资料。 因可归责于公务机关或非公务机关之事由,未为更正或补充之个人资料,应于更正或补充后,通知曾提供利用之对象。	第十九条 当事人依本法第十一条第一项规定向公务机关或非公务机关请求更正或补充其个人资料时,应为适当之释明。 第二十条 本法第十一条第三项所称特定目的之消失,指下列各款情形之一: 一、公务机关经裁撤或改组而无承受业务机关。 二、非公务机关歇业、解散而无承受机关,或所营事业营业项目变更而与原搜集目的不符。 三、特定目的已达成而无继续处理或利用之必要。 四、其他事由足认该特定目的已无法达成或不存在。 第二十一条 有下列各款情形之一者,属于本法第十一条第三项但书所定因执行职务或业务所必须: 一、有法令规定或契约约定之保存期限。 二、有理由足认删除将侵害当事人值得保护之利益。 三、其他不能删除之正当事由。
第十二条 公务机关或非公务机关违反本法规定,致个人资料被窃取、泄漏、窜改或其他侵害者,应查明后以适当方式通知当事人。	第二十二条 本法第十二条所称适当方式通知,指即时以言词、书面、电话、简讯、电子邮件、传真、电子文件或其他足以使当事人知悉或可得知悉之方式为之。但费过钜者,得斟酌技术之可行性及当事人隐私之保护,以网际网路、新闻媒体或其他适当公开方式为之。 依本法第十二条规定通知当事人,其内容应包括个人资料被侵害之事实及已采取之因应措施。

续表

个人资料保护法	个人资料保护法施行细则
第十三条　公务机关或非公务机关受理当事人依第十条规定之请求,应于十五日内,为准驳之决定;必要时,得予延长,延长之期间不得逾十五日,并应将其原因以书面通知请求人。 公务机关或非公务机关受理当事人依第十一条规定之请求,应于三十日内,为准驳之决定;必要时,得予延长,延长之期间不得逾三十日,并应将其原因以书面通知请求人。	
第十四条　查询或请求阅览个人资料或制给复制本者,公务机关或非公务机关得酌收必要成本费用。	
第十五条　公务机关对个人资料之搜集或处理,除第六条第一项所规定资料外,应有特定目的,并符合下列情形之一者: 一、执行法定职务必要范围内。 二、经当事人书面同意。 三、对当事人权益无侵害。	第十条　本法第六条第一项第二款、第八条第二项第二款及第三款、第十条第二款、第十五条第一款、第十六条所称法定职务,指于下列法规中所定公务机关之职务: 一、法律、法律授权之命令。 二、自治条例。 三、法律或自治条例授权之自治规则。 四、法律或中央法规授权之委办规则。
第十六条　公务机关对个人资料之利用,除第六条第一项所规定资料外,应于执行法定职务必要范围内为之,并与搜集之特定目的相符。但有下列情形之一者,得为特定目的外之利用: 一、法律明文规定。 二、为维护国家安全或增进公共利益。 三、为免除当事人之生命、身体、自由或财产上之危险。 四、为防止他人权益之重大危害。 五、公务机关或学术研究机构基于公共利益为统计或学术研究而有必要,且资料经过提供者处理后或搜集者依其揭露方式无从识别特定之当事人。 六、有利于当事人权益。 七、经当事人书面同意。	第九条　本法第六条第一项第一款、第八条第二项第一款、第十六条第一项第一款、第十九条第一项第一款、第二十条第一项第一款所称法律,系指法律或法律具体明确授权之法规命令。 第十条　本法第六条第一项第二款、第八条第二项第二款及第三款、第十条第二款、第十五条第一款、第十六条所称法定职务,指于下列法规中所定公务机关之职务: 一、法律、法律授权之命令。 二、自治条例。 三、法律或自治条例授权之自治规则。 四、法律或中央法规授权之委办规则。 第十七条　本法第九条第二项第四款、第十六条但书第五款、第十九条第一项第四款及第二十条第一项但书第五款所称资料经过处理后或依其揭露方式无从识别特定当事人,指个人资料以代码、匿名、隐藏部分资料或其他方式,无从辨识该特定个人者。

续表

个人资料保护法	个人资料保护法施行细则
第十七条　公务机关应将下列事项公开于电脑网站,或以其他适当方式供公众查阅;其有变更者,亦同: 一、个人资料档案名称。 二、保有机关名称及联络方式。 三、个人资料档案保有之依据及特定目的。 四、个人资料之类别。	第二十三条　公务机关依本法第十七条规定为公开,应于建立个人资料档案后一个月内为之;变更时,亦同。公开方式应予以特定,并避免任意变更。 本法第十七条所称其他适当方式,指利用政府公报、新闻纸、杂志、电子报或其他可供公众查阅之方式为公开。
第十八条　公务机关保有个人资料档案者,应指定专人办理安全维护事项,防止个人资料被窃取、窜改、毁损、灭失或泄漏。	第十二条　本法第六条第一项第二款所称适当安全维护措施、第十八条所称安全维护事项、第二十七条第一项所称适当之安全措施,指公务机关或非公务机关为防止个人资料被窃取、窜改、毁损、灭失或泄漏,采取技术上及组织上之措施。 前项措施,得包括下列事项,并以与所欲达成之个人资料保护目的间,具有适当比例为原则: 一、配置管理之人员及相当资源。 二、界定个人资料之范围。 三、个人资料之风险评估及管理机制。 四、事故之预防、通报及应变机制。 五、个人资料搜集、处理及利用之内部管理程序。 六、资料安全管理及人员管理。 七、认知宣道及教育训练。 八、设备安全管理。 九、资料安全稽核机制。 十、使用纪录、轨迹资料及证据保存。 十一、个人资料安全维护之整体持续改善。 第二十四条　公务机关保有个人资料档案者,应订定个人资料安全维护规定。 第二十五条　本法第十八条所称专人,指具有管理及维护个人资料档案之能力,且足以担任机关之个人资料档案安全维护经常性工作之人员。 公务机关为使专人具有办理安全维护事项之能力,应办理或使专人接受相关专业之教育训练。
第十九条　非公务机关对个人资料之搜集或处理,除第六条第一项所规定资料外,应有特定目的,并符合下列情形之一者: 一、法律明文规定。 二、与当事人有契约或类似契约之关系。	第九条　本法第六条第一项第一款、第八条第二项第一款、第十六条第一项第一款、第十九条第一项第一款、第二十条第一项第一款所称法律,系指法律或法律具体明确授权之法规命令。 第十三条　本法第六条第一项第三款、第九条第二项第

447

续表

个人资料保护法	个人资料保护法施行细则
三、当事人自行公开或其他已合法公开之个人资料。 四、学术研究机构基于公共利益为统计或学术研究而有必要，且资料经过提供者处理后或搜集者依其揭露方式无从识别特定之当事人。 五、经当事人书面同意。 六、与公共利益有关。 七、个人资料取自于一般可得之来源。但当事人对该资料之禁止处理或利用，显有更值得保护之重大利益者，不在此限。 搜集或处理者知悉或经当事人通知依前项第七款但书规定禁止对该资料之处理或利用时，应主动或依当事人之请求，删除、停止处理或利用该个人资料。	款、第十九条第一项第三款所称当事人自行公开之个人资料，指当事人自行对不特定人或特定多数人揭露其个人资料。 本法第六条第一项第三款、第九条第二项第二款、第十九条第一项第三款所称已合法公开之个人资料，指依法律或法律具体明确授权之法规命令所公示、公告或以其他合法方式公开之个人资料。
	第十七条　本法第九条第二项第四款、第十六条但书第五款、第十九条第一项第四款及第二十条第一项但书第五款所称资料经过处理后或依其揭露方式无从识别特定当事人，指个人资料以代码、匿名、隐藏部分资料或其他方式，无从辨识该特定个人者。
	第二十六条　本法第十九条第一项第二款所定契约或类似契约之关系，不以本法修正施行后成立者为限。
	第二十七条　本法第十九条第一项第二款所定契约关系，包括本约，及非公务机关与当事人间为履行该契约，所涉及必要第三人之接触、磋商或联系行为及给付或向其为给付之行为。 本法第十九条第一项第二款所称类似契约之关系，指下列情形之一者： 一、非公务机关与当事人间于契约成立前，为准备或商议订立契约或为交易之目的，所进行之接触或磋商行为。 二、契约因无效、撤销、解除、终止而消灭或履行完成时，非公务机关与当事人为行使权利、履行义务，或确保个人资料完整性之目的所为之连系行为。
	第二十八条　本法第十九条第一项第七款所称一般可得之来源，指透过大众传播、网际网路、新闻、杂志、政府公报及其他一般人可得知悉或接触而取得个人资料之管道。
第二十条　非公务机关对个人资料之利用，除第六条第一项所规定资料外，应于搜集之特定目的必要范围内为之。但有下列情形之一者，得为特定目的外之利用： 一、法律明文规定。 二、为增进公共利益。 三、为免除当事人之生命、身体、自由或财产上之危险。 四、为防止他人权益之重大危害。 五、公务机关或学术研究机构基于公共	第九条　本法第六条第一项第一款、第八条第二项第一款、第十六条第一项第一款、第十九条第一项第一款、第二十条第一项第一款所称法律，系指法律或法律具体明确授权之法规命令。
	第十七条　本法第九条第二项第四款、第十六条但书第五款、第十九条第一项第四款及第二十条第一项但书第五款所称资料经过处理后或依其揭露方式无从识别特定当事人，指个人资料以代码、匿名、隐藏部分资料或其他方式，无从辨识该特定个人者。

续表

个人资料保护法	个人资料保护法施行细则
利益为统计或学术研究而有必要,且资料经提供者处理后或搜集者依其揭露方式无从识别特定之当事人。 六、经当事人书面同意。 非公务机关依前项规定利用个人资料行销者,当事人表示拒绝接受行销时,应即停止利用其个人资料行销。 非公务机关于首次行销时,应提供当事人表示拒绝接受行销之方式,并支付所需费用。	
第二十一条 非公务机关为国际传输个人资料,而有下列情形之一者,中央目的事业主管机关得限制之: 一、涉及国家重大利益。 二、国际条约或协定有特别规定。 三、接受国对于个人资料之保护未有完善之法规,致有损当事人权益之虞。 四、以迂回方法向第三国(地区)传输个人资料规避本法。	
第二十二条 中央目的事业主管机关或直辖市、县(市)政府为执行资料档案安全维护、业务终止资料处理方法、国际传输限制或其他例行性业务检查而认有必要或有违反本法规定之虞时,得派员携带执行职务证明文件,进入检查,并得命相关人员为必要之说明、配合措施或提供相关证明资料。 中央目的事业主管机关或直辖市、县(市)政府为前项检查时,对于得没入或可为证据之个人资料或其档案,得扣留或复制之。对于应扣留或复制之物,得要求其所有人、持有人或保管人提出或交付;无正当理由拒绝提出、交付或抗拒扣留或复制者,得采取对该非公务机关权益损害最少之方法强制为之。 中央目的事业主管机关或直辖市、县(市)政府为第一项检查时,得率同资讯、电信或法律等专业人员共同为之。 对于第一项及第二项之进入、检查或处分,非公务机关及其相关人员不得规避、妨碍或拒绝。 参与检查之人员,因检查而知悉他人资料者,负保密义务。	第二十九条 依本法第二十二条规定实施检查时,应注意保守秘密及被检查者之名誉。 第三十条 依本法第二十二条第二项规定,扣留或复制得没入或可为证据之个人资料或其档案时,应掣给收据,载明其名称、数量、所有人、地点及时间。 依本法第二十二条第一项及第二项规定实施检查后,应作成纪录。 前项纪录当场作成者,应使被检查者阅览及签名,并即将副本交付被检查者;其拒绝签名者,应记明其事由。 纪录于事后作成者,应送达被检查者,并告知得于一定期限内陈述意见。

续表

个人资料保护法	个人资料保护法施行细则
第二十三条　对于前条第二项扣留物或复制物,应加封缄或其他标识,并为适当之处置;其不便搬运或保管者,得命人看守或交由所有人或其他适当之人保管。扣留物或复制物已无留存之必要,或决定不予处罚或未为没入之裁处者,应发还之。但应没入或为调查他案应留存者,不在此限。	
第二十四条　非公务机关、物之所有人、持有人、保管人或利害关系人对前二条之要求、强制、扣留或复制行为不服者,得向中央目的事业主管机关或直辖市、县(市)政府声明异议。 前项声明异议,中央目的事业主管机关或直辖市、县(市)政府认为有理由者,应立即停止或变更其行为;认为无理由者,得继续执行。经该声明异议之人请求时,应将声明异议之理由制作纪录交付之。 对于中央目的事业主管机关或直辖市、县(市)政府前项决定不服者,仅得于对该案件之实体决定声明不服时一并声明之。但第一项之人依法不得对该案件之实体决定声明不服时,得单独对第一项之行为迳行提起行政诉讼。	
第二十五条　非公务机关有违反本法规定之情事者,中央目的事业主管机关或直辖市、县(市)政府除依本法规定裁处罚锾外,并得为下列处分: 一、禁止搜集、处理或利用个人资料。 二、命令删除经处理之个人资料档案。 三、没入或命销毁违法搜集之个人资料。 四、公布非公务机关之违法情形,及其姓名或名称与负责人。 中央目的事业主管机关或直辖市、县(市)政府为前项处分时,应于防制违反本法规定情事之必要范围内,采取对该非公务机关权益损害最少之方法为之。	

续表

个人资料保护法	个人资料保护法施行细则
第二十六条　中央目的事业主管机关或直辖市、县(市)政府依第二十二条规定检查后,未发现有违反本法规定之情事者,经该非公务机关同意后,得公布检查结果。	
第二十七条　非公务机关保有个人资料档案者,应采行适当之安全措施,防止个人资料被窃取、窜改、毁损、灭失或泄漏。中央目的事业主管机关得指定非公务机关订定个人资料档案安全维护计划或业务终止后个人资料处理方法。 前项计划及处理方法之标准等相关事项之办法,由中央目的事业主管机关定之。	第十二条　本法第六条第一项第二款所称适当安全维护措施、第十八条所称安全维护事项、第二十七条第一项所称适当之安全措施,指公务机关或非公务机关为防止个人资料被窃取、窜改、毁损、灭失或泄漏,采取技术上及组织上之措施。 前项措施,得包括下列事项,并以与所欲达成之个人资料保护目的间,具有适当比例为原则: 一、配置管理之人员及相当资源。 二、界定个人资料之范围。 三、个人资料之风险评估及管理机制。 四、事故之预防、通报及应变机制。 五、个人资料搜集、处理及利用之内部管理程序。 六、资料安全管理及人员管理。 七、认知宣道及教育训练。 八、设备安全管理。 九、资料安全稽核机制。 十、使用纪录、轨迹资料及证据保存。 十一、个人资料安全维护之整体持续改善。
第二十八条　公务机关违反本法规定,致个人资料遭不法搜集、处理、利用或其他侵害当事人权利者,负损害赔偿责任。但损害因天灾、事变或其他不可抗力所致者,不在此限。 被害人虽非财产上之损害,亦得请求赔偿相当之金额;其名誉被侵害者,并得请求为回复名誉之适当处分。 依前二项情形,如被害人不易或不能证明其实际损害额时,得请求法院依侵害情节,以每人每一事件新台币五百元以上二万元以下计算。 对于同一原因事实造成多数当事人权利受侵害之事件,经当事人请求损害赔偿者,其合计最高总额以新台币二亿元为限。但因该原因事实所涉利益超过新台币二亿元者,以该所涉利益为限。	

续表

个人资料保护法	个人资料保护法施行细则
同一原因事实造成之损害总额逾前项金额时,被害人所受赔偿金额,不受第三项所定每人每一事件最低赔偿金额新台币五百元之限制。 第二项请求权,不得让与或继承。但以金额赔偿之请求权已依契约承诺或已起诉者,不在此限。	
第二十九条 非公务机关违反本法规定,致个人资料遭不法搜集、处理、利用或其他侵害当事人权利者,负损害赔偿责任。但能证明其无故意或过失者,不在此限。 依前项规定请求赔偿者,适用前条第二项至第六项规定。	
第三十条 损害赔偿请求权,自请求权人知有损害及赔偿义务人时起,因二年间不行使而消灭;自损害发生时起,逾五年者,亦同。	
第三十一条 损害赔偿,除依本法规定外,公务机关适用国家赔偿法之规定,非公务机关适用民法之规定。	
第三十二条 依本章规定提起诉讼之财团法人或公益社团法人,应符合下列要件: 一、财团法人之登记财产总额达新台币一千万元或社团法人之社员人数达一百人。 二、保护个人资料事项于其章程所定目的范围内。 三、许可设立三年以上。	
第三十三条 依本法规定对于公务机关提起损害赔偿诉讼者,专属该机关所在地之地方法院管辖。对于非公务机关提起者,专属其主事务所、主营业所或住所地之地方法院管辖。	

个人资料保护法	个人资料保护法施行细则
前项非公务机关为自然人,而其在中华民国现无住所或住所不明者,以其在中华民国之居所,视为其住所;无居所或居所不明者,以其在中华民国最后之住所,视为其住所;无最后住所者,专属中央政府所在地之地方法院管辖。 第一项非公务机关为自然人以外之法人或其他团体,而其在中华民国现无主事务所、主营业所或主事务所、主营业所不明者,专属中央政府所在地之地方法院管辖。	
第三十四条 对于同一原因事实造成多数当事人权利受侵害之事件,财团法人或公益社团法人经受有损害之当事人二十人以上以书面授与诉讼实施权者,得以自己之名义,提起损害赔偿诉讼。当事人得于言词辩论终结前以书面撤回诉讼实施权之授与,并通知法院。 前项诉讼,法院得依声请或依职权公告晓示其他因同一原因事实受有损害之当事人,得于一定期间内向前项起诉之财团法人或公益社团法人授与诉讼实施权,由该财团法人或公益社团法人于第一审言词辩论终结前,扩张应受判决事项之声明。 其他因同一原因事实受有损害之当事人未依前项规定授与诉讼实施权者,亦得于法院公告晓示之一定期间内起诉,由法院并案审理。 其他因同一原因事实受有损害之当事人,亦得声请法院为前项之公告。 前二项公告,应揭示于法院公告处、资讯网路及其他适当处所;法院认为必要时,并得命登载于公报或新闻纸,或用其他方法公告之,其费用由国库垫付。 依第一项规定提起诉讼之财团法人或公益社团法人,其标的价额超过新台币六十万元者,超过部分暂免征裁判费。	

续表

个人资料保护法	个人资料保护法施行细则
第三十五条　当事人依前条第一项规定撤回诉讼实施权之授与者,该部分诉讼程序当然停止,该当事人应即声明承受诉讼,法院亦得依职权命该当事人承受诉讼。 财团法人或公益社团法人依前条规定起诉后,因部分当事人撤回诉讼实施权之授与,致其余部分不足二十人者,仍得就其余部分继续进行诉讼。	
第三十六条　各当事人于第三十四条第一项及第二项之损害赔偿请求权,其时效应分别计算。	
第三十七条　财团法人或公益社团法人就当事人授与诉讼实施权之事件,有为一切诉讼行为之权。但当事人得限制其为舍弃、撤回或和解。 前项当事人中一人所为之限制,其效力不及于其他当事人。 第一项之限制,应于第三十四条第一项之文书内表明,或以书状提出于法院。	
第三十八条　当事人对于第三十四条诉讼之判决不服者,得于财团法人或公益社团法人上诉期间届满前,撤回诉讼实施权之授与,依法提起上诉。 财团法人或公益社团法人于收受判决书正本后,应即将其结果通知当事人,并应于七日内将是否提起上诉之意旨以书面通知当事人。	
第三十九条　财团法人或公益社团法人应将第三十四条诉讼结果所得之赔偿,扣除诉讼必要费用后,分别交付授与诉讼实施权之当事人。 提起第三十四条第一项诉讼之财团法人或公益社团法人,均不得请求报酬。	
第四十条　依本章规定提起诉讼之财团法人或公益社团法人,应委任律师代理诉讼。	

续表

个人资料保护法	个人资料保护法施行细则
第四十一条　违反第六条第一项、第十五、第十六条、第十九条、第二十条第一项规定，或中央目的事业主管机关依第二十一条限制国际传输之命令或处分，足生损害于他人者，处二年以下有期徒刑、拘役或科或并科新台币二十万元以下罚金。 意图营利犯前项之罪者，处五年以下有期徒刑，得并科新台币一百万元以下罚金。	
第四十二条　意图为自己或第三人不法之利益或损害他人之利益，而对于个人资料档案为非法变更、删除或以其他非法方法，致妨害个人资料档案之正确而足生损害于他人者，处五年以下有期徒刑、拘役或科或并科新台币一百万元以下罚金。	
第四十三条　中华民国人民在中华民国领域外对中华民国人民犯前二条之罪者，亦适用之。	
第四十四条　公务员假借职务上之权力、机会或方法，犯本章之罪者，加重其刑至二分之一。	
第四十五条　本章之罪，须告诉乃论。但犯第四十一条第二项之罪者，或对公务机关犯第四十二条之罪者，不在此限。	
第四十六条　犯本章之罪，其他法律有较重处罚规定者，从其规定。	
第四十七条　非公务机关有下列情事之一者，由中央目的事业主管机关或直辖市、县（市）政府处新台币五万元以上五十万元以下罚款，并令限期改正，届期未改正者，按次处罚之： 一、违反第六条第一项规定。 二、违反第十九条规定。 三、违反第二十条第一项规定。 四、违反中央目的事业主管机关依第二十一条规定限制国际传输之命令或处分。	

续表

个人资料保护法	个人资料保护法施行细则
第四十八条 非公务机关有下列情事之一者,由中央目的事业主管机关或直辖市、县(市)政府限期改正,届期未改正者,按次处新台币二万元以上二十万元以下罚款: 一、违反第八条或第九条规定。 二、违反第十条、第十一条、第十二条或第十三条规定。 三、违反第二十条第二项或第三项规定。 四、违反第二十七条第一项或未依第二项订定个人资料档案安全维护计划或业务终止后个人资料处理方法。	
第四十九条 非公务机关无正当理由违反第二十二条第四项规定者,由中央目的事业主管机关或直辖市、县(市)政府处新台币二万元以上二十万元以下罚款。	
第五十条 非公务机关之代表人、管理人或其他有代表权人,因该非公务机关依前三条规定受罚款处罚时,除能证明已尽防止义务者外,应并受同一额度罚款之处罚。	
第五十一条 有下列情形之一者,不适用本法规定: 一、自然人为单纯个人或家庭活动之目的,而搜集、处理或利用个人资料。 二、于公开场所或公开活动中所搜集、处理或利用之未与其他个人资料结合之影音资料。 公务机关及非公务机关,在中华民国领域外对中华民国人民个人资料搜集、处理或利用者,亦适用本法。	
第五十二条 第二十二条至第二十六条规定由中央目的事业主管机关或直辖市、县(市)政府执行之权限,得委任所属机关、委托其他机关或公益团体办理;其成员因执行委任或委托事务所知悉之资讯,负保密义务。 前项之公益团体,不得依第三十四条第一项规定接受当事人授与诉讼实施权,以自己之名义提起损害赔偿诉讼。	第三十条 本法第五十二条所称之公益团体,指依民法或其他法律设立并具备个人资料保护专业能力之公益社团法人、财团法人及行政法人。

续表

个人资料保护法	个人资料保护法施行细则
第五十三条 本法所定特定目的及个人资料类别,由法务部会同中央目的事业主管机关指定之。	
第五十四条 本法修正施行前非由当事人提供之个人资料,依第九条规定应于处理或利用前向当事人为告知者,应自本法修正施行之日起一年内完成告知,逾期未告知而处理或利用者,以违反第九条规定论处。	第十六条 依本法第八条、第九条及第五十四条所定告知之方式,得以言词、书面、电话、简讯、电子邮件、传真、电子文件或其他足以使当事人知悉或可得知悉之方式为之。 第三十二条 本法修正施行前已搜集或处理由当事人提供之个人资料,于修正施行后,得继续为处理及特定目的内之利用;其为特定目的外之利用者,应依本法修正施行后之规定为之。
第五十六条 本法施行日期,由行政院定之。 现行条文第十九条至第二十二条及第四十三条之删除,自公布日施行。 前项公布日于现行条文第四十三条第二项指定之事业、团体或个人应于指定之日起六个月内办理登记或许可之期间内者,该指定之事业、团体或个人得申请终止办理,目的事业主管机关于终止办理时,应退还已缴规费。已办理完成者,亦得申请退费。 前项退费,应自缴费义务人缴纳之日起,至目的事业主管机关终止办理之日止,按退费额,依缴费之日邮政储金之一年期定期存款利率,按日加计利息,一并退还。已办理完成者,其退费,应自缴费义务人缴纳之日起,至目的事业主管机关核准申请之日止,亦同。	第三十三条 本细则施行日期,由法务部定之。

图书在版编目（CIP）数据

个人资料的法律保护：放眼中国内地、香港、澳门及台湾/陈海帆、赵国强主编 .—北京：社会科学文献出版社，2014.7
（澳门研究丛书）
ISBN 978-7-5097-5327-9

Ⅰ.①个… Ⅱ.①陈… ②赵… Ⅲ.①隐私权-法律保护-研究-中国 Ⅳ.①D923.04

中国版本图书馆CIP数据核字（2013）第278709号

·澳门研究丛书·

个人资料的法律保护
——放眼中国内地、香港、澳门及台湾

主　　编／陈海帆　赵国强

出 版 人／谢寿光
出 版 者／社会科学文献出版社
地　　址／北京市西城区北三环中路甲29号院3号楼华龙大厦
邮政编码／100029

责任部门／全球与地区问题出版中心
　　　　　（010）59367004
电子信箱／bianyibu@ssap.cn
项目统筹／王玉敏
经　　销／社会科学文献出版社市场营销中心
读者服务／读者服务中心（010）59367028

责任编辑／张志伟　王玉敏
　　　　　张文静
责任校对／李　敏　卫　晓
责任印制／岳　阳
　　　　　（010）59367081　59367089

印　　装／北京季蜂印刷有限公司
开　　本／787mm×1092mm　1/16　　印　张／29
版　　次／2014年7月第1版　　字　数／420千字
印　　次／2014年7月第1次印刷
书　　号／ISBN 978-7-5097-5327-9
定　　价／89.00元

本书如有破损、缺页、装订错误，请与本社读者服务中心联系更换
版权所有　翻印必究